叶梦得《春秋传》注释研究

武志斌　著

吉林大学出版社
·长春·

图书在版编目（CIP）数据

叶梦得《春秋传》注释研究 / 武志斌著. -- 长春：吉林大学出版社，2025. 3.

ISBN 978-7-5768-3876-3

Ⅰ. K225.04

中国国家版本馆 CIP 数据核字第 2024LK4167 号

叶梦得《春秋传》注释研究

YE MENGDE《CHUNQIU ZHUAN》ZHUSHI YANJIU

作　　者　武志斌
策划编辑　李潇潇
责任编辑　李潇潇
责任校对　张　驰
装帧设计　阅平方
出版发行　吉林大学出版社
社　　址　长春市人民大街 4059 号
邮政编码　130021
发行电话　0431-89580036/58
网　　址　http://www.jlup.com.cn
电子邮箱　jldxcbs@sina.com
印　　刷　武汉鑫佳捷印务有限公司
开　　本　787mm × 1092mm　1/16
印　　张　15.5
字　　数　350 千字
版　　次　2025 年 3 月　第 1 版
印　　次　2025 年 3 月　第 1 次
书　　号　ISBN 978-7-5768-3876-3
定　　价　96.00 元

前　言

活跃于两宋之交的叶梦得，长久以来以其文学成就闻名于世。同时作为宋代著名的文化人物，他在经学、诸子、文献学、金石学等方面也都有可观的成就。由于自身的交游关系及人生志趣，叶梦得受苏门蜀学影响很深，这使得他在治学时带有包容开放、吸纳众说的特点。与苏门学者相一致的是，叶梦得虽以文人身份闻名于世，但其学问广博，在经学方面的成就同样显著。正是由于叶梦得包容的治学态度，他的《春秋传》才与宋代道学家们的《春秋传》有很多不同之处，形成了一条独特的治经体系。从叶梦得本人的著述来看，叶梦得对很多经典都做过注释，但大部分都在流传过程中亡佚。他的注释成就主要集中于其对儒家经典的注释中。在这些著作中，他的《春秋传》保存最为完整，也最能代表他在注释体例和注释内容方面的创新。对这些内容的梳理，构成了本书的第一部分。

对叶梦得《春秋传》的注释体例进行分析，是本书第二部分的重点所在。注释的产生和发展经历了一个漫长的过程，叶梦得的《春秋传》沿袭了宋代学者注释经书的特点。与此同时，他又广泛地吸收前人的注释成果，在内容和体例上保留了很多传统注释的痕迹。从他的《春秋传》中，可以看出宋代学者对于前人注释经验的总结和革新。在体例上，叶梦得虽然仍以“春秋传”命名，但又突破了传统经传模式，涵盖疏证、考据、议论等多方面内容，这无疑体现了宋代学者对传统注释体例的创新。经学及附于经书之下的注释发展到宋代，已经很难在原有的体例上再次创新，而宋代学者很好地完成了自己的历史使命。不仅在经学方面完成了革新，在注释层面也对以往有极大的突破。他们改造以往的注释体例，拓展注释体例的类型，在注释体例的命名上展现个性，“巧立名目”，凸显注者的个人意识，这些都是宋代学者们在注释学上所取得的发展和进步。

从注释方式和思想内容上分析叶梦得的《春秋传》，是本书的第三部分。疑经思潮影响下的“舍传求经”是宋代学者注释经书时的一贯做法，叶梦得虽沿袭这种新传统，但并非完全舍弃三《传》，而是在形式上割裂经传，在内容上则斟酌三家，断以己意。叶梦得本人不受道学家身份的束缚，因此他在为《春秋》作传时反而能以经世致用为目的，融义理于其中，同时也注重考证事实。这种治学方法在南宋更为广泛，朱熹就是典型的代表。叶梦得在其《春秋传》中兼顾经史互证，并且融入了理学和文学元素，这些内容都展现了宋代开放包容的文化风貌。

中国古籍注释学的发展经历了漫长的过程，在这过程中，社会政治文化和经学思想变革都对注释的内容和形式产生了影响。叶梦得的《春秋传》产生于变革剧烈的两宋时期，从经学史层面来讲，它代表了宋人经书阐释的新变；从注释层面来讲，它更是在总结以往注释体例的基础上对前代传体的革新。叶梦得《春秋传》中呈现的这些特点，无不与宋代繁盛的文化环境息息相关。在宋代，解释经书已不仅仅是儒学家的特权，很多文人学者也都参与其中。从整个《春秋》学史来说，三传地位从汉代升格为经，到宋代学者那里又被贬抑，这些情况反映出学术发展的历史规律。社会主流思想和政治使命影响学者的认知，学术自身的发展又使得学者们不得不寻求突破。因此无论从宏观学术史的角度，还是微观层面的具体著作解读，叶梦得的《春秋传》都有研究的价值。归纳其在注释史乃至学术史上的意义、价值与定位，是本书最后一部分的内容。

目　录

绪 论

中国的注释实践起源很早，两汉时期就已经相当成熟。在后世不断地发展中，逐渐形成了具备丰富注释体例的完整体系。传、笺、记、说、注、训、故、微、解、章句、义疏、集注等注释方式在中国注释史上相继出现，并且显示出各自不同的意义及时代特征。其中的“传”体作为经典注释的源头，在中国古代注释发展过程中一直延续，它与经文本身的距离很近，因此也更能反映学术思想变化对文本注释的影响。经学在中国古代长盛不衰，不仅在意识形态领域被官方推举，也因此在学术层面被学者所重视。职是之故，经学在两千多年的历史中一直处于学术研究的主流地位。在漫长的注释实践过程中，学者们也多把注释的重心放在经学领域，而后才延伸到史书、子书和文集。在中国历史上，经与注一直是学者们关注的焦点。经学体系以及附于其下逐渐壮大的注释体系在中国发展了两千多年，二者都包含十分复杂的内容及变化。在经学体系下，《春秋》经由于其带有的微言大义和王霸思想，因此能很全面地体现一代的学术及政治理念。选取宋代《春秋》学作为切入点，可以清晰地反映出宋代经学变革所带动的注释方式的新变。

宋代由于理学思想的萌生和发展，五经系统的地位受到了不小的影响。在五经内部，各经的地位也有了不同程度的变化，注释形式上更出现了大幅度的创新。政治形态的建构和儒学本身困境的突围对宋代经学研究者提出了新的要求，因此长久以来被冠以微言大义的《春秋》经较其他经典来说，也吸引了更多的宋代学者为其作注。宋代学术及社会思潮的情况，在《春秋》学的著作中也更为明显地体现出来。处于两宋之交的叶梦得，其《春秋传》在时间上恰好能够串联两宋学术的发展过程。由于叶梦得学问渊博，在很多领域都有独特的成就。因此在其《春秋传》中，除了沿用宋人“舍传求经”的惯例之外，又将许多相关领域的知识引入其中，融经学、史学、文学为一体。对叶梦得《春秋传》中的注释进行研究，实际上就是选取典型作品，对特定时代的特定注释方式进行深入探讨，从微观层面上揭示注释学下某一具体方面的理论内涵。宋代开放包容的文化环境促进了注释体例的繁盛，经学自身发生的变革也使学者们在注释经书时融入理学、史学以及文学方面的内容。这些特点，在叶梦得《春秋传》的注释中都有体现。

就现代意义的学科而言，文献学、经学、小学以及文学都与注释学密不可分。把注释学当作一门学科，在现在学界并不普遍。但在具体的研究实践中，注释学又确实与古籍校勘、版本、训诂、文字、音韵、文学、经学以及语文教学等多方面的内容有所关联。在注释学的学科背景下，无论是传统的经书注释，还是现在的文学阐释，都涉及注释学的发展演变。在注释实践中，学者们已经总结出了一套比较完备的规则。学者们自有一套心照不宣的注释实践原则。但在注释学原理的总结概括以及对注释史的梳理和研究方面，还有所欠缺。本书选择叶梦得《春秋传》作为研究对象，实际上也是汲取了汪耀楠先生在注释学上的理论成果，从具体注释作品入手，分析注释学的理论内涵。通过对叶梦得《春秋传》的专书研究，试图揭示不同注释方式在不同时代先后产生的内在缘由。从大的方面来讲，注释学能否作为独立的学科仍需探讨，注释学本身理论的成熟完备更是“来日方长”。但同时学者们也该关注到，注释学不应含混在文献学、训诂学、西方诠释学等学科之间，彼此界限不明。从小的方面来看，对具体时代的注释特征、具体注释方式的思想侧重进行细致梳理，正是学者们为完善注释学所做的努力尝试。

一、研究缘起

中国经学发展到宋代，经历了一次明显的变革，皮锡瑞称之为“经学变古时代”[①]。在注释实践中，注释形式和注释对象在宋代都得到了极大的扩充。这种情况的出现并不是偶然，而是学术发展的必然规律。经学与注释学的发展一直息息相关，并且相互依存，甚至是彼此融合的。在对宋代经学文献梳理的过程中可以发现，宋人在注解经书时使用的注释形式十分多样，除了传统的传、注、笺、疏等注释体例外，还大量使用讲义、启蒙、辨惑、略例、旨要等多样且新颖的注释方式，并且在继承传统注释方式的基础上，又有了很大程度上的突破和创新。以往沿用已久的注释体例也在宋代有了新变。“传”体作为从先秦时流传下来的早期注释体例，在宋代的变化尤为明显。宋人在注释经书时往往大举“舍传求经”的口号，摒弃前人的传注，以己意解经，因此也掀起了一阵割裂前人经传的风气，比较有代表性的如孙复、刘敞、欧阳修、王安石、程颐、胡安国、叶梦得等人。宋人在选用传体注经时往往又掺入了很多宋代当时的思想主张和注释习惯。具体表现为在思想内容上掺入了理学观念，在注释形式上又表现为传中有疏，注释用语也多带有口语讲义的倾向。这种注解经书的情况无不与当时的政治文化环境息息相关。就目前的研究成果来看，学者们多将精力放在思想内容的挖掘上，对注释的研究也仅限于解释语义的范围，很少能够关注到注释形式的变化与社会环境之间的关联。而对这方面进行具体细致的探索，正是为了使注释学史的脉络更加清晰，加强注释学的理论建构。

目前关于宋代经学的研究成果，既体现在经学通史、文化史、思想史、专书研究史、诠释史、接受史等专题史著中，又有大量以宋代易学、尚书学、诗经学、礼学、春秋学为对象的专题研究。在这样的研究成果面前，学者们在进行宋代经学的研究时只能另辟蹊径。就现今可以考见的宋人经学著述来讲，其实也并非每一部都受到了当今研究者的关注。针对那些未被整理的宋人解经著作进行专书研究是目前可行的研究

① （清）皮锡瑞著；周予同注释．经学历史 [M]. 北京：中华书局，2008：220.

方向。学者们从具体的宋人解经著作入手，将其作为研究对象进行深入研究。这种研究模式事实上已经被广泛地接受，并且还有不小的可拓展空间。作为宋代著名的文化学者，叶梦得在文献学、经学、子学、金石学、书法、文学等方面都取得不少成果。目前学者们对叶梦得的研究主要集中在文学方面，对于其经学成就虽有人关注，但研究层次仍不够深入。叶梦得在为《春秋》经作传时，无论在内容上，还是在形式上，都带有很明显的时代特色。从注释学视角对叶梦得《春秋传》进行研究，借此归纳和总结出宋人在注释实践和形式选择方面呈现出的崭新面貌之一角，这无疑又是对注释学理论建构的补充和深化。对叶梦得《春秋传》的研究，不应仅仅局限于分析注释文本，更应借此挖掘宋代经书注释理论，归纳注释史的一般发展规律。

经学本身与文献学密不可分，而从事这方面的研究，注释又是绝对绕不开的话题。通过对前人研究成果的梳理和学习可以发现，如今学界对注释学与文献学、训诂学、经学等学科的区分并不明显，而由于注释本身适用范围广泛，又是学者们在进行研究时经常接触的。因此对注释学进行研究不仅空间很大，而且很有必要。从时间上来讲，要去完成整个注释学史的梳理，完善注释学理论建设并非短期内可以完成。但以前辈学者总结出的注释学理论为依托，借此进行个案研究，去说明几个特定的问题，却是完全可行的。注释研究的深化和完善，也正需要学者前赴后继地投身其中。细致研究叶梦得对《春秋》经的注释，分析叶梦得《春秋传》中具体的注释形式，以及其中蕴含的注释理论，找到其在注释史中的定位，这将是本书的重点所在。

二、研究综述

两宋是中华传统文化重要的转型期，叶梦得恰恰活跃于两宋之交，并在多个领域都取得了丰硕的成果。作为身份多元的文化人物，叶梦得留下了很多富有价值的文献材料。就春秋学方面，叶梦得有《春秋谳》三十卷（存二十二卷）、《春秋考》三十卷（存十六卷）、《春秋传》二十卷。然而一直以来，叶梦得的经学成就未得到应有的关注。本书即以叶梦得《春秋传》为研究对象，同时涉及宋代经学与文化、宋代注释学等相关领域，因此在进行书写之前，有必要对相关成果有一个整体把握。

（一）关于叶梦得生平及其注释成果的研究

本书选取叶梦得《春秋传》作为研究对象，试图揭示“传”体发展到宋代产生的新变，由此引发如下几个问题。作为两宋之际重要的文化学者，叶梦得在注释《春秋》时与前人经注有何不同？叶梦得注释《春秋》的方法是否能够代表宋代的注经特色？叶梦得的《春秋传》中“传”的内涵较前代发生了哪些变化？叶梦得对注释学的理论建构有何贡献？注释学的个案研究对古籍整理实践、经学研究、思想史研究、文化建设有何意义？这些问题也是对目前关注注释学研究的学者们进行的一番追问。事实上由于目前注释学发展并不成熟，我们以注释学的视域观照某部经书，就是想要在对其注释进行深入理解的基础上，总结出来一种较为系统的注释理念。同时将其放在同时代的背景下，放在整个注释学史的背景下，逐步完成对注释学的学科建构。本文选取宋代的叶梦得做为切入点，在了解宋代注释学和《春秋》学整体状况之前，有必要对关于叶梦得的研究做一番梳理。

关于叶梦得的相关研究，早在 2004 年四川大学潘殊闲发表的《20 世纪以来叶梦得研究综述》（《乐山师范学院学报》2004 年第 9 期）就已经做过相当详细的梳理。从叶德辉整理其远祖叶梦得的著述开始，到本世纪初关于叶梦得著述整理和生平、著述的研究情况，潘殊闲在这篇文章中都做了梳理。王兆鹏的《叶梦得年谱》（《两宋词人年谱》，文津出版社 1994 年版）和潘昭君《叶梦得评传》（《中国历代著名文学家评传续编》第二卷，山东教育出版社 1989 年版）则专注于叶梦得生平事迹的研究。2005 潘殊闲的博士论文《叶梦得研究》主要关注叶梦得文学和诗学的研究，在经学思想的分析上，则较为简略。由此可以看出，长期以来学者们仍是从文学的角度去解读叶梦得，对其经学成就则有所忽略。

从近十几年的研究成果来看，学者们仍然把重心放在对于其笔记、文学创作和文学评论方面的研究上，而关于其经学研究的文章只有寥寥几篇。北京大学胡宇芳的《叶梦得的〈春秋〉学》（《儒家典籍与思想研究》2010 年）是其中具有代表性的一篇，是文详细分析了叶梦得对于宋人《春秋》观的反对，主张经传一体，但同时又不全信三传的复杂心理。他还专门分析了叶梦得《春秋》学的解经方法，关注到了叶梦得解经方法中反映出的学术态度。2018 年扬州大学张悦的硕士论文《叶梦得〈春秋〉学研究》全面地分析了叶梦得的三部《春秋》学著作。其在研究综述中也对宋代《春秋》学和叶梦得本人的有关问题做了比较完备的梳理。他把关注点主要放在叶梦得现存的三部《春秋》学著作上，从叶梦得的思想主张和著作中反映的社会问题出发，而未对其《春秋》注释体例进行研究。因此这篇文章虽有助于理解叶梦得《春秋传》在其著作中所处的地位，但就具体的传注体系发展来讲，则需要参考更广泛的文献资源。

尤其值得一提的是台湾学者姜义泰的《叶梦得〈春秋传〉研究》（花木兰文化出版社 2008 年版）。在研究内容上，这本书很详细地论述了叶梦得《春秋传》的述作本旨、性质、解经特色和思想。这很符合专人专书研究的模式，并且对研究对象也有深入地论述。笔者的写作与此书不同之处在于虽然选择了同样的对象，但所选的视角和论述的内容都有很大不同。笔者的论述重点在于以叶梦得《春秋传》中的注释为出发点，进而对叶梦得《春秋传》的注释内容及注释形式进行深入分析，探讨这种经传特点与宋代学术思想之间的联系，归纳出叶梦得《春秋传》中体现出的宋人注经特色。其次从研究目的来说，姜书立足于《春秋》学本身，重在从叶梦得的研究入手回答在宋代《春秋》三传与经文之间的关系。笔者则是在经学与注释学的背景下，梳理注释体例的发展，以叶梦得《春秋传》为切入点，探讨宋代经书注释发生的变革。

以上这些成果把叶梦得的基本情况介绍得相当全面。总体来看，现在关于叶梦得的研究成果并不多，并且集中在其文学成就方面，关于研究叶梦得经学的文章很少。在这些研究中，学者们已经把叶梦得的生平、著述、交游情况大致梳理出来，并且完成了相对完整的年谱。但从历史的发展来讲，由于学者们对叶梦得的关注度不高，在材料的梳理上也难称完备。关于叶梦得《春秋》学的研究，学者们对他的三部《春秋》学著作有了详细的探讨，并且也对其《春秋》学成就有了整体性的概括。在这些研究中，个别文章论及叶梦得在经学阐释方式上的创新，在研究叶梦得经学成就时可资参考。但是这些文章都未对具体的注释问题进行深入分析，也没有形成广泛的学科视野。因此从注释的视角研究叶梦得经学著作，可以说是一种新的尝试。

（二）关于注释学的研究

汪耀楠先生在其《注释学纲要》中为注释学下了定义："注释学是研究文籍注释的内容和方法，探讨注释文籍规律的科学。"[①]注释学把古籍整理实践和训诂学相结合，并且涵盖了文字学、音韵学、校勘学、版本学等多方面内容。由于其广阔的适用范围，学者们在进行研究时或多或少地都会涉及这方面内容。从检索到的研究成果来看，目前与注释学有关的研究论文便多达万余篇。但这些文章中大多只是涉及到注释，专门将注释作为一门学科深入探讨的文章则寥寥无几。从传统经典注释的层面来说，学者们的研究倾向可分为三个阶段。

在注释学发展的初期，主要是关于注释学理论建构的探讨。中国学者关于注释理论的探讨至少从汉代就已经开始，其中较有代表性的如许慎的"因声求义"、刘知几的"注述十科"、晚唐两宋的"舍传求经"等。诸如此类，大多是关于注释实践的经验总结，多以片言只语的形式呈现，都未能将注释学作为一门学科进行系统地总结。现代意义上的注释学构建要追溯到上世纪七八十年代。

1984 年许嘉璐在《中学课本文言文注释商榷（续）——兼论注释学的研究》（《北京师范大学学报》1984 年第 3 期）一文中建议应创立"注释学"。这是现代学者对于现代注释学建构的早期尝试。1991 年靳极苍先后发表了两篇文章：《"注释学"应列为一专门学科》（《山西大学学报》1991 年第 1 期）和《应把"注释学"建为一专门学科》（《晋阳学刊》1991 年第 5 期）。同年，汪耀楠的专著《注释学纲要》出版，作为一部注释学教科书，汪著建构了较为完善的注释学理论体系。在这之后，学者们不断将古籍整理和注释学联系起来。比较有代表性的是韩格平发表的两篇文章：《训诂学能否演进为中国古籍注释学——建国以来训诂学研究的回顾与展望》（《古籍整理研究学刊》1989 年第 5 期）和《略谈古籍注释中的逻辑思维》（《古籍整理研究学刊》2002 年第 3 期）。这两篇文章探讨了训诂学和古籍注释之间的密切联系，并且对以往的训诂著作做了简单的评述。他已经关注到注释学学科本身的问题。传统注释学与训诂学融在一起，注释学本身的建构是否该跳出训诂学的束缚，这也是本世纪初学者们一直思考的。这些问题的讨论有助于进一步思考注释学的范围，注释体例的研究也对注释学的学科建构有一定的意义。黄亚平发表的《古籍注释类型刍议》（《西北师大学报》1999 年第 3 期）和《建设古籍注释研究理论框架的重要意义》（《古籍整理研究学刊》2002 年第 3 期）也属于以上范畴。这里可以看出，早在二三十年前一些学者已经意识到注释学的范围要远远广于训诂学，而注释体例的研究也是注释学研究的重要部分。这些研究成

① 汪耀楠著 . 注释学纲要 [M]. 北京：语文出版社，1991：08.

果，一步步地推进着现代注释学理论的完善进程。

本世纪以来，学者们对经书的注释进行更加广泛的研究。这一类成果是在现代化学科建立之后逐渐出现的，并且现在也一直在丰富。当然，中国古代研究古籍注释的学者数不胜数，但现代学科的建立则是近代以后的事，而注释学的创立则在上世纪末。因此，我们不可能把古代的经典注释都纳入写作的范畴之内。就研究现状来看，目前不少论文已经注意到从断代或专题的注释学入手，细致分析个案的具体情况。比较有代表性的如 2007 年山西大学荣国庆的博士论文《〈诗经〉诠释史研究》、2010 年南开大学姜宁的博士论文《〈春秋〉义疏学研究（南北朝——唐初）》、2010 年山东大学解颉理的博士论文《〈中庸〉诠释史研究》、2013 年西南大学高华娟的硕士论文《〈毛诗正义〉注释研究》、2014 年曲阜师范大学李赞赞的硕士论文《两汉〈谷梁春秋〉经传诠释研究》、2015 年扬州大学乔芳的博士论文《北宋〈论语〉诠释史论》、2018 年四川师范大学张驰的硕士论文《北宋〈论语〉注疏流变研究》等。这些文章已经涉及到了专经的诠释史、注释方式和注释观念，以及注释在某段时期内的发展变化等。这对本书的写作有很大的启发意义。正是吸收了这些成果的研究方法，本书从方兴未艾的宋代《春秋》学注释研究入手，选取叶梦得的《春秋传》为代表，以期揭示宋代特殊经传模式与宋代学术之间的联系。

另一方面，注释学视域下的文集研究和语文教育研究也受到学者们关注。1995 年蒋寅《〈杜诗详注〉与古典诗歌注释学之得失》（《杜甫研究学刊》1995 年第 2 期）较早地将“注释学”这个概念运用在诗歌研究中。他借对仇兆鳌《杜诗详注》的评价提出了诗歌注释应注意的一些要点。随后，比较有代表性的文章如谢思炜的《杜诗“无一字无来处”说的注释学思辨》（《河北学刊》2017 年第 2 期）和傅宇斌的《选本与注释学视野下的〈唐宋词选释〉及其词学史意义》（《古代文学理论研究》2019 年第 1 期）。这些文章都对传统上用训诂方法注释诗歌表示了批评，提出了诗歌注释的新要求，这也丰富了现代注释学的方法和理念。近几年来将注释学运用于学科教学的研究越来越多，2018 年南京师范大学刘苹的硕士论文《高中古诗文注释研究》、2020 年上海师范大学董佳雪的硕士论文《统编本初中语文教材注释系统研究》、2020 年江西师范大学李桂林的硕士论文《2016 年统编版七年级历史教科书注释研究》都在此研究范围之内。这些成果都可视为对传统注释学观念的突破。

总体上讲，关于注释学的学术文章还有很多。早期研究多侧重于注释学和训诂学界限的探讨，近些年大部分集中在现代语文学注释和诗歌的注释诠释研究。注释学学科建设问题的讨论也逐渐趋于平静。不少的学者注意到了注释发展史与经学史之间的联系，但是在他们的文章或著作中都只是简单提出这一论断，并没有从这方面入手深入地分析论证。这些文章基本关注到了注释学、训诂学、经学和社会文化之间的联系，但可以看出探讨的重心大多放在唐代以前，宋代及以后的经学注释研究相对缺乏，并且宏观研究多于专题研究，专经的注释研究中也鲜有细致到从注释的某种体例入手，具体分析其发展和演变的。学者们在具体经书的注释研究中基本还是以训诂学的知识为基础，并没有致力于注释学本身的理论构建。从这些研究中可以看出，虽然学者对注释学的认识有了一定的深化，而且也都意识到注释学的范围远大于训诂学的范围。但是在进行注释研究的实践时，依据的基础仍然是训诂学的基本理念。现在的研究并不充分，对于注释学很多具体方面的探讨，比如注释体例的发展演变和意义转变，都有值得深化的地方。因此，从古籍文献注释的层面讲，关于这方面的研究还有可拓展的空间。王国维曾提出“一代有一代之文学”[①]，注释学领域事实上也与此类似，每个时代都有各自代表性的注释理念和注释方式。研究注释学通史、注释学断代史，注释体例的发展演变，深入挖掘注释学与时代文化、与其他相关学科的联系，仍需要众多的学者投入进来。

（三）关于宋代《春秋》学的研究

经学研究是一个大命题，宋代《春秋》学则是整个经学研究重要的组成部分。我们要探讨的实际上是宋代经学与注释学的关系，注释学发展到宋代何以呈现出与前代完全不同的面貌？经学的变革又是如何带动注释的转型？宋代注释学在注释史中占何种地位？宋人的《春秋》学著作是否能够反映出宋人的注释特点？要回答这些问题并非易事，但从小的切入点入手，试图去解决这些问题，给出一个答案，却是对注释学发展极其有利的事。在研究这些问题之前，除了梳理注释学成果外，对宋代《春秋》学的研究现状也要有一个整体性的把握。

从梳理文献的成果来看，目前关于宋代《春秋》学的研究总体呈现一种趋势：从宏观的史的研究到具体专人专书和特定思想主张的研究。自皮锡瑞的《经学历史》成书以来，刘师培、马宗霍、周予同以及日本学者本田成之等都有经学史著作出版。新中国成立之后，又有许道勋、吴雁南、姜广辉等多位学者的经学史问世。这些著作中都谈及宋代《春秋》学的情况。经学史对宋代《春秋》学的论述有一定参考价值，但终非其研究重点。沈玉成和刘宁合著的《春秋左传学史稿》（江苏古籍出版社 1992 年版）、戴维的《春秋学史》（山东教育出版社 2004 年版）、赵伯雄的《春秋学史》（湖南教育出版社 2004 年版）、葛焕礼的《尊经重义：唐代中叶至北宋末年的新〈春秋〉学》（山东大学出版社 2011 年版）等著作对宋代《春秋》学的研究更加深入。在论及宋代《春秋》学时都相当详细地列举了宋代的专人专著。但对于叶梦得的学术成就，大都未进行细致的研究，只有一个大致的概述。这些著作有助于整体把握宋代《春秋》学在整个《春秋》学发展史中起到的作用，并可借以了解叶梦得《春秋传》大致的历史定位。

从宏观上来看，在研究宋代《春秋》学时，学者们已经注意到联系宋代的学术观念、社会制度以及文化等各个方面，而且关注到宋代《春秋》学发展中整体呈现出的时间阶段性、地域性等特点。这种宏观的研究已经不独属于文学或者文献学领域，而是将学术思潮、社会政治文化等相关背景全部纳入的整体研究。代表性成果有 2005 年四川大学杨世文的博士论文《宋代经学怀疑思潮研究》、2007 年四川大学李建军的博士论文《宋代〈春秋〉学与宋型文化》、2009 年西北大学侯步云的博士论文《北宋〈春

① 王国维著 . 宋元戏曲史 [M]. 上海：上海古籍出版社，2019：01.

秋〉学研究》、2010 年浙江大学赵瑞广的博士论文《庆历之际的文化转型：宋学的历史生成》和 2011 年华东师范大学孙旭红的博士论文《居今与志古：宋代〈春秋〉学研究》等。这些成果多是从宏观方面去探讨宋代《春秋》学，除了介绍研究方法论和述评之外，都关注到了《春秋》学中所反映的社会文化的各个方面，并且注重从解经著作的分析中勾画学术演变的过程。个别文章已经关注到注释方式中反映出的思想文化倾向。从学科属性上讲，这些文章更接近历史学的研究。但如果深入探析，专门从《春秋》经的注释方式入手的研究更属于文献学的范畴。这些文章有助于分析宋代《春秋》学与经学、史学、理学、社会政治之间的关系，对宋代学术史背景的研究也更为透彻。

从微观层面看，具体针对专人专书或某一思想主张的研究也越来越细致。文献梳理分析和地域研究也被广泛地纳入《春秋》学的研究范围。学者们不断地挖掘新的人物、新的著作，立足于著作本身，而进行细致入微的解析。杨向奎的《宋代理学家的〈春秋〉学》（《史学史研究》1989 年第 1 期）论述了宋代程颐、胡安国等理学家在阐释《春秋》经时对王道纲常思想的采纳。张尚英、舒大刚合作的《宋代〈春秋〉学文献与宋代〈春秋〉学》（《求索》2007 年第 7 期）、张尚英的《宋代浙人〈春秋〉学著作叙录》（《宋代文化研究》第二十四辑，第二十五辑）这两篇文章则偏重宋代《春秋》学文献的梳理和介绍。2002 年四川大学张尚英的硕士论文《刘敞〈春秋〉学述论》、2008 年复旦大学王江武的博士论文《胡安国〈春秋传〉研究》、2009 年苏州大学王昆笛的博士论文《胡安国〈春秋〉学思想研究》、2012 年山东师范大学赵琛的硕士论文《孙复〈春秋尊王发微〉研究》、2013 年暨南大学刘晓雯的硕士论文《黄仲炎〈春秋通说〉研究》、2014 年山东大学孙俊柯的硕士论文《张洽〈春秋集传〉研究》、2018 年扬州大学张悦的硕士论文《叶梦得〈春秋〉学研究》等文章都属于专人专书的研究范畴。刘敞、胡安国、孙复、黄仲炎、张洽、叶梦得等人的《春秋》学著作被学者们深入地挖掘。这些文章不仅论述了以上学者们的解经思想，而且对他们的《春秋》注释文本都有比较详细的分析。

宏观学术史研究和专题研究基本上是学者们在研究宋代《春秋》学时常用的模式，并且都力图在各自的研究视野之下深化和拓展。但是从研究方法上来看，宏观和微观的结合并不被学者关注。从现代学科视野中找寻学科之间的关联，这在宋代《春秋》学研究领域也很少见。以注释学发展为背景，以传注体系的发展为线索，结合宋代《春秋》学的发展情况，分析两者之间的联系，这种研究对于宋代《春秋》学的研究来说是一种新颖的研究模式。总而言之，关于宋代《春秋》学的研究成果有一定的参考价值，有助于更加全面地了解宋代的文化背景和学术背景。在此基础上，建构经学与注释学的联系，打破学科壁垒的思考才能够更加成熟。

通过以上三个部分的梳理，关于宋代《春秋学》、注释学和叶梦得经学成就等方面的研究成果已经基本清楚。概言之，无论在宏观层面，还是微观层面，都有很丰富的成果。宏观研究更加完备，微观研究也在不断地深化和拓展。但在宏观与微观视角的结合上，学者们往往忽略了这二者之间的联系，也很少关注到宏观影响微观，微观反映宏观的现象。具体表现在研究成果上，宏观的经学史、宋代《春秋》学的综合研究、叶梦得的整体研究、注释学框架的构想，这些方面成果很丰富。在微观层面上，宋代《春秋》学中反映的某种思想、专人专书研究、专书的注释研究，也有不少成果出现。但是关于注释学对宋代《春秋》学的影响，叶梦得《春秋》学著作中反映的注释演变现象，这种宏观与微观结合的研究还有可开拓的空间。换句话说，就宋代《春秋》学和注释学两者来说，由于文献繁多，引起学者们关注的时间不久，大多学者们仍然是在做整理归纳或介绍的工作，把更广泛的知识和材料呈现出来。有一些文章和著作尝试通过这些基本材料思考学术发展规律，涉及到了学术史与文化史相互结合的研究。但在具体问题的深化上，还有更多值得深思的空间。宋代的文献很多，因此目前学者们还是倾向于做整理归纳和介绍的研究。但在这些成果的基础上，打破时代、地域和学科的限制，思考相互之间的异同之处，这种研究对学术发展也很有价值。从这个层面上讲，目前的研究还需要继续深入。

三、研究意义与价值

注释，是关乎文化传承的大事。注释的产生就是为了消除阅读障碍，使文化得以更广泛地传播。以注释学的理论背景和视角去研究叶梦得的《春秋传》，这不仅有助于推进学术研究方法的创新，加快学科理论建设，更能引起学者深入地思考学术与文化之间的联系。就此而言，本书写作的意义与价值主要体现在以下四个方面:

第一，在对叶梦得的研究方面。本书通过对其经学成就进行细致的挖掘，更深层次地推进了对叶梦得经学成就方面的研究。

叶梦得一生博学多识，著述宏富，在很多领域都有独特的成就。目前学者们对叶梦得研究主要集中在文学方面，对于其经学成就虽有人关注，但研究层次仍不够深入。从注释学的视野去研究叶梦得的《春秋传》，不仅开拓了叶梦得学术研究的新视角，同时也深化了对叶梦得经学成就的探索。这种研究能够使学者们从文献学和经学两个方向了解叶梦得的学术旨趣，从而更加立体地呈现叶梦得的学术思想。

第二，在对注释学的研究方面。凸显注释学与其他相关学科的联系，深化对注释学学科内涵的认识。以宋代政治文化为背景，以经学为切入点，深入分析宋代注释学的时代特点。

从古至今，有很多的学者对古籍的注释体例有过论述，许慎、刘知几、章学诚、段玉裁、王力、张舜徽等一代又一代学者对注释学的发展都有自己的贡献。中国古代的经典传承以注释为主，但又不完全等同。现在关于经典阐释的研究层出不穷，但大多是从宏观的角度探讨诠释与意义建构的关系，而且多援引西方诠释学理论，很少把研究重心放在古代传统注释体例本身。从经学文献的文本出发，以传统注释学理论为基础，着重去探讨传注经书的方法体例与学术思想的关系。这有助于学者们更广泛地认识注释学所涵盖的范围。在经学研究的深化中，学者愈加清晰地认识到文献学、注释学在经学发展中的价值，了解经学与注释学之间的关联。这有利于深化学者们对学科的认识。学术思想影响注释的体例，注释又能反映出一代学术之特点，注释学一直伴随着学术思想的发展而演进。这样既从思想史角度凸显了注释学所具有的价值，还明确定位了注释学中未被关注到的领域，加深了注释学本身的理论内涵。通过对注释实践的整体把握，促进对注释原则和注释规律的总结。

第三，在对《春秋》学的研究方面。深化了对宋代《春秋》学的探讨和分析，细化了对《春秋》经注释类型的研究，并且通过对经传升降分合现象的分析，凸显《春秋》学与社会文化之间的密切联系，有助于明确《春秋》学研究的现实意义。

在先秦学术发展过程中，以鲁国国史为基础而定型的《春秋》文本逐渐在后代走上“经”的地位。从学界对《春秋》学的研究来看，以汉、唐和清代的成就最受关注。对于宋代《春秋》学的研究，在宏观和微观两个层次都有所拓展，但并未完全成熟。本文从经传模式入手，将文献学理论应用到《春秋》学研究，这有助于更细致、更深入地探究宋代《春秋》学的具体情况，深化了宋代《春秋》学的研究，实现了宏观研究和微观研究的结合。注释体例研究与经学研究的结合也能较好地重估“经”与“传”的定位，由此才能从根本上探讨经传的升降与分合问题。这个问题在《春秋》学上表现得十分明显。从经传地位的变化中能够凸显经学与社会思潮之间的联系，这有助于发掘《春秋》学研究的现实意义。

第四，在对宋代经学的研究方面。本书拓展了经学研究的视野，从注释学发展的角度分析宋代经学的内涵，对学者们更加细致地认识宋代学术具有推进作用。

中国经学发展到宋代之后有一个明显的革新，皮锡瑞称之为“经学变古时代”。宋代四书学的产生对原来的五经体系有一定的冲击，从具体产生的著作中看，这种冲击并非矛盾对立，也不是完全取代，而是彼此之间的相互融合，而这一切都是在宋代学术的大背景下逐渐完成的。鉴于传统经学史对宋学的概括只能反映宋代经学的显性问题，宋代经学中较为复杂的细节问题仍需要更加深入的探讨。本书从对叶梦得《春秋传》的研究中探讨注释学体系和经学体系，乃至与整个时代的学术思潮之间的相互影响和交融。经典的注释方式伴随着学术主张的发展而产生变化，宋代经学疑古思潮恰恰推动了“舍传求经”这种注经模式的盛行。宋人正是借助这种新的注经模式，将新的思想融入到自己的经书阐释中。对宋代经学的特点进行深入分析，便能发现理学最初正是依托于宋人对五经的解释而逐渐产生。明确宋代经学在经学史与注释史中的双重定位，有助于深入理解宋代学术发展的过程。

第一章　叶梦得及其《春秋传》概述

关于叶梦得的文献资料，可以参考的有很多，叶梦得的个人著述、历代史籍的记载、学者的研究成果等，都为研究叶梦得提供了依据。有关叶梦得的生平著述以及交游问题，现代学者已经取得了比较丰富的研究成果。特别是王兆鹏《叶梦得年谱》的出现，解决了很多历史遗留问题。因此，本书关于叶梦得生平及学术渊源的部分，主要以历史文献为基础，以《叶梦得年谱》为参照，并广泛参考今人研究成果。但是，由于叶梦得的时代距今已有近千年，很多文献材料在传播过程中出现了不同的版本，由此出现了一些问题也未被一一发掘。因此，除了概括和辨析叶梦得的生平及学术外，针对叶梦得《春秋传》不同版本而产生的问题，也将一一说明。最后，由于叶梦得除了在文学领域卓有建树外，还曾对传统的经籍进行注释，并借此表达自己的思想理念。因此要对叶梦得《春秋传》中的注释进行研究，也需要对叶梦得与注释学之间的关联有一个明确的把握。

第一节　叶梦得的生平交游与学术渊源

叶梦得（1077—1148），字少蕴，自号石林居士，后人常称其为叶石林、石林先生，苏州长洲（今江苏苏州）人，《宋史·文苑传七》有其传记。根据历史文献记载和今人的研究成果，可以勾勒出叶梦得一生的生活轨迹。纵观叶梦得一生的经历和交游，文人意趣仍是叶梦得人生的主线。其经学成就，则是由许多因素共同造就：自小家庭环境的熏染以及读书选择使叶梦得具备了儒者的功业之心。青年时期与晁补之等人的频繁交流则使其在思想上受到了苏门蜀学的影响。官场上的起伏促使其产生了著书传世的念头。两宋之际的国家危机则对其《春秋》学著作中“尊王攘夷、原情定罪”的思想主张有重要影响。最后，晚年漫长的隐居生活以及与苏学后人的交往促进了其经学、诸子学等著作的完成。

一、叶梦得的生平及交游

叶梦得的一生，前半生在仕途上青云直上，后半生则时有起伏。但生活中的波澜并未改变叶梦得旷达的人生态度，他的文人意趣和学者之心一直贯穿人生的始终。这样的生平经历和人生志趣，也直接影响到他的著作。

（一）叶梦得的生平经历

叶梦得出生于世宦家庭，曾祖叶纲曾被赐金紫光禄大夫，曾叔祖叶清臣官至翰林学士，父亲叶助，曾任颍州通判。母亲晁氏，是晁补之的姐姐。生于这种家庭环境下的叶梦得七岁便能熟诵诗文，十岁跟随蜀人乐君学习六经。元祐八年（1093），叶梦得入京师开封应考，与舅舅晁补之往来密切。次年（1094），初试不第，随后一路返回，途中多有诗词创作。

绍圣四年（1097），叶梦得二十一岁再试礼部登第。随后青云直上，先后任丹徒尉、检点试卷官、议礼局编修、祠部员外郎、翰林学士。大观元年（1107），叶梦得劝蔡京稍弛元祐党禁，大观二年（1108），又上书极言朋党之弊。

大观三年（1109），叶梦得的人生出现转折。是年五月，叶梦得罢翰林学士，出知汝州（今河南汝州），未去赴任，以奉祠为由寻免官，随父居颍州（今安徽阜阳）。之后一路游山玩水，返回苏州，并且闲居数年，多与文士有诗词唱和。政和五年（1115），起知蔡州（今河南汝南），次年赴任，又复龙图阁直学士。政和七年（1117），移知颍昌府，期间多与苏门后人结诗社唱和。宣和二年（1120），罢知颍昌府，提举南京鸿庆宫。罢官后居楚州（今江苏淮安）一年，次年返回湖州卞山（今浙江湖州）。居卞山期间多与友人同游。宣和七年（1125）除吏部尚书，后罢职奉祠。靖康元年（1126），起知颍昌府，才及半月，改知东平府，又移知应天府，同年又罢应天府，复职知杭州。

建炎元年（1127），复龙图阁直学士。建炎二年（1128），以兵变罢职，后试户部侍郎，拜翰林学士。同年十一月，试户部尚书。建炎三年（1129）二月迁尚书左丞，未及半月即罢，旋归卞山。绍兴元年（1131），起为江东安抚大使，在建康（今江苏南京）任职，绍兴二年（1132）罢官离任，随后返回卞山寓居。自此之后数年间，叶梦得以著书藏书为乐，常与文士交游。绍兴八年（1138）除建康帅，三辞不允，遂赴建康（今江苏南京）任职。绍兴十二年（1142），移帅福州（今福建福州），次年到任。绍兴十四年（1144），落职奉祠，次年离开福州返回卞山。后居卞山三年而卒，赠检校少保，享年七十二岁。

（二）叶梦得的交游情况

叶梦得自小受家庭环境的熏染，跟随父亲读书，不仅在六经典籍上用功甚勤，同时也熟读诗词文章。十七岁去开封应考，与舅舅晁补之交往密切，在受蔡京赏识进入政坛之前，有将近四年时间都在开封与文人交往。自绍圣四年（1097）进入政坛之后，十余年内一直高升，从地方官署直至翰林学士、中书舍人。在任职期间不仅与朝中重臣有所交往，也举荐了一批有识之士。大观三年（1109）被贬官之后，一直游历于山水之间，与文人诗词唱和。后期虽数次被起用，但与其来往的仍多是以往的故友以及当地的文人志士。简单来讲，可以根据叶梦得不同的人生阶段去分析其交游情况。

首先是少年时期的读书交游活动。叶梦得从小跟随父亲读书，十岁时随父入蜀，跟从蜀人乐君学习六经。《避暑录话》中记载："乐君，达州人，生巴峡间，不甚与中州士人相接，状极质野而博学纯至，先君少师特爱重之，故遣吾听读。今吾略能记六经，皆乐君口授也。”[①]元祐八年（1093），叶梦得去京师开封准备应考，往来于舅舅晁补之家。《书高居实集后》中记载：“元祐末，余与居实同举进士，试春官，数往来舅氏晁无咎家。”[②]在这期间，他与晁补之讨论学术，并且结识了张耒等一些当时文士。叶梦得在少年时期的交游活动，奠定了他的学术基础。他从小跟随父亲和老师打下了牢固的经学基础，并且在开封期间与苏门学者交流学问。其中不仅涉及文学创作，也有学术问题。他少年时的这些交游经历也影响到他自己后期学术思想的形成。

其次是绍圣四年（1097）至大观三年（1109）仕宦期间与蔡京的关系。叶梦得自绍圣四年（1097）及第之后，仕途顺利，十余年间步步高升。在此期间，与他有交游活动的不乏当时的名士，诸如葛胜仲、邹浩、张舜民等。但就学界的关注点看，这一阶段最重要的是他与蔡京的关系。《宋史·叶梦得传》记载：“徽宗朝，自婺州教授召为议礼武选编修官。用蔡京荐，召对……”[③]之后数年，他与蔡京关系密切。针对这个问题，现在不少的学者也对此作出了辨析，比较有代表性的是方建新、潘殊闲和王兆鹏。方建新在其《叶梦得事迹考辨》一文中就叶梦得参与定元祐党籍碑和其与蔡京的关系两个问题专门列了两节分别考证。他列举了详细的材料证明叶梦得参与定元祐党籍碑是完全遵从蔡京的旨意，是无奈之举：

> 关于叶梦得参预定元祐党籍一事，《宋史·叶梦得传》及先于《宋史》成书的其他叶梦得的传略均未著录。
>
> 定元祐党籍和立元祐党人碑是北宋后期激烈党争的产物，有一个较长时期的酝酿、准备和发展的过程。[④]

方建新认为叶梦得只是对那些同情元祐旧臣、不满新法的人颇有微词，但全力打压元祐党人则是蔡京的主张。大观元年（1107），叶梦得还曾上书稍弛元祐党禁，放张耒等人出党籍。至于叶梦得与蔡京关系密切的问题，方建新则梳理材料证明叶梦得屡次违反蔡京的意志，多次上书直指蔡京的专横与擅权。从这些考证来看，以往学者对叶梦得的批驳是存在偏颇的。

就现今学者的观点来看，基本可以确定叶梦得本人并未与蔡京等奸党同流合污，对于叶梦得的政治污点，也进行了辩诬。但事实上，从叶梦得本人的人生轨迹与人生选择来看，无论是古代学者批评他操行有亏，还是现代学者认为他洁身自好，都并不能很好地概括叶梦得本人。对比与叶梦得同期考中进士的胡安国，叶梦得确实在仕途上依附蔡京，因此得以一直受到重用。叶梦得不同于胡安国那样执着于儒者的道义，他在人生选择上更多的是“明哲保身”。宋代很多文人不再执着于儒家的道德约束，在

① （宋）叶梦得撰，徐时仪校点．避暑录话 [M]// 宋元笔记小说大观：第 3 册．上海：上海古籍出版社，2001：2660.

② （宋）叶梦得撰，傅增湘校．石林居士建康集：卷三 [M]. 宣统三年（1911）叶氏观古堂刻本．

③ （元）脱脱著．叶梦得传 // 宋史：卷四百四十五 [M]. 北京：中华书局，1977：13132.

④ 方建新．叶梦得事迹考辨 [J]. 文献，1991(01)：109—110.

功业之余也游心于诗词唱和。叶梦得本人有学者之心，也有尽忠报国的理想，他虽依附于蔡京，但确实并未同流合污。同时叶梦得也有文人之心，他能很自如地处理入仕与出仕的关系。他可以依附于权臣去表达自己的政治主张，同时他被贬官时也能远离政坛，以读书吟诗为乐。在取舍时虽然并未与奸邪划清界限，但仍保持了文人的一份清白，不能归入失节之列。

最后是大观三年（1109）被贬官后与文人的诗词唱和。叶梦得在罢官之后一路返回苏州，寓居苏州期间与程俱、贺铸等著名文士交往密切，常有诗词唱和。政和七年（1117）任职颍昌府期间，又与苏过、苏追、晁说之、许亢宗等人共结诗社，写诗唱和。陆友仁《砚北杂志》中记载："叶梦得少蕴镇许昌日，通判府事韩瑨公表……其舅氏晁将之无斁，自金乡，来过说之以道居新郑，杜门不出，遥请入社。时相从于西湖之上，辄终日忘归，酒酣赋诗，唱酬迭作，至屡返不已。一时冠盖人物之盛如此。"①离开颍昌府之后，叶梦得一直往返于任所和卞山之间，其间交游者皆是文学之士，其中很多也是以往的故友。潘殊闲曾在文章中专门介绍叶梦得的交游情况，他列举了一百六十多位与叶梦得有过交往的人物，并分为八类，最终总结道：

> 这一百多位人物，用林林总总形容，不算过分。它从一个侧面反映了叶梦得在其所处时代的影响。这种影响，可以用"石林风范"概括。这就正如龚明之在《中吴纪闻》卷五中谈到其季父龚况与叶梦得"尝为文字交"的背景时，称"叶石林俊声藉甚"，客观地说，这是公允之评。②

这里提到的"石林风范"，是指宋代刘一止《访石林二首·其二》中所言"山泽形容忌太臞，石林风范独何如。时时宾客倾家酿，个个郎君读父书。"③叶梦得在当时就以文才为世人所知，诗词创作也和国家的形势相互关联。承平之时多婉丽享乐之词，乱离之际则发爱国之音。这些都符合宋代文人整体的文学创作倾向，宋代文人的人生选择和传统道学家的志趣截然不同。因此，《宋史》将叶梦得列入《文苑传》中，与《道学传》中的人物有明显的区别。也正是由于他的文人心态和所处的闲适生活环境，使得他在经学、子学、诗词、金石、文献等方面都取得了较高的成就。他的人生选择，其实也是宋代很多文人的写照。

了解了叶梦得一生的经历，就可以更深入地了解他的学术渊源。叶梦得没有传统儒学上那种明确的学术传承关系，他的人生经历可能在一定程度上影响其治学的态度。另一方面，他与苏门学者之间的交流，使得他在治学时也明显带有蜀学体道宗经、致用重文、融通三教、不执一家的风格。这些特点，也反映在其解经著作中。

① （元）陆友仁著．砚北杂志：卷上［M］// 笔记小说大观：第十册．扬州：江苏广陵古籍刻印社，1983：328.

② 潘殊闲．叶梦得交游考［J］．湘南学院学报，2007(01)：47.

③ （宋）刘一止著；龚景兴、蔡一平点校．刘一止集：卷七［M］．杭州：浙江古籍出版社，2012：95.

二、叶梦得的学术渊源

从叶梦得的人生经历来看，虽然在各种记载儒学传承的资料中并没有叶梦得的学术师承，但其受到蜀学的影响是显而易见的。叶梦得多次在自己所著的笔记和文章中表达对苏轼的仰慕之情。因此从情感偏好的层面讲，叶梦得更倾向于接受苏轼的学术思想。另外，叶梦得与苏门学士晁补之为甥舅关系。叶梦得前期多次往返于舅舅晁补之家中，后期则与苏轼的后人交往密切。这些都为叶梦得学习和吸取苏轼的思想提供了外在条件。除此之外，叶梦得在文学创作和生活意趣上也都与苏轼的趋同，这足以证明苏轼在叶梦得心中的地位。而叶梦得《春秋传》中兼采众说、包罗万象的注释内容以及融汇众体、传释大义的注释模式恰与苏门蜀学开放包容的思想特点相吻合。

（一）对苏门蜀学的继承

叶梦得在人生态度上虽然不同于胡安国那样的道学家，但在经学方面也作出了不少贡献。从学问上讲，叶梦得对很多领域都有很深入的学习。他的经学成就，主要与自小的家学以及与舅舅晁补之的交往有关。叶梦得从第一次科举到考中进士期间曾有近四年时间往来于舅舅晁补之家。在政和七年（1117）移官颍昌府（今河南许昌）后又与苏轼后人交往密切。他在绍兴八年（1138）与晁氏亲友时常交往，《春秋考》也撰于此年。叶梦得与这些人的交往，促使其在学术上受到了苏门蜀学的影响。除了依附于蔡京在政坛青云直上的时期外，无论是青年读书时期，还是晚年归隐著书时期，他都与苏学后人有密切的联系。

叶梦得与苏门后人的密切交往可以作为考察叶梦得学术渊源的外部依据。叶梦得学术选择上与苏轼的趋同也反映出苏门学风对他的影响。与苏轼一样，叶梦得对经学、子学和文学都有一定的研究。从学术历程上讲，苏辙曾在《亡兄子瞻端明墓志铭》中提及：“公之于文，得之于天，少与辙皆师先君。初好贾谊、陆贽书，论古今治乱，不为空言。既而读《庄子》，喟然叹息……后读释氏书，深悟实相，参之孔、老，博辩无碍，浩然不见其涯也。”[①] 与此相同的是，叶梦得也秉承着儒家到老庄再到佛家的学术历程。叶梦得曾说：“吾少受《易》先君，知为传注治学而已。中岁，稍求老庄，而后知《易》之外有不谋而默契者……晚从佛氏学，读大乘诸经，始廓然洞彻。”[②] 由此可见，叶梦得在学术选择上，无论是无意识，还是有意为之，他的学术路径都与苏轼趋同，这也反映出叶梦得与苏门学术的关系。《避暑录话·题识》中记载：“宋世士大夫喜学禅，苏、黄、晁三君子皆以文字般若，随喜法门……石林为无咎甥，而见地超妙如此，可谓酷似其舅。”[③] 后世在评价叶梦得的学问时，也说他“酷似其舅”，因此说其继承苏门蜀学，也有一定的合理性。潘殊闲曾在《叶梦得与苏轼——兼与王安石比较》（《宁夏大学学

① （宋）苏辙著，陈宏天等点校．苏辙集 [M]. 北京：中华书局，1990：1126—1127.

② （宋）叶梦得撰，徐时仪整理．岩下放言 [M]// 全宋笔记：第二编第九册．郑州：大象出版社，2006：326.

③ 叶梦得著；（清）叶德辉校，涂谢权校点．避暑录话 [M]. 济南：山东人民出版社，2020：7.

报》2007 年第 3 期）一文中分析了叶梦得对苏门学术的传承情况。叶梦得言语中对苏轼的钦羡和赞赏，在酿酒、莳竹、养生等文人生活旨趣上与苏轼的趋同、在文学创作上对苏轼风格和思想的学习再一次间接地表明了叶梦得受到苏学的影响。

从现代学者对蜀学追根溯源的研究成果来看，蜀学“包容开放、吸纳百家”的治学主张在汉代扬雄时就已经确立。舒大刚的《蜀学的流变及其基本特征》[①]（《江苏科技大学学报》2017 年第 3 期）一文梳理了从先秦到晚清民国期间蜀学发展的七个阶段。其中，蜀学初盛的两汉时期和高峰的两宋时期尤其令人关注。“蜀学”概念的形成就是在两汉完成，以儒为主，开放包容且容纳百家的治学风格在此时定型，扬雄是代表性的人物。到宋代，眉山三苏虽然对扬雄的评价都不算高，认为其“好为艰深之词”，但蜀学那种包容的精神却被完整地继承下来。“三教并治、诸法圆通”的特点在苏轼身上体现得尤为明显。蜀学这种从两汉一直延续到两宋的治学特点对整个宋代的学者都有广泛的影响，叶梦得的治学自然也在笼罩于这种风气熏染之下。

谢桃坊在《〈宋元学案·蜀学略〉辩正》（《西华大学学报》2013 年第 1 期）中写道：

> 北宋以来学术界兴起了疑经、疑古的思潮，探讨真正的学术。三苏正是新思潮中颇有影响的学者。他们吸收了原始儒家的某些思想，出入于诸子、道家和佛家，从历史考察以观古今成败的经验教训，更受法家和纵横家的影响，又长于文学与政论，从而形成一种很有特色的学术思想。[②]

谢桃坊认为宋代苏门蜀学在治学时确实有融汇众家以治经的特色，这既与由唐入宋的疑经思潮有关，同时也代表了蜀地学者独特的治学理念。全祖望在为《宋元学案》补订时将苏氏蜀学专列一卷作《苏氏蜀学略》，并且总结道：“荆公欲明圣学而杂于禅，苏氏出于纵横之学而亦杂于禅，甚矣，西竺之能张其军也！”[③]全祖望虽认识到了苏氏蜀学的驳杂，但仍然将其纳入儒学传承的范畴。但是，谢桃坊却提出以三苏为代表，兼及苏门后学而成的苏门蜀学并不能被纳入正统的儒家道统之中。他认为全祖望本是史学家，与黄宗羲的儒学宗旨理解有偏差。从朱熹阐释程学基本思想，建立程朱理学为核心的正统理学之后，“蜀学失去了儒学理论的光辉，还原了苏轼的文学家的本来面目。苏轼并非政治家，也并非儒家，北宋元祐时期所谓的蜀党实际上是苏门文人集团，南宋初年以来所谓的‘苏学’实际上未形成一个学术派别。”[④]谢桃坊的观点虽然略显激进，但事实上还原了苏氏蜀学的本来面目。苏氏蜀学可以作为一个学术流派，但却不能将其归为儒学传承的余脉。这个团体并非以儒学或经学为主要研究对象，而更接近于一个文学团体。叶梦得本人的气质与苏门蜀学的风格完全吻合，虽然在经学方面取

① 舒大刚 . 蜀学的流变及其基本特征 [J]. 江苏科技大学学报，2017(03)：1—13.

② 谢桃坊 .《宋元学案·蜀学略》辨正 [J]. 西华大学学报，2013(01)：6.

③ （清）黄宗羲原著，全祖望补修，陈金生等点校 . 宋元学案 第 4 册 [M]. 北京：中华书局， 1986：3237.

④ 谢桃坊 .《宋元学案·蜀学略》辨正 [J]. 西华大学学报，2013(01)：8.

得了不小的成就，但从本质上来说，文人气质仍是其学术思想的主体。这些内容虽然都无法直接证明叶梦得对苏门蜀学的继承，但在缺乏明确文献记载的情况下，以上材料却能够反映出叶梦得本人对苏门学术的接受。因此叶梦得的《春秋传》遵循的是宋代文学家一脉的注经体系，与道学家宣扬道学思想不同，而是注重多元思想的融会。《宋史》将叶梦得以及多数苏门学者都归入《文苑传》中，这也是很切合实际的。

（二）多元思想的会通

宋代的这些文人虽然以文学闻名于世，且为后人所知。但他们在思想上毕竟受到了儒学的熏染，在整个宋代学术融合的大背景下，他们在治学时也呈现出多元包容的风貌。苏门学者以及叶梦得本人在兴趣爱好方面都比较广泛，读书与治学选择上也都不拘一家。苏轼著有《易传》《书传》，苏辙著有《诗集传》《春秋集解》《孟子解》《老子解》，晁补之著有《太极传》《洪范五行说》《左氏春秋传杂论》等。这些研究方向，在叶梦得的著述中也多有体现。叶梦得在文学创作方面有《建康集》《石林词》，在理论批评方面有《石林诗话》，在笔记方面有《石林燕语》《岩下放言》《避暑录话》，在诸子方面有《老子解》，在经学方面则有《周易传》《书传》《礼记解》《春秋传》《孟子通义》等，在史学方面曾参与编修国史。对比之下可以发现，叶梦得的学术旨趣不仅与苏门学者大体相一致，并且范围更广，门类更多。值得一提的是，潘殊闲《叶梦得对陶渊明的接受与传播》（《阿坝师范学院学报》2016 年第 1 期）一文中强调了叶梦得与苏轼都对陶渊明十分仰慕的事实。这不仅缘于二人对陶渊明闲静率真风格的仰慕，同时也代表了他们对世外之趣、佛意禅理的接受。总而言之，这一切证据都表明了叶梦得对儒释道三家思想的继承，也代表了其对多元思想的融会。这不仅是宋代文人在思想上兼容并包的体现。同时，这个特点也完全符合宋代苏门蜀学的学术旨趣。

本质上，叶梦得与苏门学者一样，都应归于文苑一门。但他们对很多学术领域都有涉及，涵盖了经学、子学、史学、文学等多个方面。这种治学特点正反映了蜀学包容开放的治学风格。因此，即便叶梦得没有传统儒学脉络上的明确师承关系，他的学术渊源也与苏轼一脉相通，他不仅受到宋代开放文化环境的熏染，同时对蜀学兼容并包的风格也有明显的继承。

正是由于这个特点，叶梦得的《春秋传》才跟道学家的《春秋传》有所不同。从程颐到胡安国，他们的《春秋传》主要以阐发义理为主，以理学为纲。叶梦得在《春秋传》中虽然也解释义例，传述理学思想，但也包含了文学、史学等方面的内容，选材明显更为广泛。叶梦得本人虽不能归为道学一门，并且在人生选择上没做到如胡安国那种道学家般的坚贞，但他的儒者之心也是显而易见的。他的《春秋传》，也寄予了他本人的学术理想与治世主张。由于其本人的文人气质，以及苏门蜀学影响下的治学风格，他在《春秋传》中融入了更多的元素。他不仅对理学思想有所发挥，而且也做到了融合三《传》，并且广泛吸收唐宋两代学者疑经思潮下产生的学术成果。这种融合诸家，以经治经、以史治经、以文学治经的方法在经学史上也起到了承前启后的作用。

第二节　叶梦得《春秋传》概说

叶梦得一生著述宏富，但有大半都在流传过程中逐渐亡佚。长久以来，叶梦得一直是以文学家的身份被学者们广泛地解读，事实上他在经史方面的成就同样值得重视。他不仅时常创作诗词，品读鉴赏，也雅好文籍，重视收藏。正是他这种文人旨趣，使得他在传统注释学和文学理论批评两个方面都有建树。对诗词的品鉴构成了他的文学阐释体系，《石林诗话》《石林燕语》是其代表性作品。而与传统注释学相关的内容，则主要体现在其现存的三部《春秋》学著作中——《春秋谳》《春秋考》《春秋传》。从现代注释学的眼光来看，这两部分皆属于注释学范畴，以上这些作品，也构建了叶梦得与注释学之间不可分割的桥梁。

一、叶梦得《春秋传》的成书与版本

叶梦得的《春秋传》是叶梦得完全割裂前人注释，把《春秋》经文单独摘出，并且为经逐条作传的解经著作。至于具体的成书年代，并无明确的文献记载。叶梦得曾在其《春秋考》序言中明言："自其《谳》推之，知吾之所正为不妄也，而后可以观吾《考》。自其《考》推之，知吾之所择为不诬也，而后可以观吾《传》。"[①] 从这段话可以看出，叶梦得这三部注释《春秋》经的著作在写作时也是层次分明的，并且在思想和体例上也是逐步完善的。从现存的文献来看，叶梦得三部《春秋》学著作都成书于晚年。王兆鹏《叶梦得年谱》对此有所考证：

> 绍兴八年戊午（1138），石林六十二岁。
>
> 居卞山，正月，撰《春秋考》。
>
> 石林治《春秋》，著有《春秋三传谳》二十二卷、《叶氏春秋传》二十卷、《春秋考》十六卷。《春秋考》自序末署"绍兴八年正月旦"，是此书撰于本年。《春秋考》自序又谓"吾为《春秋谳》，是正三家之过，亦略备矣"，则《春秋三传谳》成书于绍兴八年正月初一以前，或为绍兴七年撰。《叶氏春秋传》未知作于何时。[②]

上面一段话是王兆鹏的考证结论：《春秋考》和《春秋谳》成书于绍兴八年之前，《春秋传》的写作时间则不能判定。目前为止学者们关于叶梦得三部《春秋》学成书时间的研究也大多沿袭这种说法。如果叶梦得确实如自己序言中所说按照由《谳》至

① （宋）叶梦得著．春秋考：原序 [M]// 景印文渊阁四库全书：第 149 册．台北：台湾商务印书馆，1986：249b.

② 王兆鹏著．两宋词人年谱 [M]. 台北：文津出版社，1994：238.

《考》再到《传》的顺序著书，那么《春秋传》的成书也在其晚年。这三部著作中，只有《春秋传》在历史流传过程中保存较为完整。《春秋考》和《春秋谳》长期以来少为人知，最终是由四库馆臣在整理图书时从《永乐大典》中辑出。《春秋考》原文三十卷，现存十六卷，《春秋谳》原文三十卷，现存二十二卷。叶梦得的《春秋传》较之其前两部作品，不仅文本更为完备，同时在体例和内容上也都更加丰富。

关于叶梦得《春秋传》的版本情况，潘殊闲在《叶梦得著述叙录》（《天津师范大学古典文献研究所学术论文集》2006 年 12 月）中做过详细的考证。据潘文可知，陈振孙《直斋书录解题》最早对叶梦得《春秋传》做过著录。随后尤袤《遂初堂书目》、王应麟《玉海》《宋史·艺文志》、马端临《文献通考》、朱睦㮮《授经堂义例》、朱彝尊《经义考》、季振宜《季沧苇藏书目》、徐乾学《传是楼书目》、《吴兴备志》《江南通志》《湖州通志》《湖州府志》等都曾著录。由此可以大致勾勒出叶梦得《春秋传》的版本流传情况。

《春秋传》最早于开禧元年（1205）由叶梦得之孙叶筠在“南剑州郡斋”刊成。流传到明代则有“五册本”和“七册本”两种。清代主要有通志堂刻本、《四库全书荟要》本、文渊阁《四库全书》本等。潘殊闲的结论可以作为现在学者们研究叶梦得《春秋传》版本情况的参照，但犹有未尽之处。现存通志堂刻本有纳兰性德序文：

> 宋吴郡叶少蕴，当绍兴中著《春秋传》《考》《谳》三书，凡七十卷，又为《指要》《总例》二卷，《例论》五十九篇。开（熙）〔禧〕中公孙筠守延平，刊于郡斋。历世既久，其书不可尽见，所见者《传》二十卷而已。①

纳兰性德认为叶梦得三部《春秋》学著作都在绍兴中期成书，时间相差不远。这篇序文中又介绍了叶筠刊刻叶梦得《春秋》学著作的一些细节，此时叶筠正在南剑州（今福建南平）任职，于是便在此处刊成。文中把“开禧”刊为“开熙”可能是因为避讳或者误字。但同处清代的《四库全书荟要》本仍为“开禧”，目前也并未有学者对此有很合理的解释，由于证据有限，一些猜想也只能存疑。

清代周中孚的《郑堂读书记》对叶梦得《春秋传》有更加详细的考证：

> 《春秋传》二十卷，宋叶梦得撰。《四库全书》著录。《书录解题》作十二卷，盖误倒其字也。《通考》合《春秋考》三十卷、《春秋谳》三十卷共作七十二卷，亦沿陈氏之误。《宋志》作二十卷，则与其自序所云二十篇者合。篇即卷也……末有开禧乙丑其孙筠及真德秀二跋。筠跋载其《春秋谳》《考》《传》三书自序云：“‘自其《谳》推之，知吾之改正为不妄也，而后可以观吾《考》。自其《考》推之，知吾之所择为不诬也，而后可以观吾《传》。’是以并刊三书于南剑郡斋”云云。是三书者阙一则无以见石林之用心也 。朱氏《经义考》载《考》及《谳》二书，并注曰佚。故纳喇容若仅得是《传》宋刊

① （清）纳兰性德 . 叶石林《春秋传》序 [A]// 石林先生春秋传 [M]. 康熙十六年（1677）通志堂刻本 .

本。序而重刊之。今馆臣从《永乐大典》录出《春秋考》十六卷，《春秋谳》二十二卷，分藏于七阁。惟《春秋考》有聚珍版本云。[①]

周中孚这段考证以他所见的材料为依据，比较详细地说明了叶梦得《春秋传》在清代的情况。《春秋谳》《春秋考》《春秋传》三部书最早由叶筠刊成。流传到清代时仅《春秋传》还保存完整，《考》与《谳》皆亡佚不存。四库馆臣从永乐大典中辑出《春秋考》十六卷，《春秋谳》二十二卷，并收于《四库全书》之中。叶筠和真德秀的跋文《四库全书》本刊于《春秋考》卷末。通志堂刻本和《四库全书荟要》则附于《春秋传》卷末[②]。潘殊闲在此基础上又广泛收集了一些目录著作做了比对，形成了比较完善的结论。事实上，仔细翻阅现存的叶梦得《春秋传》，可以发现这本书在流传过程中也并非完整留存。哈佛大学汉和图书馆藏的《通志堂经解》本在桓公十二年冬十一月"公会宋公于龟"条下有小字注明"阙两叶"，后面则少了桓公十三年的事，直接到了十四年，并且缺了前面一段经文，直接是叶梦得的传，之后是"夏五"条的经和注。《四库荟要》本和通志堂刻本相同，只是此条目下小字注明"阙"，并未明确提及缺了几页。现存文渊阁《四库全书》本则完全忽视了这个问题，只是内容与以上两个版本稍有差异。《四库全书》本在桓公十二年冬十一月"公会宋公于龟"条下的传文少了末句"君子修此三者，故全也。桓之大常，不可以求全矣。"并略过了桓公十三年，而十四年的开头又不知据何本增补了"春无冰"一条经文。

这个问题虽然对整部书的研究影响不大，但对一些传统的结论却产生了一定影响。潘殊闲的《叶梦得研究》（四川大学 2005 年博士论文）、姜义泰的《叶梦得〈春秋传〉研究》（《古典文献研究辑刊》2008 年第六编第七册）、张悦的《叶梦得〈春秋〉学》研究（扬州大学 2018 年硕士论文）等均选用《四库全书》本作为主要版本而未参校他本，因此略去了这个问题。通过这个现象，可以反映出叶梦得《春秋传》在流传过程中也存在一些文本缺失的问题。整体来看，这对理解叶梦得本人的注经思想以及其注释方式影响不大，但从这种版本变迁中可以看出四库馆臣对一些经典文本阙失问题进行的修饰与掩盖。

通过梳理古往今来学者们的研究成果，基本上呈现了叶梦得及其《春秋传》的整体情况。在掌握这些信息的基础上，深入研究叶梦得《春秋传》才有所依傍。

二、叶梦得《春秋传》与注释学的关联

从现在的研究成果来看，学者们很早就关注到了叶梦得对经书的注释。叶梦得本人虽然一直以文学闻名于世，但从资料的记载以及其著作的留存上看，他对很多经典作品，特别是儒家经典都做过相当详细的注释工作。叶梦得本人的注释学成就主要集中于经学与诸子两个方面，这一点潘殊闲早有明言。叶梦得的经学阐释属于古籍注释

① （清）周中孚著 . 郑堂读书记 [M]. 北京：商务印书馆，1958：193.

② 叶筠与真德秀所撰跋文见本书附录。

学的范畴，而采用儒释道互证的方法所撰的《老子解》，则偏重思想阐释。从古籍注释学的层面来看，叶梦得对多部经书都曾做过注释。在《春秋》学方面，也将“谳”这种体式引入到经书注释中。宋代无名氏的《南窗纪谈》曾记载：“石林公既为《春秋》书，其别有四：解释音义曰传，订正事实曰考，掊击三传曰谳，编排凡例曰例。”[①]从叶梦得现存的《春秋》学著作来看，《南窗纪谈》中的说法与叶梦得著作内容略有不符。但从注释类例的分布来看，这些著作都显示出叶梦得在注释学上的成就。与此同时，叶梦得对《周易》《尚书》《诗经》《礼记》《论语》等经典所作的注释，也都显示出自己独特的注经特点，可惜这些著作亡佚的较多，一些只言片语只在笔记等著作中收录，因此难以系统地呈现出来。

叶梦得《春秋传》的解经特色，体现为注重礼制研究，援引礼制解经，尤其重视辨明义例。同时，叶梦得大胆怀疑，不拘成见，并且选用了“以事求经、以例求经、以义求经，以意求经”[②]的注释方法，形成了独特的注释理念。当代学者对叶梦得的解经方法和解经特点都做了简单的归纳，肯定了叶梦得在《春秋》学注释方面的独特价值。从前人的研究成果中可以发现，叶梦得对经书的注释已经引起了学者们的研究。但从目前的成果来看，学者们都是从叶梦得的注释文本出发，专注于剖析叶梦得的注释方式与注释理念。在注释学具体的时代特色和注释规律的总结方面，基本很少涉及，对注释学整体的把握和注释理论的探讨上，也并未深入。因此，以往学者在对叶梦得的经书注释进行研究时，也给后来学者留下了可以拓展的空间。叶梦得的《春秋传》出现于宋代，正是经学发生剧烈变革的时代。叶梦得《春秋传》中的注释不仅是其个人的注释方法的呈现，同时也能反映出宋代学者在注释体例和注释思想方面做出的突破。就注释体例层面，传中有论、传中有考、传中有疏代表了叶梦得对“传”体的改造；在思想主张层面，叶梦得《春秋传》的注释中具有舍传求经、经史互证等注释倾向，并且掺杂了理学观念和文学色彩，这都能代表叶梦得在注释方面的成就。当然，叶梦得的注释成就与时代紧密相连，宋代学者承袭前人舍传求经与经史互证的注经方式，这些都直接影响了叶梦得《春秋传》的注释倾向。同时，叶梦得《春秋传》的注释内容中也直接体现出宋代学术会通的思想倾向。思想上的兼容并包促使宋代学者在经书注释时对体例进行拓展，因此叶梦得《春秋传》的注释中也反映出其对注释体例的改造。这些内容不仅代表了叶梦得本人在注释学上的成就，同时也能反映出整个宋代注释学的演进与革新。

小结

以上内容总体上介绍了叶梦得本人及其《春秋传》的概况，梳理了学界目前的学术成果，针对一些存在争议的问题也进行了一定的辨别。从叶梦得的生平著述出发，介绍其人生轨迹及学术历程。然后从中探究叶梦得的学术渊源，分析他与苏门蜀学在学

① 无名氏著，黄宝华整理．南窗纪谈 [M]// 全宋笔记：第五编第一册．郑州：大象出版社，201：196.

② 胡宇芳．叶梦得的《春秋》学 [J]. 儒家典籍与思想研究，2010：171.

术旨趣与治学方法上的相似之处，突出叶梦得对苏门蜀学的继承。最后介绍叶梦得《春秋传》的版本情况，指出叶梦得《春秋传》版本流传上存在的问题，借此辨明版本优劣，选取更合适的版本进行深入的文本研究。在此基础上，以通志堂刻本的叶梦得《春秋传》为底本，对叶梦得《春秋传》中的注释进行细致研究，把叶梦得与注释学联系起来。叶梦得的《春秋传》充分融合了宋代注释经书的整体特点，凸显宋代学者在注释体例与注释内容方面对前代注释风格的突破。

第二章　叶梦得《春秋传》的注释体例

中国的注释实践从先秦发展到宋代，每个时代都对注释的体例有所改造和创新。叶梦得《春秋传》从体例和命名上看虽属于传统的经传类型，但事实上却能够体现出宋代学者对“传”体的改进。从经学发展史的视角来看，每个时代的注释思想不同，注释体例也随之发生变化。注释的发展演变既要适应时代思潮，又遵循自身发展的规律。宋代学者的《春秋》学著作名目繁多，注释体例也很丰富，这虽然能体现出宋代开放多元的文化氛围，但也无形中加剧了统计和归纳工作。就各种书目题跋中所记载的宋代《春秋》学著作来看，有宋一代解说《春秋》的著述名目超过二百种。传、说、论、注、解、微、例、记等名目下又能细分很多小类，并且同名的书也很多，仅以《春秋传》命名的就有十几家。这都凸显了宋代《春秋》学的独特之处。“传”体发展到宋代有着明显的变化，受宋朝时代风气的影响，宋人在为经作传时往往融入了更加丰富的注释元素。“传”主要是为了传述大义，解释经义，但宋人为经书作传时却掺杂了考证、议论、疏解等注释元素。当然，“传”的内涵比较丰富，前代的经传中也有掺入注解、考释的情况，但在宋代，“传”体的内涵在前代基础上进一步得到扩充。宋人在为经作传时不仅仅是为了传述经义，更在其经传中加入了注解、考释、论证、讲说、疏解等多种内容。这不仅展现了宋代学者学问的广博，更显示出宋代学术 融合的整体趋势。同时，这种现象也与宋人个人意识突出，偏好发表议论的文人精神有关。

从现有的研究成果来看，学者们对中国古代注释体例的梳理基本都截至宋代以前。事实上这是由于较为重要的几种古籍注释体例在宋代之前都已经定型，并且在沿用发展中已经成熟。因此张舜徽在总结古代注释体例发展时才会认为“自唐以下，等诸自郐无讥焉。”[①]宋代是一个文化开放的时代，也是十分注重文化创新的时代。无论是经学还是文学，发展到唐代之后已经逐渐走向僵化，传统的学问方法很难在此基础上进行突破。宋人从建国之初，便不得不在文化建构上面临极大的挑战。在这样的文化背景下，宋代学者总结以往的学术成果，融合各种文化思想，不仅推动了文化的创新，也完成了自身独特的文化体系建构，使中国传统文化在宋代形成了一个新的高峰期。具体到注释学上，宋代学者不仅在注释内容和思想上打破前代束缚，形成自身独特的风格。在注释体例上，也完成了自己的创新。他们不仅继承了前代几于定型的注释体例，在此基础上又能加入新的变化，并且还创造出很多新颖别样的注释类型，彰显自身的注释特色。

① 张舜徽著．广校雠略 [M]. 上海：上海古籍出版社，2013：39.

在宋代整体的文化背景下，叶梦得在注释经书时也难以完全脱离宋人的轨辙。他在为经作传时秉承宋人的创新意识，同时融考、论、疏等注释体例于“传”中。这种“传”释经书的模式不仅容纳其全部的学术心血，更是其宣扬自身学术观念的有力工具。虽以“传”命名，同时也带有讲义的性质。因此，从注释体例方面去分析叶梦得的《春秋传》，一定程度上可以窥见宋代学者在“传”体上所作出的创新。在传统注释体例已经难以创新之际，宋代学者为注释学发展开辟了新的方向，注释也随之重新活跃起来。从传中有考、传中有论、传中有疏三个方面对叶梦得的《春秋传》进行剖析，能够具体地呈现出叶梦得对注释体例的改造和创新。

第一节　传中有考

叶梦得的《春秋传》以传命名，其主要内容仍是以解释经文大义为主。但在如此庞大的篇幅中，叶梦得也加入了许多传统“传”体鲜少囊括的内容。这些内容有的是为了辅助理解经文所蕴含的意义，有的则是超出经文之外，属于叶梦得在深入研究时的即兴发挥。叶梦得在其《春秋传》中明显地融入了“考”的内容。首先，是对历史事实的考证，比如桓公元年三月“公会郑伯于垂”条:

> 垂之会，三《传》皆不著其说。吾何以知其为求免于郑欤？放弑其君则残之，周公之刑也。周衰，王政不行于天下，列国有弑其君者，非特天子不能讨，方伯不能正，而有幸而求免焉。卫州吁弑桓公而立，未能和其民，厚问定君于石碏。石碏曰：“王觐为可。”于是教之使朝陈而请觐。曹负刍杀宣公之子而自立，诸侯与会于戚而执之。曹人请于晋曰：“若有罪，则君列诸会矣。”乱臣贼子之所惧者，天子与侯伯尔。天子而与之觐，诸侯而与之会，是既许之为君矣。后虽有欲讨者，无所加兵焉。此周之末造也。宣公弑子赤而会齐侯于平州，《左氏》以为定公会。齐人于是取济西田以为赂，《左氏》亦既言之。桓之会郑，非齐之与宣会欤？郑伯以璧假许田，则济西之会也。盖自隐公初，齐、晋犹未强，郑庄公独雄诸侯。及使宛来归邴之后，隐遂舍宋而事郑，伐宋入许，无不与之同者，此桓之所畏也。是其首求于郑者欤？郑既得赂，然后始固好而为越之盟，故称及焉。及者，内为志也。三《传》惟蔽于易邴之言，不知许田之为赂，是以并垂之事而失之。《春秋》有属辞比事而可见者，吾故以负刍之讨、平州之役而知其然也。①

鲁桓公和郑庄公在垂地会盟仅在《春秋》经文中记载，《三传》都没有对此进行解释。叶梦得对这件事详细的考证，他认为鲁桓公和郑庄公在垂地的这次会盟是为了免

① 叶梦得著．石林先生春秋传 [M]. 康熙十六年（1677）通志堂刻本．本书所引叶梦得《春秋传》的文本，均出自此本，后不繁注。

除郑国的征讨，贿赂郑国以求得自己作为鲁国国君的合法权。叶梦得列举了一些同类事例来说明当时诸侯的类似情况，有弑其国君而自立者，天子理应号召诸侯对其进行征讨。但当时周室衰微，诸侯弑君自立之后求和于其他诸侯国，然后请求觐见周天子，用贿赂来获取正当身份。叶梦得认为鲁宣公如此，曹成公如此，因此鲁桓公也是如此。通过几个事例的对比把垂之会的前因后果考证清楚，这有助于更好地理解经文。

再如庄公二十四年冬“曹羁出奔陈”条：

> 羁，曹君也。何以不言爵？逾年而丧未除也。何以不言子？不周乎丧也。叶子曰：吾何以知曹羁之为曹君欤？射姑卒矣，而曹不见君，君曹者非羁而何？郑忽君郑而突夺之，故书“郑忽出奔卫”，而突归不得系于郑。曹羁君曹而赤夺之，故书“曹羁出奔陈”，而赤归不得系于曹。突之归以祭仲，赤之归以戎，忽、羁正而突、赤不正，故其辞一施之，则羁固所以为曹君也。

曹羁，《左传》《穀梁传》并未对此作出解释，杜预认为或是曹世子，杨士勋认为是曹国大夫，《公羊传》则直接解释为曹国大夫。叶梦得认为曹羁是曹国国君，事实上他的考证方法沿自杜预而来，考证的结果也与杜预基本相同，不同之处仅在于继位前为世子，继位后为曹君。叶梦得选取郑国忽与突夺位的例子来印证曹羁的身份，通过《春秋》的书写惯例与史实的对比，得出曹羁为曹君的结论。叶梦得《春秋传》中考证事实的地方还有很多，考证人名如“夫人姜氏”，考证地名如“邴”等。不仅涉及人名、地名、事件等史实的考证，还包括事件因果的分析。叶梦得把这些内容融入《春秋传》中，可以看出宋代学者在为经作传时所展现的广阔视野。

其次，叶梦得《春秋传》也注重对礼制的考证，比如隐公三年三月庚戌“天王崩”条：

> 天子曰崩，诸侯曰薨，大夫曰卒，士曰不禄，礼也。天子记崩不记葬，举天下而葬一人，不疑也。叶子曰：周天王见春秋之世者十有二，有见崩见葬者，有见崩不见葬者，有崩葬皆不见者。崩以赴书，葬以义见。庄、僖、顷不书崩，不以告，则不得而书也。天子七月而葬，桓以七年则缓，匡以四月、简以五月、景以二月则速，非其时也。葬，天子亲者也。文公以叔孙得臣葬襄王，昭公以叔鞅葬景王，非其礼也。故特书崩，所书也。庄、僖、顷三王以不赴不书葬，所不书也。桓、匡、简、襄、景五王以失时违礼，特书葬，则平、惠、定、灵四王书崩不书葬。周不失时，鲁不失礼，以为常事而不书欤？

《左传》认为周平王之死这件事通知了鲁国，因此书“天王崩”。《公羊传》认为

“天子记崩不记葬”[①]，《穀梁传》则认为“大上，故不名也”[②]。叶梦得在参考以往结论的基础上，对古代葬礼和《春秋》的书法进行了详细的辨析。天子逝世在史书上写作“崩”，七月之期满之后方能下葬。但鲁国《春秋》中的记载有很多种情况，有只记载崩而不记载葬的，有崩和葬都记载的，有崩和葬都不记载的。叶梦得在分辨这些情况时，与古代葬礼一一对应，然后分别阐释形成这种现象的原因。不符合礼法的特别书写以表示贬斥，书崩而不书葬则归为“常事不书”之类。叶梦得把《春秋》书法与古代礼法相结合，不仅更深入地阐释了经文，更是对古代礼制的详细解读。

再比如庄公二十四年春“刻桓公桷”条：

> 庄公之修桓宫，非其节也。以为崇之以致孝欤？则公之即位二十有四年矣，而今始修也。以为坏之而修欤？则修非特楹与桷也。然则何以修？以夫人将归也。古者天子七庙，亲庙四，祧庙二，与太祖之庙而七。诸侯五，亲庙二，祧庙一，与太祖之庙而五。大夫及其皇考、士及其王考，其为礼虽有别，而宗庙之制则未之有间也。商人戒肜日而曰：“典祀无丰于昵”。昵，近也。夫祀且不可丰，而况宗庙之饰乎？庄公因夫人而为之，盖有甚于徒致其丰者。故言丹、言刻则非所以事其祢，言桓宫则非所以事其祖。庄公之厚桓，适以侈之而已。武曰武宫，炀曰炀宫，远也，故以谥举之。宣曰新宫，近也，谥之则疏也。桓以祢而得祖称，岂其厚之乃所以疏之欤？故曰：“斥言桓宫以恶庄也”，《穀梁》其知之矣。

《春秋》经文记载鲁庄公二十四年鲁国修饰桓公庙中的屋椽。三《传》都认为鲁庄公的做法不合礼法，但并未对此进行详细的解释。叶梦得以古代礼制为基础对此进行了考证，详细分析了古代的宗庙制度。天子设七庙供奉祖先，高祖、曾祖、祖父、父四亲庙加上两个远祖庙和始祖庙。诸侯设五庙，父亲、祖父、两远祖和一始祖庙。鲁庄公因为将要迎娶齐姜而修饰桓公之庙，这种做法不合礼制，因此《春秋》记载这件事进行贬斥。

叶梦得在《春秋传》中虽然作了很多考证，但对于无法确定的内容，他也采取考中存疑的做法，为读者提供参考。比如僖公五年冬“晋人执虞公”条：

> 下阳灭，则虞、虢为已灭，故虢亡不书灭，虞亡不书灭，独志执虞公焉。所遗者，惟其君而已。不言以归，虞为已灭，则虞公不得有其国，犹若执之晋也。晋假道以灭人，而复灭其所假，非伯讨也，故以人执。虞称公，或曰商之故爵也，或曰尝入而为王三公者也。

---

① （汉）何休解诂，（唐）徐彦疏，李学勤主编．春秋公羊传注疏 [M]// 十三经注疏．北京：北京大学出版社，1999：36.

② （晋）范宁集解，（唐）杨士勋疏，李学勤主编．春秋穀梁传注疏 [M]// 十三经注疏．北京：北京大学出版社，1999：14.

叶梦得考证晋国灭虞、灭虢的情况，解释了书执不书灭、称晋人的原因。但对于为什么虞称公，叶梦得并未给出确切答案。他把自己所了解的研究成果罗列出来，考中存疑，留待后人进一步考证。

当然，叶梦得的考证也有疏漏之处，如“亲庙二，祧庙一，与太祖之庙而五”明显不符合逻辑。其他关于人物、地名、事件等考证也并非完全被后人接受。但叶梦得把大量考证的结论融入《春秋传》中，对传统的“传”体进行创新，丰富了“传”体的内涵。这种“传”所涵盖的范围已经不仅仅在于传述经义。宋人自己为经作传，不仅从新的角度去诠释经文，并且把自己的研究成果融入其中。从叶梦得的《春秋传》，就可以看出宋代学者对于注释学的创新与发展。以宋代《春秋》学文献为参考，以叶梦得《春秋传》为研究对象，可以看出宋代学者从经书注释的角度对传统经学模式做出的突破。

第二节　传中有论

在古籍注释的体例中，论说体起源也很早。《汉书·河间献王传》记载：“献王所得书皆古文先秦旧书，《周官》《尚书》《礼》《礼记》《孟子》《老子》之属，皆经传说记，七十子之徒所论。”[①]由此可见，早在先秦时期，孔子门徒便用论说体去阐释经书。张舜徽在《广校雠略》中曾说：“传、说、记三者固与经相辅而行甚早，其为书盖主于称说大义，与夫专详名器者不同。”[②]事实上，这三种注释虽然各有特点，但在具体的注释实践中也有难以区分的情况。“传”体主要侧重于传释经义，理论上篇幅较短。论和说则如汪耀楠所讲：“解释义理而以己意述说之也。”[③]是在经文的解释中融入更多自己的想法，或发表议论，或借解经阐说自己的理念。由于这两者都是以阐释大义为主，宋代学者在为《春秋》作传时不自觉地便在传中融入了大量论和说的内容。叶梦得《春秋传》也明显带有这种特点。

叶梦得的《春秋传》涵盖了叶梦得研究《春秋》学的丰富成果，他不仅在《春秋传》中融入大量的考证结果，而且在经文之下还经常发表自己的议论。这些议论有的是针对历史事件发出的感慨，有的则是针对《春秋》书法发表的议论。比如隐公三年春二月己巳“日有食之”条：

> 为天下记异也。日，天下之至阳也。有君道焉，有父道焉，有中国之道焉。食者何？伤之也……惟上帝不常，作善，降之百祥；作不善，降之百殃。自尧舜以来，天人未尝不相因也。有一国之异，有天下之异。一国之异系一

① （汉）班固著，（唐）颜师古注．景十三王传[M]//汉书：卷五十三．北京：中华书局，1962：2410.

② 张舜徽著．广校雠略[M]．上海：上海古籍出版社，2013：37.

③ 汪耀楠著．注释学纲要[M]．北京：语文出版社，1994：32.

> 国，故大灾可系齐，六鹢退飞可系宋，鸜鹆来巢可系鲁。天下之异系天下，故梁山崩、沙鹿崩皆晋也，而不可系晋。日者，有目之所共睹，其系非以天下欤？春秋之时，臣弑君，子弑父，妻弑夫，夷狄侵中国，以其道言之，则阳之伤也多矣。谓其无以致之，不可也。然日月之行，则有冬夏，兆而为至，裂而为分，日食必于朔，月食必于望，不可差以毫厘，谓其非有数焉于其间，亦不可也。或旷年而不食，或仍月而食，强弱在其道，盈缩在其行，皆圣人所不敢知，惟两存而不废，是故以为有以致之也。先王于是伐鼓用币，瞽奏鼓，啬夫驰，庶人走，曰："吾以救日也。"而《春秋》日食则书之，以为有数焉而莫之违。先王于是有救日之失，而无救月之请，曰："是其当然而无与于人也。"而春秋月食则不书，所以正人事而全天道也。

针对隐公三年日食事件，叶梦得论述了很多。他在此条经文之下首先解释说："为天下记异也"，这符合为经作传的注释传统。但在这之后叶梦得大量论述了阴阳之道与人伦纲常的关系，这些明显属于义理的阐发，其中还夹杂着自己的议论。叶梦得又将自己阐发的道理用于《春秋》记事的验证，天道有异则与人事丧乱有关。齐国大灾、六鹢退飞、鸜鹆来巢皆与国内人事相关。春秋时以下弑上的情况很多，因此阳之伤而出现日食。最终作出总结，《春秋》之作，便是为了"正人事而全天道"。从这些论述中可以看出，叶梦得在为《春秋》作传时已不满足于传统"传"体所承载的内容，他把自己的哲学思考和道理体悟融入其中，并且阐发议论。这种做法也代表了宋代学者对传统注释体例的扩展，这在整个宋代都是常见的。

再比如庄公三十年八月癸亥"葬纪叔姬"条：

> 伯姬卒矣，书葬；叔姬卒矣，又书葬，存纪也。叶子曰：《春秋》于纪何其致意之深也？自纪季以酅入齐，不以为叛；纪侯大去其国，不以为奔。终始二十余年，常欲纪之屡见，至叔姬葬而纪绝矣。盖王政不作，诸侯以力相并者，不可尽诛也，故以纪一见之，以为虽齐之强，有终不可以灭纪；虽纪之弱，有终不可以服齐者，则国固非人之所可灭，而人亦不得灭人之国，而天下之争夺息矣。故曰："兴灭国、继绝世，而天下之民心归焉"，孔子之志也。

单以传述经文大义的目的来说，"伯姬卒矣，书葬；叔姬卒矣，又书葬，存纪也"这条注释已经很完整地对经文作出了解释。但叶梦得在此之后，还针对《春秋》经的书法发表了很长的一段议论。他注意到《春秋》经文在记载纪国时特别偏重，然后认为这不仅是对纪季等人的褒扬，更重要的是通过记载纪国这样一个小国来宣扬一种精神：强虽能凌弱但不可以灭国人之心。最后以孔子之志作出总结。这也代表了叶梦得本人对于国家政治的一种期待。宋代长久以来持续地处于辽、西夏、金等强大政权的环伺之下，民心归一，共抗强敌也是叶梦得对国家的期盼。

从以上两个例子便可以看出，叶梦得在为《春秋》作传时，其注释内容已经远远超出了传统“传”体所能涵盖的范围。当然，在中国古代的注释实践中，很多注释体例之间并没有明显的界分，多种体例混用的现象在注释中时常存在。但从学科理论上讲，每一种注释体例都有其自身的特点，每个朝代的注释文本也都各具特色。在注释体例的范畴内，“传”体和“说”体各自有其不同的侧重。从注释体例的视角分析叶梦得《春秋传》里传中有论的现象，事实上也是对宋代《春秋》学注释特点的一种探讨，是对宋代注释学理论与特点的深入挖掘。

第三节　传中有疏

“疏”作为一种注释体例出现的时间较晚，一般认为在南北朝时期兴盛起来。疏的产生与佛教讲经关联颇深，后被引入儒家经籍的注释中，与魏晋的集解体又相关联。梁代皇侃在《论语集解义疏》中曾说道：“其又别有通儒解释，于何集无好者，亦引取为说，以示广闻也。”[①]在皇侃这里，疏主要是参考各家之说，疏通经文大义。汪耀楠也认为疏的意思就是疏通，“传注之后复有注释，以使传注疏通易晓，故谓之疏。”[②]因此，疏的出现在传注论说之后，是集众家之说，对前人经文和传注作进一步的疏解，以便于读者理解。从体例上看，传和疏有着十分明显的区别，这二者分属不同的注释层级。但从宋代的注释实践来看，以传为名，在传之后进一步疏解前后大义的注释方法却是十分常见。宋人受中晚唐舍传求经思想的影响，不满前代经书下的传文，因此偏好以自己独特的注释方式为经作传。以叶梦得的《春秋传》为例，他在经文下的传文中不仅融入了考、论等注释内容，而且也加入了疏解的内容。他的《春秋传》已不仅是为经作传，传述经义，更与宋代学术风气相联系，赋予“传”以义疏或讲义的风格，以此来反映自己的学术成果，表达自己的思想主张。因此，传中有疏的现象在叶梦得《春秋传》中也十分常见。比如闵公元年秋八月“公及齐侯盟于落姑”条：

> 落姑，齐地也。何以盟？定公位也。叶子曰：吾何以知此盟为定公位欤？《左氏》《穀梁》皆以是盟为纳季子。夫子般弑而季子奔陈，庆父请于齐而立闵公，庆父与季子盖不并立于鲁者。闵公生才八岁，安能内拒庆父之强，外召季子而请诸齐？庆父者，季子之所不得制，权非出于闵公，则鲁人亦安能违庆父召季子乎？此理之必不然者也。《公羊》不为义，而何休独以为季子畏庆父权重后复为乱，如齐闻之，奉闵公，托齐桓而为此盟，是虽无据而吾以为可信。何以知之？落姑，齐地。庆父利闵公之幼而终欲夺之，季子察之审矣，既杀子般而归狱于邓扈乐，则安知不复杀闵公，归狱于人而自取之欤？凡诸侯立不以正，必待于盟会而后定，固非王法矣。桓伯而与郑伯为垂之会，制在郑伯也。

① （魏）何晏集解，（梁）皇侃义疏．论语集解义疏 [M]. 上海：商务印书馆，1937：6.

② 汪耀楠著．注释学纲要 [M]. 北京：语文出版社，1994：43.

> 宣立而与齐侯为平州之会，制在齐侯也。闵公之时，小白方霸诸侯，闵公虽不当立，而庆父之恶不可以不前戒，则假齐之重以定公位者，实季子之意。此吾所谓因陈援以诉于齐，使夫人、庆父之恶不得隐，而后鲁可为者也。经所以书“公及齐侯盟于落姑”，盖齐侯与公即其地以为盟，其谋出于齐，非出于鲁。既盟，而庆父之恶见，其奸不得行于齐，则季子亦可挟齐令以归鲁。是盟固季子定公位，非鲁人纳季子也。

从这条注释可以看出，前面的内容以传述经义为主，可以归为传的内容。但叶梦得在后面用了很大的篇幅去解释落姑之盟的前因后果。列举三《传》的说法并且一一辨析，最后认为是季子要借重齐国的力量制衡庆父，以此来定闵公之位，约束庆父。庆父先指使邓扈乐杀死子般，然后立闵公为鲁国国君。季子担心庆父接下来用同样的手段杀死闵公而自立，因此才借助齐国的力量。这次会盟，就是为了以齐国制衡庆父。通过叶梦得对前因后果的梳理，读者理解经文时也更加便利。

再如同年的“季子来归”条：

> 此公子友也。何以谓之季子？亲贵之也。内大夫奔，未有言归者。此何以书归？贤之也。桓公之子四人，长则庄公也，仲为牙而谋弑公，叔为庆父而杀公。能杀牙以全公，盟闵公以正庆父，则人孰不以为亲而愿其还？孰不以为贵而倚其重？曰：“是乃吾君之季子”云尔。天王书“季子来聘”，亲贵之在上，讥之也。鲁书“季子来归”，亲贵之在下，贤之也。

叶梦得先对经文作了简要的解释，季子即季友，《春秋》记载其归鲁国是对其行为表示赞扬。然后在后面仍用了大量的篇幅进一步解释前面的话。季友保护闵公，并且稳定闵公君位的做法有助于鲁国的稳定，因此《春秋》记载“季子来归”，着重对其贤行进行赞扬。由此可见，传中有疏的现象在叶梦得的《春秋传》中十分常见。事实上，从现在的研究成果来看，叶梦得的结论并未被学者们所认可。叶梦得《春秋传》中的很多结论也有值得商榷的地方。但我们从形式上去看，可以明显发现叶梦得对于“传”体的拓展。叶梦得把丰富的注释内容融入《春秋传》中，这不仅是宋代学者在面临经学和注释学走向僵化时所作出的创新，同时也极大地丰富了“传”体所涵盖的内容。他的这种注释模式，在有宋一代都很普遍，很明显地受到了宋代注释风气的影响。通过对叶梦得《春秋传》的细致剖析，可以很明显地看出宋代学者对注释学的发展所做出的贡献。

小结

以上内容以叶梦得《春秋传》为主要切入点，深入分析了叶梦得在为《春秋》经作传时所采用的注释模式，具体表现为传中有考、传中有论、传中有疏等注释范式。这种注释方法的归纳可为研究宋代注释学提供参考。宋代学者普遍地将更加丰富的内容和体例融入“传”体之中。叶梦得《春秋传》恰恰体现了宋代学者对注释体例的创新。

第三章　叶梦得《春秋传》的注释方法及内容

古往今来，《春秋》作为官方认可的经典著作，一直备受学者重视，也吸引了历朝历代的学者为之作注。随着时代的变迁和语言文字的发展变化，不同时代的学者在对经书文本进行注释时也有不同的侧重。战国时代的讲习之风催生了口传论说等解经模式；西汉的博士制度衍生出以解说天人符命为主的解经倾向；六朝音义之学的兴起加速了注音模式的发展；唐代的大一统思想确立了正义注疏的地位。虽然注家在作注时有一定的选择空间，但不可否认的是，官方的倡导和时代的风气影响着经典注释的方方面面。宋代《春秋》学十分繁盛，文献保存丰富，《宋史 · 艺文志》著录有二百多种，朱彝尊《经义考》著录四百多种。现代学者对此也进行过广泛的研究，比较有代表性的如张尚英、舒大刚的研究，据二人的不完全统计，宋代《春秋》学专著达到602种[①]。李建军在其《宋代〈春秋学〉与宋型文化》一书中附录了《宋代〈春秋〉学著述目录》[②]，里面列举的文献也有四百多种。这些著作名目不一，各有侧重。不仅注释形式多样，并且内容丰富。宋代是一个文化开放的时代，学者们在注释《春秋》时不仅汲取前人丰富的注释成果，同时也以改革者的姿态在经典阐释中彰显着自己的个性。叶梦得主要活动于南北宋之际，他的《春秋传》沿袭了宋代学者舍传求经的注释方式，在具体的注释中又将经学和史学结合。在思想上，他以宋代理学为基础，并且融合文学、史学等内容，最终将这些思想全部表现在《春秋传》中。

对叶梦得《春秋传》的注释内容进行深入研究，可以发现其中包含的宋代学术的一些特点。从舍传求经、经史互证、理学观念、文学元素等四个方面对叶梦得《春秋传》的注释内容进行详细解读，不仅可以看出叶梦得在注释方法上对前人成果的汲引，更反映出叶梦得对宋代社会理念和思想的融会贯通。这几个方面是宋代学者在进行经书注释时带有的普遍倾向，叶梦得在为《春秋》经作传时也展现了宋代学术的特色。

第一节　舍传求经的继承与新变

所谓宋代学者“舍传求经”的研究方法，事实上是后代学者给宋代学术贴上的一个标签。具体在《春秋》学领域，表现为注释内容上删除三传，直接阐释经义。但“舍传

① 张尚英，舒大刚 . 宋代《春秋》学文献与宋代《春秋》学 [J]. 求索，2007(07)：199—203.

② 李建军著 . 宋代《春秋》学与宋型文化 [M]. 北京：中国社会科学出版社，2008：471—486.

求经”这个说法的真正出处现在却难以考证，四库馆臣所撰《春秋集传纂例提要》云：“盖舍传求经，实导宋人之先路。生臆断之弊，其过不可掩；破附会之失，其功亦不可没也。”[①] 四库馆臣认为宋人舍传求经的研究方法从中唐承袭而来，陆淳的《春秋集传纂例》导宋人之先路。现代学者在进行研究时普遍接受了这种观念，认为舍传求经的风气从中唐开始，到宋代则广泛流行。张尚英曾有一篇文章对宋人“舍传求经”的注释实践作出总结。她指出宋代学者偏信经为圣人所作，具有绝对真理性，治经则是为求圣人之心，经传出现矛盾时要信经弃传。宋代学者虽较少对三传进行驳斥，但对经文的解释常与三传都不相同[②]。这个结论基本上总结了宋代学者在“舍传求经”思潮下注释实践的大致特点。叶梦得生活在这样的大背景下，其《春秋传》中也自然而然地带有“舍传求经”的特点。

叶梦得在为《春秋》经作传时也带有明显的“舍传求经”的倾向。他曾在《春秋传》自序中指责三传的缺点：

> 夫《春秋》者，史也；所以作《春秋》者，经也。故可与通天下曰“事”，不可与通天下曰“义”。《左氏》传事不传义，是以详于史而事未必实，以不知经故也；《公羊》《穀梁》传义不传事，是以详于经而义未必当，以不知史故也。由乎百世之后，而出乎百世之上，孰能核事之实而察义之当欤？

他认为《左传》详于史事而经义难以体现，《公羊传》和《穀梁传》偏重义例的阐释，但疏于用史实进行论证，因此论证不够扎实。他所谓的“孰能核事之实而察义之当欤”，从某种意义上讲就是在自问自答，他认为自己的《春秋传》弥补了以往三传的不足，既考察史实，又论证《春秋》义法。他在其《春秋传》中直接删去了三传的内容，在经文之下解释。在其注释中，有尽弃三传的、有支持某家而驳斥其余二传的，当然也有直接采用继承三传观点的。从这些内容中，可以看出宋代学者的“舍传求经”具体是何种面貌，同时也能够对宋代学术的特点有一个更加清晰和深入的认识。

宋代学者“舍传求经”的研究方法究竟如何，上文已经做了简要概述，叶梦得在“舍传求经”问题的处理上则又有自己的想法。现今研究叶梦得《春秋》学的两部主要著作都对此有所提及，但并未进行很好的归纳和总结。张悦的《叶梦得〈春秋〉学研究》只是总结了叶梦得驳斥《春秋》三传的内容，姜义泰的《叶梦得〈春秋传〉研究》则是梳理了叶梦得对三传的批评，在此基础上进一步凸显叶梦得的尊经主张。只能说学者们在对这个问题进行研究时各有侧重，因此阐释的角度也各有不同。本文则是选用开放的视角对叶梦得《春秋传》中“舍传求经”这个问题进行全面的归纳。

首先，叶梦得的《春秋传》并非完全摒弃三传，这与宋代其他一些学者将三传束之高阁，完全凭己意解读经书的做法并不相同。他虽然也将《春秋》经传割裂开来，但事实上却是在会通三传的基础上提出自己的观点。某种意义来说，他的“舍传求经”只

① （清）永瑢等撰．四库全书总目 [M]. 北京：中华书局，1965：213.

② 张尚英．宋人关于“舍传求经、会通三传”的理论阐释与学术实践 [J]. 宋代文化研究，2011：43—56.

是把三传的注释文本舍去，自己却是在折中三传的基础上提出新的观点。因此在《春秋传》中，仍有在三传观点基础上进行发挥的内容。如庄公元年三月“夫人孙于齐”条下注释：

孙，内辞也。内不言奔，若曰“不有其位而自去”云尔。何以不言姜氏？贬也。桓公之死，鲁人既已伸于彭生矣。其所以死，则夫人与有罪焉者，鲁人未之释也，夫人于是走之齐。乱兄弟之伦而绝于人，灭夫妇之义而绝于天，《春秋》于是焉而正之也。叶子曰：有《春秋》之教，有《春秋》之法。法者行之其人，教者施之后世。不以法废教，曰夫人矣，则不可谓之奔，故言孙。不以教废法，则夫人之罪不可容于鲁，不得书其名，故不书氏。

叶梦得的这条注解与三传的说法一致，很显然是综合三家之说而成。《左传》中记载了鲁桓公的夫人文姜与齐襄公私通，然后鲁桓公死于齐国的事实。接下来解释夫人不称姜氏是因为“绝，不为亲，礼也。”[①]《公羊传》则直接指明是齐襄公指使彭生杀死鲁桓公，称夫人“与弑公也”[②]，事实上就是间接参与了杀死鲁桓公这件事，因此《春秋》对其加以贬斥。《穀梁传》主要从义法上对夫人文姜进行贬斥，称“人之于天也，以道受命；于人也，以言受命。不若于道者，天绝之也。不若于言者，人绝之也。”[③]叶梦得在对此条经文进行注解时明显采用了三传的说法，从《左传》中的事迹讲到《公羊传》中的礼法，再到《穀梁传》中的义法，最后整合在一起，形成一套逻辑严谨的说辞。这种做法虽然也能归为“舍传求经”，但事实上却是对三传融会贯通，折中之后形成自己的一套论述。

再比如僖公四年“齐人执辕涛涂”条下注释：

辕涛涂，陈大夫之三命者也。涛涂畏齐师之道其境以病陈，使出于东方。齐侯以申侯之谮执涛涂。不责其师之病人，而责人之不忠己，非伯讨也，故以人执。

叶梦得在解释这条经文时的处理方法与上一例如出一辙。他吸收了三传对于史实和义法方面的注释成果，既叙述了齐侯拘押辕涛涂的前因后果，又分析了《春秋》记载用“齐人”而不用“齐侯”的原因，然后用概括性的论述作总结。这也达到了他所谓“核事之实而察义之当”的注释标准。由此可见，他虽然把三传的注释全部与经文割裂，但其会通三传的注释方法仍十分明显。

---

① （晋）杜预集解，（唐）孔颖达正义，李学勤主编．春秋左传正义 [M]// 十三经注疏．北京：北京大学出版社，1999：218.

② （汉）何休解诂，（唐）徐彦疏，李学勤主编．春秋公羊传注疏 [M]// 十三经注疏．北京：北京大学出版社，1999：112.

③ （晋）范宁集解，（唐）杨士勋疏，李学勤主编．春秋穀梁传注疏 [M]// 十三经注疏．北京：北京大学出版社，1999：60—61.

其次，叶梦得在《春秋传》中也对三传进行详细的辨析。他对三传的结论虽有所继承，但也能指出其不当之处，具体表现为认可三传某家，而驳斥其余诸家。比如隐公二年十二月乙卯“夫人子氏薨”条：

> 子氏，《左氏》以为隐公之母，则声子也；《公羊》以为惠公之母，则仲子也。声子、仲子皆未尝致之为夫人，固不得称夫人。则子氏称夫人，盖隐公之妻，《穀梁》之言是也。

叶梦得在此条辨析了夫人子氏的身份，反对《公羊传》和《左传》两家的说法，认可《穀梁传》的结论。再比如隐公五年春“公矢鱼于棠”条：

> 矢鱼，《公羊》《穀梁》作观鱼，《左氏》作矢鱼，当从《左氏》。矢，射也。古者天子诸侯将祭，必亲射牲，因而获禽，亦以共祭。春，献鱼之节也。公将以盘游，盖托射牲以祭焉。

叶梦得注解这条经文时认可《左传》的结论，认为《公羊传》《穀梁传》有误。诸侯有亲自射猎并且举行祭祀的传统，因此叶梦得赞成《左传》的结论。还有桓公五年春“大雩”条：

> 三传言雩各不同。《左氏》曰：“龙见而雩”，过则书。郊、禘、烝、尝，有常则有时；旱无常则无时。龙见而雩，建巳之雩，以过而书，则旱不得雩乎？《穀梁》以雩月为正，秋雩为非正。志月者，七月、八月、九月也。志秋者，包三月也。月为正而秋安得不正乎？知雩为旱祭，惟《公羊》为近经也。

叶梦得指出《左传》自相矛盾之处。《穀梁传》在此条之下没有解释，叶梦得论述了这样安排的不当之处，最终认为《公羊传》的结论最符合经义，雩应当为旱祭。从这些例子中可以明显看出叶梦得对三传的内容十分熟悉，在此基础上又对三传进行辨析。其中还有同意某两家而反对其他一家的情况，不再举例。总而言之，叶梦得对三传是择善而从，在经过自己判断的前提下，给出最为恰当的结论。

最后，叶梦得的《春秋传》中也有完全反对三传观点的内容，还有补三传未注意到的内容。如隐公六年春“郑人来输平”条：

> 左氏以输为渝，谓之更成。更成，犹言释憾也。杜预以狐壤之战实之。夫释憾何足志乎？二氏虽以渝为输，而以为堕成，则失之尤远甚，盖知其文不知其事而妄意之也。春秋诸侯会盟，口血未干而背之者皆是，曷尝尽以前告？盟且不告，而况于平乎？更成、堕成皆非义之所在，法所不书，吾是以知归邴之为输也。

对于这条经文的解释，《左传》认为是郑国要与鲁国重新修好，“渝”就是弃怨修好的意思，并且《左传》中也记载了鲁、郑结怨且修好的前因后果。叶梦得则认为重新结盟修好不必特意书写。《公羊传》《穀梁传》虽然经文都作“输平”，但他们解释为堕成，就是结盟修好并未成功。叶梦得认为这种理解则差得更远。渝当为输，“输犹输粟然，有物以将之也”，简单地说就是郑国要贿赂鲁国，下文的郑伯归邴就是这个原因，《春秋》特意书写以见讥。

再如桓公二年冬“公至自唐”条：

> 《春秋》无所加损，所大者惟君而已。三《传》或以为备礼则书，不备礼则不书；或以为殆其往而喜其归。齐桓之盟会，安之则不致；或以为会夷狄不致，离会不致，恶事不致，纷然皆不可通，此则不知其说而妄意之也。

叶梦得在为这条经文作注解时参考了三《传》的内容，最后对他们的结论全部摒弃，称他们“不知其说而妄意之”。《左传》认为是合乎礼法，所以书至。《公羊传》此条下无传文，范宁认为是“危其远会戎狄，喜得其反。”[①]叶梦得批评这些论述“纷然皆不可通”，他也给出自己的结论，认为“国君归而告于庙，谓之致，常事也。何以书？大也。”这里可以很明显地看出叶梦得对三传之说的驳斥。

还有桓公十一年春“齐人、卫人、郑人盟于恶曹”条：

> 恶曹之盟，三《传》皆不著其事，而先儒有为贬大夫之始盟者，吾何以信其言哉？前乎此有以诸侯而盟者矣，未有大夫而盟者也；后乎此有以大夫而盟者矣，未有人而盟者也。

这条经文之下三传都没有解释，叶梦得补足三传失注之处，解释了称齐人、卫人、郑人的原因。叶梦得认为以“人”称之是为了贬斥这些国家盟会的做法。《春秋》义法谨严，此处就是为“正大夫之始盟也”。因为他认为《春秋》中大夫盟会就是从恶曹之盟开始的，从此带起了这种违背礼法的风气，因此要有所贬斥。

从以上的材料中可以看出，叶梦得在为《春秋》作传时虽然也是承袭宋人“舍传求经”的做法，但事实上自己对三传的成果有很多借鉴，融会贯通，并且做出辨析。当然，从现有的研究成果来看，叶梦得的解释与今人的一些结论也有不少出入，不少问题仍存在争议，叶梦得的《春秋传》也并未被学界广泛认可，其结论的可信度也比不上清人的《春秋》学著作。但不能否认的是，通过对其《春秋传》的细致研究，我们可以了解到叶梦得在为《春秋》经作传时具体的研究方法和研究视角，这也是能给学者带来一些启发的。

① （晋）范宁集解，（唐）杨士勋疏，李学勤主编．春秋穀梁传注疏 [M]// 十三经注疏．北京：北京大学出版社，1999：37.

第二节　经史互证的引入与发挥

传统的经学注释发展到唐代基本上形成了相对稳定的结论，代表性的成果就是《五经正义》。自此之后，传统的经学研究道路越来越窄，因此唐代很长一段时期都少有重要的经学著作出现。中晚唐学风一变，疑经思潮兴起，经学研究也重新活跃起来。宋人承袭中晚唐疑经思想，并且在研究方法上又有所开拓。经史互证的研究方法虽不是宋人的独创，但在宋代却被广泛地应用于经学研究之中，比较突出的成果体现在对《春秋》经的研究上。

历史上关于《春秋》性质的讨论，开端很早。比较有代表性的当属杜预的一段话：

> “春秋”者，鲁史记之名也。记事者，以事系日，以日系月，以月系时，以时系年，所以纪远近、别同异也。①

这段话为《春秋》定了性，确立了《春秋》史的性质，在整个《春秋》学研究史上产生了很大的影响。他还说：

> 仲尼因鲁史策书成文，考其真伪，而志其典礼，上以遵周公之遗制，下以明将来法。其教之所存，文之所害，则刊而正之，以示劝戒。②

他认为《春秋》应是鲁国的国史，孔子根据鲁国国史进行删改刊正，用来宣明周代礼法。唐代刘知几也承袭这一的观点，他在《史通》中写道：

> 夫《春秋》者，系日月而为次，列时岁以相续，中国外夷，同年共世，莫不备载其事，形于目前。③

这段话再一步确定《春秋》史的性质。他还说：

> 逮仲尼之修《春秋》也，乃观周礼之旧法，遵鲁史之遗文；据行事，仍人道。就败以明罚，因兴以立功；假日月而定历数，籍朝聘而正礼乐；微婉其说，志晦其文；为不刊之言，著将来之法，故能弥历千载，而其书独行。④

孔子根据周代礼法和鲁史遗文修订《春秋》，寓义法于其中，为不刊之言，成为了

① （晋）杜预注，（唐）孔颖达正义，李学勤主编．春秋左传正义 [M]// 十三经注疏．北京：北京大学出版社，1999：3.

② （晋）杜预注，（唐）孔颖达正义，李学勤主编．春秋左传正义 [M]// 十三经注疏．北京：北京大学出版社，1999：11.

③ （唐）刘知几著，（清）浦起龙通释，王煦华整理．史通通释 [M]. 上海：上海古籍出版社，2009：25.

④ （唐）刘知几著，（清）浦起龙通释，王煦华整理．史通通释 [M]. 上海：上海古籍出版社，2009：7.

经典。宋代以前关于《春秋》性质的讨论还有很多，但以以上二说最具有代表性。传统学者们受这种观念的影响很深，但这个结论在宋代受到挑战。根据李建军的结论，宋代文化整体都有一种会通精神。在对《春秋》学的研究上，也有了新的变化。李建军在其《宋代〈春秋〉学与宋型文化》一书中曾说道：

> 《春秋》学与史学殊有因缘，但先宋之时此因缘还主要体现在《春秋》学影响史学上，至于史学影响《春秋》学则乏人问津。就是前者，先宋之时也是成果不彰。实际上，《春秋》学与史学的这种因缘真正获得果报是在两宋。两宋之时，不但有《春秋》义法对宋代史学的渗透导致史学的《春秋》经学化，也有史学对《春秋》经的浸润导致《春秋》经学的史学化。宋人既融经于史，又融史于经，最后成就经史会通的盛事，将《春秋》学与史学的因缘推到极致。①

李建军的这段话已经指明了宋代《春秋》学与史学的关联，并且提出了经史研究在宋代产生会通的现象。他的结论是在梳理《春秋》学史和中国学术史的基础上总结而成，既简洁地概括了《春秋》学与史学的联系，又显示出宋代经史研究方法的创新。宋代学者常把史学研究的方法应用于《春秋》学研究领域，具体表现为宋代《春秋》学著作史学化，并且对《春秋》进行史学解读。当然，宋代学者也将经学研究的方法应用于史学中，比如在修史时受到《春秋》义法的影响。叶梦得活跃于两宋之际，他在经学方面的研究也受到了宋代这种研究方法的影响。但在前人的研究成果中，却很少从经史互证层面对叶梦得的经学著作进行详细论述。事实上在叶梦得的《春秋传》中，就明显能够看出经史互证方法的应用，具体可分为两个层面。

首先叶梦得的《春秋传》有以经释史的例子，比如隐公三年夏四月辛卯“尹氏卒”条下注云：

> 尹氏，《左氏》作君氏，《公羊》《穀梁》作尹氏，当从二《传》。夫人不可以氏君，王之卿氏也。外大夫不卒，此何以卒？天王之丧尝主我，而我丧之也。何以举族？因是以贬世卿也。叶子曰：古者内诸侯禄，外诸侯嗣。内诸侯而嗣，强也。诸侯世国，大夫不世爵禄。诸侯之大夫而世爵禄，僭也。春秋之世，内诸侯之嗣，有如尹氏者，其后卒以擅立君。诸侯之大夫世爵有如齐崔氏者，其后卒以弑君。故尹氏卒以氏书，崔杼出奔以氏书，以为是世卿者所为，故各因其事一见法焉。

关于是尹氏还是君氏的争论，《左传》中记作“君氏”，《公羊传》《穀梁传》都记作“尹氏”，认为是天子的大夫。叶梦得认为人不能以君为氏。古代王畿内的诸侯只能领取俸禄，王畿外的诸侯能够世袭，尹氏在周天子辖内而世代为卿，因此《春秋》以氏命名对他进行贬损。叶梦得根据古代礼制和《春秋》书法断定是《左传》之误，君

① 李建军著．宋代《春秋》学与宋型文化 [M]. 北京：中国社会科学出版社，2008：362.

氏应当为尹氏，这是明显的以经证史的例子。当然，这个结论未被后人完全接受，历史上也有以君为氏的例子。杨伯峻在《春秋左传注》中也未接受叶梦得的观点，他依旧认同《左传》的结论，认为《公羊传》《穀梁传》中写作“尹”当是“君”的残误字，并且举例进行论证，最后还否定尹氏为周大夫的说法[①]。总之，关于《春秋》中的很多问题从古至今都存在争议。叶梦得虽用自己的论证方法给出一个结论，但他的结论也只能做为一种参考，不能成为确论。然而无论事实结果如何，他的论证方法都是值得关注的。

其次，以史释经的现象在叶梦得的《春秋传》中也有表现。比如隐公二年“纪子帛、莒子盟于密”条：

> 《春秋》盖有褒外大夫而字者矣，宋子哀是也。盟，虽诸侯且不得擅为，而况大夫乎？然爱而知其恶，憎而知其善，君子之道也。《春秋》虽正名以定罪，于罪之间有可录焉，亦不以废也。楚屈完来盟，得以名氏见，屈完不得不称名氏者也。齐高子来盟，得以字见，高傒不得不称字者也。屈完之盟以天下，高傒之盟以鲁见，义不得不与，子帛可独已乎？以子帛为裂繻之字，谓莒、鲁有怨，纪侯既婚于鲁，使子帛盟莒以和解之，为鲁结好息民。

叶梦得在解释这条经文时略去《公羊传》《穀梁传》的观点，以《左传》为主。他认为《春秋》所载的诸侯及大夫会盟都是不合礼法的。但有些大夫去参加会盟免除了干戈，有助于国家和平，因此称大夫字而对其进行褒扬。他在注释中举了屈完、高傒两个例子，然后分析了纪国、鲁国、莒国的历史关系，以历史事实证明《春秋》有“褒外大夫而字”的现象。这是典型的以史释经的注释方法。

再如庄公二十八年春“齐人伐卫”条：

> 吾何以知齐人之为贬欤？始惠王立，而五大夫奉子颓以伐王，后幽之同盟三年也。是时天下诸侯已推小白而霸矣，岂非以率天下而尊王室欤？然小白坐视而莫之正也。子颓奔卫，卫背幽之盟，遂与燕师伐王而立子颓。明年，郑厉公和王室，不克，执燕仲父，处王于栎而后入周。又明年，与虢公复王而杀子颓。小白方远伐戎，亦莫之问也，卫自是负其罪。八年，小白亦不讨。至王赐以侯伯之命，请伐卫，不得已而后加之兵，仅败卫人，亦不能执卫侯归之于京师。孰谓郑突能不失幽之盟以正王室，而小白为霸主反远事于夷狄？郑突能执燕仲父，而小白反不能执卫朔，《春秋》所以与卫同罪而一施之，概贬以为人欤？

《春秋》在记载鲁庄公二十八年齐国伐卫这件事时，用“齐人”来贬斥齐桓公。叶梦得用齐、郑、周三国之间的历史事件对《春秋》书法进行了合理的论证。周惠王即位后，周五大夫拥护王子颓去讨伐周惠王。当时齐桓公已经成为诸侯霸主，本应该联

① 杨伯峻著．春秋左传注 [M]. 北京：中华书局，2016：26.

合诸侯去维护王室，但是他并没有采取行动。王子颓失败后逃往卫国，卫国和燕国联合攻打周惠王，然后立子颓为王。郑厉公调和他们的矛盾，把周惠王迎回周地，然后又联合虢公杀了子颓，为周惠王复位。齐桓公对这件事也没有反应。周惠王复位后命齐桓公去伐卫，齐桓公不得已才讨伐卫国，最后也没能带卫侯到京师请罪。郑厉公能够去匡正王室，齐桓公作为霸主却无所作为，因此《春秋》用"齐人"对其进行贬斥。叶梦得梳理这一系列的历史事件，使我们更容易理解《春秋》中的微言大义，这种以历史事件解读经书义法的注释方式在叶梦得《春秋传》中是普遍存在的。

从这些例子可以看出叶梦得《春秋传》中很注意历史事件和《春秋》义法之间的联系。他既能够通过传统的经学义法和礼制去论证历史事实，也能够通过对历史事件的归纳概括去印证《春秋》义法。这种注释方法很明显受到了宋代经史互证风气的影响，表现出宋人经史会通的治学特点。

第三节 理学观念的彰显

众所周知，中国儒学发展到宋代有了显著的新变。理学的兴起造就了儒学的新变，经学的阐释方式也随之发生变化。就目前的研究现状来看，学界对理学的研究成果甚夥。但关于理学的定义，却很难给予十分明确的解释。一般认为，理学是中晚唐儒学复兴的延续，是探讨道德性理以及宇宙、天命、人生、心性的学问，属于哲学的范畴。事实上，理学最早是佛家术语，早在南朝时就已经出现。刘宋宗炳的《明佛论》中称赞慧远法师"高洁贞厉，理学精妙"[①]，后面许多佛家典籍中也有"理学"一词。但现在所谓的宋代理学与以往佛家文献记载的理学不同。宋代理学吸收了前代哲学思想成果，开创了一种新的哲学理念。关于宋代理学与经学的关系，也有很多学者进行探讨。宋代的理学家多是儒生，他们受传统儒家观念的影响很深，因此都偏向于用阐释儒家经典的方式传播自己的思想。另一方面，传统的儒家经师与理学家之间又存在矛盾，他们反对理学家思想中所包含的佛、道思想。于是他们通过注释经籍，完成思想上的统一融会。李建军在《宋代〈春秋〉学与宋型文化》一书中提到：

> 宋代理学家从内在的自身心理偏爱和外在的社会心理环境出发，采用经学形式来表达理学思想，形象言之，即借经学"旧瓶"装理学"新酒"。[②]

这段话很好地反映出宋代理学家在对待经学时的态度。在各种因素的影响下，宋代的理学和经学也出现会通的趋势，这在《易经》的阐释上表现得比较突出，在《春秋》经的阐释上也很明显。二程、张载、邵雍等理学家或对经学发表议论，或直接对经书进行注释。叶梦得作为宋代理学家之一，其《春秋传》中也有很明显的理学思想

① （梁）僧祐编．弘明集 [M]. 北京：中华书局，2011：199.

② 李建军著．宋代《春秋》学与宋型文化 [M]. 北京：中国社会科学出版社，2008：205.

的痕迹。具体来说，主要可以分为两个方面。

首先，叶梦得的《春秋传》中包含了理学的思想，叶梦得在对一些经文进行阐释时融入了理学的主张。比如桓公十五年五月“郑世子忽复归于郑”条：

> 世（之）〔子〕，君在之称也。《春秋》有君薨而称世子者三：郑世子忽，正其为世也；卫世子蒯聩，辨其当世也；蔡世子有，与其能世也。天下莫大于名分，事在名则正名以定其实，事不在名则假名以正其实，《春秋》之义也。

叶梦得在解释郑世子忽重新回到郑国这件事时，着重说明了《春秋》中君薨而称世子的笔法，然后阐释名分纲常的思想。他把理学中伦理纲常道德名分的规范融入《春秋》的解读之中，在解释经文之后，顺便表达自己的理学思想。用理学的思想与《春秋》义法相互印证，这在叶梦得的《春秋传》中十分常见。

再如庄公十五年夏“夫人姜氏如齐”条：

> 夫人不得归宁者也。礼，女嫁，父母在，岁一归。父母没，使人归宁。禄父没矣。夫人前与桓公如齐，已而会于禚，享于祝丘，又至于如齐师，是在襄公之世，其恶为甚矣。然辞无所贬，曰夫人姜氏焉，所谓不待贬绝而自见者也。今小白始霸，而夫人复如齐，小白安得受之欤？古之善治其国者，必先齐其家；齐其家者，必先正其身。小白之正身齐家，亦襄公而已。故其刑能施于哀姜，而其礼不能正于文姜。君子以是病小白，是以与襄公之辞一施之。

从礼制上来讲，女子嫁人之后，父母在世的话每年可回去看望。父母若去世，则不再亲自回去，而是派使者代替自己回去。姜氏却在父亡之后多次回到齐国，与齐襄公私通。《春秋》记载她的行为已是“不待贬绝而自见”。叶梦得针对这一事件阐说自己的观点，他把正身、齐家、治国的一套道德体系融入对这件事的解读中，他认为齐桓公并没有很好地遵循这种道德规范，齐桓公能够处罚哀姜，但却不能以礼法来约束文姜，因此君子对齐桓公的做法进行了贬斥。

还有僖公五年秋八月“诸侯盟于首止”条：

> 《春秋》辞繁而不杀者，正也。书之重，辞之复，其中必有美焉。乐道人之善而恶人之不善，天下之情一也。乐之，故每以为不足，一言不已至于再，再言不已至于三，君子犹以为未也。恶之，则唯恐绝之不速，拒之不严，一言之已过矣，而肯至于再乎？

叶梦得在《春秋传》中也融入了劝善抑恶的思想。宋代的理学主要以阐发天理和人道为主，正名分，序人伦，修其身，守善行属于天下之至理，纵欲弑杀则是灭天理的恶行。叶梦得认为齐桓公率领诸侯定周世子之位，有助于王室安定，因此《春秋》记载这次会盟对其进行赞美。然后他又进一步提出扬善抑恶是人之常情，齐桓公的这次行为，也是值得反复赞扬的。

其次，叶梦得在《春秋》传中对四书的内容有大量的引用，并用其阐发的道理来解释《春秋》经文。比如庄公二十三年春“祭叔来聘”条：

> 古者王之卿士，六命而后赐官，始得自置其臣，以治其家邑，谓之具官。大夫则不得具官，而得臣其邑，官事使摄焉，是亦臣也。是故大夫以具官为非礼，而管仲以官事不摄为非俭。孔子尝为鲁司寇，大夫而三命者也。疾病，子路使门人为臣，子曰：“久矣哉，由之行诈也？无臣而为有臣，吾谁欺？欺天乎！”夫子路岂以必不可行之礼而加之孔子哉？以为孔子尝为大夫，盖得摄官以为臣，而不知不在其位，则门人不可臣也。然则大夫之在位，固有摄官而为臣者矣。

叶梦得在解释祭叔官位时引用了《论语·子罕》篇中的内容。王之卿士六命才得以自置负责治理家邑的官员。《论语》中记载孔子病后，子路召集门人作为孔子的家臣去准备后事，孔子对子路违背礼法的行为进行批判。叶梦得在此引用这个例子，就是为了证明大夫不能设置完备的家臣，须经由天子恩赐，派遣摄行此事的官员来处理。祭叔就是这种情况，按照礼法祭叔不能来鲁国聘问，但可以作为天子派遣的摄臣去办这件事。

再如庄公二十四年八月“夫人姜氏入”条：

> 昔者舜不告而娶，孟子曰：“如告，则废人之大伦，以怼父母，是以不告也。”“不孝有三，无后为大。”使庄公而知此义，不娶于齐，虽不得于文姜，以承宗庙之重，而尽人子之道，与之为舜，岂不可乎？卒之身死无嫡，而庆父得以乘其隙，则庄公之为也。

叶梦得在此处引用《孟子》中关于舜不告而娶的论述，认为按照公理大义来说，庄公不应当娶哀姜，因此不能用“入”而应用“至”。但又举了舜不告而娶的例子，认为若不娶哀姜，则不能尽人子之道，身死而无嫡，则不能止庆父之乱，因此仍记作“夫人姜氏入”。

还有哀公十四年春“西狩获麟”条：

> 《春秋》以获麟为终始，吾既言之矣。四灵，王者之物也。然《易》以《乾》言圣人之进退，而六爻皆取象于龙。其在初六曰“潜龙勿用”。楚狂接舆比孔子于凤而歌曰：“凤兮凤兮，何德之衰也”，是四物者皆圣人以为类，则麟非孔子以自说者欤？龙非时而隐谓之潜，凤非时而出谓之衰，则麟非王者不见，而人获之，固麟德之衰也。孔子伐木于宋，削迹于卫，穷于商周，厄于陈蔡，其亦出非其时，而人以为不祥者欤？道之废兴，君子之用，舍天也，孔子盖自任之矣。故曰：“文王既没，文不在兹乎？”又曰：“如有用我者，吾其为东周乎？”然求之天下而卒不得，则天宜无意于斯也。是以不复梦见周公，则

知其衰；凤鸟不至，则知其已。及颜渊死，曰："天丧予"；子路死，曰："天祝予"，此麟之获，所以为吾道之穷也。春秋有阙一时而不书者矣，有阙二时而不书者矣，此责之于时君者也，未有阙三时而不书者焉。获麟而阙三时不书，其意若曰：《春秋》，吾以无王而著一王之法者也。天下之所宗者，王也。王之所承者，天也。王者既不作，则所谓承天者终何以见乎？此其所以独以春首时而不书王正月，一见获麟而阙其三时，非明王者之事而尽天人之道者，未足与言也。

叶梦得在这里多次引用《论语》中的内容，其目的一是为了凸显孔子的地位，二则阐发《春秋》"明王者之事，尽天人之道"的思想主张。龙非时而隐谓之潜龙，凤非时而出见人德之衰，孔子以麟自喻，虽空有用事之志，却不得其时。及颜渊死、子路丧，后见获麟，终知乱世之不可为也。叶梦得在最后梳理孔子的事迹，以天道人事之理寓于对《春秋》经的解释之中，足以看出他在处理经学和理学问题上趋于会通的学术倾向。

从以上几个例子中可以明显看出，叶梦得在解释《春秋》经文时融入了一些理学的思想，并且在传文里大量引用四书的内容。事实上这种做法在宋代十分普遍，宋代整体笼罩在理学思想之下，因此学者进行经学研究时多会受到理学的影响。甚至很多学者正是借助经学来阐发自己的理学思想，如程颐著《春秋传》就是为了阐发天理伦常思想，胡安国在其《春秋传》中大谈天理人欲之辨。这种把理学思想融入经学阐释的做法不仅代表了宋代学者对古代哲学思想的创新，也体现了他们为注释学创新所做出的努力。他们不仅建构起新的哲学思想体系，而且在经学阐释上也实现了新的突破，这种经学和理学走向会通的双向阐释模式正代表了宋代学者的治学特色。

第四节　文学元素的融入

每一代的文学都是在其文化背景下成长起来的，其中既有文学自身演进的内在逻辑，又必然受到当时文化环境的影响。学术研究的演变和文学的发展有时并非齐头并进，但二者之间却一直都存在内在的逻辑联系。经学与文学的交汇在《诗经》中体现得十分明显，而真正着力于关注经学与文学会通现象的则是宋代学者。在学术会通的大环境下，不仅《诗经》的文学阐释开始增多，《春秋》经中蕴含的文学内蕴也被学者广泛关注。从表达方法上看，《春秋》经文"微而显，志而晦，婉而成章，尽而不污"[①]的纪事特点正代表了用晦、尚简、崇虚、贵曲的语言结构特色，容易形成含蓄美和朦胧美的审美趣味。这种审美趣味又与"温柔敦厚""主文谲谏"的传统诗教理念相近。孟

① （晋）杜预注，（唐）孔颖达正义，李学勤主编．春秋左传正义 [M]// 十三经注疏．北京：北京大学出版社，1999：765.

子云:“《诗》亡然后《春秋》作”[1],《诗》与《春秋》相表里,《诗》之所刺,恰是《春秋》之所贬。《春秋》中惩恶劝善的褒贬等同于诗教中的美刺,与“兴观群怨”的言志传统相发明,共同发挥文学的社会功能。这些观点,张高评的《〈春秋〉书法与〈左传〉学史》一书中都有提及。宋代学者在对《春秋》经进行阐释时也融入了一定的文学元素。当然,这不能完全算宋代学者的独创,但却是由宋代学者大力推广的。

纵观整个《春秋》学研究史,虽然很长一段时间内学者们都是进行义例和史事的阐释,但对于《春秋》文法的关注早在南北朝时就已经出现。唐代的刘知几又强调《春秋》的叙事技巧,从文法上对《春秋》进行点评。他在《史通·叙事》篇中说:

> 夫国史之美者,以叙事为工,而叙事之工者,以简要为主。简之时义大矣哉!历观自古,作者权舆,《尚书》发踪,所载务于寡事;《春秋》变体,其言贵于省文。斯盖浇淳殊致,前后异迹。然则文约而事丰,此述作之尤美者也。[2]

从这段话中可以看出,刘知几强调叙事应该以简要为主。他称赞《春秋》是“文约而事丰”,是“述作之尤美者”。他还说:

> 观丘明之记事也,当桓、文作霸,晋、楚更盟,则能饰彼词句,成其文雅。及王室大坏,事益纵横,则《春秋》美辞,几乎翳矣。[3]

从这些话中可以看出刘知几对《春秋》叙事手法的点评,这也为宋代学者从文学视角研究《春秋》提供了借鉴。李建军在其《宋代〈春秋〉学与宋型文化》一书中从六个方面阐释宋代学者对《春秋》经传意蕴的文学体察:叙述具见本末、纪事曲尽人情、写人活现精神、用语浃髓沦肌、行文前后相应、意蕴悠悠不尽。[4]他的概括总结比较全面。由此可见,一些宋代学者在进行《春秋》经的研究和注解时已经融入了文学理念,并进行文学化解读。叶梦得一生涉足领域颇多,从现在的眼光来看,他的文学成就要超过其经学成就。因此,叶梦得在《春秋传》中渗入文学理念也是很自然的事。这不仅体现出宋代经学和文学研究会通的趋势,也反映了叶梦得本人在宋代文化环境下,自己作出的学术选择。

叶梦得《春秋传》中的文学元素主要分为以下几个方面:

首先,叶梦得在对《春秋》经文解释时常引用《诗经》的内容,继承了《诗经》中“风天下而刺其上”的文学主张。比如桓公三年冬“有年”条:

> 桓、宣皆弑君者也。《桓》书大水、书螽、书雨雪、书无冰,则有年非桓

① (清)焦循著.孟子正义[M].北京:中华书局,1987:572.
② (唐)刘知几著,(清)浦起龙通释,王煦华整理.史通通释[M].上海:上海古籍出版社,2009:156.
③ (唐)刘知几著,(清)浦起龙通释,王煦华整理.史通通释[M].上海:上海古籍出版社,2009:154.
④ 李建军著.宋代《春秋》学与宋型文化[M].北京:中国社会科学出版社,2008:258—268.

之所得致也。《宣》书螽、书大旱、书大水、书蝝生、书饥，则大有年非宣公之所得致也。"于皇来牟，将受厥明。明昭上帝，迄用康年。"武王之诗也；"天降丧乱，灭我立王。降此蟊贼，稼穑卒痒。"厉王之诗也。年之有无，岂非以其君欤？然天之爱人至矣，非其恶有至厉王，未有因其君而夺之年者，则有年其常也，无年其非常也。故曰："自古有年""匪今斯今，振古如兹。"以其常而不能常也。故有年、大有年，各因其人而一见法焉。然卒常也，则不必书，故终《春秋》不以再见，非外此则无年也。

他认为《诗经》中虽然描写了明君治世，农事丰收，昏君当道，农事艰难的情况，但天道自古爱人，不因为君王的过失而剥夺农事的收成。《诗经》中的描写表达的是民众对明君的赞扬和对昏君的憎恨。叶梦得在这段注释中接连引用了《周颂·臣工》《大雅·桑柔》《小雅·甫田》《周颂·载芟》中的诗句，并以此证明农事的收成与国君的行为无关。

再如庄公二年十二月"夫人姜氏会齐侯于禚"条：

鲁之事，君子所难言，而《春秋》之法不可以不正。故《诗》国风十有五而鲁不与，非无诗，不可道也。然《敝笱》《猗嗟》之诗附于齐，盖鲁不可道，犹将以齐见焉。是以桓书"遂与夫人如齐"，则《敝笱》所刺者是已；庄书"夫人姜氏会齐侯于禚"，则《猗嗟》所刺者是已。《诗》言其情，《春秋》著其法。言其情者曲而显，著其法者尽而深。

如果说从上例可以看出叶梦得对《诗经》内容的引用，那么这条注释则突出了叶梦得在解释《春秋》经文时对《诗经》文学表现手法的接受。《齐风·敝笱》篇小序写道："刺文姜也。齐人恶鲁桓公微弱，不能防闲文姜，使至淫乱，为二国患焉。"①《齐风·猗嗟》篇小序则写道："刺鲁庄公也。齐人伤鲁庄公有威仪技艺，然而不能以礼防闲其母，失子之道。人以为齐侯之子焉。"②叶梦得在解释《春秋》经文时完全接受了《诗序》的观点，把《诗经》和《春秋》对应起来，实现了文学、经学和历史的会通。最后提到"《诗》言其情"，这种观念是对传统儒家诗教文学观的继承。

最具有代表性的应属庄公七年冬"夫人姜氏会齐侯于穀"条：

吾读《载驰》之诗，始曰"齐子发夕"，已而曰"齐子岂弟"，是在禚、祝丘之际犹可也。继曰"齐子翱翔"，终之以"齐子游敖"，则无复忌惮矣。故如师、又会防、又会穀、则所谓"盛其车服，疾驱于通道大都，播其恶于万民"者也。是诗与《南山》皆刺襄公，而每以"鲁道有荡""齐子"为言，非

① （汉）毛亨传，（汉）郑玄笺，（唐）孔颖达正义，（清）阮元校刻．毛诗正义 [M]// 十三经注疏（嘉庆刊本）．北京：中华书局，2009：748.

② （汉）毛亨传，（汉）郑玄笺，（唐）孔颖达正义，（清）阮元校刻．毛诗正义 [M]// 十三经注疏（嘉庆刊本）．北京：中华书局，2009：751.

> 恶于我与？《南山》，始恶之诗也，故言大夫见其微而去之。《载驰》，极其恶之辞也，故言不可掩而播于万民。夫见恶于万民，则《春秋》如师之意、防与穀之会，又何责焉？

叶梦得在解释这条经文时引用了《诗经》中的内容，传文中的“载驰”应为“载驱”之误。《载驱》篇小序写道：“齐人刺襄公也。无礼义，故盛其车服，疾驱于通道大都，与文姜淫，播其恶于万民焉。”① 这首诗与《南山》篇都是直刺齐襄公淫乱的，《南山》篇小序写道：“刺襄公也。鸟兽之行，淫乎其妹。大夫遇是恶，作诗而去之。”②叶梦得完全接受了《诗经》的美刺传统，并且将其运用到对《春秋》的注释中。他认为《南山》为始恶之诗，而《载驱》则是极恶之辞。他把《载驱》中的诗句跟《春秋》记载的事件逐一对应，如齐师、会于防、会于穀在诗中均有对应的文句。从这些描写可以看出叶梦得在注释《春秋》时有意识地将文学元素融入其中，把文学应用于经学的阐释和研究中。

其次，叶梦得《春秋传》中的文学色彩还表现为对《春秋》书法的文学化解读。比如桓公二年春“滕子来朝”条

> 春秋之初，小国犹有听命焉者也，故杞于桓以侯见，至僖而书子。薛于隐以侯见，至庄而书伯。与是为三，皆微国也，大国则莫见焉。杞于僖以子见，至文则复书伯，亦以是进之也。自文以后，虽三国亦莫行，则周益衰矣。或者以为进退皆《春秋》。夫爵，王命也，可《春秋》而专之乎？以《春秋》为可专，则诸侯之恶有大于此三国者，何以不贬？或曰小白伯而正王爵，杞、薛盖终小白之世未尝与齐通也。

叶梦得在解释这条经文时注意到《春秋》经文中对于小国之君前后称呼的变化。叶梦得认为《春秋》经文书写十分严谨，同样是称呼杞国国君，鲁桓公时称侯，鲁僖公时称子，到鲁文公时又称伯。国君的爵位，本来是由周天子授予。《春秋》在书写时的前后变化，是寓褒贬于其中的。从这条注释中，可以看出叶梦得对《春秋》书法评价很高，认为其义例严谨，并且前后照应。

除此之外，叶梦得在《春秋传》中还注意总结《春秋》经的用字方法，比如：

> 隐公六年“郑人来输平”条：来，外辞也。
>
> 隐公八年“我入邴”条：入，逆辞也。
>
> 桓公元年“郑伯以璧假许田”条：何以言璧假？不敢正其为赂而为之辞也。
>
> 桓公二年“纳于太庙”条：纳者，以力强致之辞也。

---

① （汉）毛亨传，（汉）郑玄笺，（唐）孔颖达正义，（清）阮元校刻 . 毛诗正义 [M]// 十三经注疏（嘉庆刊本）. 北京：中华书局，2009：749.

② （汉）毛亨传，（汉）郑玄笺，（唐）孔颖达正义，（清）阮元校刻 . 毛诗正义 [M]// 十三经注疏（嘉庆刊本）. 北京：中华书局，2009：745.

桓公六年“蔡人杀陈佗”条：称人以杀，讨罪之辞也。

桓公十八年“葬我君桓公”条：外葬以往会为辞，故曰“葬某公”；内葬以来会为辞，故曰“葬我君桓公”。

庄公二十四年“赤归于曹”条：归，易辞也。

僖公四年“遂伐楚，次于陉”条：遂，继事之辞也。

僖公二十五年“宋荡伯姬来逆妇”条：妇，缘姑之辞。

僖公二十八年“曹伯襄复归于曹”条：归，顺辞也。

文公十六年“宋人弑其君杵臼”条：称人以弑，微者弑君之辞也。

文公十八年“莒弑其君庶其”条：称国以弑，众弑君之辞也。

襄公二十五年“齐崔杼弑其君光”条：称名氏以弑者，大夫弑君之辞也。

昭公二十二年“王子猛卒”条：何以复言王子猛？正终之辞也。

定公四年“葬刘文公”条：卷何以称公？主人之辞也。

哀公十三年“公会晋侯及吴子于黄池”条：会未有言及者，此何以言及？会两伯之辞也。

以上例子总结了叶梦得《春秋传》凸显词语在特定语境下用法的训释倾向。这些词语在《春秋》经文中反复出现，叶梦得在对这些词汇进行解释时关注到其文章学意义。“来”一般用于对外的记载。“入”用于违背礼法的情况下对其进行贬斥。“妇”则一般是用于以婆婆的视角来讲的情况。这些词在《春秋》经中并不以本来的词义被使用，而是被用于特定语境之下，具有特殊的语用学意义。从这些例子的解释中可以看出，叶梦得在对《春秋》经进行注释时已经从语义学的角度对一些高频词汇进行了归纳和阐释。他把词汇带有的语义融入对《春秋》经的解释之中，呈现出经学和文学会通的学术倾向。这种会通，正是宋代整体的学术取向。

小结

以上内容主要从叶梦得《春秋传》的注释内容入手，结合宋代《春秋》学整体特征，重点梳理了叶梦得《春秋传》中舍传求经、经史互证、理学观念、文学元素等方面的内容。叶梦得受宋代学术会通趋势的影响，在为《春秋》经作传时自主地融入了理学、文学、史学方面的内容，并且在传文中进行阐发。他的这种做法不仅代表了宋代学者对于经书注释上的改进和创新，同时也体现出经学发展到宋代产生的新变。宋代很多学者在思想上都受到理学的影响，以理学本身的包容性去容纳文学、史学、政治、经学等方面的内容，并且采用注释经书的方式表现出来。从叶梦得《春秋传》中可以看出宋代主流学术思想对学者注释经书的影响。同时，也可以发现宋代学者在面对传统注释体例时，在内容上做出的拓展。而这些都代表着宋代学者对注释学以及经学发展的贡献，同时也展现了宋代注释学所具有的独特风貌。

第四章　叶梦得《春秋传》的意义与价值

中国文化发展到宋代进入到一个鼎盛的时期，陈寅恪在《邓广铭宋史职官志考证序》一文中曾说："华夏民族之文化，历数千载之演进，造极于赵宋之世。"[①] 由此可见，中华文明发展到宋代，在文化建设方面取得了十分丰硕的成果。一代之文化环境影响一代之学术，但文化的鼎盛并不代表学术的鼎盛。皮锡瑞在其《经学历史》中说："经学自唐至宋初，已陵夷衰微矣。"[②] 又说："故论经学，宋以后为积衰时代。"[③] 他认为经学发展到宋代失去了笃实之风，学问走向空疏，具体的表现则是："宋人不信注疏，驯至疑经；疑经不已，遂至改经、删经、移易经文以就己说，此不可为训者也。"[④] 皮锡瑞的说法事实上略显片面，但这却成为后人总结宋代学术时的一个重要参考，后人在论及宋代学术时，也常先入为主地打上"蹈空""妄改"的标签。四库馆臣在评价汉、宋学术时虽自称"务取持平"，称"宋学具有精微，读书者以空疏薄之，亦不足服宋儒也。"[⑤] 但在具体经解著作的评议上，也时常透漏出对宋代经学的贬斥之意。后代的研究者撰写经学史时，大多是沿袭前人的观点，对宋代经学的总结也基本形成了相对稳定的结论。

事实上，宋代学者在进行经学研究时虽然或多或少存在以上的问题，但他们在研究上取得的成绩也不应被忽视。从整个经学史的背景看，宋代经学的成绩可能不如汉代和清代。但从专题研究的视角去看，宋代学者无论在思想内容还是在研究方法上都取得了很大的突破。"宋学"是清代学者提出的概念，它虽然是对宋代经学研究的整体概括，但却不足以涵盖整个宋代学术的内容和意义。本书所关注的问题是宋代学者在进行研究时主要的思想主张，以及研究视角和方法。经学研究作为官方主流的研究体系，自然是研究宋代学术的重心。宋代学者在其经学研究中融合的理学、史学、文学理念，寄予的政治主张，都是宋代学术的整体反映。在疑经思潮影响下的宋代学者采用舍传求经、经史互证的研究方法则代表了宋代学者对前人研究方法的创新。宋代开国之后无论在政治制度建构，还是在儒学体系建构方面，都对学者们提出了新的要求。宋代本身面临的边患问题、皇权问题等也在宋人经学著作中有所反映。这些问题的交

---

① 陈寅恪著．金明馆丛稿二编 [M]. 北京：生活·读书·新知三联书店，2015：277.

② （清）皮锡瑞著，周予同注释．经学历史 [M]. 北京：中华书局，2008：220.

③ （清）皮锡瑞著，周予同注释．经学历史 [M]. 北京：中华书局，2008：275.

④ （清）皮锡瑞著，周予同注释．经学历史 [M]. 北京：中华书局，2008：264.

⑤ （清）永瑢等撰．四库全书总目 [M]. 北京：中华书局，1965：1.

织存在造就了宋代学术的复杂性。

叶梦得在《春秋传》中充分吸取了前人的注释成果。在形式上，舍传求经的注释模式承继中晚唐风气而来，同时又体现了宋代学者的注释风格。在内容上，叶梦得的《春秋传》并未摒弃前人的研究成果，叶氏辨析公羊、穀梁、左氏等三家的观点，参考诸经正义和注疏，给出相对允当的结论。他将宋代的注释理念融入经书注释，采用经史互证的方法解决《春秋》经中存在的问题。除此之外，他还将理学观念和文学观念融入其中，其传文中有明显的理学和文学色彩。这些特点，都能够反映注释学在宋代的繁盛。

第一节　叶梦得《春秋传》在注释史上的定位

中国的文化起源很早，在悠久的历史长河中，文籍的流传在很大程度上促进了文化的传承。事实上从文籍产生时起，注释便已经产生。从古今学者对注释学的探讨中，我们可以归纳出：注释就是对文籍进行解释分析。从口头传述，到注解文义，注释的形式及内容都随历史的变迁不断丰富和变化。在纷繁多样的注释体例中，传、记、论、说等注释方式可视作注释的源头。据鲁国国史而修的《春秋》相传经孔子手订，在其后两千多年的历史中一直被后人不断地阐释，附于其下的注释也越来越丰富。从三传到正义、注疏再到舍传求经的义理之作，这些注释不仅在内容上不断吸纳既有的知识，还能顺应时代特色展示出新的思想主张。在体例上也顺应内容的变化，完成了一次又一次的体例创新。叶梦得的《春秋传》充分吸收了前代经书注释的成果，融合了宋代经书注释的整体特点，在体例和内容上都展现出宋代学者在经书注释方面的成就。

一、注释学的历史发展

中国的注释实践可以追溯到文籍产生的初期，在漫长的历史过程中也有一条相对清晰的发展线索。从传述大义为主的传记体，到适应汉代古文经学体系而兴盛的章句训诂体，再到盛行于魏晋南北朝时的集解、音注，隋唐时期的正义、注疏，然后到宋代“舍传求经”背景下直寻经义的解经之作。可以看出，在每个时代的学术思潮下，解经的体例都随注释内容思想的变化而发生转变。笼统地讲，战国时代百家争鸣，讲学之风兴盛，由于书写材料的限制，很多经典的传承和注释依赖口传的形式，因此传述论说类注释形式在此时流行。降及两汉，儒家地位提升，经学体系开始建立，今古文学派皆以注释经书的方式表达自己的学术主张，附于经典之下的章句笺注成为主流的注释体例。魏晋南北朝时期，由于保留的文籍越来越多，前代的注释也纷繁复杂，为了更全面地解释经典，集解和义疏体便随之产生。唐代学者和官方政府有感于前代注释的纷繁，于是官方在收集前代经典和注释的基础上，颁布了官定的集大成之作，“正义”这种注释体例便出现了。这种体例的变化不仅是一种形式创新，同时也是在继承前代成果的基础上的自我突破。由此看来，注释学伴随着社会思想的变化而演进，并且以经学为纲，有一条相对清晰的发展脉络。发展到在宋代，不仅兼具以往所有的注释体例，并且注释体例的名目也极大地被拓展。

管见所及，“注释”一词最早出现于南北朝时期。南朝梁刘勰《文心雕龙·论说》中记载：

> 若夫注释为词，解散论体，杂文虽异，总会是同；若秦延君之注《尧典》，十余万字；朱普之解《尚书》，三十万言；所以通人恶烦，羞学章句。若毛公之训《诗》，安国之传《书》，郑君之释《礼》，王弼之解《易》，要约明畅，可为式矣。①

刘勰的这段话是目前所见最早使用注释一词的文献。刘勰这篇文章的本意是为了辨明论、说这两种文体，但其中也涉及了很多注释学范畴内的讨论。刘勰把一些注释抽出，认为注释也具有文学性，注释体例是文体的一部分。在他的理论体系下，《诗》毛氏传、《尚书》孔传、郑注《三礼》、王注《周易》应当作为注释的行文模范。

刘勰在这篇文章中列举很多早期的文本注释，并且用精练的语言作出了评议。中国的注释实践出现得很早，但注释理论的推进却十分缓慢。刘勰以文学的视角关注古籍注释，并且梳理了以往出现的注释类型，还做了总体的评议，区分每种注释体例各自侧重的方向，建立了一套较为完备的早期注释学理论。

> 圣哲彝训曰经，述经叙理曰论。论者，伦也；伦理无爽，则圣意不坠。昔仲尼微言，门人追记，故抑其经目，称为《论语》；盖群论立名，始于兹矣。自《论语》已前，经无“论”字；《六韬》二论，后人追题乎！
>
> 详观论体，条流多品；陈政，则与议说合契；释经，则与传注参体；辨史，则与赞评齐行；铨文，则与叙引共纪。故议者，宜言；说者，说语；传者，转师；注者，主解；赞者，明意；评者，平理；序者，次事；引者，胤辞；八名区分，一揆宗论。②

刘勰在《文心雕龙·论说》开篇的这段话梳理了以往的注释现象，并且理论上作了一些归纳和总结。首先，他认为口传论说这种现象是最早的注释实践。圣人的经典需要注释，门人弟子们对其言论进行追记，因此论说体便产生了。这种说法虽然有不严谨之处，但刘勰以简洁的话语提出这样一种理论，可视为早期注释学理论建构的尝试。

刘勰认为口传论说的注释方式下又可分出各种不同的体例，并且各有其适用的文体。政事书奏用议和说，解释经典用传和注，评骘史事用赞和评，阐释文章则用叙和引。他将以上区分出来的八种注释体例一一进行说明，并且总结了每种注释体例运用于注释实践时各自的特点。最后用“八名区分，一揆宗论”作出总结。每一种注释体

① 詹锳撰．文心雕龙义证 [M]. 上海：上海古籍出版社，1989：701—705.

② 詹锳撰．文心雕龙义证 [M]. 上海：上海古籍出版社，1989：665—673.

例虽然各自有不同的意义内涵和适用范围，但总体而言都属于“论说”体，都是对文籍进行注释。由此可见，刘勰已经进入到注释学理论探讨的层面，他关注的不仅仅是简单的注释现象，而是在梳理前代文籍注释的基础上尝试总结出一套注释学规律。虽然论述比较简单，但却是中国古代历史上少有的理论尝试。

在刘勰之后，唐代刘知几、清代章学诚等人都曾对注释体例有过一些论述，但大多是残章零句，只是议论某些具体的问题。真正对注释体例有进一步思考的是现代学者张舜徽。张舜徽《广校雠略·注书流别论》中有这样一段话：

> 载籍极博，无逾二途，立言者期于明理，载事者务在纪实。然古书简质，旨意玄微，益以十口异辞，五方殊语，事类以之隔阂，义训由此纷歧，经典之必资于注述，势使然也。注述之业，肇自仲尼，下逮两汉，涂辙益广，举其大较，盖有十科：曰传、曰注、曰记、曰说、曰微、曰训、曰故、曰解、曰笺、曰章句。①

张舜徽首先将古人的著述目的分为两类，一种是阐发道理，创说立言，一种是纪事叙述，考证事实。后人在对前人著述做注释时也会有此区分，由于文籍古奥，注释也分为义理和训诂两种倾向。其次，张舜徽认为对经典的注释实践从孔子开始，随后范围越来越广，体例也不断扩充。总结起来，他把注释体例分为十种。这种分类是对既有注释体例的整合和归纳，这在理论的完备程度上超越了刘勰提出的“论说八体”。最后，张舜徽对他总结的注释体例又一一辨析，分辨其出现的时间先后，区分各自的意义内涵，形成了一套较完备的注释理论体系：

> 传之肇端，斯为最朔。后来绍述，其体复殊。
>
> 与传同时而并起者，其唯记乎！
>
> 又记者疏也，疏者通也。许慎作书，俱题曰记，由斯义耳。
>
> 继传记而兴者，莫如说。《汉书·河间献王传》曰：“献王所得皆经传说记，七十子之徒所论。”是传、说、记三者固与经相辅而行甚早，其为书盖主于称说大义，与夫专详名器者不同。
>
> 微谓释其微指也，唯治《春秋》者有是体。
>
> 训者犹说也。
>
> 诂与训皆同于传，而为用略异。
>
> 解者判也，判析旨义使易明也，肇端于《管子》诸解。
>
> 笺者表也，识也。
>
> 夫章者明也，句者局也，局言者联字以分疆，明情者总义以包体，盖必括其大旨，以附一章之末。②

① 张舜徽著．广校雠略 [M]. 上海：上海古籍出版社，2013：36.

② 张舜徽著．广校雠略 [M]. 上海：上海古籍出版社，2013：36—38.

张舜徽的这些总结涉及注释体例的分类、注释史的梳理、注释分体内涵的研究、注释的使用原则等多个方面。从现在的眼光来看，他的总结也有未尽之处，有些观点也值得商榷。但在当时注释理论相对匮乏的时代，他的探讨无疑推进了注释学的发展。

以上这些是以往学者们对注释学理论的探索过程，从中可以看出前辈在推进注释学理论进步上所做的努力。而注释学成为一种真正意义上的现代化学科，则是在上世纪七八十年代。从目前学者们对学术史的梳理来看，现代注释学作为一门学科最早在1973 年由朱星提出，随后许嘉璐、靳极苍、韩格平、汪耀楠等学者参与进来，引起了广泛的讨论。李红霞的《注释学研究的回顾与前瞻》(《古籍整理研究学刊》2009 年第 2 期）一文详细梳理了注释学学科建立的过程。她在文中指出，1973 年朱星在《中国注释学概论》初稿中提出“注释学”，并注明文献来源于 1979 年朱星在《河北师范学院学报》发表的《注释学刍议》。可惜从现在的文献检索结果来看，《中国注释学概论》这本书并未出版，1994 年语文出版社出版的《朱星先生纪念文集》中所载《朱星著作目录》也未收录。章宗鋆在《中国新文学中的注释研究》中也谈及了这个问题，还提到了靳极苍自称“‘注释学’这个名词是我创始的”的学术论争。当然，多数学者仍认可朱星最早提出“注释学”一词的观点。在这之后，许嘉璐、靳极苍、汪耀楠、韩格平等学者将古籍整理和注释学联系起来，不断进行注释学理论的深化与补充。他们已经明显意识到注释学的范围要远远广于训诂学，而注释体例的研究也是注释学研究的重要部分。这是现代注释学产生初期的研究成果，也是学者们为建立现代注释学所做的工作。

二、叶梦得《春秋传》的定位

中国的注释史具有自己的发展脉络，但一直以来却并未引起学者的广泛关注。注释的演进不仅有规律可循，而且在特定时代背景下呈现出不同的形式风格。具体情况可参考以下表格：

（宋以前所见《春秋》学注释分类表）[①]

时代（著作总数）	注释种类	书名举例（出处）
汉以前（11 部）	经文原文（2 种） 传（6 种） 微（3 种）	《春秋古经》(汉志) 《公羊传》(汉志) 《邹氏传》(汉志) 《铎氏微》(汉志)

① 本表格主要依据朱彝尊《经义考》所著录的文献，并参考诸史经籍艺文志，再对照清华大学出版社出版的《二十五史艺文经籍志考补萃编》，全部罗列后逐条统计而成。一些列于春秋类下的史部著作（如荀况的《帝王历纪谱》等）则不在统计范围之内。诸家目录著录书名有前后重出者亦不重复统计。统计的数据仅为本论文提供参考，网罗的文献范围有限，特此说明。表格中《汉书·艺文志》《隋书·经籍志》、姚振宗《后汉艺文志》、顾櫰三《补后汉书艺文志》等皆用简称。

续 表

时代（著作总数）	注释种类	书名举例（出处）
两汉（79 部）	传（7 种） 章句（9 种） 训诂（8 种） 条例（8 种） 决事断疑（3 种） 注解（4 种） 议论说记（12 种） 驳难（9 种） 义（6 种） 图（2 种） 删（2 种） 其他（墨守、膏肓、废疾、隐、释痾、名、定、占②、春秋繁露共 9 种）	《穀梁外传》（汉志） 《陈氏春秋》（经义考） 《公羊章句》（汉志） 《春秋训诂》（后汉志） 《春秋左氏训诂》（补后汉志） 《胡毋氏春秋条例》（经义考） 《公羊董仲舒治狱》（汉志） 《左氏传注解》（经义考） 《颜氏公羊记》（汉志） 《何氏春秋议》（隋志） 《难左氏义》（经义考） 《驳何氏汉议》（经义考） 《古今春秋盟会地图》（经义考） 《春秋删》（经义考） 《春秋左氏膏肓释痾》（隋志）
魏晋南北朝及隋（143 部）	音（12） 传注（19） 章句（2） 解释（10） 训诂（2） 驳难（5） 议论说记语评（15） 决断辨疑（7） 义、义疏（17） 例（13） 序（7） 集注、集解（15） 文辞（3） 钞（2） 图谱（5） 其他（问、要、调人、旨通、发题、攻昧、规过、成夺、丛林共 9 种）	《魏高贵乡公左氏音》（经义考） 《王氏春秋左传注》（隋志） 《董氏春秋左氏传章句》（隋志） 《杜氏春秋左氏传解》（经义考） 《春秋穀梁传指训》（经义考） 《申杜难服》（补南北史艺文志） 《韩氏春秋三传论》（隋志） 《春秋辨证》（隋志） 《春秋五十凡义疏》（隋志） 《春秋释例》（隋志） 《春秋公羊解序》（隋志） 《春秋左氏经传集解》（隋志） 《春秋大夫辞》（隋志） 《黄氏左传抄》（经义考） 《谢氏春秋图》（经义考） 《春秋成夺》（隋志） 《攻昧》（新唐志） 《李氏春秋丛林》（新唐志） 《规过》（新唐志）

② 以上几种属于纬书，在广义范围内仍属于对《春秋》经的注释。

续　表

时代（著作总数）	注释种类	书名举例（出处）
唐五代（64 部）	义（6） 正义、义疏（5） 考辨（7） 传注（4） 解释（2） 集传、集注（5） 例（7） 要（3） 赋（4） 图谱历表（9） 议论说记（2） 微指（4） 其他（事类、音、振滞、蒙求、加减、龟鉴共 6 种）	《春秋精义》（宋志） 《孔氏春秋左氏正义》（新唐志） 《杨氏穀梁传疏》（新唐志） 《春秋辨疑》（唐志） 《施氏春秋传》（经义考） 《左氏释疑》（新唐志） 《啖氏春秋集传》（新唐志） 《陆氏集注春秋》（新唐志） 《陆氏春秋通例》《新唐志》 《章怀太子春秋要录》（经义考） 《春秋字源赋》（宋志） 《张氏春秋图》（唐志） 《春秋年表》（宋志） 《春秋折衷论》（新唐志） 《春秋微旨》（新唐志） 《春秋指元》（新唐志） 《春秋加减》（新唐志） 《春秋龟鉴》（宋志） 《春秋蒙求》（宋志）

汉代之前经书文献的注释以传为主。两汉承袭前代的注释体例，传注和议论说记类注释仍然最多。但由于古文经学的论争，驳难类著述开始增多。在对《春秋》经的注解上，今文经学家多去阐释春秋义例，决事断疑。古文经学家则以章句和训诂为主。因此这些新的注释体式是汉代学者常用的注释形式。魏晋南北朝时期，由于当时士人在面对经典文籍时，不仅深觉经文晦涩难懂，连汉儒的注文也有很多不理解之处。因此为传作注以及解释经传大义的著作在当时占很大比例，前人的传也有升格为经的现象。为了更好地理解前人的经典，集解和集注逐渐成为主要的注释体例。汉代以后学者们对音韵逐渐关注，因此魏晋南北朝时音注也成为主要的注释形式。唐代官方为了思想的统一，对前代的经典做了遴选。一方面总括前代研究成果，出现了一批集传、集注类注释。另一方面，“正义”体的出现确立了官方正统学说，其他经注形式逐渐不受重视。中晚唐学风大变，疑经之风开启，考辨类注释渐成风气，阐释春秋义例的著作也逐渐增多。图谱历表类的基础性研究成果经过汉魏晋南北朝的发展，在唐代也达到一个高潮。注释学发展到唐代，基本完成了前一个阶段的体系建构。中晚唐之后的注释实践，则逐渐开启了宋代注释学的另一个高潮。

（宋代《春秋》学注释体例分类表）[①]

分类	数目	书名及作者举例
论（通论、要论、例论、统论、正论、中论、备论、总论、时论、奥论、隐论、杂论、略论）	14 种	《春秋演圣通论》（胡旦） 《春秋要论》（贾昌朝） 《春秋正论》（龙昌期）
义（口义、讲义、通义、异义、本义、名义、新义、会义、本义、正义、要义、全义、考义、衍义、义略、解义、括义、集义、全义、义宗）	21 种	《春秋口义》（胡瑗） 《春秋通义》（王皙） 《春秋异义》（王皙）
传（集传、训传、新传、后传、外传、节传、正传）	8 种	《春秋集传》（苏辙） 《春秋传》（叶梦得）
解（通解、节解、义解、注解、经解、新解 、直解、集解、统解）	10 种	《春秋经解》（刘易） 《春秋统解》（王乘）
微（发微、指微、统微、见微、广微）	6 种	《春秋指微》（鲁有开） 《春秋尊王发微》（孙复）
例（统例、义例、本例、类例、总例、说例、通例、断例、凡例、会例、明例、新例、例宗）	14 种	《春秋演圣统例》（丁副） 《春秋总例》（周希孟）
记（纂记、笔记、手记、分记、私记）	6 种	《左传手记》（吕祖谦）
注（集注）	2 种	《春秋集注》（舒津） 《春秋注》（邹补之）
议（博议、奏议、通议）	4 种	《左氏博议》（吕祖谦） 《春秋奏议》（赵与权）
音（直音、口音、类音）	4 种	《春秋传类音》（张冒德） 《春秋左氏传口音》（韩台）
类（纂类、要类、事类、编类、国类、谏类、类聚）	8 种	《春秋穀梁传类》（杨泰之） 《春秋传类》（张德昌）
说（杂说、传说、续说、集说、约说、详说、通说、臆说、说约）	10 种	《左传约说》（石朝英） 《春秋说》（黄颜莹）
旨要（辨要、指要、会要、事要、原要、总要、记要、枢宗）	9 种	《春秋总要》（李撰） 《春秋旨要》（齐贤良）
指（指归、指南、指踪、章指、直指）	6 种	《春秋指归》（李格） 《春秋指南》（张根）
要言（关言、机括、机关、机）	5 种	《春秋要言》（宋真宗） 《春秋机括》（沈括）
辨（续辨、明辨、辨惑）	4 种	《春秋辨惑》（刘羲叟） 《春秋辨要》（杨绘）

① 本表格文献来源主要依据李建军的《宋代〈春秋〉学与宋型文化》一书所附《宋代〈春秋〉著述目录》，数据统计并不完备。类目设置仅为本书写作而分，类目较多，区分较为细致，无法归类的列在最后。

续　表

分类	数目	书名及作者举例
补（补遗）	2 种	《春秋后传补遗》（陆宰）
摘（摘元、摘奇、抄、日抄）	5 种	《左氏摘奇》（胡元质）
编（类编）	2 种	《春秋法度编》（赵孟何）
考（考异、异同、会考、类考、索隐）	5 种	《春秋三传会考》（王应麟）
志（通志、丛志、素志）	4 种	《春秋素志》（夏沐）
旨（本旨、妙旨、大旨、通旨）	5 种	《春秋通旨》（胡宁）
鉴（总鉴、正鉴、守鉴、叙鉴）	5 种	《春秋叙鉴》（黄彬）
纪事（始末、纪事本末、国纪、本末、世家、列传）	7 种	《春秋列传》（《经义考》载张氏） 《春秋世家》（《经义考》载陈氏）
问（或问、策问）	3 种	《春秋或问》（吕大圭）
意（新意、意林）	3 种	《春秋意林》（刘敞）
目（纲目、事目、纲领）	4 种	《春秋列国事目》（杨泰之）
属辞比事（比事、书法、鼓吹、纪咏、集善、缀英、正辞）	8 种	《春秋正辞》（毕良史）
蒙求（诲蒙）	2 种	《春秋蒙求》（《经义考》在无名氏著）
证（核实、阙疑、释疑、判、管见、折衷、是非、释、琢瑕、谳、权衡）	12 种	《春秋折衷》（吴孜）
对（事对、备对、类对）	4 种	《春秋备对》（谢子房）
览（雄览、要览）	3 种	《春秋三传合璧要览》（萧之美）
历法、日记、世系、图、谱、表、典、纪、会要、录、会元、甲子	11 种	《春秋历法》（曾元忠）
单篇命名类（赋、疏、语、集、发挥、独讲、学、谈、捷径、轮辐、筌、揆、联璧、扶悬）	14 种	《春秋揆》（刘克庄）

唐代之后，私人著述越来越多，注释的体例愈加丰富，发展方向越来越广，学者们凭着天马行空的想法创造出形形色色的注释名称，注释范围也越来越广。张舜徽曾说："至《五经正义》由于官造，而注述之法全亡，亦犹私门修史之法亡于唐也。故论注述流别，至唐而讫，自唐以下，等诸自郐无讥焉。"[①]张舜徽的话有一定道理，但从另一个角度讲，自唐以下，尤其是赵宋以降，由于官方的思想干涉和私家刻书的风气流行，注释体例的归纳和总结越来越难，注述流别也不再像以往那样有清晰的线索，而是全方位放射性地发展。

宋代学者大部分著作的注释体例仍然承袭前代，传、记、论、说、解、注、例、义、旨要、考辨等仍是主要的注释体例。但从细节上看，宋人在继承前代注释体例的

① 张舜徽著．广校雠略 [M]. 上海：上海古籍出版社，2013：39.

基础上又对此进行不同程度的创新。从上表可知，仅“义”类目下，宋人就细分 21 小类，其中讲义、口义等注释体例明显与宋代书院制度和讲学之风有很大关联。“论”则细分为 14 种，有略论、有奥论、有隐论、有时论，这些都代表了宋代学者对前人研究的进一步细化，并且由此凸显出自己的时代风格。

除此之外，宋代学者还关注到了《春秋》经传中所蕴含的文法，从文章学角度对《春秋》进行解读。这种研究视角虽不是由宋人所开创，但却在宋代引起了广泛的关注。鼓吹、纪咏、比事等词语都被宋代学者拿来为其《春秋》学著作冠名，以此凸显其文章学研究的主旨。这种现象不仅与宋代良好的文化环境相关，同时也代表了宋代学者丰富的文化积累和开阔的研究视角。

宋代学者在对自己著作命名时别出心裁，沿袭较少，创新较多。从上表也能看出，即便著作主旨十分相近，不同的学者也更愿意选择不同的名称来为自己的著作命名，以此凸显自己的独特性。比如同样是“记”，宋代学者将其分为手记、私记、笔记、分记等。虽然名目上有了区分，主旨却是大同小异的。叶梦得的《春秋传》虽选用传统的传体，但一定程度上反映了传这种注释体例发展到宋代时产生的新变。他的《春秋传》，包含了考证、议论、疏解等多方面内容，以传体命名，但又带有讲义的倾向。虽然以通释经文大义为主，但也不疏于字词训诂。这种注释方法，使得其一定程度上体现了宋代经学注释的典型特点。

总体来看，从古代注释实践开始，直到上世纪中期，注释理论的发展都比较缓慢，并且研究的重心一直在训诂学的领域。直到现代注释学的建立，注释学理论的推进越来越快，学者们开始关注注释学史的梳理、注释产生的原因、注释类型的辨析、注释发展中的演变及论争、注释学的现代转向、注释学应用等新领域。总之，学者们的研究越来越科学化。注释学的产生给学者带来问题的同时，也给学者们打开了思路。将某一注本做为个案研究对象的模式已为学界广泛接受和应用。本书正是在此背景下，选取叶梦得《春秋传》进行研究。在传统注释学发展的背景下，以时代为线索，以文本为依据，深入分析叶梦得《春秋传》的注释实践，以点带面地总结宋代学者的注释体例，并进一步探讨注释学在宋代显示出的时代特色。

第二节　叶梦得《春秋传》对注释学的创新

注释学的范围有广义和狭义之分。从广义的范围来讲，注释学可以扩展到阐释学（hermeneutics）的理论范畴之内，这不仅涉及了理解、欣赏等文学命题，更接触到“认识论”等哲学命题。当代学者们在讨论注释学时，也时常会与阐释学联系起来。我们可以不排斥对西方理论的接受，但哲学讨论显然不应作为唯一的重点。笔者所讲的注释学，着重在狭义的范围内，也就是进行古籍注释学的研究。这与传统训诂学的关系更亲密一些。从这样的视角来看，要探讨叶梦得与注释学的关系，研究的重心应当放在叶梦得对《春秋》经的注释方面。叶梦得现存的三部《春秋》学著作中，《春秋考》原书三十卷，现存十六卷，《春秋谳》原书三十卷，现存二十二卷，只有《春秋传》保存相对完整。叶梦得在这些著作中不仅显示出宋代学者普遍的注经风格，同时也不拘泥于时代环境的影响，在注释内容和注释体例上都有自己的独到之处。叶梦得承袭前人舍传求经的注释方式，不再恪守附于经文之下的《春秋》三传，自己直接对经文进行阐释。在以上几章，我们梳理了叶梦得《春秋传》与注释学的研究现状，进而对叶梦得《春秋传》进行体例和内容上的细致剖析。最终可以发现无论在注释体例层面，还是注释内容层面，叶梦得的《春秋传》都带有明显的时代特色。

一、注释方法的继承与开拓

从整个《春秋》学发展史来看，《春秋》经的注释伴随时代的发展而变化，学者们的注释方法也不断转变。先秦时期《春秋》经的阐释以三传为主，各有侧重，以讲说大义为主。两汉时期，公羊学长时间占据主流地位，学者们的注释理念也转向天人王道，符命灾异。六朝时期，古文经学地位上升，今古文、南北学纷争不断，学者们的注释主要是为了理解前人思想，并建构自己的经学阐释体系。隋唐时期，南北学之争逐渐消融，《春秋》经的注释以宣扬大一统思想为主。中晚唐经学复古运动兴起，一些学者对原本的注释有所质疑，提出“舍传求经”的口号，要求直寻经义。随着宋代经学的变革以及理学的萌生，舍传求经的注释方式一直延续下来。叶梦得的《春秋传》继承了中晚唐学者的注释方法。同时又引入经史互证的方法，以经文大义来判别《春秋》中的人物事件，又以历史中的事实来分析经文的记载。叶梦得在《春秋传》中借助礼仪制度去分析经文中的微言大义，并且指出三传中的错误。这些注释方法的运用，都是通过吸取前人的研究成果而来，并且有对前人结论的直接继承。

在继承前人的同时，叶梦得在注释方法上又有所开拓。叶梦得的舍传求经不同于“《春秋》三传束高阁，独抱遗经穷终始”[①] 的做法，他采取折衷的态度，在辩驳三传舛误的同时，又能对其中合理的观点予以认同。同时，他参考汉代至唐代以来众多《春秋》经的注释作品，包括杜预、孔颖达、贾公彦等学者所撰的集解注疏。舍传求经在他这里一转而为折中众说后的自出己意。这种做法，与刘敞、程颐等人完全抛开三传，自己阐述经义的注释方法有明显区别，这正是对舍传求经这种注释方式的创新。

因此，叶梦得的注释方法是在斟酌三传的基础上，辨明三传得失，指出其中错误，同时也能点明其中精当的见解。在注释实践中，他广泛参考前人的结论，结合历史事实，征引古代礼制，用多方面的知识对《春秋》经文作出注释。这种注释方式，正是对前人注释方式的继承和开拓。

二、注释内容的兼容与创新

叶梦得《春秋传》能够体现经学发展到宋代所产生的巨大变革。诚然，宋代大部分

① （清）方世举撰，郝润华等整理．韩昌黎诗集编年笺注 [M]. 北京：中华书局，2012：397.

学者的解经著作都有这种特点。但叶梦得既不会像道学家那样在解经时一味阐释纲常伦理，也不会像史学家那样偏信史事而忽略经书大义，同时也避免了文学家过于重视艺术价值的偏颇。作为一个藏书家，叶梦得可以更广泛地参考诸家观点。正因为叶梦得身份的多样，兴趣的广泛，使得叶梦得《春秋传》包含理学、史学、文学等多种元素，叶梦得舍传求经，且在传中间以议论、考证，既关注制度考索，又宣扬理学大义。因此，叶梦得的《春秋传》更能体现经学发展到宋代时对其他学术思想的融入，也更能体现宋代学者在吸收前人成果的基础上对前人经传的怀疑。宋代的经学革新和疑经思潮在叶梦得《春秋传》中都有很明显的体现。

其次，从横向来看，整个宋代的经学虽有疑经惑古、融入理学的普遍特征，但同时因为派别的不同，在解经倾向上也各有侧重。不能否认的是，与叶梦得同时期的胡安国《春秋传》从宋代至今一直在经学体系中占主流位置，而叶梦得的《春秋传》很少被人提及。由于官方的推崇以及各种外部因素，胡安国的《春秋传》被推为官方正统，叶梦得的《春秋传》则在经学史上处于沉寂的状态。但这种现象与长期以来官方推崇的理学主张有关。胡安国是典型的理学家，在学术传承上又直接承继二程的思想。他的《春秋传》中宣扬的尊王、理欲、伦常等主张更能得到官方的认可。但从学术层面讲，宋代的经学阐释不仅仅是理学家的阐释，不少以文学名世的学者也有解释经书的著作，如苏辙、晁补之、叶梦得等，这些学者的解经著作构成了另外一种经学阐释体系。不可否认的是，长期以来理学思想占据了社会思潮的主流地位，但以今人的视角观照整个经学的历史，宋代出现的一大批文学家的解经著作同样值得关注。这些作品往往持论更为公允，虽然吸收了理学的观念，但并不偏信。叶梦得作为两宋之交的文坛名宿，他的《春秋传》能够反映出理学家之外的文人学者对经学发展所作出的贡献。他在《春秋传》中使用的经史互证法，在传文中融入的文学元素，都超越了理学家借助经学宣扬理学主张的解经模式，在观点上更加客观，在材料上更加丰富，扩大了取材范围，同时也是对当时解经思想的一种创新。这种解经模式也代表了宋代文学家在经学阐释方面的成就。

长期以来，经学史的书写往往以当时官方宣扬的社会主流解经著作为主要研究对象，却忽视了同时期其他学者所取得的重要成就，任由这些著作在历史中沉寂下去。叶梦得的《春秋传》成书时间与胡安国的《春秋传》接近。从解经方式上来说，这两部著作都是采用宋代典型的舍传求经、断以己意的做法。但叶梦得的《春秋传》在观点上能超出理学之外，最后虽未被官方推崇，从学术层面来讲，也足有可取之处，在经学史中也应留下地位。

三、注释体例的拓展与改造

叶梦得《春秋传》的注释体例体现了宋代经学注释方式的革新。古代学者在对经典的注释中不断对体例进行革新和改造。为了适应不同时代的注释需要，同时顺应经学的发展进程，章句、训诂、笺注、集解、音义、正义、注疏等体例相继出现。在不同时期，每种注释体例又满足不同的注释需求，各具不同的意义内涵。从早期经典的“传”体注释文本来看，传主要是为了解说经义。由于所处时代以及注者各自的知识储备的不同，各家注本多呈现出不同的特点。叶梦得的《春秋传》中，包含了考、论、疏等多种注释体例，既对经文中记载的人名、地名、历史事件、古代礼制等作出考证，也参考前人的见解，最终给出自己的结论。

叶梦得在对《春秋》进行注释时，也时常发表自己的议论。他在解释一些《春秋》经文时，常常有感而发，或阐述君臣夫妇之道，或强调伦理纲常，或指出阴阳运行的规律。他在《春秋传》中多次指出兴礼爱民是强国之本，表达自己对国家的关切。他在解释某些经文时，常常先提要钩玄地概括经义，然后再用大段的材料进行疏解，不仅详细的解释经文，而且对自己的注文又作出注解。他在疏解文义时，也不仅仅局限于单独的一条经文，有时还结合《春秋》经文前后的记载，做到整体的融会贯通。从叶梦得的《春秋传》中，可以看出其对以往传体的革新，这不仅仅是其个人学术创新的体现，同时也反映了宋代学者在注释实践中的整体风貌。

社会时代的变迁使学术思想也发生变化，经学也随之变化。与此相应，新的时代对经学也会提出新的要求。因此无论是经学注释方式，还是经学思想主张，都应符合时代的需求。新的社会文化环境需要新的思想体系，而不同的思想内容也需要不同的注释体例与之匹配。因此，在宋代经学变革的背景下，注释体例的改造也是必然之势。叶梦得在《春秋传》中对传统传体的拓展，表现出宋代学者在处理学术问题时开放灵活的思想状态。采用传统的注释体例而又不拘泥于单一体例的局限，恰恰能反映出宋代开放的文化氛围。

结　语

中国的传统学术以经史之学为主，在漫长的经学研究历史中，留下了很多产生重大影响的解经著作。从纵向来看，自经书产生到经学博士设立，再到经学体系的补充和完善，每个历史时期内都有重要的著作产生。叶梦得《春秋传》产生于经学剧烈变革的宋代。从理念上讲，叶梦得接受了唐宋以来学者们对传统经书注释的质疑，继承了舍传求经的注释模式。同时，在注经时，他又不完全摒弃前人成果，参考众说，形成自己的结论。叶梦得的《春秋传》能够反映出宋人兼采众说、会通诸家的注经方式，能够呈现出宋代注释的特色，展现宋代学者对注释发展取得的成就。叶梦得的《春秋传》吸收了前人对注释体例改造的成果，体现了宋代学者对前人成果的继承。在叶梦得的《春秋传》中，可以看出前人对传释经典方式做出的开拓和革新，也代表了宋代学者在注释方法上对前人成果的融会。

在注释内容上，叶梦得在《春秋传》中融入了史学、理学和文学等元素。叶梦得延续舍传求经的治学方式，同时又注意吸取前人成果，融会各家观点，然后给出自己的判断和结论。对于以往被奉为经典的《春秋》三传，叶梦得认为"《左氏》传事不传义，是以详于史而事未必实，以不知经故也；《公羊》《穀梁》传义不传事，是以详于经而义未必当，以不知史故也。"叶梦得正是看到了三传各自的长短，因此在为《春秋》作传时广泛吸取各方面的结论，并且相互印证，作出判断。他既关注到《春秋》经中蕴含的义例，也注重用历史事实去印证经文记述。因此，才能做到"以事求经、以例求经、以义求经"[①]。在评价苏辙《春秋集传》时，叶梦得认为"苏子由专据《左氏》言经。《左氏》解经者无几，其凡例既不尽经，所书亦多违牾，疑自出己意为之，非有所传授，不若《公》《穀》之合于经。故苏氏但以《传》之事释《经》之文而已。《传》事之误者，不复敢议，则迁经以成其说，亦不尽立凡例于经义，皆以为求之过。"[②]对于同代名家所撰的同类作品，叶梦得也能发现其不足之处。正是由于这种怀疑精神，叶梦得才在自己的《春秋传》中广泛地吸取前人的长处，不仅继承前人舍传求经的注释传统，而且吸取了理学家一派的理学观念，又引入经史互证的注释方式。由于自身以文学见长，叶梦得《春秋传》中也吸收了不少文学的元素。这些特点在《春秋传》的传文中多有体现，这种做法极大地扩充了传体的内容。在前人的《春秋传》中，《左传》侧重事，《公羊》侧重例，《穀梁》侧重义，苏辙侧重史，程颐侧重理，这些先后出现的解经著作虽然也

① 胡宇芳．叶梦得的《春秋》学 [J]. 儒家典籍与思想研究，2010：171.

② （元）马端临著．文献通考 [M]. 北京：中华书局，1986：1572.

对经传体例有所革新，但叶梦得的《春秋传》却能把前人的成果总结融贯，因此也更加明显地反映出宋代学者为经作传时在内容上的改进。

在注释体例上，叶梦得《春秋传》中融入了考、论、疏等多种体例，并且在风格上也带有讲义的特点。这种现象反映了传这种注释体例在注释发展过程中的不断丰富和演进。同时，就“传”体来讲，宋代学者受中晚唐疑经之风的影响，在进行经书注释时大张“舍传求经”的口号。因此宋人为经书重新作传在当时是广泛存在的现象。在对宋代《春秋》学文献的梳理中，仅宋人所作的《春秋传》就有十几家之多，再加上后传、外传、新传、正传等，数量能达到数十家之多。“传”这种注释体例在叶梦得这里，拓展了意义范围，不仅仅是传述大义，而且涵盖了疏证、考据和议论。这种现象在陆淳、程颐、苏辙、胡安国等人的《春秋传》著作中虽也有体现，但在叶梦得《春秋传》中却更为明显，在运用上也更为成熟。这种体例的革新反映了宋代学者对传体的改革。这不仅反映出宋人在进行学术研究时的勇气和胆量，同时也体现出宋代大胆议论、大胆质疑、大胆著述的时代风气。

参考文献

古籍:

[1]（汉）毛亨传,（汉）郑玄笺,（唐）孔颖达疏，李学勤主编．十三经注疏 毛诗正义 [M]. 北京：北京大学出版社 ,1999.

[2]（汉）何休解诂,（唐）徐彦疏，李学勤主编．十三经注疏 春秋公羊传注疏 [M]. 北京：北京大学出版社 ,1999.

[3]（魏）何晏集解,（梁）皇侃义疏．论语集解义疏 [M]. 上海：商务印书馆，1937.

[4]（晋）范宁集解,（唐）杨士勋疏，李学勤主编．十三经注疏 春秋穀梁传注疏 [M]. 北京：北京大学出版社 ,1999.

[5]（晋）杜预注,（唐）孔颖达疏，李学勤主编．十三经注疏 春秋左传正义 [M]. 北京：北京大学出版社 ,1999.

[6]（唐）刘知几撰，浦起龙通释，王煦华整理．史通通释 [M]. 上海：上海古籍出版社，2009.

[7]（唐）陆淳撰．春秋集传纂例 [M]// 景印文渊阁四库全书：第 146 册．台北：商务印书馆，1983.

[8]（宋）苏辙撰．苏氏春秋集解 [M]// 景印文渊阁四库全书：第 148 册．台北：商务印书馆，1983.

[9]（宋）叶梦得撰，张印栋编辑．石林遗书十三种 [M]. 郑州：河南人民出版社，2018.

[10]（宋）叶梦得撰．石林先生春秋传 [M]. 康熙十六年（1677）通志堂刻本．

[11]（宋）叶梦得撰．春秋考 [M]// 景印文渊阁四库全书：第 149 册．台北：商务印书馆，1983.

[12]（宋）叶梦得撰．春秋谳 [M]// 景印文渊阁四库全书：第 149 册．台北：商务印书馆，1983.

[13]（宋）叶梦得撰，宇文绍奕考异，侯忠义点校．石林燕语 [M]. 北京：中华书局，1984.

[14]（宋）叶梦得撰，逯铭昕校注．石林诗话校注 [M]. 北京：人民文学出版社，2011.

[15]（元）马端临著．文献通考 [M]. 北京：中华书局，1986.

[16]（元）脱脱著．宋史 [M]. 北京：中华书局，1977.

[17]（清）黄宗羲原著，全祖望补修，陈金生、梁运华点校．宋元学案 [M]. 北京：中华书局，1986.

[18]（清）章学诚撰，叶瑛校注．文史通义校注 [M]. 北京：中华书局，2014.

[19]（清）永瑢等撰．四库全书总目 [M]. 北京：中华书局，1965.

[20]（清）皮锡瑞著，周予同注释．经学历史 [M]. 北京：中华书局，2008.

专著：

[1] 陈寅恪．金明馆丛稿二编 [M]. 北京：生活 · 读书 · 新知三联书店，2015.
[2] 葛焕礼．尊经重义：唐代中叶至北宋末年的新《春秋》学 [M]. 济南：山东大学出版社，2011.
[3] 姜广辉．中国经学思想史 [M]. 北京：中国社会科学出版社，2010.
[4] 姜义泰．叶梦得《春秋传》研究 [M]. 台北：花木兰文化出版社，2008.
[5] 李建军著．宋代《春秋》学与宋型文化 [M]. 北京：中国社会科学出版社，2008.
[6] 刘师培著，陈居渊注．经学教科书 [M]. 上海：上海古籍出版社，2006.
[7] 马宗霍．中国经学史 [M]. 台北：商务印书馆，1979.
[8] 潘殊闲著．叶梦得研究 [M]. 成都：巴蜀书社，2007.
[9] 沈玉成、刘宁．春秋左传学史稿 [M]. 南京：江苏古籍出版社，1992.
[10] 汪耀楠．注释学纲要 [M]. 北京：语文出版社，1991.
[11] 王兆鹏．两宋词人年谱 [M]. 台北：文津出版社，1994.
[12] 吴雁南等．中国经学史 [M]. 福州：福建人民出版社，2001.
[13] 许道勋等．中国经学史 [M]. 上海：上海人民出版社，2006.
[14] 许嘉璐．语言文字学论文集 [M]. 北京：商务印书馆，2005.
[15] 杨伯峻．春秋左传注 [M]. 北京：中华书局，2016.
[16] 张高评．《春秋》书法与《左传》学史 [M]. 上海：上海古籍出版社，2005.
[17] 张舜徽．广校雠略 [M]. 上海：上海古籍出版社，2013.
[18] 赵伯雄．春秋学史 [M]. 济南：山东教育出版社，2004.
[19]（日）本田成之著．中国经学史 [M]. 孙俍工，译．上海：上海书店出版社，2001.

期刊论文：

[1] 许嘉璐．中学课本文言文注释商榷 (续)—— 兼论注释学的研究 [J]. 北京师范大学学报 ,1984(03).
[2] 杨向奎．宋代理学家的《春秋》学 [J]. 史学史研究 ,1989(01).
[3] 韩格平．训诂学能否演进为中国古籍注释学——建国以来训诂学研究的回顾与展望 [J]. 古籍整理研究学刊 ,1989(05).
[4] 方建新．叶梦得事迹考辨 [J]. 文献 ,1991(01).
[5] 韩格平．略谈古籍注释中的逻辑思维 [J]. 古籍整理研究学刊 ,2002(03).
[6] 黄亚平．建设古籍注释研究理论框架的重要意义 [J]. 古籍整理研究学刊 ,2002(03).
[7] 潘殊闲．叶梦得作品辑佚 [J]. 古籍整理研究学刊 ,2006(06).
[8] 潘殊闲．叶梦得著述叙录 [C]. 天津师范大学古典文献研究所学术论文集（中国古典文献学丛刊第五卷）,2006.

[9] 张尚英，舒大刚 . 宋代《春秋》学文献与宋代《春秋》学 [J]. 求索 ,2007(07).
[10] 李红霞 . 注释学研究的回顾与前瞻 [J]. 古籍整理研究学刊 ,2009(02).
[11] 胡宇芳 . 叶梦得的《春秋》学 [J]. 儒家典籍与思想研究 ,2010(00).
[12] 张尚英 .2011 年《春秋》学研究述评 [J]. 儒藏论坛 ,2013(00).
[13] 侯步云 .20 世纪北宋《春秋》学研究现状述评 [J]. 沈阳大学学报 ,2015(03).

学位论文：
[1] 张尚英 . 刘敞《春秋》学述论 [D]. 成都：四川大学，2002.
[2] 杨世文 . 宋代经学怀疑思潮研究 [D]. 成都：四川大学，2005.
[3] 荣国庆 .《诗经》诠释史研究 [D]. 太原：山西大学，2007.
[4] 王江武 . 胡安国《春秋传》研究 [D]. 上海：复旦大学，2008.
[5] 侯步云 . 北宋《春秋》学研究 [D]. 西安：西北大学，2009.
[6] 赵瑞广 . 庆历之际的文化转型 : 宋学的历史生成 [D]. 杭州：浙江大学，2010.
[7] 姜宁 .《春秋》义疏学研究（南北朝——唐初）[D]. 天津：南开大学，2010.
[8] 孙旭红 . 居今与志古 : 宋代《春秋》学研究 [D]. 上海：华东师范大学，2011.
[9] 高华娟 .《毛诗正义》注释研究 [D]. 重庆：西南大学，2013.
[10] 孙俊柯 . 张洽《春秋集传》研究 [D]. 济南：山东大学，2014.
[11] 李赞赞 . 两汉《谷梁春秋》经传诠释研究 [D]. 曲阜：曲阜师范大学，2014.
[12] 张驰 . 北宋《论语》注疏流变研究 [D]. 成都：四川师范大学，2018.
[13] 张悦 . 叶梦得《春秋》学研究 [D]. 扬州：扬州大学，2018.
[14] 刘苹 . 高中古诗文注释研究 [D]. 南京：南京师范大学，2018.
[15] 董佳雪 . 统编本初中语文教材注释系统研究 [D]. 上海：上海师范大学，2020.
[16] 李桂林 .2016 年统编版七年级历史教科书注释研究 [D]. 南昌：江西师范大学，2020.

附　录

《石林春秋传》校点说明

叶梦得（1077—1148），字少蕴，自号石林居士，后人常称其为叶石林、石林先生，苏州长洲（今江苏苏州）人。长久以来，叶梦得以文学家的身份被学者们广泛地解读，事实上他在传统经史方面也取得了卓越的成就。

叶梦得一生著述宏富，但大半都在流传过程中逐渐亡佚，《春秋传》是其中保存相对完整的一部解经著作。在《春秋传》中，叶梦得把《春秋》经文单独摘出，为经逐条作传。是书的成书时间并无明确的文献记载。叶梦得曾在其《春秋考》序言中明言："自其《谳》推之，知吾之所正为不妄也，而后可以观吾《考》；自其《考》推之，知吾之所择为不诬也，而后可以观吾《传》。"[①] 从这段话可以看出，叶梦得这三部注释《春秋》经的著作在写作时也应是层次分明的，并且在思想和体例上逐步完善。

叶梦得的《春秋传》能够体现出宋代学者在注释体例和注释内容方面对传统经注体系的革新，同时也反映出宋代经学疑古思潮和对汉唐旧注的质疑。除此之外，叶梦得在《春秋传》中又能够充分吸收前人的研究成果。叶梦得继承了舍传求经的注释模式，在具体经文的注解中，他又未完全摒弃前人成果，参考众说，形成自己的结论。叶梦得的《春秋传》能够反映出宋人兼采众说，会通诸家的注经方式，能够呈现出宋代学者对注释发展取得的成就，显示出宋代注释的特色。作为本书主要的研究对象，叶梦得的《春秋传》长久以来未有标点整理本，不利于读者的阅读和研究。因此书末附录现代标点的《叶氏春秋传》原文。从现存的文献来看，叶梦得的三部《春秋》学著作应该都成书于其晚年，并在其逝后由其孙刊刻。《春秋传》最早是开禧（1205—1207）年间由叶梦得之孙叶筠在"南剑州郡斋"刊成，此版本今已不存，清纳兰性德提到："宋吴郡叶少蕴当绍兴中著《春秋传》《考》《谳》三书凡七十卷，又为《指要》《总例》二卷，例论五十九篇，开禧中公孙筠守延平，刊于郡斋。历世既久，其书不可尽见，所见者《传》二十卷而已。"可知叶筠所刊之《春秋传》曾为清初纳兰性德所见。纳兰性德主持刊刻的通志堂本《春秋传》，当是依据其所见之宋本而刊成。因此，在对叶梦得《春秋传》进行整理时，选取清康熙十六年（1677）《通志堂经解》本作为底本，能够较好

① （宋）叶梦得 . 春秋考 [M]// 影印文渊阁四库全书：第 149 册 . 台北：商务印书馆，1983：249.

地保留原书的面貌，减少版本刊刻流传过程中出现的讹误。除此之外，目前还有清代官方刊定《四库全书荟要》本、文渊阁《四库全书》本，这两个版本对《通志堂经解》本中的一些文字讹误进行了订正。从文本整体情况来看，《荟要》本中的文字错误可能较《经解》本更少，但《荟要》本与文渊阁本皆有一些官修书籍时难以避免的政治性改动，特别是文渊阁本略去了文本中原有的缺页问题，致使文义改变。因此本次整理以康熙十六年通志堂本为底本，文中个别讹误则参考《四库全书荟要》本、文渊阁《四库全书》本进行校订，力求文字完整，标点准确，文义通畅。

校点凡例

一、本次整理以康熙十六年（1677）《通志堂经解》本为底本（简称“底本”），参校摛藻堂《四库全书荟要》本（简称“《荟要》本”）和文渊阁《四库全书》本（简称“文渊阁本”）。

二、以上三本均存二十卷，然《荟要》本分卷与其余二本不同，本次整理分卷以底本为准，《荟要》分卷情况附表如下：

卷次	底本、文渊阁本	荟要本
卷一	隐公元年至隐公三年春二月	隐公元年至隐公二年
卷二	隐公三年三月至隐公十一年春	隐公三年至隐公十一年春
卷三	隐公十一年春至桓公五年秋	隐公十一年春至桓公四年
卷四	桓公五年秋至桓公十七年八月	桓公五年春至桓公十七年
卷五	桓公十七年秋至庄公九年秋八月	桓公十八年春至庄公九年
卷六	庄公九年九月至庄公二十四年春	庄公十年春至庄公二十三年
卷七	庄公二十四年春至闵公元年秋	庄公二十四年春至闵公元年
卷八	闵公元年冬至僖公六年冬	闵公二年春至僖公六年
卷九	僖公七年春至僖公二十一年秋	僖公七年春至僖公十九年
卷十	僖公二十一年秋至僖公三十年	僖公二十年春至僖公三十年
卷十一	僖公三十一年春至文公九年秋九月	僖公三十一年春至文公九年
卷十二	文公九年冬宣公三年春正月	文公十年春至宣公二年
卷十三	宣公三年春至成公二年夏四月	宣公三年春至宣公十八年
卷十四	成公二年夏六月至成公十六年秋	成公元年春至成公十六年
卷十五	成公十六年秋至襄公十一年春正月	成公十七春至襄公十年
卷十六	襄公十一年夏四月至襄公二十六年夏	襄公十一年春至襄公二十五年
卷十七	襄公二十六年秋至昭公八年	襄公二十六年春至昭公八年
卷十八	昭公九年春至昭公二十六年春正月	昭公九年春至昭公二十四年
卷十九	昭公二十六年三月至定公十二年夏	昭公二十五年春至定公十一年
卷二十	定公十二年夏至哀公十四年春	定公十二年春至哀公十四年春

三、叶氏于经文下多先疏解大意，再引申论述。其引申论述前必以“叶子曰”三字领起，各本“叶子曰”与疏解连属。本次整理将“叶子曰”以下独立成段，使传文眉

目更为清晰。

四、版本对勘以校异同为主，异体字、俗体字、避讳字径改不出校。底本字显误而校本不误者；又底本与校本不同，而可据文意断其正误者，俱径改并出校。

五、按古籍整理一般原则，底本与校本不同而底本不误者，通常不出校。然本次整理所用《荟要》本、文渊阁本因官修时部分文字被人为修改，出现了一些颇具时代特色的异文，本次整理凡遇此种异文，虽底本不误亦出校说明。

六、古籍刻本中“己”“已”“巳”多混用，本次整理依文意改订，不另出校。

七、本次整理使用规范字，部分专有名词如人名、地名根据辨义需要保留部分异体字，如：偪（逼）阳、洩（泄）冶、卫侯燬（毁）、於馀等。

叶石林《春秋传》序

宋吴郡叶少蕴，当绍兴中著《春秋传》《考》《谳》三书，凡七十卷，又为《指要》《总例》二卷，《例论》五十九篇。开熙[①]中，公孙筠守延平，刊于郡斋。历世既久，其书不可尽见，所见者《传》二十卷而已。少蕴之言曰："《春秋》非为当世而作，为天下后世而作也。后世言《春秋》者，不外三家。《左氏》传事不传义，是以详于史而事未必实，以其不知经也；《公》《穀》传义不传事，是以详于经而义未必当，以其不知史也。乃酌三家，求史与经，其不得于事者则考于义，不得于义者则考于事，更相发明，以作是《传》。"辩定考究，最称精详。直斋陈振孙言：其学视诸儒为精，则是书岂非有志《春秋》者所当研究者欤？其为《谳》也，即啖、赵《辩疑》，刘氏《权衡》而正其误，补其疏略。自序《春秋考》曰："自吾所为《谳》推之，知吾之所正为不妄也，而后可以观吾《考》；自其《考》推之，知吾之所择为不诬也，而后可以观吾《传》。"是三书者，阙一则无以见少蕴之用心，而惜乎今之不得见其全也。虽然，即《传》所取之义，以求其所舍择，纵全书未能尽窥，亦可得其大概矣。况四海之大，好事之儒、藏书之老，宁无秘而传之者，安知不因是书之行而亟出欤？少蕴名梦得，官至参知政事，生平具见《宋史》。居吴兴弁山，为园亭，奇石森列，故用楚词《天问》语自号云。

康熙丁巳纳兰成德容若序。

《石林先生春秋传》序

叶子曰：《春秋》为鲁而作乎？为周而作乎？为当时诸侯而作乎？为天下与后世而作乎？曰为鲁作，《春秋》非鲁之史也；曰为周作，《春秋》非周之史也；曰为当时诸侯作，《春秋》非当时诸侯之史也。夫以一天下之大，必有与立者矣。可施之一时，不可施之万世天下，终不可立也。然则为天下作欤？为后世作欤？故即鲁史而为之经，求之天理，则君臣也、父子也、兄弟也、朋友也、夫妇也，无不在也；求之人事，则治也、教也、礼也、政也、刑也、事也，无不备也。以上则日、星、雷、电、雨、雹、雪、霜之见于天者皆著也；以下则山崩、地震、水旱、无冰之见于地者皆列也。泛求之万物，则螽螟、蟓蜚、麋蜮、鸜鹆之于鸟兽，麦苗、李梅、雨冰、杀菽之于草木者，亦无一而或遗也。而吾以一王之法，笔削于其间，穹然如天之在上，未尝容其心。而可与可夺、可是可非、可生可杀，秋毫莫之逃焉。迎之不见其始，要之不见其终。是以其书断取十有二公，以法天之大数；备四时以为年，而正其行事；号之曰《春秋》，

① 当为"开禧"，南宋宁宗的年号（1205—1207），据书末叶筠《跋》改。《荟要》本正作"开禧"。

以自比于天。由是可以为帝，由是可以为王，由是霸者无所用其力，由是乱臣贼子无所窜其身。前乎此圣人者作，固有尧、舜、禹、汤、文、武、周公焉，而莫能外也；后乎此圣人者作，复有尧、舜、禹、汤、文、武、周公焉，而莫能加也。是以当孔子时，虽游、夏之徒不能措一辞；自孔子没而三家作，吾不知于孔子亲闻之欤？传闻之欤？至于今千有余岁，天下之言《春秋》者惟三而已。孟子不云乎“其事，则齐桓、晋文，其文则史”，而子之自言则曰“其义则丘窃取之矣”。夫《春秋》者，史也；所以作《春秋》者，经也。故可与通天下曰“事”，不可与通天下曰“义”。《左氏》传事不传义，是以详于史而事未必实，以不知经故也；《公羊》《穀梁》传义不传事，是以详于经而义未必当，以不知史故也。由乎百世之后，而出乎百世之上，孰能核事之实而察义之当欤？惟知《春秋》之所以作，为天下也，为后世也。其所自比者，天也；其所同者，尧、舜、禹、汤、文、武、周公也。不得于事则考于义，不得于义则考于事，事、义更相发明，犹天之在上，有目者所可共睹，则其为与为夺，为是为非，为生为杀者，庶几或得而窥之矣。天之既丧斯文也，后死者不得与于斯文也；天之未丧斯文也，后世必有作者焉。乃酌三家，求史与经，试尝为之言，以俟后之君子而择其中。其亦有当尔乎？其亦无当尔乎？作《春秋传》二十篇。

《石林先生春秋传》卷第一

叶氏

隐公一

《春秋》何始乎隐公？王政不行而王法绝也。孟子曰：“王者之迹熄而《诗》亡，《诗》亡然后《春秋》作。”《诗》亡于陈灵公，则何始乎隐公？无王《诗》也。《二雅》至幽王而绝，平王东迁，《诗》下降于《国风》，而王迹熄矣。隐公之始，平王之末也，而惠公先焉。何以不始于惠公而始隐公？是《春秋》之义也。天者，能生杀万物者也。天子者，继天以取法者也。《春秋》者，代天子以行法者也。天道运于四时，布于十有二月，备于三百有六十日。周公达而在上，故佐天子者，列天地四时以为之职，而作《周官》，设其属三百有六十，以当期之日，而取法者显矣。孔子穷而在下，故代天子者，具四时以为年，而作《春秋》，断自隐公，为十有二公，以当月之数，而行法者著矣。天之大数，不过十二。古者天子冕十有二旒，服十有二章，圭十有二寸，其食也，鼎十有二物，列天下十有二州，而时巡以十有二岁，皆所以法天也。而孔子不得行之于其君，故其托之于《春秋》，亦曰：“春者，天之所以生万物，而吾彰善以褒焉者也；秋者，天之所以杀万物，而吾惩恶以贬焉者也。”是以因古史而为之名，兹不以周公天地四时名官者欤？夫然，故载之十有二公之行事，以备其数，则亦以三百六十为之属之意也。是说也，古之人有传之者，而何休独知之。《春秋》感获麟而作乎？作而绝笔于获麟乎？感获麟而作也。吾何以知之？孔子求为周公者也。盖曰：“天下无道，礼乐征伐自诸侯出，十世希不失矣；自大夫出，五世希不失矣；陪臣执国命，三世希不失矣。”周之失政自隐公，鲁之失政自宣公，三桓之不得专国政自阳虎。孔子盖伤之，而知其莫能为也。故其始曰：“甚矣吾衰也！久矣吾不复梦见周公！”及其中也，曰：“凤鸟不至，河不出图，吾已矣夫！”至于获麟，非特王者之瑞不至，所以为王者之瑞，且不得自保而获焉。则曰：“孰为来哉！孰为来哉！”其察于天者如是其审，以为明王不作，而天下莫能宗予，然后载之空言，以为之终，而作《春秋》。逆而推之，上始于隐公。是说也，古之人有传之者，而杜预独知之。惟知《春秋》之名，而后知天子所以法天；知《春秋》之作，而后知孔子所以代天子；知《春秋》之取十二公，而后知代天子以法天之道。如是而可与言《春秋》矣。

元年，春，王正月

王者以正朔一天下，故协时月正日者，天下无不同。诸侯继世而有其国，故即位而见始者，各得称元年以自异。年者，其总名；月者，政令之所从施也。《易》曰：“元者，善之长也。”君子体仁，足以长人。未有始即位而不求其为仁者也。故不曰一年，曰元年。子曰：“政者，正也。子帅以正，孰敢不正？”未有始行事而不求其为正者也。故不曰一月，曰正月。古者命是久矣，王者上求法于天，而下以为政于天下，故《春秋》举王于“元年，春”“正月”之间，此百王不易之道也。诸侯受朔于天子，元年者，己之所有也；正月者，王之所颁也。知其为王正月，而诸侯之道尽矣。隐何以不书即位？将以治隐也。隐受国于惠公则正，私其志而欲以让桓则不正，其必曰“是桓之位而非吾之所得居也”，故书正月以见正，不书即位以治其不正。不书，非不即位也。诸侯继世，未有不即位而成君者，以为有其位而不能居，是以没之，以正其志也。

叶子曰：隐、桓之事，三《传》言之各不同。《左氏》以仲子为桓母，而惠公再娶于宋，仲子为嫡夫人，桓公为嫡子，故谓隐不得立，而以即位为摄，立桓公为太子而己奉之。此以事推之也，不知仲子非桓母。诸侯礼，不得再娶，桓恶得为嫡而立，则事不足信矣。《公羊》以立子以贵不以长，而为子以母贵之论，故谓桓幼贵而宜立，隐长贱而不宜立。此以义推之也，不知诸侯一娶九女，为贵贱者嫡庶尔，礼未有众妾而别贵贱者，桓恶得以贵而立，则义不足取矣。惟《穀梁》以惠公能胜其邪心而与隐，则隐盖受国于惠而正者也。隐探先君之邪心，而欲以与桓，则隐不能守其位而失正者也。《经》书正月不书即位，其说在是矣。礼，王后无嫡则立长。惠公既无元妃，则隐与桓皆庶子，而隐为长。隐之宜立，不特受之于先君，亦礼之所宜立也。

三月，公及邾仪父盟于蔑。

邾，鲁附庸之国也。五等之国，不能五十里，附于诸侯以达于天子，曰附庸。视王之大夫四命，皆以字见。仪父，邾子克之字也。盟，天子之事也。古者天子与诸侯，非其节而时见曰会，不能时巡而众见曰同，皆设方明，盟于国门之外，昭神明也。诸侯有不协，请于天子而后盟，司盟掌之，诸侯不得擅相盟。凡盟之志，皆恶也。有以外为主，彼欲盟而我从之，则言“公会某盟于某”。会，聚辞也。有以内为主，我欲盟而连彼，则言“公及某盟于某”。及，连辞也。不日，阙文也。

叶子曰：记史者以事系日，以日系月，然欤？曰：“然”。《春秋》以日月为例欤？曰：“否”。系事以日月，史之常也。有不可以尽得，则有时而阙焉。《春秋》者，约鲁史而为之者也。日月，史不可以尽得，则《春秋》亦安得而尽书哉？必将以为例有当见，而史一失之，则凡为例者皆废矣，故日月不可以为例。为是说者，《公羊》《穀梁》之过也。然则何以有日或不日，或月有不月[①]？此史之阙，而《春秋》不能益也。以为非义之所在，则从史而已。间有待之以见义而适得者，“癸酉，大雨震电。庚辰，大雨雪。”见时之失也。“癸亥，公之丧至自乾侯。戊辰，公即位。”见即位之节也，而不可为常。亦有经成而后亡之者，“夏五”之类是也。

夏，五月，郑伯克段于鄢。

段，郑伯母弟也。挈郑伯杀世子、母弟目君，甚之也。不曰“杀”，曰“克”，著其以力胜之，必于杀而后已也。于鄢，远也。大夫三命而后氏，段不称公子，未三命

① “或月有不月”，文渊阁本作“有月或不月”。

也。诸侯之尊，弟兄不得以属通，必有见焉，而后挈之。罪在兄而举属，不友也；罪在弟而举属，不恭也。段何以不言弟？两责之也，视之若非兄弟然。郑伯与段，盖争国者也。即位而与之京，祭仲以为过制而不禁，曰："多行不义必自毙。"既命二鄙贰于己，公子吕言之而不听，曰："无庸，将自及。"至收贰以为己邑，吕复以为得众而不顾，曰："不义不昵，厚将崩。"不已祸于将萌，稔而至于袭我，然后一举而以二百乘伐之，内有武姜之爱而不之恤。必杀而后已者，郑伯之志也。去而之鄢，可以反[①]矣，又往及焉，杀不足以言之。天叙五典，兄弟居其一，贼其亲而弃其天，郑伯无与立于天下矣。

秋，七月，天王使宰咺来归惠公仲子之赗。

仲子，惠公之妾母也。何以不言夫人？非夫人也。其卒在隐公之世，未尝致为夫人也。归死曰赙，归生曰赗。赙以货财，赗以车马。宰，大宰也，上大夫也。咺，名也。王之上大夫以邑爵见而不名，妾母非王之所宜赗，故咺去邑爵而名，贬也。

叶子曰：太宰，王之所与治邦国者也。葵丘之会，宰周公在焉，《春秋》举而加之诸侯之上，所以尊王也。至僖公而以宰周公来聘，盖已屈矣。若桓公以弑立，而宰渠伯纠聘之，则有甚焉，故贬而加名。仲子，妾也，而宰咺赗之，则又甚焉，故贬而去邑爵。《春秋》之用法，固有渐也，以为王不可以遽贬，故即其使以见之，将使王天下者有以自反也。然王使荣叔归成风含且赗，使召伯来会葬，不贬荣叔、召伯而去天以贬王，何也？仲子犹妾也，成风则致之为夫人矣。赗仲子，礼之所不宜为也。含、赗成风而葬之，则成之以为夫人，非特礼之所不宜为也，以妾为嫡，此王之所应治。不能治而反成之，王之不王，孰大于此？是不足以继天者，非使之所可见也。

九月，及宋人盟于宿。

宋人，微者也。及者何？公也。何以不书公？杀耻也。凡公与微者盟，无事而屈之，则见公以示贬；有为而求之，则没公以杀耻。宿国也，地以国者，国亦与盟也。

叶子曰：吾何以知及者之为公欤？《春秋》凡两微者之盟，不志，略小事也。大夫以上，书则或以名，或以名氏。今但言及而不目其人，则谁乎？《春秋》盖有以公及人者矣，"公及莒人盟于浮来"之类是也。古者列国之卿，当小国之君，故礼，卿不会公、侯，会伯、子、男可也。夫公侯，卿且不得会，况微者乎？公与卿大夫、微者盟，皆耻也。然有不得已而非公之本意者，则没公，有如"及阳处父盟"者焉。则及微者盟而不目其人，固以公为耻而没公者也。《春秋》者，原情以定罪者也。以为有为而求之，非吾所欲也，吾既以自为耻矣，故为之隐而没公；无事而屈之，可以已矣，而吾欲焉，则吾何惧于耻，故从而著之以见公。宋盟之事，于《传》无传，而《左氏》以为始通。惠公娶于宋，隐公亦娶于宋，鲁、宋盖婚姻之国也。今曰始通，则前盖尝有绝之矣。宿盟之后，宋穆公遂以卒来赴，而公葬之，自是复遇宋公于清，两国不交兵者十年，至于齐、郑为好，然后翚始伐宋，则是盟非公有为而求之乎？浮来之役，《左氏》以为成纪好，善小国也。虽以子帛之盟息怨于我，我不能自强，而犹假以为重，

① "反"，底本、《荟要》本作"久"。据文渊阁本改。

至莒以微者敌之而不愧，斯亦可已矣。而公从之，宜其不为公隐也。

冬，十有二月，祭伯来。

祭伯，寰内诸侯，王之上大夫也。来，来朝也。不书朝，不与其朝也。古者内诸侯不外交，外诸侯不内交。有天子在，不敢以贰。故凡夷狄，不责其朝，亦不能朝，则不书朝。凡内诸侯，不正其与外朝，亦不可受其朝，亦不书朝，皆曰来。

叶子曰：吾观于《诗》《书》，以参《春秋》。凡王之公、卿、大夫、士，有称爵与邑，如周公、召公、毛伯、芮伯者；有称氏与爵，如刘子、单子者；有称氏与字，如南仲、仍叔者；有称氏与名，如刘夏、石尚者；有去氏称名，如寔者；有名氏俱不称，称人，如王人者。然后知《诗》《书》之所见，其制名者甚备；《春秋》之所书，其正名者甚严也。凡王之公、卿，皆大夫也。有上大夫，有中大夫，有下大夫。古者二十冠而字，曰伯某甫，字与名并见，故伯牛、仲弓之类，男子之通称也。至五十为大夫，则有爵矣，又敬其字，系以氏而不名。以是差而上之，大夫始爵，以字系氏而不名，则南仲、仍叔之类，皆下大夫也。字进则爵，下大夫以字系氏，中大夫宜以氏系爵，则刘子、单子之类，皆中大夫也。爵进则邑，中大夫以氏系爵，上大夫宜以爵系邑，则周公、召公、毛伯、芮伯之类，皆上大夫也。由字而上，则爵而已。卿可以兼公，皆上大夫，故爵邑不嫌同辞。下大夫不可兼中大夫之职，故以氏与爵为辨，此仕于王朝者也。其封于寰内，三公之田视公侯，故公食于邑亦称公，州公之类是也。卿视伯，故卿食于邑亦称伯，祭伯之类是也。以是差而下之，下大夫以字系氏，上士宜以氏系名，则刘夏、石尚皆上士也。上士以氏系名，中士宜去氏称名，则寔中士也。中士去氏称名，下士微矣，名、氏俱不足称而称人，则王人皆下士也。自人为名，自名为氏，自氏为字，自字为爵，自爵为邑，其等以是为差，莫不有命数焉。即其命数，以推于诸侯之卿、大夫、士，有大国，有次国，有小国。大国，公也；次国，侯、伯也；小国，子、男也。王之上士三命，以名氏见。大国、次国之卿亦三命，亦当以名氏见，则甯俞、华元之类，皆卿也。王之中士再命，以名见。大国、次国之大夫，小国之卿亦再命，亦当以名见，则郑宛、莒庆之类，皆大夫与卿也。王之下士一命，以人见，则大国、次国之上士，小国之大夫亦一命，亦当以人见，而大国、次国之中士、下士，与小国之士，其辞穷矣，皆当以人见，则宋人、郏人之类，皆士也。故诸侯之臣，非尝入而为王卿士者，皆无得以氏字见。诸侯无四命之大夫也。王之所以为王者，以有礼也。礼之所以为有礼者，以有名分也。王政不作而礼废，礼废而天下之名分乱矣。举先王之典而申之，示天下为复有王者，必《春秋》而后能正也。

公子益师卒。

公子益师，吾大夫之三命者也。诸侯之子称公子，公子之子称公孙，皆氏也。公子之尊视大夫，大夫三命而后以氏见，故公子亦三命而后以氏见。内大夫卒，外大夫不卒，为之服者则卒之，不为服者则不卒，内外之辞也。《礼》：“王为三公六卿锡衰，诸侯缌衰，大夫士疑衰，其首服皆弁绖”，以为君臣同体，皆所以示有恩也。则诸侯之卿大夫，宜亦有以为之服如王之服者也。

二年，春，公会戎于潜[①]。

戎，西方之夷流入于中国者也。既僭盟矣，又僭而为直会焉，此天子所以礼诸侯者也。坎地杀牲，载书而埋之，歃血以为约，谓之盟。约信命事，杀牲而不歃血，谓之会。天子之会，以礼诸侯，因而为盟。会其本也，盟其末也，故天子言会不言盟。诸侯之盟以谋不叶，因而以为会。盟其本也，会其末也，故言盟不言会。乃相见于隙地，会而不盟，盖直以僭天子之礼于诸侯者焉尔。凡会之志，皆恶也。会恶矣，与戎会，恶又甚焉。

叶子曰：东方曰夷，南方曰蛮，西方曰戎，北方曰狄，四夷之在中国之外者也，亦有中国之夷焉。东有淮夷、徐戎，南有戎蛮、子嘉、子赤，西有姜戎、陆浑戎，北有赤狄、白狄，皆其类之入于中国者也。王者内京师而外诸夏，内诸夏而外夷狄，故四夷虽在中国，正朔不加，朝聘不与，终不与之通，中国之恶夷狄甚矣。周自太王避狄而去邠，文王之世，犹有昆夷、玁狁之患。伯禽有鲁，而徐戎、淮夷并兴，东郊不开，至幽王而犬戎遂灭。周宣王南征北伐，仅以中兴，故诗人记之曰："文王以《采薇》以下治外。《小雅》尽废，则四夷交侵，中国微矣。"及襄王立而王子带争国，遂召扬拒、泉皋、伊雒之戎以伐京师，而襄王复以狄伐郑，纳其女以为后，则中国之不为夷狄者几希矣。杞，二王之后也，犹习而用夷礼，此戎所以至于伐凡伯，天王所以至于败绩于茅戎欤！自僖公之后，楚始渐强，孔子区区于召陵之盟，而致意于管仲曰："微管仲，吾其被发左衽矣。"成公之初，吴复见经，吴、楚之盛，其间不无小善，终不得一列于中国，与诸侯比合君臣之辞而一施之。此习夷狄者，其拒之有如是之深，况真为蛮夷戎狄者乎！故曰："夷狄之有君，不如诸夏之亡也。"孟子论"禹抑洪水而天下平，周公兼夷狄、驱猛兽而百姓宁，孔子成《春秋》而乱臣贼子惧"，以《诗》"戎狄是膺，荆舒是惩"为证。然则《春秋》之所书，周公之所膺也。

夏，五月，莒人入向。

向，国也。得而不居曰入。入，逆辞也。入国犹围国，未有不以兵者。其曰人，将卑师少也。诸侯以强陵弱，以众暴寡，而后有入人之国者。凡入之志，皆恶也。

无骇帅师入极。

极，国也。无骇，吾大夫之再命者也。帅师，将尊师众也。二千五百人为师，万二千五百人为军，周制也。然军或谓之大师，或谓之六师，则师亦军也。盖有合而名之者，有别而名之者。帅师，将之也。不言使将，非君所御也。凡将尊师众称某帅师，将尊师少称将，将卑师众称师，将卑师少称人，惟君将不言帅师。

秋，八月，庚辰，公及戎盟于唐。九月，纪裂𦈡来逆女。

纪，侯国也。裂𦈡，纪大夫之再命者也。诸侯娶于他国，以上大夫逆女。女，在国之辞也。在国称女，在途称妇，入国称夫人。裂𦈡不言使，母命之也。《礼》："宗子无父则母命之，亲皆没则己躬命之，支子则称其宗，弟称其兄。"《春秋》凡变事书，

① 底本、《荟要》本有传；文渊阁本传文缺。

常事不书。逆女，常也[①]，此何以书？为其母命之，一见正也。

叶子曰：《昏礼》五，逆女不与焉。逆女，娶于他国之道也。天子诸侯必亲迎，礼欤？礼也。逆女于他国则亲之，礼欤？非礼也。《昏礼》："主人请期，宾告曰某日，使者反命，主人曰闻命矣。及期初婚，父亲醮子而命之迎，主人筵几于庙而拜迎于门外，婿执雁入，升堂再拜，奠雁，降，出御妇车，而婿授绥于门外，是谓冕而亲迎。"故《诗·著》刺不亲迎，以"俟我于著""俟我于庭""俟我于堂"为言。若娶于他国，则上大夫逆之即馆，及期而后迎焉，正也。孰有逆[②]女而亲迎之者欤？逆女非昏礼之正，而先儒一之，谓《春秋》书逆女为讥不亲迎，是知迎而不知逆也。

冬，十月，伯姬归于纪。

伯姬，公之姑姊妹也。妇人谓嫁曰归，内女嫁为夫人则书归，不为夫人则不书归，尊相敌也。逆称女，别妇也。归称伯姬，别异姓也。以字系姓，妇人之通称。

叶子曰：吾何以知伯姬之为姑姊妹欤？《春秋》有言伯姬、叔姬、季姬者，有言子叔姬者。古者曰男子，曰女子，非以别子之称别男女之称也。以别乎子，必有加子者焉。故女子或曰女子子，《礼》所谓"女子子在室，为父三年"者是也。或曰子女子，《礼》所谓"子女子之长殇、中殇、大功"者是也。叔姬而加子者，盖今公之子，则伯姬、叔姬、季姬，固公姑姊妹也。

纪子帛、莒子盟于密。

纪子帛，《左氏》作子帛，《公羊》《穀梁》作子伯，当从《左氏》。纪，侯国，非子爵也。子帛，纪大夫之字也。莒子将不利于鲁，子帛以婚姻之故，通与之盟而平焉，故以字见，褒之也。其事则史失之矣。凡外诸侯盟会征伐，以告则书，不以告则不书。

叶子曰：吾何以知子帛之为纪大夫之字欤？《春秋》盖有褒外大夫而字者矣，宋子哀是也。盟，虽诸侯且不得擅为，而况大夫乎？然爱而知其恶，憎而知其善，君子之道也。《春秋》虽正名以定罪，于罪之间有可录焉，亦不以废也。楚屈完来盟，得以名氏见，屈完不得不称名氏者也。齐高子来盟，得以字见，高傒不得不称字者也。屈完之盟以天下，高傒之盟以鲁见，义不得不与，子帛可独已乎？以子帛为裂繻之字，谓莒、鲁有怨，纪侯既婚于鲁，使子帛盟莒以和解之，为鲁结好息民。其说虽出于杜预，然《左氏》以为鲁故，则《传》之盖有自也。

十有二月，乙卯，夫人子氏薨。

子氏，隐公之妻也。公死曰薨，夫人之死亦曰薨，内辞也。不书葬，夫人之义，从君者也。先薨则不葬，待君而后葬，周道也。合葬，非古也。自周公以来，未之有改也。

叶子曰：子氏，《左氏》以为隐公之母，则声子也；《公羊》以为惠公之母，则仲子也。声子、仲子皆未尝致之为夫人，固不得称夫人。则子氏称夫人，盖隐公之妻，《穀梁》之言是也。

---

① 常也，文渊阁本作"常事也"。

② "逆"，底本、《荟要》本作"迎"，据文渊阁本改。

郑人伐卫。

声其罪而讨曰伐，伐备钟鼓。不声其罪而直讨曰侵，侵密声，有钟鼓而不作。罪大则伐，小则侵，侵、伐皆讨罪之辞，服则止矣，故不书胜败。贼贤害民则伐之，负固不服则侵之，大司马之法也。天子在上，诸侯不得擅相讨；天下无道，征伐自诸侯出。凡伐之志，皆恶也。

叶子曰：吾何以知侵伐之辨欤？宋人杀昭公，晋赵盾请师以伐宋，发令于大庙，召军吏而戒乐正曰："三军之钟鼓必备焉。"赵同有疑，盾曰："大罪伐之，小罪惮之，袭侵之事，陵也。是故伐备钟鼓，声其罪也；战以錞于、丁宁，儆其民也；袭侵密声，为暂事也。"乃使旁告于诸侯，治兵振旅，鸣钟鼓以至于宋，犹行先王之政也。春秋之世，征伐自诸侯出，虽无适而不为僭，然其名则窃取之矣。

三年，春，王二月，己巳，日有食之。

为天下记异也。日，天下之至阳也。有君道焉，有父道焉，有夫道焉，有中国之道焉。食者何？伤之也。为天下至阳，而物得以伤之，必有为之然者矣，而不可知也。日有食之云尔，是天下之大异也，其食必于朔。日月之会也，日一日一周天，月一月一周天。天之大物为十有二辰，月一周而与日遇于辰，阳得其道则不食，不得其道则食，故有食、不食。日、月，动物也，动而或差，则不能皆中节。月未望，则载魄于西，晦而见西谓之朓，日行迟而月行疾也。月既望，则溯魄于东，朔而见东谓之仄慝，日行疾而月行迟也。故或食于朔。君子一推以其数，则凡见其异者，不知其可畏也；一以为有以致之，则不当其物者，必以为不信也。特举其异，而与天下共记焉，其必有当之者，而畏天者知所警矣。凡书月与日而见其朔者，正也；书月与日而不见朔，书月而不见日与朔者，差也；书月与朔而不见日者，史官之失也。

叶子曰：惟上帝不常，作善，降之百祥；作不善，降之百殃。自尧舜以来，天人未尝不相因也，有一国之异，有天下之异。一国之异系一国，故大灾可系齐，六鹢退飞可系宋，鸜鹆来巢可系鲁。天下之异系天下，故梁山崩、沙鹿崩皆晋也，而不可系晋。日者，有目之所共睹，其系非以天下欤？《春秋》之时，臣弑君，子弑父，妻弑夫，夷狄[①]侵中国，以其道言之，则阳之伤也多矣。谓其无以致之，不可也。然日月之行，则有冬夏，兆而为至，裂而为分，日食必于朔，月食必于望，不可差以毫厘，谓其非有数焉于其间，亦不可也。或旷年而不食，或仍月而食，强弱在其道，盈缩在其行，皆圣人所不敢知，惟两存而不废，是故以为有以致之也。先王于是伐鼓用币，瞽奏鼓，啬夫驰，庶人走，曰："吾以救日也。"而《春秋》日食则书之，以为有数焉而莫之违。先王于是有救日之失，而无救月之请，曰："是其当然而无与于人也。"而《春秋》月食则不书，所以正人事而全天道也。

① 夷狄，文渊阁本作"外服"。

《石林先生春秋传》卷第二

叶氏

隐公二

三月，庚戌，天王崩。

天子曰崩，诸侯曰薨，大夫曰卒，士曰不禄，礼也。天子记崩不记葬，举天下而葬一人，不疑也。

叶子曰：周天王见春秋之世者十有二，有见崩见葬者，有见崩不见葬者，有崩葬皆不见者。崩以赴书，葬以义见。庄、僖、顷不书崩，不以告，则不得而书也。天子七月而葬，桓以七年则缓，匡以四月、简以五月、景以二月则速，非其时也。葬，天子亲者也。文公以叔孙得臣葬襄王，昭公以叔鞅葬景王，非其礼也。故特书崩，所书也。庄、僖、顷三王以不赴不书葬，所不书也。桓、匡、简、襄、景五王以失时违礼，特书葬，则平、惠、定、灵四王书崩不书葬。周不失时，鲁不失礼，以为常事而不书欤？

夏，四月，辛卯，尹氏卒。

尹氏，《左氏》作君氏，《公羊》《穀梁》作尹氏，当从二《传》。夫人不可以氏君，王之卿氏也。外大夫不卒，此何以卒？天王之丧尝主我，而我丧之也。何以举族？因是以贬世卿也。

叶子曰：古者内诸侯禄，外诸侯嗣。内诸侯而嗣，强也。诸侯世国，大夫不世爵禄。诸侯之大夫而世爵禄，僭也。春秋之世，内诸侯之嗣，有如尹氏者，其后卒以擅立君。诸侯之大夫世爵有如齐崔氏者，其后卒以弑君。故尹氏卒以氏书，崔杼出奔以氏书，以为是世卿者所为，故各因其事一见法焉。

秋，武氏子来求赙。

赙，归生者也。《礼》："有丧，吊而含，含而襚，襚而赗，赗而临，五者皆同日。臣为君丧，致襚曰'致废衣于贾人'，纳货贝曰'纳甸于有司'。赗，马入庙门。赙，马与其币。大白兵车，不入庙门，生事也。"天王崩，于是五月矣。鲁当归而不归，周不当求而求，皆过也。何以不言使？桓王当丧，未君也。君薨，百官总己，听于冢宰。武氏子，大夫之在丧者也。君子不夺人之丧，武氏在丧而命之，亦非也。诸侯在丧称子，系之国；大夫在丧称子，系之氏。

八月，庚辰，宋公和卒。

外大夫[1]何以卒？以我丧之也。同姓临于祖庙，同宗同族临于祢庙，异姓临于外，皆以名见，所以正终也。不言薨，以别乎内也。古者制名，上可以兼下，下不可以兼上。诸侯曰薨，而天子亦有言君薨听于冢宰者。士曰不禄，而诸侯之赴亦有言寡君不禄者。故外诸侯卒，不嫌与大夫同辞，以上兼下也。卒者以赴为辞，赴则书，不赴则不书，赴以名则书以名，赴不以名则不书以名。卒而不赴，赴而不以名，以为不恭其君，外之失也。

叶子曰：诸侯死而赴以名，礼欤？曰："然。"同盟则赴以名，不同盟则不赴以名，礼欤？曰："否。"此《左氏》之误也。古者无讳，至周而后讳。然必葬而后讳之者，生事终，鬼事始也。未葬而讳，是不怀也。子蒲卒，哭者呼"灭"，子皋曰："若是野哉！"呼之非也，赴之礼也。《春秋》有同盟而不名者，"宿男卒"之类是也。有未同盟而名者，"蔡侯考父卒"之类是也。岂皆别于盟乎？《春秋》虽以名正，然终有不得而名者，《春秋》不能益也，从史而已。然则《礼》："君赴于他国之辞，曰'寡君不禄。'"而不名，何也？非礼也，记礼者之失也。

冬，十有二月，齐侯、郑伯盟于石门。

外盟也。内盟言会及，外盟不言会及，直曰盟而已，内外之辞也。必有事焉，然后与内同辞。"鄫子会盟于邾""卫人及狄盟"是也。

癸未，葬宋穆公。

外诸侯何以葬？以我会之也。诸侯之丧，士吊，大夫会葬，礼也。卒从正，故书名；葬从主人，故书谥。周人以讳事神，葬而后举之。凡见卒不见葬者，我不往会，内之失也。

四年，春，王二月，莒人伐杞，取牟娄。

牟娄，杞邑也。外取邑不书，此何以书？不正，其以伐取也。伐者，问罪之师，服则止矣，从而取其邑，是利之也。凡国曰灭，邑曰取。无宗庙社稷君长，属之以为己有，谓之取。

戊申，卫州吁弑其君完。

州吁，公子也。不氏，未三命也。恶莫大于弑其君，不待贬绝而罪自见，君子无所加辞焉，各正其名而已。世子称世子，公子称公子，大夫以名氏见者称名氏，以名见者称名，微者称人。有称国者，为众弑君之辞也。

夏，公及宋公遇于清。

遇，会之薄也。清，卫地。及，我接之也。会不言及，遇言及。会，所期也；遇，非所期也。宋公在卫而我往从之，故以我及宋公。诸侯非王命不出境，凡遇之志皆恶也。

叶子曰：遇，天子冬见诸侯之礼也。诸侯相遇，亦有为之礼者欤？曰："未有两君相见而不为礼者也。"昭公孙于野井，齐侯来唁。公既哭，以人为菑，以幦为席，以鞍为几，曰："以遇礼相见"，则诸侯之遇固有礼矣。然则"季姬及鄫子遇于防"，亦礼

① 外大夫，《荟要》本、文渊阁本作"诸侯"。

欤？曰非此之谓也。桃丘之会，卫侯不至，书公弗遇，此不以礼言也。季姬非所见而见，故假遇以为辞，使若适相值然，固不嫌与诸侯之遇同辞也。”

宋公、陈侯、蔡人、卫人伐郑。

宋公、陈侯，何以称爵？君将不言师也。君行师从，不嫌于无师，故外称爵，内称公。

秋，翚帅师会宋公、陈侯、蔡人、卫人伐郑。

翚，吾大夫之再命者也。翚，名也。

九月，卫人杀州吁于濮。

濮，陈地也。称人以杀，讨贼之辞也。臣弑君在官者杀无赦，子弑父在宫者杀无赦，夫人而可讨也。此杀州吁者，石碏也，而曰卫人，以是为卫人皆得讨也。

冬，十有二月，卫人立晋。

晋，桓公之弟也。不氏，未三命也。卫人，众辞也。石碏既杀州吁，卫人逆晋于邢而立之。立者不宜立也。以其不宜立也，故特书立焉，以见义之得与其立也。晋则何以谓之得与其立？以弟继兄，谓之宜立，不可也。致万民而询立君，周道也。众以为可立而立之，谓之不宜立，不可也。

叶子曰：公仪仲子之丧，舍其孙而立其子。子服伯子曰：“仲子亦犹行古之道也。昔者文王舍伯邑考而立武王，微子舍其孙腯而立衍。子游问诸孔子，孔子曰：‘否，立孙。’”《春秋》所谓宜立者，孔子之言是也。然不可以文王为不得立武王，微子为不得立衍。《春秋》所谓宜立者，文王、微子之意是也。国君有嫡而立嫡，无嫡而立长，正也。不幸无嫡又无长，不与之立则无君，与之立则未知其孰宜立也。先王于是有致万民而询立君之道。使桓公而有嫡与长，则石碏必立之矣。今见晋，不见嫡与长，是桓公无嫡又无长也。卫人立晋而不得立，则卫安得有君乎？此《春秋》所以与晋也。故因晋一见法焉，以为异乎尹氏立王子朝也。

五年，春，公矢鱼于棠。

矢鱼，《公羊》《穀梁》作观鱼，《左氏》作矢鱼，当从《左氏》。矢，射也。古者天子诸侯将祭，必亲射牲，因而获禽，亦以共祭。春，献鱼之节也。公将以盘游，盖托射牲以祭焉。以公为荒矣。于是公子弫谏曰：“鸟兽之肉不登于俎，皮革、齿牙、骨角、毛羽不登于器，则公不射，非其矢也。”棠，鲁地。于棠，远也。

夏，四月，葬卫桓公。

宋穆公称公，二王后也。卫，侯爵也。桓公何以亦称公？主人之辞也。

叶子曰：五等诸侯皆称公，礼欤？曰：礼也。人有十等，王臣公，公臣大夫。古者五等诸侯有别而称之者，有合而称之者。别而称之者，实之所在，不可得而越者也。故诸公之仪不可为侯伯，侯伯之仪不可为子男。合而称之者，名之所在，可得而通者也。故五服之别概曰侯服，五等之名概曰诸侯，举其中以包上下也。诸侯即位逾年，于其国中得称公，岂不以臣子皆欲推尊于其君者欤？公之为言，上以别乎王，下以别乎大夫者也。故有言“后王君公”者矣，有言“坐而论道，谓之王公”者矣。子曰公子，孙曰公孙，非特许其臣子也，虽王亦假之矣。是以鲁侯爵，而诸公皆书公，诸国之葬皆称公，寰内诸侯葬亦称公，周道也。以为贬其僭者，误也。

秋，卫师入郕。

郕，国也。

九月，考仲子之宫初献六羽。

仲子，惠公仲子也。宫，庙也。考，成也。仲子则何以得考宫？亡乎礼之礼也。与之欤？与之也。礼，庶子为君，为其母筑宫，使公子主其祭，于子祭，于孙止。仲子不得终于惠公之世，则隐公不得祭。然为人后者，为其祖母三年，则隐公以孙祭之可也。是谓亡乎礼之礼，义之所得与也。与则何以书？不正其初献六羽。干，武舞也。羽，文舞也。隐公知妇人无所用武而不用干，不知仲子不得有乐而不可以献六羽。曰献，尊之也。曰初，谨始也。夫欲尊之而不得其道，适以为卑而已矣。子曰："天下无道，礼乐征伐自诸侯出。"六羽其当之矣。

叶子曰：吾何以知《春秋》与仲子之考宫欤？立武宫，立炀宫，不与其立者也，故不书考而书立。立宜不可，考固不足讥也。仲子之宫，与其考者也，故不书立而书考。于立无讥，则考固吾之所与也。然辞间容之。之，缓辞也，不与其正之辞也，故"筑王姬之馆"言之，"震夷伯之庙"言之。隐公虽可为仲子立宫，而终不可为礼之正。故君子不以所与废所正，《春秋》之义也。妇人则何以不得有乐？妇人从夫者也，死而祔于夫，则何所用乐？周以闷宫祀姜嫄，有先妣之乐，亦亡乎礼之礼也，而不通于仲子，曰祭必用乐欤？先王于群小祀不兴舞，则仲子固不伤于无乐也。虽以诸侯用六，君子以为悖矣。先儒或以僭而越四羽为讥，或以杀而厉八佾为美。夫礼必先察其是非，而后议其当否。使妇人而得有乐，则六羽固仲子之乐也。使不得用乐，虽杀其足美乎？古者礼之别有四而已：天子也，诸侯也，大夫也，士也。诸侯之乐，同以轩县为节，射同以狸首为节，未闻羽数而公侯有别也。何独取于四佾，则亦不可谓之讥耶？曰：鲁诸侯之庙，僭用八佾，自仲子始。降而用六，则八佾之用，至昭公犹然，则亦不可谓之美。僭与杀二者皆无当，吾是以知《春秋》所书，不在六羽也。

邾人、郑人伐宋。

邾何以先郑？主兵也。盟会以爵为序，盂之会，楚子先诸侯之类，有不以爵焉。侵伐以主兵为序，戚之围，齐国夏先卫石曼姑之类，有不以主兵焉。《春秋》之义也。

螟。

记灾也。螟、螣、蝥、贼皆害稼。螟食心，螣食叶，蝥食节，贼食根，稼以食心为重，故独书螟。

冬，十有二月，辛巳，公子彄卒。

公子彄，吾大夫之三命者也。

宋人伐郑，围长葛。

长葛，郑邑也。伐国不言围邑，此何以言围？为后取长葛起也。

六年，春，郑人来输平。

输平，《左氏》作渝平，《公羊》《穀梁》作输平，当从二《传》。输，犹输粟然，有物以将之也。和而不盟曰平。来，外辞也。何以不言及？郑平方请未平也。人，微者也。凡外大夫来皆言使，郑人何以不言使？辞不可言使人也。

叶子曰：吾何以知输为有物以将之欤？夫平则平矣，故《春秋》有书“及平”者矣，有书“暨平”者矣，未有先请而后遽书也。是必有义重于己平者，而后书以见讥焉。其重者何？归祊是也。前无与之，后孰归之？非以物输之而何？《左氏》以输为渝，谓之更成。更成，犹言释憾也。杜预以狐壤之战实之。夫释憾何足志乎？二氏虽以渝为输，而以为堕成，则失之尤远甚，盖知其文不知其事而妄意之也。春秋诸侯会盟，口血未干而背之者皆是，曷尝尽以前告？盟且不告，而况于平乎？更成、堕成皆非义之所在，法所不书，吾是以知归祊之为输也。

夏，五月，辛酉，公会齐侯，盟于艾。秋，七月。

无事必书首月以见时，全天道也。时者，天道之一变，而岁之所自成也。《春秋》王者之事，先天而天不违，后天而奉天时，王者继天而为之子也。故历一时无事，必书首月而系于时，不敢以无事废时也。历一月无事，则各于有事之月以见时，欲因有时不失时也。如是而后可以王矣。

冬，宋人取长葛。

外取邑不书，此何以书？不正其以伐取也。伐人而围其邑，逾年而后取之，其暴为已甚矣，不系之郑，不与其得取于郑也。

七年，春，王三月。

《春秋》书王惟春，各于其有事之月见之，至夏则否。王者以正始为本。春，岁之始也。无事不得见于正月，则见于二月；不得见于二月，则见于三月。过三月则时已变矣，非王之所以为始。是以夏不书王，不嫌于无王也。

叔姬归于纪。

伯姬归于纪矣，叔姬何以复言归？归纪季也。内女嫁为夫人则书，不为夫人则不书。叔姬非夫人也，何以得书？将以起纪季之以酅入于齐也。酅，纪季之邑也。纪季以酅入于齐，非以存酅，以存纪也。言归纪季则不得书，言归于纪则得书。君子悯纪之亡而欲存之，纪季不得以侯书，故假叔姬以夫人之辞，成纪季以为侯，而后纪可见者，《春秋》之义也。

叶子曰：叔姬归于纪，《左氏》《公羊》皆无传，而说者以为伯姬之媵而待年者也。礼，诸侯一娶九女，盖以广继嗣之道，而绝妒忌之行。为之媵者，必与之俱行。《诗》曰：“韩侯娶妻，诸娣从之。”待年于室，于礼未之闻也。且媵小事不书，宋共姬之媵，有为言之也。使叔姬以纪故而录，自当正名曰媵，亦安得以夫人之辞同书曰归于？《穀梁》独以为逆之道微，故不言逆，媵固不得言逆。以为大夫妻乎？则不当书归。以为纪侯妻乎？则既有伯姬矣，吾不知其说，则曰纪季为妻者，义当然也。

滕侯卒。夏，城中丘。

中丘，内邑也。夏城之，失时也。凡土功有时制，龙见而戒事，火见而致用，水昏正而栽，日至而毕，时也。大都不过参国之一，中五之一，小九之一，无过百雉，制也。不得其时则书，不得其制则书，其役长者志以时，其役短者志以月，未有以建子书者，外是皆失时也。创筑曰筑，修旧曰城。修旧浅事，不得其时制，虽浅事亦书，重民事也。

齐侯使其弟年来聘。

诸侯之邦交，岁相问，殷相聘，周道也。书聘不书问，略小事也。聘，大夫之事。古者大夫五十而后爵，异姓以名氏见，同姓以公子见，虽母弟亦以公子见。年不称公子，非大夫也。诸侯之尊，弟兄不得以属通。其弟年云者，以母弟而任大夫之事。以齐侯为爱其弟而易大夫，非公天下之道也。

秋，公伐邾。

不言师，君将也。

冬，天王使凡伯来聘。

凡伯，王之上大夫也。凡，邑也。伯，爵也。天子时聘以结诸侯之好，大夫将之，周道也。何以书？非常也。

叶子曰：存、眺、省、聘、问五者，君之事也。《春秋》何以独书聘？吾考于礼，天子之抚邦国者，一岁遍存，三岁遍眺，五岁遍省，而无聘问。至时聘，以结诸侯之好，殷眺以除邦国之慝，间问以喻诸侯之志，则存省不与。盖存、眺、省，常也，犹臣之有朝觐宗遇也。聘、问，非常也，犹臣之有会同也。聘与问，一事也。大曰聘，小曰问，则问亦聘矣。而殷眺亦与常眺异，特见于除慝。二者时举而用之，故典瑞有殷聘之玉，无存省之玉。无存省之玉，盖非常则用玉，常事则不用玉。《春秋》之世，邦国之慝，无岁无有，王之所不暇眺，亦非王之所得除也。则非常而见者，惟聘而已。此聘之所以独见也。

戎伐凡伯于楚丘以归。

楚丘，卫邑也。戎，中国之夷也[①]。戎朝周，发币于公卿，凡伯弗宾。戎因其使我而归，邀诸涂而执之。其曰伐何？不与戎之得执，天子之使也。伐何以与？执何以不与？伐者，一国之辞；执者，一人之辞。伐者加诸我，当不当未可知焉，执则为之囚服矣。伐可言，执不可言也。戎之伐虽不得为正，而凡伯以王臣而见伐于戎，则为凡伯者亦病矣。

叶子曰：子贡问："何如斯可谓之士矣？"子曰："使于四方，不辱君命，可谓士矣。"周衰，以中国之戎[②]而暴天子之使，君子虽为之辞以抗王人，然凡伯不能正其身以辱君命，亦《春秋》所不得掩，如是而后可以抑夷狄[③]、正王臣焉。

八年，春，宋公卫侯遇于垂。

外遇不言及，略之也。以告则书，不以告则不书。

---

① "戎，中国之夷也"，文渊阁本作"凡伯，王之上大夫"。

② 中国之戎，文渊阁本作"楚邱近地"。

③ 文渊阁本无"抑夷狄"三字。

三月，郑伯使宛来归邴。

邴，《左氏》作祊，《公羊》《穀梁》作邴，当从二《传》。邴，郑邑也。宛，郑大夫之再命者也。郑邑则何以归于我？以输平也。诸侯受地于天子，不得私与人，归之罪，纳之亦罪也。

叶子曰：邴，三家皆以为郑祀泰山汤沐之邑，盖自《左氏》失之。古者谓秋田祭四方为祊，祭之明日再祭为祊。祊，祭名也。《左氏》既以为祀泰山之邑，故遂误其地为祊，谓郑请复祀周公易田，而以许田为周公祊。郑祀周公，非其鬼而祭之，此理之必不然者也，而何祊之云？二《传》虽得其名，而不察其实，故亦从以为汤沐之邑。邴不得为祀周公之祊，则许安得为祭泰山之邑哉？惟不知前之为输平，是以妄信其传而弗悟也。

庚寅，我入邴。

归邴挈郑伯，著郑罪也。入邴挈我，著鲁罪也。凡内邑归，言取不言入，我所有也。归外邑，言入不言取，非我所有也。入，逆辞也。非我所有，外虽归之，其道犹为逆云尔。

叶子曰：《春秋》书内事，未有言我者，惟外伐我言某鄙，败绩言我师，此别外之辞也。舍是“惟我入邴”“齐人归我济西田”“吴伐我”“齐伐我”，凡四见焉，是岂别于外乎？凡我皆有己之辞，《春秋》之所贬，固皆己罪，然有因人而致之者，未必皆出于我也。

夏，六月，己亥，蔡侯考父卒。辛亥，宿男卒。秋，七月，庚午，宋公、齐侯、卫侯盟于瓦屋。八月，葬蔡宣公。九月，辛卯，公及莒人盟于浮来。螟。冬，十有二月，无骇卒。

九年，春，天王使南季来聘。

南季，王之下大夫也。聘或以卿，或以大夫。以卿聘者，大聘也；以大夫聘者，小聘也。

叶子曰：吾何以知聘大小之异使欤？《聘礼》：“使者载旜。”旜，孤卿之所建也。然有曰：“大夫来使，无罪则飨。”盖有大夫而为使者矣。而《礼》：“诸侯之邦交，五年一大聘，三年一小聘。”先儒谓大聘用卿，小聘用大夫，此诸侯之礼也。《春秋》书王聘，言尊者如宰周公，幼者如王季子、仍叔之子，固异文。而有书卿以邑爵见，如凡伯、渠伯者；有书大夫以氏字见，如南季、家父者。以诸侯之礼推之，兹非大小之辨欤？大聘，聘也；小聘，问也。聘有享献，及夫人，主人筵几，有私面升而郊劳，至问则略之。是所以为大小之辨者，此使所以亦不得同也。

三月，癸酉，大雨震电。

大雨震电不书，此何以书？不时也。建寅之月未雨，雨水而大雨，雷未发声而震电。

庚辰，大雨雪。

大雨雪不书，此何以书？不时也。建寅之月也。

挟卒。

挟，吾大夫之再命者也。

夏，城郎。

不时也。

秋，七月。冬，公会齐侯于[1]防。

十年，春，王二月，公会齐侯、郑伯于中丘。夏，翚帅师会齐人、郑人伐宋。六月，壬戌，公败宋师于菅。

前未有言战者，此何以言败宋师？内辞也。《春秋》内鲁而外诸侯，内败于外，皆不言“我师败绩”，直曰“战”，不以内受败于外也。内胜外，皆不言“及某师战”，直曰“败某师”，不以外见败于内也。此翚之师也。何以言公非翚之师也？翚还以为不得志而公自将也。

叶子曰：《春秋》有偏战，有疑战。偏战，结日而战也；疑战，诈战也。为《左氏》之说者曰：“皆陈曰战”，谓偏战也；“未陈曰败某师”，谓疑战也。而《穀梁》亦云。非也。凡鲁与外书败者七，未有一言败绩者，岂鲁皆诈战乎？凡外诸侯书战者十有四，未有一言败我师者，岂诸侯皆偏战乎？吾是以知《春秋》之义在内外，不在偏战、疑战也。

辛未，取郜。

郜，宋附庸之国也。凡取附庸之国曰取，属之以为己有也。虽有社稷、宗庙、君长，而属之以为己有，故不嫌于与邑同辞也。

叶子曰：吾何以知郜为附庸之国欤？桓书“取郜大鼎于宋”，以郜别宋，则非宋之邑也。僖书国之来朝，则郜非特为鲁之附庸，盖后自能立国，进而为子，犹郑之为郑子也。诚为宋邑，则郜安得有君哉？

辛巳，取防。

防，宋邑也。内取外邑不书，此何以书？我旧邑而尝侵于宋者也。

叶子曰：吾何以知防之为我邑欤？前年书公会齐侯于防，固我邑也。至是而会齐、郑伐宋，未知宋之罪也。或者齐会之后，宋尝侵于我，遂伐而复取之欤？何以不书宋侵？外取内邑皆不书，杀耻也。故书取郓，亦不著其侵也。

秋，宋人、卫人入郑。宋人、蔡人、卫人伐戴。郑伯伐取之。

郑伯伐者何？伐宋、蔡、卫三师也。郑伯取者何？取宋、蔡、卫三师也。何以言伐又言取？不正郑伯乘人之隙，出不意而覆其师也。宋人、卫人入郑固非矣，得而不居，犹未尽恶焉。益之以蔡而伐戴，则力已惫、志已骄矣。郑伯乘而伐之，三国不支，郑伯于是乎取其师。伐，讨罪之名也。郑伯讨其入国之役可也，不待其服、乘其隙而取其师不可也。何以不言师？师少也。《春秋》有言“宋皇瑗取郑师于雍丘”矣，有言“郑罕达取宋师于嵒”矣。取者，覆而败之，不遗一人之辞也。何以不言郑伯取宋人、卫人、蔡人于戴？戴不见伐，无以著三师玩兵而可取；郑不见伐，无以著其以讨罪为

① 底本误作“干”，据《荟要》本、文渊阁本改。

名而志复怨。伐宋取长葛，为暴师也；伐郲取须句，为登叛也，且不可，况一日而覆三师乎？君子为之变文曰“伐取之”，其辞略而杀，甚郑伯也。

冬，十月，壬午，齐人、郑人入郕。

十有一年，春。

《春秋》正月无事，则以次月首时而书王矣。亦有事在时而不得其月者，则以事系时而不书王，无所寄王也。隐十年，无正月，岂皆不得其月欤？因其有不得者而去其所得者，以正隐也。

叶子曰：吾何以知隐正月为因其有不得而去其所得欤？《春秋》，天下之大法也。事者，法之所记以著者也。事可以见法则著事，事不可以见法则著法。事可去，法不可失也。隐受位于惠，正也。不有其位，欲致国于桓，则不失也。著其始正而治其终不正，故元年有正月，自二年终其世无正月。定不受位于昭，非正也。因其受而有之，不为徒让以起乱，则正也。治其始不正而与其终正，故定元年无正月，自二年终其世有正月。是说也，《公羊》《穀梁》知之而不尽。夫定亦安得为终正哉？盖定既迫于季氏而受之矣，将复致国于昭之子，则季氏必不从也。定既不受，昭之子又终不得立，则鲁何时而可治乎？三家未必不乘其隙而取之，是以不得已而与之正。夫定犹不得已而见欤？则隐之得已，宜《春秋》之不与也。

《石林先生春秋传》卷第三

叶氏

隐公三

十一年，春，滕侯、薛侯来朝。

朝，诸侯见于天子之礼也。诸侯不得相朝，侯而更相朝，固僭矣。而又旅见，亦天子之礼也。故累数之，以公为僭之中又有僭焉者也。

叶子曰：吾何以知诸侯之不得相朝欤？礼莫大于君臣，辨君臣之分莫严于朝。故一岁而以时来见者四，六年而以服来朝者五，天子所以一天下也。朝觐、宗遇、会同，皆朝之名。既命之曰朝，以其先者为主也。朝之为言，天子当宁而立，诸公东面，诸侯西面，曾何取于诸侯之庭哉？乃诸侯有入其国，假道而过焉者，谓之邦交，于是有两君相见之好。是故诸侯有两君相见之好，无两君相朝之礼。至春秋而先王之制亡矣，有言“诸侯间于天子之事，则相朝”者，有言“小国之免于大国，朝而献功”者，有言“先王制诸侯，五年四王一相朝”者，有言“明王之制，诸侯五岁而朝”者。此周之末造也，大抵强弱更相事而已。是以鲁之往朝者，皆晋、楚、齐大国；而诸侯之来朝于鲁者，皆谷、邓、滕、薛、杞、鄫、郳、郜、曹、兒、郯、牟、葛小国。非特诸侯然也，王臣亦有外交而僭者焉。其见于内，则祭公、祭伯来；其见于外，则州公如曹。《春秋》一正之，外书曰朝，内书曰如。旅见则累数，非其所则志地，摄而来则志名，各著其实而罪自见。至于王臣，又绝其朝而不书，嫌于贰君也。夷狄[①]亦绝其朝而不书，嫌于乱华[②]也。而三家不能辨，或曰“诸侯即位，小国朝之。”或曰“诸侯再相朝，以修王命。”或曰“考礼修德，所以尊天子。”此岂周制也哉？然则大行人之辞曰：“诸侯之邦交，有世相朝者。”吾闻诸公侯伯子男，入有郊劳，出有赠贿，见于庙中，相与为宾之仪矣，未闻当宁而面于庭者。此诸侯欲文过而益其籍之辞，非先王之言也。

夏，公会郑伯于时来。秋，七月，壬午，公及齐侯、郑伯入许。冬，十有一月，壬辰，公薨。

公薨何以不地？故也。故则何以书薨？以内大恶则不可言，以臣子之心则不忍言也。何以不言葬？《春秋》之法，君弑，贼不讨，则不书葬，责臣子也。以为所以事君亲者，人得以任其责。故君弑，在官者皆得讨之，不必其国也；父弑，在宫者皆得讨之，不必其子也。州吁弑桓公，卫人能讨之，故桓公得葬；无知弑襄公，齐人能讨之，

① 夷狄，文渊阁本作“要荒”。

② 乱华，文渊阁本作“骛远”。

故襄公得葬。葬者，臣子之终事。君弑，贼在，偃然南面而事之，曰吾所以事其君亲者为已终，可乎？此《春秋》所以不得葬也。

桓公一

元年，春，王正月，公即位。

继故不书即位，言有不忍于先君也。此何以书即位？身弑君而代之，成其意也。

叶子曰：天子崩，诸侯薨，嗣子立于丧次，礼欤？礼也。天子七日而殡，诸侯五日而殡。既殡，大臣以其受命于前王者，即柩前而告之曰顾命，礼欤？亦礼也。然则何以逾年始书即位、称元年？有丧次之位，有南面之位。丧次之位，所以继体也。一年不二君，故虽即位，未成其为君。出见群臣于寝门之外，群臣拜则答拜。天子称予小子，诸侯称子年。用旧君之年而未敢改位，存旧君之位而未敢居死，则天子称小子王，诸侯称小子侯。南面之位，所以朝群臣也。旷年不可以无君，故至于明年，天道一变，前王之义终矣。然后始以其正月朔朝庙见先祖，以所受命者告焉，而称元年。天子称王，诸侯于其封内称爵，自周以来，未之有改也。然则继故不书即位，岂不即位欤？原其情，有所不忍而不书也。而先儒乃以为继故则不即先君之位。夫天下未有无位而为君者，不即先君之位而何位乎？即位者，礼也；忍不忍者，情也。死君而代之位，孰以为忍，而况于继故？继故不书即位，所以弭天下之争，而示有恩于先君者，《春秋》之义也。

三月，公会郑伯于垂。

公何以会郑伯？求免于郑也。

叶子曰：垂之会，三《传》皆不著其说。吾何以知其为求免于郑欤？放弑其君则残之，周公之刑也。周衰，王政不行于天下，列国有弑其君者，非特天子不能讨，方伯不能正，而有幸而求免焉。卫州吁弑桓公而立，未能和其民，厚问定君于石碏。石碏曰："王觐为可。"于是教之使朝陈而请觐。曹负刍杀宣公之子而自立，诸侯与会于戚而执之。曹人请于晋曰："若有罪，则君列诸会矣。"乱臣贼子之所惧者，天子与侯伯尔。天子而与之觐，诸侯而与之会，是既许之为君矣。后虽有欲讨者，无所加兵焉。此周之末造也。宣公弑子赤而会齐侯于平州，《左氏》以为定公会①。齐人于是取济西田以为赂，《左氏》亦既言之。桓之会郑，非齐之与宣会欤？郑伯以璧假许田，则济西之会也。盖自隐公初，齐、晋犹未强，郑庄公独雄诸侯。及使宛来归祊之后，隐遂舍宋而事郑，伐宋入许，无不与之同者，此桓之所畏也。是其首求于郑者欤？郑既得赂，然后始固好而为越之盟，故称及焉。及者，内为志也。三《传》惟蔽于易祊之言，不知许田之为赂，是以并垂之事而失之。《春秋》有属辞比事而可见者，吾故以负刍之讨、平

① 会，文渊阁本作"位"，当据改。此一节所叙为宣公元年事，经云"公会齐侯于平州。……六月，齐人取济西田。"《左传》解前一句云"会于平州，以定公位。"解后句云："为立公故，以赂齐也。"如从底本及《荟要》本作"定公会"，则"定公"为名词，"会"为动词，而此为宣公时事，误矣。而文渊阁本作"定公位"，则"定"为动词，"公"正指宣公，符合经文原意。

州之役而知其然也。

郑伯以璧假许田。

许田，许之田也。许田则鲁何得有之？郑伯与我入许，而居许叔于东偏，以其大夫公孙获居西偏，盖有分地而共取之者矣。许近郑而远鲁，于是因会求并得焉。何以言璧假？不敢正其为赂而为之辞也。其曰许田者何？非许也，许之田也。郜鼎不得取之宋，不可曰宋鼎；许田不得取之鲁，不可曰鲁田。

叶子曰：居常与许复周公之宇。鲁固自有许矣，吾何以知许田为取之许者欤？《春秋》邑不言田，故讙、阐不言田，举重也。国而后言田，郓言田，邾言田，得田不得国也。惟田目地，故济西、汶阳、漷东、沂西皆系地。许地邑则不目田矣，当与取讙及阐同辞。其曰许田，亦得田不得许也。许田既入郑，州来之狩，楚子曰：“昔我皇祖伯父昆吾，旧许是宅，今郑人贪赖其田，而不我与。”楚迁许于叶，王子胜言于楚子，谓郑以许为俘邑。则郑之有许，岂鲁之谓欤？《公羊》乃以田邑多寡为别，邑多于田称邑。夫邑孰有多于田者？非吾所能知也。

夏，四月，丁未，公及郑伯盟于越。秋，大水。

记灾也。雨淫而害稼。凡大水以时书者，皆志夏秋；以月书者，皆志七月、八月。志以时者，其灾长；志以月者，其灾短。七月、八月，尤麦苗之时也，不为灾则不书。

冬，十月。

二年，春，王正月，戊申，宋督弑其君与夷及其大夫孔父。

孔父，宋大夫之四命者也。宋何以有四命之大夫？二王后得备官也。弑君书及其臣，君累之也。累则何以有书不书？贤则书之也。孔父正色立朝，人莫敢过。督将弑殇公，先攻孔父之家而杀之。知孔父存，则殇公不可得而弑矣，是以及之也。

叶子曰：吾何以知宋得备官欤？古者二王后，天子宾之而弗臣，皆得修其礼物之旧。所以杞、宋之郊以禹、契者，其最大焉者也。一娶而十二女，三夫人之媵各三，则见于经矣。是以诸侯大国三卿，而宋独备六卿。其在成公，则公子成为右师，公孙友为左师，乐豫为司马，鳞矔为司徒，公子荡为司城，华御事为司寇矣。其在共公，则华元为右师，鱼石为左师，荡泽为司马，华喜为司徒，公孙师为司城，向为人为大司寇矣。其在元公，则公孙忌为大司马，边卬为大司徒，乐祁为司城，仲几为左师，乐大心为右师，乐挽为大司寇矣。《春秋》以命数正名，不嫌与诸侯卿大夫同书。王上大夫以邑爵见，王中大夫以氏爵见。宋无畿内之邑，不得食采而见爵，故王上大夫虽以邑爵见，而兼公则举官，宰周公是也。宋有司马、司地[①]，则亦其上大夫而举官者也。王下大夫以字氏见，家父是也。宋有孔父，则亦其下大夫而字举者也。王上士以名氏见，如刘夏，宋有仇牧，亦上士也。王中士以名见，如寔，宋有山，亦中士也。由是言之，非二王后得备官欤？然王之上士以名氏见，而宋牧得称大夫；王之中士以名见，而宋山亦得称大夫。盖不能备官而摄者，或不与诸侯同。《春秋》摄卿与大夫，皆同正书，是以华元、鱼石、仲几皆得为卿，而山得以大夫称也。或者谓君前臣名，孔父不

① 司地，文渊阁本作“司城”。

得为字，此礼之施于君臣相与之际者，岂《春秋》之谓哉？弑君名者初不以为轻，大夫字者初不以为重，道固并行而不相悖也。

滕子来朝。

滕，侯国，何以称子？时王贬之也。诸侯一不朝则贬其爵，宗庙有不顺亦绌以爵焉，周道也，滕侯必居一于此矣。

叶子曰：王政不行于诸侯久矣，何以能加于滕欤？春秋之初，小国犹有听命焉者也，故杞于桓以侯见，至僖而书子。薛于隐以侯见，至庄而书伯。与是为三，皆微国也，大国则莫见焉。杞于僖以子见，至文则复书伯，亦以是进之也。自文以后，虽三国亦莫行，则周益衰矣。或者以为进退皆《春秋》。夫爵，王命也，可《春秋》而专之乎？以《春秋》为可专，则诸侯之恶有大于此三国者，何以不贬？或曰小白伯而正王爵，杞、薛盖终小白之世未尝与齐通也。

三月，公会齐侯、陈侯、郑伯于稷，以成宋乱。

成，平也。古者谓和为平，谓平为成。宋乱则何以言成？取赂于华督而不能讨也。何以不言平？言成则见其与乱和，言平则疑有正其乱者焉。

叶子曰：诸侯不专征，陈恒弑简公，孔子沐浴而告诸朝，请讨焉。上无天子，下无方伯，天下诸侯有为无道者，臣弑君，子弑父，力能讨之则讨之，孔子之志也。故蔡人杀陈佗，楚人杀陈夏徵舒不嫌与卫州吁、齐无知同辞。华督之罪，固诸侯所得讨也，乃取赂而与之成。夫伐罪之师，不求其必诛，苟服则止矣。结成而还可焉，取成而还可焉，行成而还可焉，弑君之贼，其可服罪而成乎？《春秋》不目事，会而目事者二：稷之成宋乱也，澶渊之宋灾故也。盟而目事者二：盂之执宋公也，薄之释宋公也。四者独志于宋，以为二王后，虽天子客而不臣，是以重之。宋乱之成，诸侯无与容于天下矣。

夏，四月，取郜大鼎于宋。

此华督之赂也。何以言郜大鼎？郜之分器也。古者亲同姓以宝玉，郜，文之昭也。武王克商，分其宗庙之器，以赐兄弟之国，谓之宗彝，而郜在焉，是天子所赐以守其国者也。郜虽失之，宋不可有之，鼎虽在宋，犹曰郜鼎云尔。前未有言与之者，此何以言取？所以见其为成乱也。郑人以赂输平于我，而我从之，故书。郑伯使宛来归邴，我责赂于宋以成其乱，而宋与焉，故书。取郜大鼎于宋，有所刺于后，必有所见于前，其曰取于宋，宋非我所得取也，宋不得取于郜，则我固不得取于宋矣。

戊申，纳于太庙。

太庙，周公之庙也。周公称太庙，鲁公称世室，群公称宫，鲁道也。庙之有器，所以荐德，不义而荐之，周公其衰矣，是谓渎其祖。纳者，以力强致之辞也。

秋，七月，杞侯来朝。蔡侯、郑伯会于邓。

邓亦与会也。

九月入杞。

不言主师，内之微者也。内之微者书人则不辞。何以不言？我不居也。

公及戎盟于唐。冬，公至自唐。

至者何？告至于庙也。礼，诸侯适天子，告于祖，奠于祢，反亦如之。诸侯相见，告于祢，反必亲告于祖祢，乃命祝史告至于前所告者，而后听朝而入。

叶子曰：《春秋》书大事不书小事，书变事不书常事。国君归而告于庙，谓之致，常事也。何以书？大也。国君，宗庙社稷之所系，安有出境而不致其反者乎？何以或书或不书？有史失之而不得书者，有君废之而不得书者。故自文而上六君，见出者九十九，致者十有八；自宣而下六君，见出者八十六，致者六十九。近详而远略，则史失之也。隐公不终于君，故终其世皆不致，则君废之也。《春秋》无所加损，所大者惟君而已。三《传》或以为备礼则书，不备礼则不书；或以为殆其往而喜其归，齐桓之盟会，安之则不致；或以为会夷狄不致，离会不致，恶事不致。纷然皆不可通，此则不知其说而妄意之也。

三年，春，正月。

正月何以不书王？无王也。桓弑君而夺之国，不受命而自立，以为有王则不至于是矣，而王亦不加讨焉，王亦不自有其王也，故不书王。何以三年而后始不书？元年、二年未知其无王也。十年、十八年复有王，存王也。

叶子曰：古者诸侯丧毕，见于天子，赐之韨冕圭璧，然后归以临其民，明其有所受也。而桓至庄公始见王，使荣叔来锡命，是桓未尝朝王而受命也。元年、二年，隐之丧未毕，则将朝而请命欤？遂不朝欤？未可知也，故书王以俟之。至于三年而不朝，则不朝矣。其意曰是何必朝焉尔，然后见其无王，故去王自三年始。王，天下之王也。十，数之终也。逾十年无王，则无王，天下之王岂以桓为有无哉？《坤》之上六曰："为其嫌于无阳也，故称龙焉。"则十年之书王，亦嫌于无王而存之也。十八年，桓之终也。桓虽无王，王不可以不治。使遂终不见王，则桓得成其无王之恶，而王亦废其为王之实矣。故十八年复书王，所以治桓而申王，此《春秋》正王法之道也。

公会齐侯于嬴。夏，齐侯、卫侯胥命于蒲。

胥，相也。胥命，相命为侯伯也。古者王畿之外设方伯，皆以诸侯有功德者为之。自侯伯而长九州谓之牧，自上公而分二陕谓之伯，必有天子之命焉。故曰："八命作牧，九命作伯。"天下无伯，齐侯、卫侯不受命于天子而擅相推，是诸侯而自为命也。何以不言相？两曰相，胥有待也，见齐、卫之更相待云尔。

叶子曰：吾何以知齐、卫之擅相命欤？齐侯，僖公也。卫侯，宣公也。齐、卫之初，皆常为伯矣。管仲曰："召康公赐我大公履，五侯九伯，皆得征之。"则大公之为二伯，而周官所谓"九命作伯"者也。《康诰》命康叔曰孟侯，《诗》责卫伯不能修方伯连率之职，则康叔之为方伯，而周官所谓"八命作牧"者也。桓王之时，周德衰而诸侯莫适为主，僖公、宣公因欲举其世职，而更命以为侯伯，故曰胥命。九仪之命，周之所以正邦国之位者也。非入而受命于王，则王以大夫为之锡命，虽桓、文之盛，不敢窃以为辞。葵丘之会，束牲载书而称五命，盖有宰周公临之焉，而况于侯伯乎？齐小白之霸也，王实使召伯廖命之。晋重耳之霸也，王实使尹氏、王子虎命之。而《公羊》

《穀梁》乃以结言而退为美。傅说曰："王言惟作命，不言臣下罔攸禀。"令诸侯而得言命，非《春秋》之义也。

六月，公会杞侯于郕。秋，七月，壬辰朔，日有食之，既。

既，尽也，有继之辞也。

公子翚如齐逆女。

翚何以氏？始三命也。逆女不书，此何以书？不正其以翚逆也。古者嫂叔不通问，而况逆女乎？翚，桓公之弟，惠公之子也。

叶子曰：夫妇之道，人伦之本也。鲁诸公十有二，见逆女者四，皆以违礼而失常也。庄书公如齐逆女，不正公亲逆也。桓书公子翚逆女，宣书公子遂逆女。翚，桓公之弟，惠公之子。遂，宣公之弟，文公之子。不正其以叔逆嫂也。成书叔孙侨如逆女。侨如，成公之族叔祖，叔孙得臣之子。不正其以尊逆卑也。古者天子嫁女乎诸侯，以诸侯同姓者主之。诸侯嫁女乎大夫，以大夫同姓者主之。主之以敌大夫可也，逆之于他国不可也。天下之本在国，国之本在家。父父子子，夫夫妇妇，兄兄弟弟，而家道正。鲁之乱，有如庆父、仲遂之杀嫡者，有如侨如之谮其君于霸主而止之者，皆自其家失之，此《春秋》所以谨也。

九月，齐侯送姜氏于讙，公会齐侯于讙。

讙，鲁地也。父而自送女，非礼也。礼，送女，父不下堂，母不出祭门，兄弟庶母不出阙门，所以远嫌也。何以不称夫人？以齐侯为之辞也。

叶子曰：文公逆女于齐，在国不言女，已成礼也，于文公则既成妇矣，故书"逆妇姜于齐"，姜宜称女者也。齐侯送女于讙，入国不言夫人，未成礼也，于齐侯犹女矣，故书"齐侯送姜氏于讙"，姜氏宜称夫人者也。是谓名正而言顺。

夫人姜氏至自齐。

何以不言翚？以夫人姜氏至自齐，公自受之于齐侯也。

冬，齐侯使其弟年来聘。有年。

有年，五谷熟也。五谷熟为有年，大熟为大有年。

叶子曰：古之辨年之上下者，曰丰年，曰中年，曰无年。有年者，中年也；大有年者，丰年也。岁非五谷皆不熟，无非有年者，何独于桓书有年，于宣书大有年欤？桓、宣皆弑君者也。桓书大水、书螽、书雨雪、书无冰，则有年非桓之所得致也。宣书螽、书大旱、书大水、书蝝生、书饥，则大有年非宣公之所得致也。"于皇来牟，将受厥明，明昭上帝，迄用康年。"武王之诗也。"天降丧乱，灭我立王。降此蟊贼，稼穑卒痒。"厉王之诗也。年之有无，岂非以其君欤？然天之爱人至矣，非其恶有至厉王，未有因其君而夺之年者，则有年其常也，无年其非常[①]也。故曰："自古有年"" 匪今斯今，振古如兹。"以其常而不能常也，故有年、大有年，各因其人而一见法焉。然卒常也，则不必书，故终《春秋》不以再见，非外此则无年也。

四年，春，正月，公狩于郎。

① 其非常，文渊阁本作"非其常"。

狩，冬田之名也，正月其节矣。何以书？非其地也。天子诸侯四时皆有田，以习武事，因献禽以奉祭祀。春教振旅，以辨鼓铎，遂以蒐田而祭社。夏教茇舍，以辨号名，遂以苗田而享礿。秋教治兵，以辨旗物，遂以狝田而祀祊。冬教大阅，以总军实，遂以狩田而享烝。振旅、茇舍、治兵、大阅，习武之名也。蒐、苗、狝，狩，田之名也。志以武者书以武，志以田者书以田。非其时则书，非其地则书。

夏，天王使宰渠伯纠来聘。

宰渠伯纠，王之上大夫也。宰，大宰也。纠，名也。王之上大夫以邑爵见而不名，为大宰则书官，此何以名？桓负弑君之罪而不能讨，不朝王而反聘之，王失正也。大宰以六典佐王治邦国，聘非其所聘而不能正，使非其所使而不能辞，纠失职也。然则何以不贬王？王不可以遽贬也，贬纠所以贬王也。

叶子曰：是岁与七年皆阙二时，不书秋、冬，史之阙文欤？《春秋》阙之也。《易》曰："大人者，与天地合其德，与日月合其明，与四时合其序，与鬼神合其吉凶。"《春秋》历一时无事，必书首月以见时，所以奉天也。桓无王，王者天所王也，无王亦无天矣，是何足与语四时之序者哉？而此二时者，下无事，上有事，是以因其可阙而阙之。四年承宰渠伯纠来聘，见上无天子而渠伯来聘也。七年承穀伯绥、邓侯吾离来朝，见下无诸侯而谷、邓来朝也。上无天子而不能诛，下无诸侯而不能讨，故因其无事不书首月以见时者，为其不足与奉天而绝之天也。

五年，春，正月，甲戌。

下无文，经成而亡之也。

叶子曰：《春秋》有阙文欤？曰："然"。仲尼书而阙之欤？曰："否。经成而后亡之也。"子曰："吾犹及史之阙文也，有马者借人乘之，今亡矣夫！"史不及见其全文而与之，正犹无马不能借人而与之乘也，是以君子慎乎阙疑。乃《春秋》则非史也，将别嫌疑以为万世法则，何取于多闻哉？可及者及之，不可及者则去之而已，所以为《春秋》者不在是也，故《春秋》无阙文。而先儒之说，乃以为信以传信，疑以传疑。纳北燕伯于阳，谓之公子阳生，曰："我知之而不革。"夫如是，则《春秋》何以定天下善恶而示劝沮欤？吾是以知凡《春秋》之阙文，非仲尼之阙疑，皆经成而后亡之者也。

己丑，陈侯鲍卒。夏，齐侯、郑伯如纪。

如，朝也。外相如不书，此何以书？谖也。外此则无谖乎？过我也。齐侯将袭纪，与郑假朝以济其谋，纪人知之，不及行。诸侯相朝固非矣，而又谖焉，是以因其过我而一正之也。

天王使仍叔之子来聘。

仍叔，王之下大夫也。子之云者，非大夫也，辞间容之。之，谖[1]辞也，不正以其子代父，爱人之子而轻其大夫也。桓不足聘名，宰渠伯纠已一见贬矣，再不足贬也，贬其使仍叔之子而已。

叶子曰：《春秋》之善善也，一善不再褒，因其可褒而褒之，而吾所与者自见矣。

① 当为"缓"，底本前后文有作"缓"者，有作"谖"者，义同。

其恶恶也，一贬不再贬，亦因其可贬而贬之，而吾所夺者自显矣。盖所以为褒贬者，著吾所与夺而已，何必致意而屡见哉？是以不以其人每加之也。

葬陈桓公。城祝丘。

不时也。

秋，蔡人、卫人、陈人从王伐郑。

王何以伐郑？郑不朝也。初，庄公为平王卿士，王贰于虢公忌父，周、郑交恶而不来朝。至桓王立，而郑伯复如周，王不礼焉，遂畀虢公政。郑伯复以齐人来朝，犹修方伯之职也。既而取其邬、刘、蒍、邘之田，遂复不朝，于是八年矣。郑在男服，三岁一见诸侯，三不朝则六师移之，再不朝则遽伐焉。不问罪而王又亲之，以王为失正矣。何以不曰天王伐郑，而举从者以为之辞？不以郑伯敌天王也。郑伯何以无贬辞？古者诸侯有罪，方伯征之；方伯不能服，二伯征之；二伯不能服，而后王亲征焉。诸侯而至于王亲征，固无与立于天下矣。然则王无罪乎？天下有道，诸侯六年五服一朝，莫敢不来享，莫敢不来王。诸侯不能服而王亲征，王亦病矣。三国何以皆称人？诸侯无军，以卿帅其教卫之民，以赞元侯。入天子之国曰某氏，故以人见，周礼也。郑于是射王中肩，而败王师。何以不书？败不可言也。

叶子曰：天王败绩于茅戎，书败；郑伯大败王卒，不书败。戎，夷狄[①]也；郑，中国[②]也。夷狄礼义所不加，败何耻焉？中国而败王，则所以为王者亡矣。不可以郑而亡王，是以不可见败也。

大雩。

雩，旱祭也。天子之雩主上帝，诸侯之雩主上公。有常雩，有旱雩。建巳而雩，常雩也，常雩未旱不书；非建巳而雩，旱雩也，旱雩已旱书。以时书者，皆志秋、冬；以月书者，皆志七月、八月。志以时者，其灾长；志以月者，其灾短。故春、夏不雩，冬雩，失时也。何以不书旱？言雩则旱见，言旱则雩不见。旱而得雨则书雩，旱而不得雨则书旱。大雩，天子之雩也。凡天子之祭，皆曰大，祫曰大祫，旅曰大旅。大雩，必有盛乐焉。鲁何以得雩？周公之赐也。

叶子曰：

三传言雩各不同。《左氏》曰："龙见而雩"，过则书。郊、禘、烝、尝，有常则有时；旱无常则无时。龙见而雩，建巳之雩，以过而书，则旱不得雩乎？《穀梁》以雩月为正，秋雩为非正。志月者，七月、八月、九月也。志秋者，包三月也。月为正而秋安得不正乎？知雩为旱祭，惟《公羊》为近经也。

① 夷狄，文渊阁本作"荒服"，下同。

② 中国，文渊阁本作"甸服"，下同。

《石林先生春秋传》卷第四

叶氏

桓公二

螽。

记灾也。凡螽与雩同，书以时书者，皆志秋；以月书者，皆志八月、九月、十月害稼也。书以时者，其灾长；书以月者，其灾短。以其十二月书者，失蛰也。

冬，州公如曹。

州公，寰内诸侯王之上大夫也。天子三公，曰公，尝为公而食其邑者，亦曰公州公，尝为公而食其邑者也。外相如不书，此何以书？贰君也。外此则无贰君乎？过我也。为天子之公而外交于诸侯，以为无君则可矣，是以因其过我而一正之也。

六年，春，正月，寔来。

寔，王之中士也。来，来朝也。何以不书朝？不正其得外交，故不书朝，与祭伯之辞一施之也。

叶子曰：三《传》皆以是为简州公之辞，夫州[①]公既冬过我则来矣，何至春而始书乎？或曰："州公以冬过我，以春来朝。"若是则当如"晋侯侵曹。晋侯伐卫。"异事而复重，不可以蒙上文。如刘夏、石尚以上士三命书名氏，王人以下士一命略名氏，则中士再命书名而不氏，固其所也。诸侯再命之大夫，如无骇挟以卒见，柔以伐见，溺以会见，吴札、秦术、楚椒以聘见，郑宛、莒庆以其事见，《春秋》之通例也，何独至于王士而疑之乎？

夏，四月，公会纪侯于成。秋，八月，壬午，大阅。

大阅者何？冬习武事之名也。何以书冬事而夏兴之？不时也，且畏郑云。何以不书田？其所志者习武事也。

蔡人杀陈佗。

称人以杀，讨罪之辞也。臣弑君，在官者杀无赦，以为国人则皆得讨之矣。佗，陈贼也。蔡人何以亦得杀？《春秋》之义也，恶加于君亲者，天下之所共绝，不必国人而后行之也。故蔡杀陈佗得书，楚杀夏徵舒得书。逾年之君称爵，佗立逾年矣，何以不称爵？不成其为君也。"齐公子商人弑其君舍"，舍，未逾年之君也，而成之为君。不成其为君，然后佗可得与其杀；成其为君，然后商人可得正其弑[②]。

① 州，底本作"周"，据《荟要》本、文渊阁本改。

② 弑，底本、《荟要》本作"杀"，据文渊阁本改。

九月，丁卯，子同生。

同，庄公之名也。嫡长也。礼，世子生，接以大牢，卜士负之，士妻食之。三月，夫人以见于阼阶，而君亲名之，以告于太宰，书而藏曰“某年某月某日某生”。非世子，皆降一等，见于外寝，而名以有司，所以正嫡也。举之以礼则书，不以礼则不书，所以重嫡也。不曰世子，未誓于天子也。

冬，纪侯来朝。

七年，春，二月，己亥，焚咸丘。

咸丘，内邑也。古者以季春出火，季秋纳火，有田事则焚莱。凡国失火，野焚莱，则有刑罚。二月，建丑之月也。火未出而出。曰焚咸丘，火失其禁，而遂以害其邑也。其失火欤？其焚莱欤？灾，先言所而后言所灾，天火也，见其火而已。焚，先言焚而后言所焚。人火也，有焚之者也。

叶子曰：廐焚。孔子退朝，曰：“伤人乎？”不问马。乡人为火来者，拜之，以为相吊之道焉。咸丘焚，固《春秋》之所重也。

夏，穀伯绥来朝，邓侯吾离来朝。

穀伯、邓侯，失地之君也。诸侯失地，以奔来者书以奔，以朝来者书以朝。失地则何以能朝？犹不失其为君者也。古者谓是为寄公，或曰寓公。寓公，诸侯分地处之而不臣，为其所寓君服齐衰三月。何以名？内有君也。何以再书来朝？殊见也。

八年，春，正月，己卯，烝。

烝，夏之冬祭也。宗庙四时之祭，春曰祠，夏曰禴，秋曰尝，冬曰烝。建子烝节矣，何以书？为桓公也。桓弃父之命，篡兄之位，盖无辞以见宗庙。既取郜鼎纳太庙矣，复以五月烝，逾冬而废祠，八月尝，先秋而废禴，是岂以祭祀为严哉？其意若曰“吾释其薄而用其厚，祖考其说乎？”君子是以为诬。虽祭而时犹不敬焉，曰求丰而已矣。

叶子曰：“禴祠烝尝，于公先王。”周人之诗也。周之先祖，所以事其先公先王者，虽亦以是四名，不曰“吉蠲为饎，是用孝享”者乎？祭莫厚于烝尝，莫薄于祠禴，先王因其时而并修之，未之有择也，岂必其厚者以为孝哉？而桓公之祭，见烝而废祠，见尝而废禴，曰“吾惟享而已矣。”岂其先祖所谓吉蠲者哉？故烝而又烝，君子察其重者而著焉。《易》曰：“东邻杀牛，不如西邻之禴祭，实受其福。”桓公无以受其福矣。

天王使家父来聘。

家父，王之下大夫也。

夏，五月，丁丑，烝。秋，伐邾。

不言主帅，内之微者也。

冬，十月，雨雪。

雨雪不志，此何以志？建酉之月也。

祭公来，遂逆王后于纪。

祭公，寰内诸侯，王之上大夫也。来，来朝也。祭公则何以来朝于我？天子使我主纪婚，祭公逆王后，过我而朝也。天子逆后，以卿而公临之，祭公逆后固非矣。内诸侯不外交，祭公来朝于我亦非也。故祭伯书来，寔书来，祭公书来。逆王后，则何以言遂？祭公受命往逆后，过我朝而后，王亦非也，故以继事之辞书焉。遂，继事也。齐伐楚，侵蔡而后伐可，侵蔡所以伐楚也。祭公逆后，朝我而后逆不可，朝我非以逆后也。

九年[①]，春，纪季姜归于京师。

称王后矣，何以复曰季姜？父母之辞也。王者无外命之，斯成后矣，故逆曰王后。未庙见父母，未敢成之为后，虽贵以配天子，犹曰吾季姜云尔，故归仍称季姜。京师，众大之辞也。京，大也。师，众也。不敢斥天子之名，曰是天下莫众且大焉者也。

夏，四月。秋，七月。冬，曹伯使其世子射姑来朝。

曹伯何以使世子来朝？摄也。《礼》："诸侯之嫡子誓于天子，摄其君，则下其君之礼一等；未誓，则以皮帛继子男。"朝天子之节也。朝天子有时有故，不能朝则摄诸侯，无相朝之道。射姑而摄朝，是仇天子之礼于诸侯也。

十年，春，王正月，庚申，曹伯终生卒。夏，五月，葬曹桓公。秋，公会卫侯于桃丘，弗遇。

桃丘，卫地也。会，两相期也。晋纳捷菑而中已，曰"弗克纳"，弗，彼可得而我不欲之辞也。宣公葬敬嬴而雨，曰"不克葬"，不，我欲之而彼不得之辞也。卫与我期，外我而不至，我为耻矣，故书弗遇，若我不欲见然，杀耻也。沙随之会，晋以侨如诉，拒公而不见，非我所耻矣，故书不见公，正彼之不见，不耻也。

冬，十有二月，丙午，齐侯、卫侯、郑伯来战于郎。

内言战，败之辞也。何以不曰及？齐侯、卫侯、郑伯战于郎，外为志也。鲁以周班后郑，而郑来伐，然命鲁者实齐也。齐于是不能正，又为之出兵，而卫亦佐焉。二国之罪有大于郑者，故不以郑主兵，而变其文曰来，来聘、来盟、来归、来奔可矣。未有战而可来者，是以君子之恶战也。

十有一年，春，正月，齐人、卫人、郑人盟于恶曹。

三国何以称人？大夫贬而人者也。大夫则何以贬？正大夫之始盟也。大夫交政于中国，自是其强矣，故于始焉一贬之。

叶子曰：恶曹之盟，三《传》皆不著其事，而先儒有为贬大夫之始盟者，吾何以信其言哉？前乎此有以诸侯而盟者矣，未有大夫而盟者也；后乎此有以大夫而盟者矣，未有人而盟者也。人而盟，惟此与鹿上两见尔。鹿上，执宋公而贬诸侯者也。《春秋》谨名，惟称人为多义，各主其事以别之。微者称人，与众称人，贬诸侯及大夫称人，此其大法也。微者之盟不志，既不得目微者，以为众则不可，贬诸侯则无事，非大夫而谁欤？大夫之同盟众矣，其皆称人者，惟清丘一见。《左氏》以为贬晋原縠、宋华椒、卫孔达，然则恶曹、清丘其罪同，《春秋》固正其法而一施之者也。是以鸡泽书"叔孙豹及诸侯之大夫及陈袁侨盟"，君命之也；溴梁书"大夫盟"，君在而大夫自为

① 年，底本误作"月"，据《荟要》本、文渊阁本改。

盟也。各原其事而为之辞矣，则大夫之盟始于此，宜于是焉而正之也。故曰大夫之盟始恶曹，大夫之会始北杏，大夫之同盟始清丘，皆贬而称人，是《春秋》之旨也。

夏，五月，癸未，郑伯寤生卒。秋，七月，葬郑庄公。九月，宋人执郑祭仲。

祭仲，郑大夫之尝入为王卿士而复其国者也。拘而讨罪曰执。以伯讨者称君，不以伯讨者称人；以行人执者称行人，不以行人执者不称行人。祭仲非行人也，郑忽立宋庄公，欲私其出，突执仲，使废忽而立突，不得为伯讨也，故以人执。为人臣而专废置君，祭仲何以不贬？言突归于郑，则仲之恶不待贬绝而自见也。

叶子曰：吾何以知仲尝入为王卿士欤？古者诸侯无四命之大夫，惟王大夫四命以字见。《春秋》诸侯大夫以字见经者三：宋孔父，二王之后，得备官也；鲁夷伯、陈原仲，死而君不名之也。非备官而生见字，惟郑祭仲、陈女叔尔。盖天子之命官，初不别内外，惟贤而有功德者则为之，故诸侯而入为王卿士者，郑武公父子为司寇[①]是也。诸侯大夫入为卿士，虽不著于经，而可以类见。郑武公以伯为司徒，其适周则复国而卒，固当仍书郑伯，乃大夫则有加命矣，是不得不与王大夫同书字也。

突归于郑。

归，易辞也。突，郑庄公之庶子，自宋入而取国，挈乎祭仲而易也。不系郑，不与其得郑也。凡诸侯及大夫去国，归以其道而顺者曰归，虽非其道而无难之者亦曰归。归，顺辞也，亦易辞也。归非其道而逆者曰入，虽以道而有难之者亦曰入。入，逆辞也，亦难辞也。

郑忽出奔卫。

诸侯失国曰出奔，大夫失位曰出奔。诸侯有国而国人所尊者也，大夫有位而国人所礼者也。诸侯不能有其国，弃其宗庙社稷而至于出，不见尊于国人，去之不以道而至于奔，其亦不足以君矣。故虽有迫[②]逐之者，未必皆其罪，而与大夫之辞一施之，所以重君也。此郑伯也，何以不言爵？未逾年也。未逾年则何以不称子？不周乎丧也。何以名？别二君也。

叶子曰：诸侯在丧之称，吾既言之矣。一年不可以二君，故未逾年之君、未葬，皆不以爵见。内称子，其子般、子野卒；外称子，宋襄公以宋子会于葵丘、陈怀公以陈子会于召陵是也。未逾年，虽既葬，内亦称子不名，子赤卒称子卒。外亦称子，卫成公以卫子会盟于洮是也。旷年不可以无君，故逾年之君既葬称爵，郑厉公以郑伯会武父是也。虽未葬亦称爵，卫惠公以卫侯会诸侯及鲁战、宋共公以宋公会诸侯伐郑是也。未逾年而有事于诸侯，不周乎丧而用吉礼，则称爵以见贬，齐顷公以齐侯使国佐来聘、郑悼公以郑伯伐许、郲隐公以郲子盟于拔是也。未逾年见迫逐，不周乎丧而出奔，则夺其子以见贬，郑忽出奔卫是也。逾年见迫逐，不周乎丧而出奔，则夺其爵以见贬，曹羁出奔陈、莒展舆出奔吴是也。聘伐盟会，虽有贰事，犹云可也，故如其意，书爵以著其实而已。三年之丧，人子所以尽其爱于其父母者也。去而之他，彼受于其

---

① “司寇”，《荟要》本、文渊阁本作“司徒”。

② 迫，底本、《荟要》本作“伯”，据文渊阁本改。

父者且不得有，何有于哭泣之哀、祭祀之思乎？故子而不能子则夺其子，君而不能君则夺其爵，《春秋》之义也。至于名，则凡出奔者皆书焉，盖迫逐者必有与之争国者也。内亦一君也，外亦一君也，不名则无以为辨。故国灭而奔不名，谭子奔莒、弦子奔黄、温子奔卫是也。奔虽有君，不自居而摄，亦不名，卫侯出奔楚是也，皆内无君者也。然则名固所以别二君也。而先儒乃谓“诸侯不生名，失地、灭同姓则名之”，殆见其文而不知其说也。夫失地说以出奔，著其罪矣，而且名焉，是一罪而再贬，非《春秋》之法，记礼者之失也。

柔会宋公、陈侯、蔡叔，盟于折。

柔，吾大夫之再命者也。蔡叔，蔡侯之弟也。叔，字也。蔡叔[①]何以得字？贤之也。

叶子曰：吾何以知蔡叔之为贤欤？凡诸侯兄弟，尊之则称公子。故大夫三命以氏见，公子之尊视大夫，亦三命而后氏也，亲之则称兄弟。故或奔亡而责以恩，或盟聘而讥以私，则称兄弟也。其不以公子兄弟见者，惟许叔、纪季、蔡季与此而四尔。四人之事，虽不尽见于传，以纪季、许叔之事推之，则非贤无以得字也。蔡季为国逆，而国人嘉之，虽未尝为君，然雍容进退于封人之际，如何休所言，是亦贤也。蔡叔以类考，其必有取于《春秋》者欤？诸侯大夫会盟，非其君命，未尝不见贬，溴梁书大夫盟是也。其不见贬者，皆受之于君也，此为封人之会。方是时，封人无以君其国，虽蔡季且避其害而出奔，而蔡叔乃能将君命以会诸侯。自是讫献舞败于荆，诸侯无加兵于蔡者十六年。意者蔡叔之为政，或有以为之图，而《传》失之欤？

公会宋公于夫钟。冬，十有二月，公会宋公于阚。

十有二年，春，正月。夏，六月，壬寅，公会杞侯、莒子盟于曲池。秋，七月，丁亥，公会宋公、燕人盟于穀丘。

燕，南燕也。人，微者也。

八月，壬辰，陈侯跃卒。公会宋公于虚。冬，十有一月，公会宋公于龟。

公始以柔会宋，未几复自会于夫钟、于阚、于穀丘。夫钟，郕地；阚，鲁地；穀丘，宋地也。公之求于宋亟矣。及是复会于虚、于龟，虚、龟皆宋地，而公即之。公之求于宋益亟矣。盖自隐以来，我之相与为厚薄者，惟宋与郑。党郑则伐宋，善宋则伐郑。至郎之战，惧郑之谋己，故亟于求宋。宋得其情，而虚、龟之会遂辞平，公无望于宋矣，则反而求郑，以为武父之盟，而成伐宋之役。明年再会，又明年复会，其求于郑者，亦如是其亟。郑适有突之乱，知其不足恃，乃复从宋而伐[②]之。孰有立国如是而可久者乎？暴戾则无亲，失道则寡援，君子是以知桓之不终也。

叶子曰：是在《周易》所谓“莫益之，或击之，立心勿恒，凶”者欤？孔子传之曰：“君子安其身而后动，易其心而后语，定其交而后求。君子修此三者，故全也。”桓

① 蔡叔，底本、《荟要》本作“蔡侯”，据文渊阁本改。

② 伐，底本作“代”，据《荟要》本、文渊阁本改。

之大常，不可以求全矣。[①]

（阙两叶）

春，无冰。[②]

记异也。不书日，蒙上文水。以孟冬始冰，仲冬壮，季冬盛。“二之日凿冰冲冲”，壮也。凡书以时者志春，书以月者志正月、二月，春包三月也。时不志冬，始冰则或未冰也。春不志三月，以解冻则不冰也。

夏，五。

不书月，阙也。经成而后亡也。

郑伯使其弟语来盟。秋，八月，壬申，御廪灾。

御廪，藉田之所藏也。古者奉天地宗庙，天子亲耕千亩，诸侯百亩，以供粢盛。廪于藉之东南，钟而藏之。大祭祀，则廪人供焉。御廪灾书，重神事也。凡天火曰灾，人火曰火。

乙亥，尝。

不书月，蒙上文。尝，秋事，建未之月尝，失时也。

冬，十有二月，丁巳，齐侯禄父卒。宋人以齐人、蔡人、卫人、陈人伐郑。

伐何以言以？己不能敌而假人以为用也。伐者，讨罪之辞也。伐不服必至于战，战伐自诸侯出固罪矣，况假人乎？诸侯有不协，上请于天子则有天子之师，下请于方伯则有方伯之师，正也。德不足服于人而以人，义不可服于人而为人，所以是谓以私济私，皆失政也。四国何以皆称人？微者也。时齐侯卒矣而未葬，齐非君则三国亦非君也。宋公何以称人？贬也。残人之宗庙，以大宫之椽为卢门之椽，君子以为与吴入郢者何择？故吴子与国，宋公称人，其罪一也。

叶子曰：鲁有齐怨，而以楚师先书，公子遂乞师于楚，而鲁之师无见焉，己不能敌人也。蔡有楚怨，而以吴子后书，吴入郢而蔡之入无闻焉，假人以为用也。此《春秋》之义也。

十有五年，春，二月，天王使家父来求车。

求，取不足于人也。天子有赐无求，诸侯有贡无与。古者邦国九贡，车有器贡，用有货贡。诸侯不贡而伐之，正也；不能伐之，又从而求焉。器不足而求车，用不足而求金，以是居人上，非所以王天下也。

三月，乙未，天王崩。夏，四月，己巳，葬齐僖公。五月，郑伯突出奔蔡，郑世子忽复归于郑。

忽何以称世子？言子则丧已除，言爵则虽逾年而不居位，与之以君存之称，所以别于突而明正也。何以言复归？凡诸侯出奔言复归，诸侯世国者也，虽失位而不可绝，归则复矣。大夫出奔言归，大夫不世官者也，去位则绝矣。故诸侯无归，大夫无复归。

---

① 文渊阁本至“定其交而后求”而止，以下传文皆缺，亦无下文“阙两叶”三字。《荟要》本、底本皆标明有缺页，据《春秋》经可知，缺“桓公十二年十一月丙戌至桓公十四年正月”间事。

② “春，无冰”底本无，据文渊阁本补。

诸侯而言归者，与其复而夺之也，“卫侯郑归于卫”是也。大夫而言复归者，有挟而复，不正其归也，“卫元咺自晋复归于卫”是也。

叶子曰：世子[①]，君在之称也。《春秋》有君薨而称世子者三：郑世子忽，正其为世也；卫世子蒯聩，辨其当世也；蔡世子有，与其能世也。天下莫大于名分，事在名则正名以定其实，事不在名则假名以正其实，《春秋》之义也。

许叔入于许。

许叔，许男之弟也。叔，字也。许叔何以得字？贤之也。郑庄公入许，奉许叔居东偏，以其大夫公孙获居西偏。郑乱，许叔乘之以复其国。幽之盟，许男遂见焉。许君失之，许叔复之，君子以是为贤也。何以不言许男？得国而未君也。蔡侯庐、陈侯吴得称爵，王命复之，则君也。许叔未受命，可以复许，未可以君许，必君命而后得爵也。何以言入？难也。国已分矣，乘人之乱而幸得焉，其复之道为难也。

公会齐侯于艾。邾人、牟人、葛人来朝。

累数，旅见也。滕、薛以两国旅见，累数之则贬矣。邾、牟、葛以三国旅见，且桓公非所朝也，累数不足见贬，故皆人之。

秋，九月，郑伯突入于栎。

栎，郑邑也。何以不言入郑？未得郑也。何以不言归？难也。突之奔蔡，欲杀祭仲而不果，及是祭仲之援绝矣，其归之道为难也。诸侯虽入其封内而未得国，则不名，未正其为君也，“卫侯入于夷仪”是也。突何以名？疾之也。非诸侯之所纳，非国人之所逆，因栎人杀其大夫檀伯而窃居之，以是而求复国，虽曰盗可也。

冬，十有一月，公会宋公、卫侯、陈侯于袲，伐郑。

袲，宋地也。此伐忽以纳突也。突入栎而未得郑，诸侯会而纳焉。会而伐不言地，此何以地？疑也。忽正而突不正，故诸侯以为疑。先会于袲而后伐之，非会伐也，疑而相与谋也。卒弗克纳而还，则亦不果于纳也。

十有六年，春，正月，公会宋公、蔡侯、卫侯于曹。夏，四月，公会宋公、卫侯、陈侯、蔡侯伐郑。

此复以纳突也。宋前以突背，已会齐、蔡、卫侯四国之师以伐之，虽残其宗庙而不以为过。不五月，突奔而忽归，乃复合卫、陈、蔡三国之君而纳突[②]，此宋公冯之所为也。冯前党于卫州吁而伐郑，今复党于突而逐忽，三国亦靡然从之而不敢违。莫恶于弑而冯与党，莫悖于弑而冯与纳，此亦不待贬绝而罪自见也。

叶子曰：郑忽自是不复见矣。忽弑与子亹、子仪之弑，终于突复立，皆不见于经，而《出其东门》，《国风》独著之。或者以为《春秋》有所绝而不书，非也。《春秋》据鲁史，郑乱不以告，则鲁不得书于策。鲁史所无有，则《春秋》安得而见哉？《春秋》因人以见法，不求备于史而著其人，故曰“其事则齐桓、晋文，其文则史。”而《左氏》间见经所无之事者，非鲁史也，盖参取他国之史而传之。学者不悟，因谓《春秋》有

① 世子，底本作“世之”，《荟要》本、文渊阁本作“世子”，据二本改。

② 纳突，底本作“突纳”，《荟要》本、文渊阁本作“纳突”，据二本改。

所择焉，而妄为之说者，《左氏》误之也。

秋，七月，公至自伐郑。冬，城向。

不时也。

十有一月，卫侯朔出奔齐。

十有七年，春，正月，丙辰，公会齐侯、纪侯盟于黄。二月，丙午，公会邾仪父盟于趡。夏，五月，丙午，及齐师战于奚。六月，丁丑，蔡侯封人卒。秋，八月，蔡季自陈归于蔡。

蔡季，蔡侯之弟也。季，字也。蔡季何以得字？贤之也。蔡封人卒，蔡人召季于陈，陈人归之，蔡人嘉之，君子以是为贤也。凡外有奉曰“自某归于某。”

叶子曰：吾何以知蔡季之为贤欤？《春秋》大夫言自而归者二：“宋华元自晋归于宋”“卫孙林父自晋归于卫”是也。公子言自而归者二：“陈侯之弟黄自楚归于陈”“楚公子比自晋归于楚”是也。然其先必见奔，故华元书出奔，孙林父书出奔，黄书出奔，比书出奔，惟蔡季见归不见奔。夫奔之为言恶也，皆非以道去其国者。鲁公子友书“季子来归”而不见奔，鲁公子之奔，未有不书于策者也。盖以非其罪，有不得已而出，故君子特变其文曰“季子来归”，志鲁人之喜也。蔡季处于封人、献舞之间，亦难乎其免矣。公子无去国之道，而出不言奔，其还则蔡人召之，进退必有类于鲁友欤？何休以季为封人之弟，封人无子而季当立，封人欲立献舞，疾害季，季避之陈，返而奔其丧，思慕三年无怨心。其言略与《左氏》合，虽无所经见，而有近乎《春秋》也。

癸巳，葬蔡桓侯。

桓侯何以不称公？罪臣子也。葬者，臣子之终事，疾其君，不以主人之辞称焉，君子以为不臣也。

叶子曰：五等诸侯，臣子皆得称公，吾固言之矣。古者大夫卒，将葬，必请其易名者于君，而后君诔之。诸侯卒，将葬，必请其易名者于王，而后王诔之，周道也。王诔而赐之谥，则各以其爵，而臣子必加之于所称，以示其尊焉，主人之辞也。然春秋之世，有君失其君而不得称者。齐商人弑舍，公子元不顺其正，终不曰公，曰夫己氏，此周之末造也。桓侯，封人也，有季之贤而不能立，乃以与献舞，或者蔡人以是罪之欤？乃卫人不君宣公，而刺之以籧篨、戚施。郑人不君昭公，而刺之以狡童。君子不以为甚，而载之《国风》。以国人刺之，风其上则可。以臣子贬之，夺其君则不可，《春秋》所以不惩不恪也。古之人盖有知其说者而不能尽，或者乃反以为与其正，是未知诸侯得称公之义也。

《石林先生春秋传》卷第五

叶氏

桓公三

及宋人、卫人伐邾。

及不言主帅，内之微者也，犹曰“及江人、黄人伐陈”尔。然则非公欤？非也。公可及人以盟，不可及人以伐。盟，君事；伐，臣与将焉也。

冬，十月，朔，日有食之。

十有八年，春，王正月，公会齐侯于泺。公与夫人姜氏遂如齐。

泺，齐地也，会齐侯，夫人之意也。不书，以齐侯为主也，于是书“与夫人”“遂如齐”焉。与，犹许也。必有先之，而后与之。遂，继事也。见泺会之在是行也，夫人不妇，而后欲为会，强公以适齐；公不夫，而后不能制，夫人与之如齐，以成其意。故不言及，言与，以继事之辞见也。

夏，四月，丙子，公薨于齐。

公薨，内言寝，言台，下言楚宫，所以正终也。有不言者焉，隐书“壬辰，公薨”，闵书“辛丑，公薨”，用以见其弑也。诸侯薨于国外地，《春秋》之常也。桓公薨于齐，齐侯实杀之，以夫人为与，则《春秋》举重，宜必以夫人首恶。然正地于齐，曰薨于齐，而无异文，则夫人非与闻乎弑也，齐人杀之而已，故以诸侯薨于国外之辞一施之。

叶子曰：吾何知夫人之不与闻乎弑欤？夫弑，臣子之辞也，不可施之于齐。夫人之初谪桓公，以告齐侯尔，以桓公为不能制夫人，使极其恶，无所忌惮，而反谪之可也。然何意于桓公而遂欲杀之欤？则公子彭生之事，谓夫人为与谋，不可也。弑，大恶也，《春秋》正名定罪，不以疑用法。公子彭生之事，既不得以夫人为与闻，则可言齐侯杀桓公，不可言夫人弑桓公，虽欲加之辞，有不能焉。如是而后鲁臣子之责与夫人之罪可言矣。

丁酉，公之丧至自齐。

公薨于齐，非正也，故辞间容缓之。之，缓辞也，不与其正之辞也。

秋，七月。冬，十有二月，己丑，葬我君桓公。

外葬以往会为辞，故曰“葬某公”；内葬以来会为辞，故曰“葬我君桓公”。桓何以得葬？

叶子曰：桓公之葬不葬，在法之为弑不弑。学者皆臆以桓为弑，吾不知其罪在齐侯欤？夫人欤？而《公羊》曰：“贼未讨，何以书葬？雠在外也。雠在外，则何以书葬？

君子辞也。"《穀梁》曰："君弑，贼不讨，不书葬。此其言葬，何也？不责逾国而讨于是也。"二氏皆以为雠在外，不责逾国而讨，则以齐侯言之也。夫齐侯安得为弑哉？当讨不讨，义也；能讨不讨，力也。使齐侯不为弑，则《春秋》虽欲责之讨，固不可。若诚为弑，庄公虽不能讨，桓公固不害不葬以正其义。乃以逾国不尽其责而为之辞，则何以为《春秋》？《春秋》有复雠，有讨弑。言雠则不为弑，言弑则不为雠，二名不可以相乱。弑则凡国之在官者皆得以杀，而君父之雠不共戴天，有远之以使避，无责之以必讨，曰杀之者无罪云尔。桓公之死则由夫人，桓公之弑则非夫人，夫人之恶固不可容于鲁，然于庄公则犹母也，既不可伸父而屈母，又不可念母而忘父，为庄公与鲁之臣子者，则如之何？正齐侯之罪而告于王曰："请以诸侯之师讨焉。"暴内陵外则擅[①]之，先王之刑也，而庄公不能，乃归狱于彭生而请于齐，齐人于是杀彭生，则于桓公之雠亦有辞矣。而夫人所以灭天理而乱人伦者，其责犹在，固不害桓公之葬也。二氏不知齐为己杀彭生，故乱雠弑之名而不能辨，并君子而诬之，乌在其为言《春秋》哉？

庄公一

元年，春，王正月。

不书即位，继故也。继故，不书即位，有不忍于先君也。凡死不以其正者皆曰故。

三月，夫人孙于齐。

孙，内辞也。内不言奔，若曰"不有其位而自去"云尔。何以不言姜氏？贬也。桓公之死，鲁人既已伸于彭生矣。其所以死，则夫人与有罪焉者，鲁人未之释也，夫人于是走之齐。乱兄弟之伦而绝于人，灭夫妇之义而绝于天，《春秋》于是焉而正之也。

叶子曰：

有《春秋》之教，有《春秋》之法。法者行之其人，教者施之后世。不以法废教，曰夫人矣，则不可谓之奔，故言孙。不以教废法，则夫人之罪不可容于鲁，不得书其名，故不书氏。

夏，单伯逆王姬。

单伯逆王姬，《左氏》以为送，《公羊》《穀梁》以为逆，当从二氏。单伯，吾附庸之君也。古者上公皆有孤一人，以其附庸之君为之四命，执皮帛，视小国之君与王之大夫等，皆以字见。单，国也；伯，字也。故宋有萧叔，鲁有单伯。然则鲁何以得有孤？鲁侯之赐也。

叶子曰：吾何以知单伯之为鲁臣欤？凡王臣交于诸侯，他国不言使，"刘夏逆王后于齐"是也。来我必言使，"天王使凡伯来聘"是也。是所以辨内外也。单伯果送王姬，则何以不言使乎？然则天子嫁女，使诸侯同姓者主之，常事也。鲁诸公之主王姬者必有矣，其不每见于经，以为常事则不书也。有以主之，必有以逆之，则单伯何以特书乎？庄公在丧，且与雠人通婚姻，非道也。庄公不得主，则单伯不得逆。若为王臣送女而得礼，则《春秋》不书矣。吾以是知单伯之非王臣也。

① 擅，文渊阁本作"坛"。

秋，筑王姬之馆于外。

外，国外也。主王姬者必自公门出，于庙则尊，于寝则嫌，于群公子之舍则已卑，必为之筑馆，礼也。然先君死于齐而丧未除，以仇雠则不可接婚姻，以衰麻则不可服弁冕，鲁可以辞矣。不能辞而筑馆于外，知其不可而为之者也。

冬，十月，乙亥，陈侯林卒。王使荣叔来锡桓公命。

荣叔，王之下大夫也。礼，诸侯即位三年，丧毕，以士服朝，天子锡之韨冕圭璧，然后归，以临其民，谓之受命。未冠未能朝，或有故不能朝，则天子遣大夫即其国而锡之，谓之锡命。受命常事不书，锡命非常事书。桓已葬而锡命，则桓未尝朝，不受命而追锡之也。王者，继天而能赏罚者也。王失其赏罚，则不足以继天王矣，故王去天。

叶子曰：诸侯之所听者，王也，诸侯不能正则去王。王之所听者，天也，王而不能天则去天。古之诔天子必于郊，为其有善，非臣子所能褒也，则其贬也，夫谁敢当之？其亦必天乎？去天，所以示为天之所绝也。用是见有不能于天而天绝之者，虽天子亦不得免也。

王姬归于齐。

自我主之，故自我归之。

齐师[①] **迁纪郱、鄑、郚。**

移其人民，墟其城郭，谓之迁。郱、鄑、郚者何？纪之三邑也。迁邑不书，此何以书？盖纪自是亡矣，为纪侯言也。凡自迁者，己欲也，故书曰“某迁于某”。人迁之者，非己欲也，故书曰“某人迁某”“某师迁某”。以人迁者驱之，以师迁者胁之。凡迁之志，皆恶也。

二年，春，王二月，葬陈庄公。夏，公子庆父帅师伐於馀丘。

於馀丘，国也。公子庆父，吾大夫之三命者也。

秋，七月，齐王姬卒。

外夫人不卒，此何以卒？以我为之主而丧之也。

叶子曰：是礼所谓由鲁嫁，故庄公为之服大功之服欤？王姬无服，为其尝为主，故视姑姊妹而服大功，则鲁前主王姬者未之服矣。王臣以我主犹为之服，岂我主王姬而反不服之乎？此变之正也。或曰：“是礼废而庄公能举之也。”

冬，十有二月，夫人姜氏会齐侯于禚。

禚，齐地也。诸侯为会而僭天子且不可，况夫人为会而乱诸侯乎？会非夫人之礼，会齐侯于罪之中又有罪也。前书公与夫人如齐，不告至而见，孙与丧俱至也。今书孙于齐，不告至而见，会不敢告至也。盖夫人无辞以见其宗庙矣，于是乎废之。用是见《春秋》有不告至而不书者。当告而不告，其罪怠；不敢告而不告，其罪诬。各于所不告观之，则著矣。

叶子曰：是《诗》所谓“不能防闲其母”者欤？鲁之事，君子所难言，而《春秋》

① 齐师，底本、《荟要》本作“齐侯”，据文渊阁本改。

之法不可以不正。故《诗》国风十有五而鲁不与，非无诗，不可道也。然《敝笱》《猗嗟》之诗附于齐，盖鲁不可道，犹将以齐见焉。是以桓书“遂与夫人如齐”，则《敝笱》所刺者是已；庄书“夫人姜氏会齐侯于禚”，则《猗嗟》所刺者是已。《诗》言其情，《春秋》著其法。言其情者曲而显，著其法者尽而深。

乙酉，宋公冯卒。

三年，春，王正月，溺会齐师伐卫。

溺，吾大夫之再命者也。

夏，四月，葬宋庄公。五月，葬桓王。

内葬曰“葬我君某公”，为我书也。葬天子曰“葬某王”，辞无加焉，为天下书也。

秋，纪季以酅入于齐。

纪季，纪侯之弟也。酅，纪季之邑也。何以称字？贤也。齐取郱、鄑、郚，则纪不可立矣。纪侯将大去其国，则是无纪也。纪季告于纪侯，以其邑入齐，为附庸以后五庙，及其姑姊妹，则纪可以不亡矣。此纪季所以为贤也。以纪季为权于义则可，以纪季为顺于道则不可，故书入，逆辞也。

叶子曰：吾何以知纪季告于纪侯而后入齐欤？邾快以漆、闾丘来奔，《春秋》书以叛。使纪季而不告于纪侯，虽以存纪，与邾快何异？夫惟纪季入齐，而后纪侯可以去其国，则纪季不失其为仁，纪侯不失其为义。昔者纣将亡，微子告于父师曰：“今殷其沦丧，今尔无指告，于颠脐，若之何其？”父师曰：“商其沦丧，我罔为臣仆。诏王子出迪，人自献于先王。”微子于是抱祭器去之。周武王封于宋，以立商后。微子与比干并称仁，比干以罔为臣仆而死，纪侯以罔为臣仆而去。君子以纪侯似比干，以纪季似微子，是以纪季特书入，纪侯特书去，皆不以为奔焉。此君子之善善以别嫌明微者也。

冬，公次于滑。

次，兵止不进也。有师次，有公次，何以或言师次，或言公次？君将不言师，公次师亦在焉。次非用师之道。有伐而言次者，有救而言次者，有俟而言次者，其出犹有名，未有无事而言次。君子以为轻用其身，而妄勤[①]其众，故内外之辞一施之。虑善以动，动惟厥时，商之所以兴也。

四年，春，王二月，夫人姜氏享齐侯于祝丘。

诸侯相见于庙中则有飨，牺象不出门，嘉乐不野合。诸侯不以外相交，则示不以外相飨。故诸侯无言享夫人，而行之祝丘甚矣。禚，齐地，言会则外为志焉。祝丘，鲁地，盖齐侯来而我享之，内为志也。以禚视祝丘，则地愈逼；以会视享，则礼愈厚。盖庄公不能制其母，而后夫人得以极其欲，庄公亦已病矣。

三月，纪伯姬卒。

内女书卒，丧之也。天子诸侯绖期，大夫绖缌。天子女而适二王后，诸侯女而适诸侯，则为之服而丧之，礼也。丧之，故卒之。

夏，齐侯、陈侯、郑伯遇于垂。纪侯大去其国。

① 勤，文渊阁本作“动”。

大，犹尽也。尽无麦、禾，曰“大无麦、禾”。尽去其国，曰“大去其国”。齐将取纪，纪侯义不下齐，使纪季入齐以后，纪尽委众而去之，不残其民，不灭其国，不辱其身。君子以为轻其所争，守其所不争，则天下之争夺可息，故以纪侯一见之。纪侯视天下犹纪也，故不言出。内不迫于国人，故不言奔。外[①]不托于诸侯，故不言其所往。国虽去而犹存也，故不言灭。无君而莫之别也，故不言名。

叶子曰：国君死社稷，大夫死众，士死制，礼欤？礼也。大夫去位，止之曰：“奈何去宗庙”也？国君去国，止之曰：“奈何去社稷也？”纪侯何以得去其国？昔者孟子尝谓瞽瞍杀人，而舜逃之海滨，弃天下犹弃敝屣，终身䜣然乐而忘天下。其不得于瞽瞍，视天下悦而归己，犹草芥也。夫天下亦大矣，而舜失之不为忧，得之不为喜，曰“吾固有重于天下者”云尔。齐之欲纪，自禄父以来，谋之久矣。纪侯以鲁婚姻之国而求于鲁，于是为成之会，而桓公无能为，犹朝桓公以固好，又荐女于天子，季姜归于京师，纪可以少安矣。而齐侯曾莫之畏，方取其三邑，则齐非得纪，终不已也。天下有道，比小以事大；天下无道，众暴寡、强陵弱。而天子不能讨，诸侯不能救，纪侯独奈何哉？以为人也，则力不能抗；以为天也，则非人所能为。争地以战，杀人盈野；争城以战，杀人盈城。纪侯不为也，则曰：“是欲得者纪而已，夫纪安足为我累？”絜其身而去之，虽伯姬之丧且不顾，纪侯盖自是隐矣。兹不亦䜣然乐于海滨，视天下犹敝屣者欤？不可去者，礼也；可去而去者，义也。惟天生民有欲，无主乃乱。推纪侯之义，可使天下皆无欲，则虽无与为之主，而乱无自而萌，民使至于老死不相往来可也。

六月，乙丑，齐侯葬纪伯姬。

纪已亡矣，伯姬何以得葬？齐侯葬之，以说纪也。葬，臣子之事也。齐侯知取纪之为愧，不知夺人之国，身行其臣子之事为尤愧也。君子于是著之焉。

叶子曰：外夫人不葬，然欤？曰：“然。”谓诸侯之夫人也。内女嫁为诸侯妻则书葬，所以别内而示恩也。然而鄫季姬不书葬，盖以贬。子叔姬、杞叔姬不书葬，盖以出。故纪伯姬、叔姬、宋共姬皆得葬，《公羊》《穀梁》乃以为隐。此三人而特书父母之于子，兄弟之于姊妹，一也。岂有见其死无故，则不隐之者乎？此知外夫人之不葬，而不知内女之有别也。

秋，七月。**冬，公及齐人，狩于禚**。

齐人者何？齐侯也。齐侯杀人之父而通其子，庄公忘父之怨而与其雠人，齐侯所以人公也。主王姬，天子命之可也；会于禚、享于祝丘，夫人为之可也；狩于是，则公无辞矣。凡诸侯与公并见而人者，公亦与人也。

五年，春，王正月。**夏，夫人姜氏如齐师**。

师不言如，如师者，请师也，必有事焉，然后请之。故鞌之役，齐使国佐如师，才一见焉，亦已希矣，未有妇人而如师者也。会于禚、享祝丘，固非矣，然犹有以为礼也，如师岂礼之谓乎？国佐如师不地，地于鞌也。此前未有言如师者，何以不言

① 外，底本作“言”，《荟要》本、文渊阁本作“外”，据二本改。

地？所以为罪者，不在地也。

秋，郳犁来来朝。

郳，郳之别国，而未盛其国，后为小郳者也。犁来，郳君之名，附庸之君以字见。犁来书名，不满三十里之国也。

冬，公会齐人、宋人、陈人、蔡人伐卫。

伐卫者何？纳朔也。何以不言纳？不与其纳也。朔虽宣姜生，然诸侯不得再娶，则朔不得为嫡子，况杀二公子乎？四国称人，微者乎？非微者也。左右公子立黔牟而逐朔，盖必请之于天子矣。故王人子突救黔牟，逆王命而党朔，皆贬而人之者也。

六年，春，王正月，王人子突救卫。

王人，微者也。子突，字也。五国党朔而伐卫，王不能正，乃使子突救焉。救非王之道，然视不救犹愈矣，故字子突，一见正也。

叶子曰：臣无褒贬其君之道。王之善恶，《春秋》不敢遽加也，各因乎人以见之而已。故苟有过也，宋[①]渠伯纠贬以名；苟有善也，王人子突褒以字。

夏，六月，卫侯朔入于卫。

入，逆辞也。凡诸侯失国而归，皆书复归，宜其为君者也。朔非王命，则不宜君，而其入为逆矣。故虽位未绝而不书复，不与其复也。不曰自齐入于卫，诸侯与有力也。

秋，公至自伐卫。螟。冬，齐人来归卫俘。

卫俘，《公羊》《穀梁》作卫宝，《左氏》作卫俘，当从《左氏》。宝亦俘也。古者天子分宝玉于同姓以展亲，分远方之职贡于异姓以昭德之致，故同姓之国皆有宝。齐以纳朔，取卫宝以为赂，欲分谤于我，而我纳焉，我则过矣，而齐为首，故正其名曰来归。郜鼎，我志也，则书取。卫俘，齐志也，则书归。

叶子曰：伐三朡而俘宝玉，以汤则可也，齐安得取于卫？胜商邦而班宗彝，以武王则可也，齐安得归于我？

七年，春，夫人姜氏会齐侯于防。夏，四月，辛卯，夜，恒星不见。夜中，星陨如雨。

记异也。恒星，经星也。宜见而不见，不宜陨而陨[②]，是异也。日之食也，非自食，有食之者而不可知也，故先言日而后言有食。星之孛也，初无是星也，见其星而后知其孛也，故先言有星而后言孛。恒星不见，夜中星陨如雨。其不见也，非有蔽之者也；其陨也，非有坠之者也。故直言不见与陨，而不言有。日中者，一日之中；夜中者，一夜之中。言昼夜者不以时，义不在焉也。如雨，众多如雨然。

秋，大水，无麦苗。

记灾也。秋，夏之建午、建未、建申之月也，麦成而稻苗。大水，则皆败矣，故曰无。凡稻苗而后秀，秀而后实。

冬，夫人姜氏会齐侯于穀。

① 宋，《荟要》本、文渊阁本作“宰”。

② 不宜陨而陨，底本、《荟要》本作“宜陨而不陨”，非是。据文渊阁本改。

穀，齐地也。夫人与齐侯八年而五相求，自始孙于齐见一贬，其后不复贬，恶恶不再贬也。

叶子曰：吾读《载驰》之诗，始曰“齐子发夕”，已而曰“齐子岂弟”，是在禚、祝丘之际犹可也。继曰“齐子翱翔”，终之以“齐子游敖”，则无复忌惮矣。故如师、又会防、又会穀，则所谓“盛其车服，疾驱于通道大都，播其恶于万民”者也。是诗与《南山》皆刺襄公，而每以“鲁道有荡”“齐子”为言，非恶于我与？《南山》，始恶之诗也，故言大夫见其微而去之。《载驰》，极其恶之辞也，故言不可掩而播于万民。夫见恶于万民，则《春秋》如师之意，防与穀之会，又何责焉？

八年，春，王正月，师次于郎，以俟陈人、蔡人。

师者何？我师也。何以不言将？将卑师众也。陈人、蔡人，陈、蔡之微者也。次何以言俟？不正其以众暴寡，欲邀人而幸其捷也。陈、蔡出兵，鲁人以师邀诸涂，设伏以覆之欤？据险以掩之欤？王者之兵，贵正不贵奇，贵义不贵利。不正胜，犹谲也；不义获，犹贪也。

叶子曰：次非用师之道也。有伐而言次者，不怙其强，退以待其成，如齐侯之于楚，书曰“次于陉”，则伐之善者也。有救而言次者，形势相持，以为之援，如叔孙豹之于晋，书曰“次于雍榆”，则救之善者也。无事而次以俟人，君子以为谲与贪而已矣。

甲午，治兵。

治兵者何？秋习武事之名也。何以书？不时也。古者以春蒐振旅而教其出，以秋狝治兵而教其入。而楚子玉治兵于睽，则不必以狝，凡师出则为之矣。晋文公振旅凯以入，则不必蒐，凡师入则为之矣。非礼也。此郎之师，俟陈人、蔡人不至，故假治兵以为之名，将迁以围郕，而以春兴之也。

叶子曰：《礼》：“内事用柔日，外事用刚日。”己卯烝、乙亥尝，皆柔日也。壬午大阅、甲午治兵，皆刚日也。以为犹有先王之制焉，故因其日之可见者而见之，是谓君子憎而知其善，成人之美不成其恶也。

夏，师及齐师围郕。郕降于齐师。

是迁而围郕者也。何以不言遂？公迁之也。郕，文王之昭，同姓也，围之则将取之矣。劳民而动众，君子有不得已，以师出为无名，而迁以取人，况同姓乎？郕降于齐师，出无名，迁无义，曰宁降于齐师尔，则义不足以服之也。

叶子曰：吾何以知是为郎之师欤？凡围不言及，及围犹及战也。《春秋》之义，以主战者及战者，曰吾志乎为此战云尔。是果为齐志，则言会不当言及。今以我及，非吾师迁而何？《穀梁》不察乎此，而归恶于齐，乃谓“不使齐师加威于郕”，我伐同姓而益齐以为辞，固非矣。《公羊》讳灭同姓而辟之，是我实灭而嫁其恶于齐，恶足为《春秋》乎？

秋，师还。

师未言还者，于是乎言还，危之也。还者，返乎彼之辞也。越三时而暴兵于外，始俟人而不至，终围人而不服，以我为危，不得返也。君子以为郕之师几郑之师。郑使高克将兵于河上以御狄，陈其师旅，翱翔而不召，众散而归。书曰“郑弃其师。”今郕降而师不还，亦郑而已矣。然则善之乎？亦善之也。

叶子曰：晋士匄帅师侵齐，至穀，闻齐侯卒，乃还。还之为言一也。于晋文[①]齐侯卒而还，曰乃还，见还之有所因也。于鲁围郕不服而还，曰师还，见还之危不得返也。故师出以善得还者二：晋善也，鲁善之也。是以君子必慎为兵。《左氏》以是行为公将，非也。其亦不达称师之义矣。所贵乎还者，以师也。乃公不得乎郕而还，则何善之云？

冬，十有一月，癸未，齐无知弑其君诸儿。

九年，春，齐人杀无知。公及齐大夫盟于蔇。

盟，纳子纠也。公不及大夫，何以言公及齐大夫盟？以公为义，可以纳子纠，则不耻大夫得敌公也。大夫何以不名？略之也。何以略之？欲纳子纠而后不能也。

叶子曰：吾何以知公之义得以纳子纠欤？齐、鲁不共戴天之雠也，使襄公在，公且不可与共戴天，况国乱而纳其子乎？《春秋》之义，因人以立法，不穷法以治其人。人，一人也；罪，一罪也。一见贬，则不复再贬矣。庄公之罪，在于子纠来奔之初。凡诸侯及其大夫来奔于鲁，未有不书于策者，而子纠之奔，独无见焉，非以其雠不当受，故深绝之而不书欤？则于是焉而正之者，特以子纠、小白之辨而已。诸侯之嫡子，君在称世子，君薨称子某，子纠得以君薨之辞见，是世子也。受人之世子，国无君而不纳，则谁纳欤？故庄公之罪，已定于受子纠，则蔇之盟，不责其纳子纠也。

夏，公伐齐，纳子纠。

子纠，《穀梁》作纠，《左氏》《公羊》作子纠，当从二氏。凡《春秋》言纳，皆与其纳也。与其纳，则纠者，子纠也。

齐小白入于齐。

入，逆辞也，以夺子纠之国而先之也。小白何以氏齐？齐未有君也。

叶子曰：突归于郑，不得氏郑，有忽在焉，则郑非突之所得有也。赤归于曹，不得氏曹，有羁在焉，则曹非赤之所得有也。襄公死而子纠在外，齐虽非小白所得有，齐未有君而小白入焉，则小白亦固齐之君也。然则齐阳生入于齐，内既有荼，则阳生安得亦氏齐乎？阳生正，荼不正也，有阳生而后可以不君荼。子纠正而在外，小白虽不正，而齐无与争君者，正与不正，于书入焉见之矣。则小白所以氏齐者，曰是齐之君而已。

秋，七月，丁酉，葬齐襄公。八月，庚申，及齐师战于乾时，我师败绩。

内未有言败绩者，此何以言败绩？贬不能纳纠而自取败也。凡内职不言败，不使我受责，而外得加乎我以杀耻，君子辞也。庄公之于纠，既已忘父之雠，而受人之托矣。大夫以春盟，齐未有君，可纳而不纳，至夏师图之，遂使小白得以先入。若知其不可争而始保之，纠犹未必死也，不量力而再伐，卒不能纳，徒以自丧其师，耻孰甚焉？非人之加乎君子，虽欲使我不受责，而无以为之辞，故于是一见之也。

---

① 闻，底本、《荟要》本作“文”，非是，据文渊阁本改。

《石林先生春秋传》卷第六

叶氏

庄公二

九月，齐人取子纠杀之。

子纠，在我者也。齐人何以言取？乘乾时之败，胁我而取之也。孰取之？齐侯也。齐侯则何以言齐人？贬也。十室之邑，可以逃难；百室之邑，可以隐死。我以千乘之国，不能纳子纠，又使人得以取焉。必有与之，然后取之，病在我也；必有得之，然后取之，病在齐也。既两见之矣，然实杀之者齐也，故归恶于齐而人齐侯焉。

叶子曰：此子贡所谓"桓公杀公子纠"者欤？凡义所得杀者，杀在上，齐人杀无知，卫人杀州吁是也。义所不得杀者，杀在下，蔡公孙姓以沈子嘉归杀之，楚子诱蔡侯般杀之是也。

冬，浚洙。

洙，鲁水也。浚，深也。内无以服齐而求深于洙，以为守国之道，则非也。

十年，春，王正月，公败齐师于长勺。二月，公侵宋。三月，宋人迁宿。夏，六月，齐师、宋师次于郎，公败宋师于乘丘。秋，九月，荆败蔡师于莘，以蔡侯献舞归。

荆，楚也。先曰荆，后曰楚，名从主人，以国举之，夷狄[①]也。凡夷狄[②]，君皆称国，臣皆称人，略之也。中国无王，夷狄交侵，而楚始见焉[③]。荆败蔡师，是战而败也，不曰"蔡师败绩"。夷狄不言战，败绩不成乎战也。楚至泓而后得言宋败，吴至柏举而后得言楚败，未成乎战则夷狄尔。以归，囚服也，国灭而以归者有矣，未有败而以归者也，故书名，与国灭而囚服者其辞一施之，绝之也。

叶子曰：吴、楚、徐、越，初皆中国也。吴出于太伯，楚出于祝融，徐出于益，越出于禹，而《春秋》概以夷狄书之，岂固轻绝之哉？以为是皆圣贤之后而礼义之所成者也，既狃其习而与之俱化矣。吾无以正之，则举天下而皆夷狄也，其拒之安得不严，责之安得不深乎？故其君称国，其大夫称人，死而来赴，书卒不书葬，一皆不得与中国齿也。然吾为此，亦恶其不为中国而已。使其通于我而悦礼义之化，翻然有以复其旧，则吾亦何用终弃之哉？为夷狄则与之为夷狄，为中国则与之为中国，而后夷狄可卒复为中国也。故楚大夫以椒来聘、以屈完来盟，则得称名；吴大夫以札来聘，则得

① 夷狄，文渊阁本作"外之"。

② 夷狄，文渊阁本作"四裔"，下同。

③ 文渊阁本"楚始见焉"以下传文仅存"楚大夫以椒来聘，以屈完来盟，则得称名"一句。

称名。此《春秋》用夏变夷之道也，故曰“苟以是心至，斯受之而已矣”。

冬，十月，齐师灭谭，谭子奔莒。

诸侯擅征伐，罪矣，况灭国乎？凡灭之志，皆恶也。诸侯奔，皆名而书出。灭国不名，内无君也。不言出，无所出也。

叶子曰：孟子言：“周公相武王，诛纣伐奄，三年讨其君，驱飞廉于海隅而戮之，灭国五十而天下大悦。”盖内外乱、鸟兽行则灭之，先王之政也。必武王而后可灭人，必周公而后能灭人，非武王、周公而灭人之国者，交相灭之道也。小白始图霸，而先灭谭，又灭遂，遂卒不服，而齐人歼焉，其亦异于天下大悦者矣。而或者以为军谭、遂而不有诸侯，称宽焉者，妄也。

十有一年，春，王正月。夏，五月，戊寅，公败宋师于鄑。秋，宋大水。

记灾也。凡外灾异不书，成周以王书，宋以二王后书，齐以大灾书，宋、卫、陈、郑以众书，陈以哀灭国书，杞以二王后而不书，以告而吊，吊而合礼，则书。不以告，或告而不吊，吊而不合礼，则不书也。

叶子曰：凶礼六，吊礼以哀祸灾，周公之政也，而诸侯与有焉。是谓周礼，救患修睦之道也。

冬，王姬归于齐。

我主之也。

叶子曰：同姓而主婚，鲁所宜为也，何独两见于庄公？盖惟齐不可主婚，惟庄公不可主齐婚。非庄公而主齐，非齐而我主之，皆不书，小事也。

十有二年，春，王三月，纪叔姬归于酅。

叔姬，纪季之妻也。内女嫁为诸侯妻则书归，纪季之妻则何以得书归？非始归也。叔姬之归纪季久矣，非所当见则不书。纪灭而纪季入于齐，以叔姬托于我，待其成国也而后复焉，故以始嫁之辞书之，成纪季之得后纪也。

叶子曰：吾何以知叔姬之为纪季妻欤？凡媵不书，以叔姬为伯姬之媵，待年而后归则不得书。且纪侯去，伯姬卒，虽媵何用归？将以纪侯而录之欤？则《春秋》所以成纪者，于纪季见之矣，无所待于叔姬也。舍是而叔姬得归酅，非纪季之妻而何？然则叔姬托于我，何以不书？非归宁也，则不可以书来；非见出也，则不可以书来。归以为义，无所用见则不书焉尔。

夏，四月。秋，八月，甲午，宋万弑其君捷及其大夫仇牧。

万，宋大夫之再命者也。仇牧，宋大夫之三命者也。及仇牧，贤也。盖捷弑，仇牧趣遇之门，手剑而叱之，万遂杀牧。

冬，十月，宋万出奔陈。

十有三年，春，齐人、宋人、陈人、蔡人、邾人会于北杏。

齐人，《左氏》《公羊》作齐侯，《穀梁》作齐人，当从《穀梁》。四国何以皆称人？大夫而始为会，与恶曹、清丘之盟同罪者也。

叶子曰：吾何以知齐侯之为齐人欤？三家既不著其事，考之于时，则小白方图霸而未成也。当时诸侯虽未必全听齐，岂无一自至者，而皆以微者会之哉？以恶曹、清丘之事推之，则大夫为相好与共推小白尔。夫图霸亦大矣，不能请之于王，而大夫自相为谋，小白亦靡然受之大夫，而不受之其君，皆《春秋》之所宜治也。是说也，《穀梁》微知之而不能尽，故特以为举众之辞，是盖不原其情而臆为之说者也。

夏，六月，齐人灭遂。秋，七月。冬，公会齐侯，盟于柯。

十有四年，春，齐人、陈人、曹人伐宋。

三国皆微者欤？非微者也。非微者则何以书人？正王道也。小白之图霸，自此始矣。是可以为王而不为王，故于其始，抑而人之，所以示天下之无所用霸也。

叶子曰：吾何以知伐宋之为正王道欤？小白，五霸之盛者也。前乎此，尝以师次于郎以窥我矣，已而复以师灭谭焉。《春秋》皆以常法书之，以为与凡诸侯者等也。至北杏之会，大夫将推之，于是始与灭遂，皆书人，则以小白为可责矣。故柯之会，与公皆以爵见，则诸侯亦将推之，明年遂与两国为此伐，霸于是始焉。由是伐兒、伐郑、伐戎、伐徐、伐山戎、伐英氏，三十余年皆书人，终其世得以爵见者二十四，以师见者三，则称人，岂皆微者哉？盖《春秋》之作，悯天下之无王也，必有如汤、文王者，然后为吾之所贵。若小白而少假之，则天下皆趣于霸，王道何由而兴乎？惟小白可望以为王，则亦惟小白可责以为不王，此于其伐，每抑而人之，所以著其法以责天下后世也。故言管仲之功于春秋之时，则九合诸侯，一匡天下，不以兵车，可以许其仁。言小白之事于三王之道，则管仲之功，曾西且不肯为。故曰“五霸，三王之罪人也。”孟子其知之矣。

夏，单伯会伐宋。

单伯，吾之孤也。翚帅师会宋公、陈侯、蔡人、卫人伐郑。言帅师，将尊师众也。叔孙得臣会晋人、宋人、陈人、卫人、郑人伐沈。不言帅师，将尊师少也。单伯何以不言帅师？犹之得臣也。何以再见？后至也。

秋，七月，荆入蔡。冬，单伯会齐侯、宋公、卫侯、郑伯于鄄。

北杏之会，齐人先宋人，齐人主会也。是会以单伯往会为辞，而复以齐侯先宋公。盖宋始服于齐，诸侯于是相与推齐霸。故明年再会鄄，齐侯遂居宋公上矣。

叶子曰：

吾何以知是为诸侯之推齐霸欤？此会鄄曰卫侯，即朔也。后会鄄曰郑伯，即突也。朔自庄六年违王命而入卫，不与诸侯通者九年。突自庄四年与陈侯遇于垂，不与诸侯通者十一年。至是而皆来会，非以小白浸强而得诸侯，有不敢不至欤？盖于是为幽之同盟矣。

十有五年，春，齐侯、宋公、陈侯、卫侯、郑伯会于鄄。夏，夫人姜氏如齐。

夫人不得归宁者也。礼，女嫁，父母在，岁一归。父母没，使人归宁。禄父没矣，夫人前与桓公如齐，已而会于禚，享于祝丘，又至于如齐师，是在襄公之世，其恶为甚矣。然辞无所贬，曰夫人姜氏焉，所谓不待贬绝而自见者也。今小白始霸，而夫人复如齐，小白安得受之欤？古之善治其国者，必先齐其家；齐其家者，必先正其身。

小白之正身齐家，亦襄公而已。故其刑能施于哀姜，而其礼不能正于文姜。君子以是病小白，是以与襄公之辞一施之。

秋，宋人、齐人、郳人伐兒。

宋序齐上，主兵也。诸侯虽推先齐，然小白之霸犹未受命于王，故宋复以主兵居上。

郑人侵宋。冬，十月。

十有六年，春，王正月。夏，宋人、齐人、卫人伐郑。秋，荆伐郑。冬，十有二月，会齐侯、宋公、陈侯、卫侯、郑伯、许男、滑伯、滕子同盟于幽。

前未有言同盟者，此何以曰同盟？以[①]天子之同礼盟诸侯也。何以没公？同非诸侯之所得为也。诸侯之同盟者多矣，何以于是独没公？于其始焉一正之，以小白为可责也。古者诸侯以朝觐宗遇四时更朝于王，常事也。见于庙中而不盟，以事来见，非其节而会，十有二年王不时巡而同，非常事也。见于国外，筑宫为坛，祀方明而盟。常事不盟，无所事盟也。非常事，有盟不协，则和之也。齐侯将帅诸侯以奖王室，故假天子十有二年之礼，而共受命焉。齐侯于是始霸，天子命之也。然则《春秋》与之欤？实与而文不与，所以没公也。以为齐侯欲以奖王室则可，以诸侯共行天子之礼而听于齐侯则不可。公不可见，则诸侯亦不可见矣。

叶子曰：周衰，诸侯不朝王久矣。齐侯既图霸，将从之而不正欤？则天下无时而有王也。帅之以共朝王欤？则诸侯未必皆能朝也。伐之则不可胜伐。然则为齐侯者如之何？曰：天子固有不时巡而合诸侯者也，吾请之王而设于此，使诸侯如朝于方岳之下而莫不听焉，吾王庶几其可尊矣。是齐侯之志也。吾何以知其然？此始会也，后十有二年而再会，则天子殷国之节也，岂齐侯之自为者哉？及诸侯之从己者信然，后以为吾非得已而不已者，遂终其世而不复为，则齐侯之志亦可见矣。故晋文公会诸侯而召天子，书曰“天王狩于河阳”，以全天子之行。齐侯假天子之礼而与诸侯会，曰“齐会诸侯，诸侯同盟于某”而无异文，特以没公，微见之，《春秋》与齐之实在是矣。是以桓公有同盟，文公无同盟，孔子所以与桓公之正而不谲也。自齐侯卒，宋襄公一为会而不能终。文公之后，晋主中夏，每袭其迹而窃用之，天下卒莫从，则僭而已矣。其弊遂有大夫而为者，岂《春秋》之意哉？先儒乃谓同尊周、同外楚。夫盟则同矣，何独于是言之？若曰姑以为言而后不能，则与常盟何择？吾未知其说也。

郳子克卒。

克，仪父之名也，得以爵见，进而成国矣。北杏之会、兒之伐，郳人皆在焉。或曰齐以是请于王而进之。

十有七年，春，齐人执郑詹。

詹，郑大夫之再命者也。称人以执，非伯讨也。詹未三命，则非郑之知政者也。郑伯与宋公会于鄄，则同好矣。未几而郑侵宋，故宋复主兵，而齐、卫共伐之，至同盟于幽而郑服，故以詹为说而执焉。郑非詹之所得任，则执之非其罪者也。

① 以，底本、《荟要》本作“于”，据文渊阁本改。

夏，齐人歼于遂。

遂，国也。齐人，众辞也。歼，尽杀之也。齐以强灭遂，遂不畏其力，能以亡国之余而尽杀其众，非遂能歼齐，齐自歼也。

叶子曰：得天下有道，得其民斯得天下矣；得其民有道，得其心斯得民矣。齐小白之霸，能率诸侯而九合，不能服遂一国，岂得之者不以心欤？文王之造周曰："大邦畏其力，小邦怀其德。"夫文王之所谓力者，非强服之也。《灵台》之诗曰："经始勿亟，庶民子来。"使有国而知此，则天下之民皆襁负而至矣，何待灭人之国而后为强乎？故以遂一见法焉。

秋，郑詹自齐逃来。

苟以身免曰逃。大夫以道为去就，以义为死生，詹虽无罪，而齐何畏焉？幸于全生而不以义去，则亦苟免其身而已。奔以适我为志，故曰来奔；逃以舍彼为志，故曰逃来。

冬，多麋。

记灾也。麋多则害稼。冬，稼成之时也。螽螟，害稼者也，凡见则为灾。麋非害稼者也，多而后为灾。

十有八年，春，王三月，日有食之。夏，公追戎于济西。

济西，内地也。前未有言戎伐我者，何以至乎济西？盖过我而蹑之也。戎之于鲁，隐之所与会，桓之所与盟者也。过我而蹑之，盖出不意以幸其功，掩不虞以乘其利，以庄公为谖矣。然则及之乎？不及也。何以不言不及？蹑之则不责其及也。

秋，有蜮。

记异也。蜮与蜚皆害人之物。蜮蜚，中国所无也。鸜鹆，鲁所无也。以所无则有为异矣。

冬，十月。

十有九年，春，王正月。夏，四月。秋，公子结媵陈人之妇于鄄，遂及齐侯、宋公盟。

公子结，吾大夫之三命者也。陈人，陈侯也。何以言人？妇非陈侯之所得名，曰人云尔，别外之辞也。古者诸侯娶一国，则二国媵之，必以大夫送焉，谓之媵臣。凡媵不书，此何以书？将以见其遂也。鲁以女媵陈人之妇，而结之齐与宋，将有不可于鲁，而遇诸鄄，结因与之盟而和焉，故言遂，善之也。

叶子曰：吾何以知结之遂为善欤？《春秋》言遂二，有君遂，有臣遂。君者，命之所从出，无所往而不可遂，故诸侯而言遂，继事之辞也。大夫受命于君，有不可得而遂，故大夫之言遂，生事之辞也。大夫言生事，则有可得而遂者，有不可得而遂者。在国中则不可遂，所谓大夫无遂事也；在国外则可遂，所谓大夫出疆有可以安社稷、利国家，则专之者也。而《春秋》之辞一施之，以为各于其事观焉，则审矣。季孙宿帅师救台，遂入郓。台在国内，郓在国外，可以救台而遂入郓乎？盟者，所以谋不协也，而非大夫之事。然大夫与国同体，君不在焉，而事有不可者，不为之所，则亦不忠而已矣。吾是以知君子之与结也。

夫人姜氏如莒。

如齐且不可，如莒益过矣。

冬，齐人、宋人、陈人伐我西鄙。

郊外曰都，都外曰鄙。凡伐，皆先鸣钟鼓以问罪。服而行成，则见伐不见战；不服而战，则见战不见伐。内伐言鄙，详内也。有伐而围邑，然后言围；有伐而至城下，然后言我。我，内辞也。

二十年，春，王二月，夫人姜氏如莒。夏，齐大灾。

大灾，灾而大也。有大荒，有大札，有大灾。大荒，饥也。大札，疾也。大灾，水火之变也。凡内灾必目其所，宋、陈灾不目其所，略之也。齐大灾然后书，齐灾不书，以大故书也，曰宫室、厩库、廛市皆尽焉尔。古者国有大灾，类宗庙社稷，以是故重之也。

秋，七月。冬，齐人伐戎。

二十有一年，春，王正月。夏，五月，辛酉，郑伯突卒。秋，七月，戊戌，夫人姜氏薨。

庄公之母也。

冬，十有二月，葬郑厉公。

二十有二年，春，王正月，肆大眚。

夫眚者何？大罪也。肆者何？纵也。大罪则何以谓之大眚？过也。古者谓视不明为眚，过而虽大，君子宥焉。何以书？以文姜也。有眚、有大眚，诸侯不得专杀，则亦不得专生。肆眚，诸侯之事也。肆大眚，天子之事也。鲁得肆大眚，虽周公之赐，文姜之罪，天子不讨而得葬，故庄公因推以及其国人，非所肆而肆也。“惟辟作福，惟辟作威。臣有作福作威，害于而家，凶于而国。”庄公盖作福者也，其亦无以保其国矣。

叶子曰：吾何以知肆大眚为天子之事欤？周人告其臣曰：“乃有大罪，非终，乃惟眚灾。适尔，既道极厥辜，时乃不可杀。”有大眚而肆之可也。然驭福以生，驭过以诛，盖王之八柄，岂诸侯而得为乎？庄公之意若曰：“吾固得肆大眚矣。”夫人之罪，当讨而不得葬，今天子既宥而不讨，使得称小君而终为夫人，吾国人而有大罪，吾如之何而杀之？必有非大眚而肆者矣。非大眚而肆，虽天子且不可，而况于鲁乎？大眚而得其节，皆常事，不书，特一见，吾是以知其非所肆而肆者也。

癸丑，葬我小君文姜。

文，谥也。谓诸侯之妻，君称之曰夫人，邦人称之曰君夫人，称诸异邦曰寡小君，异邦人称之亦曰君夫人。葬公曰我君，葬夫人曰我小君，厌也，故以称诸异邦之辞言之。

陈人杀其公子御寇。

御寇，陈诸公子也。何以不称大夫？非大夫也。非大夫则何以书杀？公子之重视大夫，亲亲之道也。凡以国杀而名者，有罪而累其君也，其不名则无罪也。以人杀而名者，有罪而干其众也，其不名则无罪也。御寇曷为以人杀？陈人杀御寇，而其党公子完、颛孙奔齐。御寇宜有得罪于陈人者也，其事则史失之矣。

叶子曰：古者刑不上大夫，公族有罪不以干有司。以为大夫者，吾任之所与共政者也；公族者，吾亲之所与共恩者也。不幸而有罪，则大司寇议其辟。不得已而丽于法，则甸师致其刑。然而公族狱成而谳于公，犹曰宥之三，三宥不对，走出，又使人追之，曰“必赦之”。有司以为无及，则哭于异姓之庙，素服不举而私丧之。如是，犹有慢贤而贼亲者。故葵丘之会，齐小白犹曰“毋专杀大夫”。天下无道，政在大夫。君子终不以一时之弊，害万世之法。是以大夫强而君杀之，由三桓始。虽谓之义，终不通乎《春秋》。盖以为大夫之有罪无罪，吾固有以为之辞矣。则其不可杀，概书之曰杀其世子，杀其弟，杀其公子，杀其大夫，所以正君臣之义，而厚骨肉之恩也。

夏，五月。

四时无事，书首月以见时，有事则于其月见之。五月首时而下无事，盖阙文也。

秋，七月，丙申，及齐高傒盟于防。

高傒，齐大夫之三命者也。及者，公也。何以不言公？礼，卿不会公侯也。

叶子曰：名分不可不正也。古者诸侯之命，诸臣之爵，莫不皆有别焉。大国之君九命，公也；次国之君七命，侯、伯也，其卿则不过三命；小国之君五命，子、男也，其卿则不过再命。先王之意，以为诸侯之邦交，有不得不用其臣者。既使之敌，则臣无敌君之义；不使之敌，则无以致其睦邻之道。故为之节，以大国三命之卿，而当小国五命之君，此礼之所不得已也。至公、侯、伯则尊矣，必君而后可敌焉。晋荀庚、卫孙良夫寻盟，鲁臧宣叔以为“次国之上卿，当大国之中”。虚大国上卿而不言，盖不以当诸侯之臣。而晋执叔孙婼与邾大夫卒，婼辞以为“列国之卿，当小国之君”，即命其介，尚行先王之制也。而齐以高傒、晋以阳处父盟公，可乎？是以皆没公而不见，此《春秋》所以正名分也。

冬，公如齐纳币。

纳币不书，此何以书？不正以其丧娶也。文姜之丧始练，而公图婚，非礼也。纳币，大夫之事，而公亲之，又过也。何以不于始焉讥之？纳币，纳征也。婚礼，纳采以问其族，问名以询其氏，氏姓得而告于祢庙曰吉，而后纳币以为之征，则成礼矣。纳采、问名犹未定，成则不可易也。

二十有三年，春，公至自齐。祭叔来聘。

祭叔，王之下大夫也。祭叔则何以来聘？以其臣来也。何以不言使？内大夫不外交聘，非祭叔之所得为也。祭伯来朝，自朝也。不与其朝，故不言朝。祭叔来聘，使臣也。不与其聘，故不言使。

叶子曰：吾何以知祭叔之得有臣欤？古者王之卿士，六命而后赐官，始得自置其臣，以治其家邑，谓之具官。大夫则不得具官，而得臣其邑，官事使摄焉，是亦臣也。是故大夫以具官为非礼，而管仲以官事不摄为非俭。孔子尝为鲁司寇，大夫而三命者也。疾病，子路使门人为臣。子曰："久矣哉，由之行诈也！无臣而为有臣。吾谁欺？欺天乎！"夫子路岂以必不可行之礼而加之孔子哉？以为孔子尝为大夫，盖得摄官以为臣，而不知不在其位，则门人不可臣也。然则大夫之在位，固有摄官而为臣者矣。

夏，公如齐观社。

社者何？春蒐田之祭也。古者天子祀上帝，诸侯会之，受命焉；诸侯祀先公，卿大夫佐之，受事焉。未闻诸侯而会祭也。盖曰观焉，则非以为祭者也。故曰："齐弃太公之法而观民于社，君为是举而往观之"，非礼也。曹刿固知之矣。

公至自齐。荆人来聘。

公及齐侯遇于穀。萧叔朝公。

萧叔，宋附庸之君也。诸侯相朝，非礼也；即遇而朝，又非矣。古者朝必以庙，朝于王所可，天子有方岳之朝也；朝于公不可，诸侯无外朝也。朝公而已矣，不言来。穀，齐地也。

秋，丹桓宫楹。

桓宫，桓公之庙也。丹楹，非矣。丹桓宫楹，又非也。天子之楹黝，诸侯之楹垩，大夫仓，士黈。

冬，十有一月，曹伯射姑卒。十有二月，甲寅，公会齐侯盟于扈。

离盟也。小白已霸矣，公复为离盟，则非诸侯之政也，以图婚于我而固其好焉尔。故前高傒为防之盟，而后公如齐纳币，今齐侯为扈盟，而后公如齐逆女，见公之迫于齐而不敢不从也。

二十有四年，春，王三月，刻桓宫桷。

丹楹过矣，刻桷又甚也。桷，椽也。礼，天子之室，斫其椽而砻之，加密石焉；诸侯砻而不加石；大夫斫而不砻；士斫其本。

叶子曰：庄公之修桓宫，非其节也。以为崇之以致孝欤？则公之即位二十有四年矣，而今始修也。以为坏之而修欤？则修非特楹与桷也。然则何以修？以夫人将归也。古者天子七庙，亲庙四，祧庙二，与太祖之庙而七。诸侯五，亲庙二，祧庙一，与太祖之庙而五。大夫及其皇考、士及其王考，其为礼虽有别，而宗庙之制则未之有间也。商人戒肜日而曰："典祀无丰于昵"。昵，近也。夫祀且不可丰，而况宗庙之饰乎？庄公因夫人而为之，盖有甚于徒致其丰者。故言丹、言刻则非所以事其祢，言桓宫则非所以事其祖。庄公之厚桓，适以侈之而已。武曰武宫，炀曰炀宫，远也，故以谥举之。宣曰新宫，近也，谥之则疏也。桓以祢而得祖称，岂其厚之乃所以疏之欤？故曰："斥言桓宫以恶庄也"，《穀梁》其知之矣。

《石林先生春秋传》卷第七

叶氏

庄公三

葬曹庄公。夏，公如齐逆女。

逆女，大夫之事，公亲之，非礼也。

秋，公至自齐。八月，丁丑，夫人姜氏入。

入，逆辞也。庄公义不得娶于齐，则夫人义不可见宗庙，夫人之至为逆矣，故不书至。

叶子曰：诸侯十五而冠，冠而生子。庄公于是生三十有六年矣，而夫人始见。以防与扈之盟考之，庄公过时而不娶，岂得已哉？内迫于夫人，而齐侯为之制，有不得自专也，而《春秋》无异文，以为不待贬绝而罪自见也。昔者舜不告而娶，孟子曰："如告，则废人之大伦，以怼父母，是以不告也。""不孝有三，无后为大。"使庄公而知此义，不娶于齐，虽不得于文姜，以承宗庙之重，而尽人子之道，与之为舜，岂不可乎？卒之身死无嫡，而庆父得以乘其隙，则庄公之为也。

戊寅，大夫、宗妇觌，用币。

宗妇，同宗之妇也。觌，大夫聘而私见天子之礼也。币，诸侯朝王而享王与后之礼也。朝有贽，享有币。夫人以丁丑入，则大夫宗妇既见矣。越三日而觌，非礼也。觌而用币，男女之同，又非也。以为尊夫人者，在物而不在礼矣。不言及，不以大夫及宗妇也。

叶子曰：吾何以知宗妇之为同宗之妇欤？古者诸侯同宗之妻曰宗妇，以同言也。大夫嫡子之妻曰宗妇，以承宗言也。大夫非嫡子，其妻不得称宗妇，曰介妇、曰众妇焉。子同生，《传》说"文姜与宗妇命之"。齐穆姜卒，《传》称"齐侯使诸姜、宗妇来送葬"。此诸侯之言宗妇之礼也。觌夫人何择于大夫之承宗者欤？凡大夫之妻皆得进矣，则宗妇非大夫之妻。礼，诸侯以时朝于天子，各执其玉，谓之贽。朝毕而享王与后，各献其庭实，谓之币。于是享王以璧，享后以琮，则《周官》"璧以帛、琮以锦"者也，是谓享而非觌。大夫来聘无享，修其君之礼成，然后奉束锦而请。觌者，大夫之私礼也。大夫而后有觌，故曰"公事曰见，私事曰觌"。诸侯之大夫、宗妇、夫人之礼，吾不得而闻矣，意者其有见而无觌欤？见而用贽，则大夫以禽鸟，妇人以榛、栗、枣，修先王之制也。今见而言觌，是再见也；觌而言币，是尚物也。则宗妇之献与夫人等，大夫觌而用币，犹以为僭享王，而况施之宗妇乎？《公羊》以宗妇为大夫之妻，固非矣。《穀梁》虽知其说，而谓大夫不见夫人，诸侯祭宗庙，夫人与亚献以为不见，亦非也。

大水。冬，戎侵曹，曹羁出奔陈。

羁，曹君也。何以不言爵？逾年而丧未除也。何以不言子？不周乎丧也。

叶子曰：吾何以知曹羁之为曹君欤？射姑卒矣，而曹不见君，君曹者非羁而何？郑忽君郑而突夺之，故书“郑忽出奔卫”，而突归不得系于郑。曹羁君曹而赤夺之，故书“曹羁出奔陈”，而赤归不得系于曹。突之归以祭仲，赤之归以戎，忽、羁正而突、赤不正，故其辞一施之，则羁固所以为曹君也。

赤归于曹。

归，易辞也。赤，曹庄公之庶子，自戎入而取国，戎有奉而易也。不系曹，不与其得曹也。何以不言“自戎归于曹”？不与夷狄之奉中国[①]也。

郭公。

阙文也。

二十有五年，春，陈侯使女叔来聘。

女叔，陈大夫之尝入为王卿士而复其国者也。

夏，五月，癸丑，卫侯朔卒。六月，辛未朔，日有食之。鼓，用牲于社。

礼，天子救日，伐鼓于社；诸侯伐鼓于朝，用币于社。天灾有币无牲。诸侯而鼓于社，僭也；用牲于社，非礼也。

叶子曰：日食之礼，天子何以伐鼓于社，诸侯何以伐鼓于朝欤？凡鼓，皆所以亢阳也。社者，阴也，诸侯亦阴也。天子救日则攻阴，故伐鼓于社以攻之；诸侯卑，不敢攻社，故伐鼓于朝以自攻，用币于社以请之也。古者散祭祀之牲，皆养于国也，未有不养而为牲者也。玉帛牲牷，非大祀不举，次祀则用牲币，小祀有牲而无币，略之也。然天灾则有币无牲者，盖社亦小祀，牲币不可以并举，常祀则用牲，非常祀则用币，币可及，牲非养则不可及也。是礼也，叔孙豹盖知之矣，故曰：“日有食之，天子不举，伐鼓于社；诸侯用币于社，伐鼓于朝。”而季孙宿莫能知，乃以为正月朔，慝未作，而后伐鼓用币，其余则否。故日食而见经者三十有六，而书“鼓，用牲于社”者三，其二皆在六月。六月，建巳之月，纯阳用事，《诗》所谓正月者也。则鲁人之失久矣，经于是特正之。其亦考于《夏书》：“及季秋月朔，辰弗集于房，鼓奏鼓，啬夫驰，庶人走”，何必建[②]巳而后行之欤？太史以建巳为正月，季孙宿以建子为正月，皆非也。庄公或举于九月，尚先王之制哉？《左氏》不能察，而取以为说，则太史与宿误之也。

伯姬归于杞。

伯姬，庄公之妹也。不言逆女，逆之合乎礼，则常事不书。

秋，大水。鼓，用牲于社、于门。

水旱祭，雩宗，盖有坛焉。礼，非日月之眚不鼓。鼓于社、于门，非礼也。禜门

① 夷狄之奉中国，文渊阁本作“擅废置”。

② 建，底本作“见”，据《荟要》本、文渊阁本改。

用瓢赍，用牲于社、于门，亦非礼也。

冬，公子友如陈。

公子友，吾大夫之三命者也。

二十有六年，春，公伐戎。夏，公至自伐戎。曹杀其大夫。

大夫何以不名？大夫无罪也。赤之归曹，戎实奉之，故公以春伐戎，以正其不得奉也。曹惧而杀其大夫，则大夫为无罪矣。

叶子曰：《春秋》因人以立法，不穷法以治其人；因事以见法，不因法以穷其事。曹之事非《春秋》所得尽纪也，《春秋》之所见焉者，其君之正不正、大夫之有罪无罪云尔，则大夫之名，固非《春秋》之所必见也。古者国君不名卿老、世妇，大夫不名世臣、侄娣，士不名家相、长妾，故君前而后臣名，父前而后子名。士二十而冠，尊其名而始乎字，以见名之重，故《春秋》之法常寄于字与名。不应字而字，所以为褒也，故宋高哀得以子哀书，则仍叔之子不书字，夺之也。不当名而名，所以为贬也，故宰渠伯书纠，则曹大夫不书名，与之也。

秋，公会宋人、齐人伐徐。

宋何以序齐上？齐侯失霸也。前此者，宋人、齐人、邾人伐郑，齐犹未霸也，则宋以主兵先齐人可也。今齐之主中夏十年矣，宋犹得以主兵居上，则非霸之道也，故皆贬而人之。古者二王后不专征，唯方伯而后专征。

冬，十有二月，癸亥朔，日有食之。

二十有七年，春，公会杞伯姬于洮。

洮，鲁地也。文姜死矣，伯姬不得归宁，故即洮以为会。会非伯姬之所得为，洮非伯姬之所得会，而庄公莫之正。盖文姜会齐侯于禚，公不以为非，则公会伯姬于洮，宜不以为过矣。会禚而后见夫人如齐师，会洮而后见杞伯姬，皆公为之也。

夏，六月，公会齐侯、宋公、陈侯、郑伯同盟于幽。

再见同盟，距前十二年矣，天子殷国之节也。同盟非齐侯之所得已，诸侯信而霸业成，则吾所以尊天子者亦已终，故自是不复盟。天子于是使召伯廖来赐公命，则加命以赏之也。

秋，公子友如陈，葬原仲。

原仲，陈大夫也。原，氏也。仲，字也。大夫则何以得字？见主人之辞也。古者大夫死，讣于他国之君曰“君之外臣寡大夫某死”。讣于适者曰“吾子之外私寡大夫某不禄，使某实”则葬之矣。不书，小事也。此何以书？为其将以图国也。庄公在位久，未有嫡子。子般，孟任之子，庶长而得立者也。庆父、叔牙通乎夫人，欲舍般而立庆父，季子惧不能正，托葬原仲而之陈，以为之图。庄公病，召公子友于陈，于是杀叔牙而立子般。君子以是录其行也。何以得言如？使若以君命出然，臧孙辰大无麦、禾，而出告籴，不得言如，书曰“臧孙辰告籴于齐”。公子友谋子般而出葬原仲，得言如，书曰“公子友如陈，葬原仲”。非《春秋》莫能辨焉。

叶子曰：吾何以知《春秋》之录季子欤？昔者陈庄子死，赴[①]于鲁，鲁人欲勿哭，缪公召县子而问焉。县子曰："古之大夫，束脩之问不出竟，虽欲哭之，安得而哭之？今之大夫，交政于中国，虽欲勿哭，焉得而弗哭？"缪公于是哭诸县氏，谓诸侯不哭大夫也。乃诸侯、大夫、士师行出疆，请于君，其反必有献且告，固有许之出者矣，而况谋其国乎？方庆父、叔牙之与夫人通也，季子必微察之，曰："非我莫能正，而势未可以加也。"将委之而奔，则惧绝而不得复；将出而不以名，则惧疑而不得去。鲁之安危，季子所自任也。则托原仲之葬，请于公而求援于陈，季子盖有以图之矣。此所以能卒立子般而行其志也欤？君子之防患也，贵见微；其弭乱也，贵能济。若季子，可谓微且济矣，宜君子之录之也。

冬，杞伯姬来。

来，归宁也。内女不言来，此何以书来？父母没矣，伯姬不得来而来也。凡诸侯女，归宁曰来，出曰来归。夫人归宁曰如某，出曰归于某。

莒庆来逆叔姬。

莒庆，大夫之再命者也。凡婚，亲迎不亲逆。天子非展义不巡守，诸侯非民事不举，卿非君命不越竟。亲逆，非也。非君命而来，亦非也。不曰逆女，大夫之辞也。天子逆后称王后，已成妇之辞也。诸侯逆夫人称女，未成妇之辞也。大夫逆妻称字姓，听于父母之辞也。

杞伯来朝。

此杞侯也。何以称伯？时王贬之也。

公会齐侯于城濮。

二十有八年，春，王三月，甲寅，齐人伐卫。卫人及齐人战，卫人败绩。

战不言伐，言伐至之日也。不地，地于卫也。凡兵以及者为主，及之者为客。齐以王命伐卫，卫不服而战，故以卫人及齐人，言卫人之主战也。败绩不言人，其曰人，贬逆王命也。齐不救子颓之难，虽以王命讨卫，其称人，亦贬也。

叶子曰：吾何以知齐人之为贬欤？始惠王立，而五大夫奉子颓以伐王，后幽之同盟三年也。是时天下诸侯已推小白而霸矣，岂非以率天下而尊王室欤？然小白坐视而莫之正也。子颓奔卫，卫背幽之盟，遂与燕师伐王而立子颓。明年，郑厉公和王室，不克，执燕仲父，处王于栎而后入周。又明年，与虢公复王而杀子颓。小白方远伐戎，亦莫之问也，卫自是负其罪。八年，小白亦不讨。至王赐以侯伯之命，请伐卫，不得已而后加之兵，仅败卫人，亦不能执卫侯归之于京师。孰谓郑突能不失幽之盟以正王室，而小白为霸主反远事于夷狄？郑突能执燕仲父，而小白反不能执卫朔，《春秋》所以与卫同罪而一施之，概贬以为人欤？

夏，四月，丁未，邾子琐卒。秋，荆伐郑，公会齐人、宋人救郑。

以兵相援曰救。诸侯相伐而方伯救之，正也。凡救之志皆善也。何以曰人？微者也。

① 文渊阁本作"讣"。

冬，筑郿。

郿，内邑也。书，不时也。

大无麦、禾。

麦与苗同时，先言大水，而书“无麦苗”者，麦苗以水为害也。麦与禾不同时，先不言灾，而书“大无麦、禾”者，仓廪竭也。不言米，无禾则无米矣。冬，书之岁杪，知其足否之时也。大无者，无余藏之辞也。国不能预知其足否，逮无余藏而后知之，庄公之政亦已荒矣。大饥，民病也。大无麦、禾，国病也。

臧孙辰告粜于齐。

告粜者何？请粜也。何以不言使？非君命而辰请行也。鲁无麦、禾，辰请于公曰：“国病矣，君盍以名器请粜于齐？”公曰：“谁使？”曰：“国有饥馑，卿出告粜，古之制也。辰也备卿，请如齐。”乃以鬯圭玉磬如齐告粜，齐人归其玉而与之粜。谓之为辰之请行也。然则与之欤？非与之也。臧孙辰，卿也。古者冢宰以岁杪制国用，量入以为出，待其竭而后为之谋，则已晚矣。以为居官当事不辟难则可，以为卿之职则非也。

二十有九年，春，新延厩。

因旧而修曰新，有加其度曰新。作厩马，闲也。礼，天子十有二闲，诸侯六闲，四马为乘，三乘为皂，三皂为系，六系为厩，厩为一闲。何以书？大无麦、禾，延厩之修，非务也。

叶子曰：僖公修泮宫，《春秋》不书其新，泮宫，诸侯所得为也。大室屋坏，新宫、桓宫、僖宫灾书，于《春秋》亦不书其新，宗庙则当新，桓宫、僖宫，或以亲尽而不新坏与？灾所当书也，新不新所不当书也。至于雉门及两观，亦鲁之所得为也。既书其灾，又书其新作。灾所当书也，新作所不当书也，岂以因是而有加其旧者欤？由是以推，新作南门，盖又有无所因而加之者矣，所恶于新者，为其作也，新而不作，则又何书？庄公之于延厩，固所得为矣，以为不能制其国用，至于大无麦、禾，君臣且将无粟而食，此不之恤，而有事于他，岂知务者哉？故虽其所得为，亦不免于罪。鲁人为长府，闵子骞曰：“仍旧贯，何必改作？”孔子取之。新延厩亦可仍而不仍者也。

夏，郑人侵许。秋，有蜚。

记异也。

冬，十有二月，纪叔姬卒。

此酅叔姬也。何以系于纪而得卒？成纪季之后也。

城诸及防。

诸、防，内二邑也，得时矣。何以书？新延厩已非矣，城又非也，以诸及防，小大之辞也。

三十年，春，王正月。夏，次于成。

次于成，《公羊》《穀梁》作“师次”，《左氏》作“次”，当从《左氏》。不言主帅，微者也，故与伐郕之辞一施之。

秋，七月，齐人降鄣。

鄣，国也。降鄣，非自降，降之者也。

八月，癸亥，葬纪叔姬。

伯姬卒矣，书葬；叔姬卒矣，又书葬，存纪也。

叶子曰：《春秋》于纪何其致意之深也，自纪季以酅入齐，不以为叛；纪侯大去其国，不以为奔，终始二十余年，常欲纪之屡见，至叔姬葬而纪绝矣。盖王政不作，诸侯以力相并者不可尽诛也，故以纪一见之，以为虽齐之强，有终不可以灭纪；虽纪之弱，有终不可以服齐者，则国固非人之所可灭，而人亦不得灭人之国，而天下之争夺息矣。故曰“兴灭国、继绝世，而天下之民心归焉”，孔子之志也。

九月，庚午朔，日有食之。鼓，用牲于社。冬，公及齐侯遇于鲁济。

鲁济，内地也。有齐济，有鲁济。

齐人伐山戎。

山戎，北戎也。此齐侯之师，何以曰人？正乱者。先中国而后四夷，楚强而未伐，卫伐而未服罪，乃越千里之险而事夷狄，以齐侯为夸也，故贬而人之。

三十有一年，春，筑台于郎。

礼，天子外屏，诸侯内屏，大夫帷，士帘台，非以为观也。天子为灵台以候天地，诸侯为时台以视四时，非是不筑。筑台于郎，非所筑而筑也。筑而又筑，益过矣。

夏，四月，薛伯卒，筑台于薛。六月，齐侯来献戎捷。

捷者何？军获也。下奉上曰献。齐霸主则何以献？获于我，威我也。始小白伐山戎，请兵于我，不从，怒，将攻之。管仲曰：“不可，我已刑北方诸侯矣，今又攻鲁，鲁必即楚。”小白乃止。故其归也，夸之以示我，《春秋》从而书之，挈齐侯若奉我然，欲求名而不得也。凡蛮夷戎狄有干，王命方伯征之，则献其功于王。王以警于夷，诸侯不相遗俘。

秋，筑台于秦。冬，不雨。

记异也。历月不雨，异也。历时不雨，尤异也。历再时不雨，异益甚矣。

叶子曰：雨者，阴阳之和气也。一失其节，则阴阳之气缪矣。故《春秋》以冬春书不雨者，所以见异也。至夏则将有害乎稼穑矣，异不足言也，故夏而不雨则书旱。至秋则稼穑将成而又受其害者矣，旱不足言也，故秋而不雨则书雩。雩者，祷也。《春秋》无以秋书不雨，以雩见之也。夏以旱见不雨，而僖独四月一书不雨者，以著其不为旱也。秋以雩月不雨，而宣独秋一书大旱者，以见其不得雨也。此周正也。礼至于八月不雨，则君不举者，夏正也。夏而不雨，犹有望于秋。秋至于八月不雨，则苗槁矣，无复有望矣，故君为之变。君以民为本者也，民以食为本者也。君而无民，则无与立。民而无食，则无与生。此《春秋》之所谨也。

三十有二年，春，城小穀。

小穀，内邑也。书，亟也。

夏，宋公、齐侯遇于梁丘。

梁丘，宋地也。齐侯霸也，宋何以先齐？地主也。

秋，七月，癸巳，公子牙卒。

公子牙，吾大夫之三命者也，此季子杀之也。何以不言刺？顺季子之意也。君亲无将，将而必诛。始公问于牙，固曰："庆父材矣。"俄而牙弑械成，则不得于公，而欲弑公也。季子幸其恶之未成，而不以为国狱，则和药而饮之，使托若以疾死。然义不失正其国，仁不失全其亲者，季友之意也。

叶子曰：周公使管叔监殷，管叔以殷畔，周公曰："我之弗辟，我无以告我先王。"于是居东二年，而罪人得。周公，弟也；管叔，兄也。周公之诛管叔，岂得已哉？使周公知其将畔，必有以处之矣，何至于诛？故曰："仁知[①]，周公未之尽"，而季子能隐之，此周公之所不得为也，而何贬焉？故苟不可以杀，虽郑伯之于段，容之于始，君子不以为慈，书曰："郑伯克段于鄢"。苟可以杀，虽季子之于牙，鸩之于将弑，君子不以为过，书曰："公子牙卒"。此君子所以处君亲之道也。

八月，癸亥，公薨于路寝。

正也。礼，天子六寝，路寝一，小寝五；诸侯三寝，路寝一，小寝二。男不死于妇人之手，以齐终也。

冬，十月，己未，子般卒。

此弑也，何以不书弑？内辞也。不书则何以知其为弑？不地则知其为弑也。未逾年之君、未葬称子，书名，未成其为君也。古者天子在丧称予小子，未逾年而死则曰小子王。生名之，死亦名之，诸侯则否。故诸侯未逾年有子则庙，庙则书葬；无子不庙，不庙则不书葬。

公子庆父如齐。

如齐者何？闵公立而聘齐也。庆父杀般者也，何以不贬？成季子之意也。叔牙可杀则杀，庆父未可讨则未讨，惟不急于庆父，而后季子之谋可行也。

叶子曰：庆父、季子之事，鲁存亡之所由分也。尝试论之，庆父与叔牙专国久矣，外乘庄公之弱而无所惮，内扶夫人之奸以为援。季子，陈出也，而非其母弟，得与闻国政于其间，亦幸而已矣。及庄公问后，而告以叔牙之言。方是之时，权在庆父。季子非特不可诛其兄，固力之所不能诛也。适其将谋而未成，故得先事而密杀之。至于牙死，庆父知其谋而复杀般，则次必及于季子。季子岂爱其身不能死难者哉？以为庆父杀己而自取之，诸侯容而不讨，则鲁固庆父之国矣；不容而讨之，则兵加于国，鲁之乱未已也。闵公者，夫人之娣叔姜之子，是亦庆父之党，于时才八岁，僖公贤而长，庆父不立僖公而立闵公，亦岂甘心以为君者哉？假夫人之故以说于齐，少缓鲁人之怨，而申其志于后云尔，则庆父终欲得鲁者也。季子于此，势不得两全，宁置庆父而辟之陈，则可因陈援以诉于齐，使夫人、庆父之恶不能隐，而季子得全于外，鲁庶几其可为矣。此季子之志也，《春秋》盖察之矣。故直书庆父如齐，而深隐季子奔陈，至季子来归而后始见褒。则庆父如齐非逸贼，季子奔陈非逃难，卒之诛庆父而立僖公，则季子之谋鲁者无遗策，是固君子所以成其意者也。

① 文渊阁本作"智"。

狄伐邢。

闵公一

元年，春，王正月。

不书即位，继故也，有不忍于先君也。闵公，般之庶弟，而般未逾年也。亲之非父也，尊之非君也，继之如君父者，受国焉尔。

齐人救邢。夏，六月，辛酉，葬我君庄公。秋，八月，公及齐侯盟于落姑。

落姑，齐地也。何以盟？定公位也。

叶子曰：吾何以知此盟为定公位欤？《左氏》《穀梁》皆以是盟为纳季子。夫子般弑而季子奔陈，庆父请于齐而立闵公，庆父与季子盖不并立于鲁者。闵公生才八岁，安能内拒庆父之强，外召季子而请诸齐？庆父者，季子之所不得制，权非出于闵公，则鲁人亦安能违庆父召季子乎？此理之必不然者也。《公羊》不为义，而何休独以为季子畏庆父权重后复为乱，如齐闻之，奉闵公，托齐桓而为此盟，是虽无据而吾以为可信。何以知之？落姑，齐地。庆父利闵公之幼而终欲夺之，季子察之审矣，既杀子般而归狱于邓扈乐，则安知不复杀闵公，归狱于人而自取之欤？凡诸侯立不以正，必待于盟会而后定，固非王法矣。桓伯而与郑伯为垂之会，制在郑伯也。宣立而与齐侯为平州之会，制在齐侯也。闵公之时，小白方霸诸侯，闵公虽不当立，而庆父之恶不可以不前戒，则假齐之重以定公位者，实季子之意。此吾所谓因陈援以诉于齐，使夫人、庆父之恶不得隐，而后鲁可为者也。经所以书“公及齐侯盟于落姑”，盖齐侯与公即其地以为盟，其谋出于齐，非出于鲁。既盟，而庆父之恶见，其奸不得行于齐，则季子亦可挟齐令以归鲁。是盟固季子定公位，非鲁人纳季子也。

季子来归。

此公子友也，何以谓之季子？亲贵之也。内大夫奔，未有言归者，此何以书归？贤之也。桓公之子四人，长则庄公也，仲为牙而谋弑公，叔为庆父而杀公。能杀牙以全公，盟闵公以正庆父，则人孰不以为亲而愿其还？孰不以为贵而倚其重？曰：“是乃吾君之季子”云尔。天王书“季子来聘”，亲贵之在上，讥之也；鲁书“季子来归”，亲贵之在下，贤之也。

《石林先生春秋传》卷第八

叶氏

闵公二

冬，齐仲孙来。

仲孙者何？齐大夫仲孙湫也。何以不名？贬也。何以不言使？不与其使也。外大夫不徒出，盟当言盟，聘当言聘，未有非盟聘而来者也。齐侯既与公为落姑之盟矣，谓鲁难为未息，则问罪伐之而已；以为已息，则何难焉？齐侯之失也。湫，大夫也。大夫非公事不受命，非所来而来，湫之失也。虽曰“不去庆父，鲁难未止”，而不能使齐侯讨庆父，姑曰“难不已，将自毙”，是养乱也；虽曰“鲁不弃周礼，未可动也”，而不能使齐侯保闵公，姑曰“君其务宁鲁难而亲之”，是怀安也，则亦从君而已矣。故于齐侯则夺其使，于仲孙则夺其名。

叶子曰：《春秋》大夫以名见而不名者，所以为贬也。仲孙湫以夺名为贬，则与杀大夫无罪而不名者何辨？杀大夫不名，官举之也，尊之故不名；贬大夫不名，氏举之也，略之故不名。

二年，春，王正月，齐人迁阳。

阳，国也。

夏，五月，乙酉，吉禘于庄公。

禘，推其祖之所自出之祭也。何以言吉禘？丧三年不祭，惟天地社稷则越绋而行事。庄公之丧二十有二月矣，未应吉而吉也。禘祭于太祖之庙，以其祖配之者也。何以言于庄公？君薨，祔而作主，特祀于寝，三年升于庙。庄公之主未升于庙，即于寝而以庄公配之，非所配而配也。

叶子曰：礼，天子七庙，诸侯五庙，大夫三，士二，过是而毁矣。以为亲尽而迭毁者，礼之所不得已，而非其情也。时一变而祭之者，亲庙也，而毁庙不及焉，故谓之祫。丧毕而举之，自是五年而再殷祭，则毁庙之主皆及矣。五年而再祭者，毁庙也，而祖之所自出不及焉，故为之禘以祫之。明年举之，自是二年而复禘，则祖之所自出亦及矣。然是天子之礼也。古者不王不禘，诸侯不得祖天子，则祖之所自出不敢僭，故诸侯祫而不禘。大夫不得祖诸侯，则太祖不敢越，故大夫享而不祫。其曰“大夫士有大事，赐于其君，干祫”者，此礼之不以为常者也。故曰“都邑之士则知尊祢矣，大夫及学士则知尊祖矣”。鲁之得禘，以周公之赐也。周人禘喾，而鲁以禘祀周公，岂周以喾为祖之所自出，文王配之。鲁以文王为祖之所自出，而周公配之，有为之降杀者欤？礼废久矣，世之学者犹及见鲁礼者，以《春秋》所书也。然而《春秋》见禘而不见祫，何也？以为祫者，诸侯之所得为，合于礼则不书，其因事而见，则谓之大事。诸侯之祭，莫大于祫也。禘非诸侯所得为，而鲁以周公之赐，合于礼亦不书，则因事而见，以著其名者，特以别其非所为而为尔。禘祫之时，于礼无见。吾以孟献子之言推之，所谓“正月日至可以有事于上帝，七月日至可以有事于祖考”，是在鲁虽为僭，然实周之旧制欤？盖郊天事，主乎阳，故以冬至；禘鬼事，主乎阴，故以夏至。鲁以季夏六月禘周公于太庙者，不得全同于天子，则以夏之四月也。乃僖公以七月禘于太庙者，是用献子之僭言尔，《春秋》所以著之也。惟祫无所据，而文公以八月大事于太庙，此跻僖公有为，为之未必其节也。

秋，八月，辛丑，公薨。

此弑也，何以不书弑？内辞也。不书则何以知其弑？不地则知其为弑也。

叶子曰：季子来归，见贵于《春秋》，然叔牙将弑君而季子杀之，庆父弑子般而季子不能讨，乃使复致闵公之祸，则季子得无贬乎？《春秋》之与夺，有正之以法者，有揆之以情者。正之以法，所以立天下之教；揆之以情，所以尽天下之变。鲁之权在庆父矣，外挟霸主之令，内恃国人之心，此季子之所以得归也。然齐侯虽盟于落姑，其志未果于讨庆父，方使仲孙湫来省难，则庆父无深畏于齐，而权犹在己，岂季子一朝所能夺哉？是以姑吉禘于庄公，以示宗庙之重，徐以待其衅，此季子之所能为也。庆父知国人不与，而季子未可动，终不能保齐侯之不讨己，则惟有篡闵公而君临之，犹可以苟存，此季子之所以不能知也。使季子始得国而即诛庆父，不幸不能胜，身死而庆父无与制，虽闵公其可保乎？则鲁固庆父之国矣。二者权其轻重，宁失之缓，不可失之急，故终能图庆父而不丧其宗国，此《春秋》所以原其情而不贬也。

九月，夫人姜氏孙于邾。公子庆父出奔莒。

子般之弑，夫人与庆父矫立闵公，而归狱于邓扈乐，故夫人犹得安国中，而庆父可以托君命以聘齐。闵公之弑，庆父篡而不得，则夫人与庆父之计穷矣。外已失齐援，而恶暴于国人。虽权在己，亦无能为。季子可诛而不诛，犹使逃焉者，以僖公为重，而不遽讨之也。僖公立，则庆父自不能免矣，故直书“庆父出奔莒”，而不著季子奔邾，《春秋》终始之意也。

叶子曰：《公羊》以牙欲立庆父，而季子杀之，以为遏恶，故将而不免。庆父亲弑二君而不诛，以为不可及，故既而得免。夫弑君之恶一也，岂未弑者以遏恶不免，已弑者反以不可及得免乎？是盖不知季子以僖公为重之意。陈佗杀于蔡，《春秋》不以为缓，而桓公得葬庆父，召于莒而杀之，固已讨矣，何免之云？

冬，齐高子来盟。

高子，齐大夫高傒也。子，男子之美称也。何以不言名？褒之也。闵公弑，庆父奔，季子与僖公方适邾，齐侯使高子以南阳之甲至鲁，未知其窥之欤？平之欤？齐侯之命高子，将曰：“可则盟，不可则不。”卒与季子立僖公。盟国人而定其位，则高子之为也。《春秋》之义，大夫出疆，有可遂者则遂焉。高子，遂之善者也，君子于是褒焉。不言使，制在高子也。前定之盟曰来盟。楚以屈完来盟，齐完能服罪以尊王，故得名氏。齐以高傒来盟，鲁傒能立君以定国，故得称子。是以《春秋》之辞一施之也。

十有二月，狄入卫，郑弃其师。

此高克之师也。郑伯恶高克，而反暴其兵于外，久之不召，众散而归，非师之弃郑，郑弃其师也。

叶子曰：是高克之奔陈者也，《春秋》何以不书高克出奔，而独志郑之弃其师乎？盖郑伯之所恶者，高克尔，而师何罪焉？凡战而败绩，虽君将犹称师，以众为重也。今狄入卫，郑伯以御狄为名而出，高克遂并其众而不返，夫谁与为师哉？《东山》之诗曰："我徂东山，滔滔不归。"夫周公之征三年矣，而士无归志，使有天下而用其师如此，孰有能弃之者？是在《易》之《师》，所谓"地中有水"者，以为畜众之道，非郑伯之谓矣。故以郑一见法焉。

僖公一

元年，春，王正月。

不书即位，继故也，有不忍于先君也。僖公，闵公之庶兄也，而闵公已逾年，亲之非父也，继之如父者，臣子一例也。

齐师、宋师、曹师次于聂北，救邢。

聂北，邢地。前未有言伐邢者，何以言救？备狄也。狄与邢为怨久矣，前言伐邢而齐救之，未得志也，故今入卫而三师为之备焉。次者，有待之辞也。凡救不必皆交兵，苟可排难解纷者，皆救焉。敌未至而前为之备，则先言次而后言救，次其意也，救其事也。敌已至而后为之援，则先言救而后言次，救其事也，次其意也。直救为救，次而救亦救，要其成功，则一而已矣。故灭无善辞，救无恶辞。

叶子曰：吾何以知次言救之为善欤？孟子曰："今人乍见孺子将入于井，皆有怵惕恻隐之心，非所以纳交于孺子之父母也，非所以要誉于乡党朋友也，非恶其声而然也。由是观之，无恻隐之心，非人也。"然则救之为言，亦非有恻隐之心者欤？孰利之而使趋也，孰迫之而使进也，亦曰吾心而已矣，则救岂有不善者哉？《春秋》救而言次者二：聂北也，雍榆也。学者皆言雍榆救晋，先救后次，而齐无闻；聂北救邢，先次后救，而邢迁于夷仪，为以不果救见贬于《春秋》。夫三国于邢，利害未有相及也，如欲不救，则勿救而已矣，何用入其地而复止，待其迁而后为之所乎？三师能救邢，不能使邢常存。邢之迁，自迁也，非亡也。邢不待伐而先救，晋已伐而后救之，吾以聂北之功有大于雍榆者，是以知三师非得罪于《春秋》者也。

夏，六月，邢迁于夷仪。

邢自迁也。

齐师、宋师、曹师城邢。

何以再目齐师、宋师、曹师？救一事也，城一事也。归而复城者，齐侯之志也。凡城而迁者，专也；迁而为之城者，正也。

秋，七月，戊辰，夫人姜氏薨于夷，齐人以归。

夷，齐地也。公薨地，不地故也。夫人薨不地，地故也。何以不言薨于齐？非薨于齐也。薨于齐则可言归夫人之丧，非薨于齐则不可言归夫人之丧。曰“齐人以归”者，丧非齐人之可以归也。

楚人伐郑。

荆自是始称楚，荆其自名也。楚，中国之名也，盖将变而从中国矣。故前伐狄曰荆，今始加之人。“荆人来聘”，臣之辞也。“楚人伐郑”，君之辞也。君臣犹同辞，以为是无别于君臣者，则亦无别于君臣也。

八月，公会齐侯、宋公、郑伯、曹伯、邾人于柽。

此齐侯之会也。邾人以微者会乎？非微者也。夫人尝孙于邾矣，而齐侯杀之于夷，盖取之于邾也。齐取子纠于我杀之，犹为之辞，则取夫人于邾杀之，我不得与之并会，公可以辞矣。故邾称人，若非其君然，所以病公也。

九月，公败邾师于偃。

夫人之故也。齐可以取夫人于邾，义也，霸者也。我不可许夫人与齐，道也，子也。故不敢以柽之盟无讨于邾。君子以鲁为近于道矣。偃，邾地。

冬，十月，壬午，公子友帅师败莒师于郦，获莒挐。

郦，鲁地也。挐，莒大夫之再命者也。盖责庆父之赂而不得，故来伐我。莒挐死之。凡诸侯战死曰灭，生曰获，大夫生死皆曰获。

十有二月，丁巳，夫人氏之丧至自齐。

夫人不称姜，贬也。文姜之罪，未有以讨之者也，故于其孙贬之，其恶以孙著也。哀姜之罪，齐讨之矣，则孙不必遽见也，故于其讨而丧归著之，其恶以讨著也。文姜得罪于夫，故去姓与氏；哀姜得罪于子，故去姓存氏。不于薨贬，霸主之令也。丧至而后贬，《春秋》之义也。

二年，春。王正月，城楚丘。

楚丘，卫邑也。外城邑不书，此何以书？城卫也。狄入卫，杀卫懿公、戴公、文公，庐于曹而不能国，齐侯与诸侯迁卫于楚丘而城之。何以不言城卫？不与诸侯之得专封也。诸侯城之，则何以独言城楚丘？卫非诸侯所得城，故为之辞，若城其内邑然。古者大封诸侯，告于后土，颁祀于其国，土其地而制其域，为之畿疆而设其社稷，非天子莫之敢为也。上无天子，下无方伯，天下有相灭亡，诸侯力能救而救之，与之则乱法，不与则灭国，无与兴也。故与其实，不与其文，以楚丘言之云。

夏，五月，辛巳，葬我小君哀姜。虞师、晋师灭下阳。

下阳，虢邑也。外取邑不书，此何以书？为灭虢也。虞贪晋赂，许之假道而请先伐，故序晋上，疾之也。下阳，虞、虢之塞邑也。邑不言灭，虞恃虢，虢恃下阳，无下阳则无二国矣。故以下阳当二国也。

叶子曰：域民不以封疆之界，固国不以山溪之险。有天下者，固不在险也。然在《易》之《坎》曰：“天险不可升也，地险山川丘陵也，王公设险以守其国。”则圣人有时而用险矣。所恶于险者，为其恃之而不为德也。苟德之修，虽险犹将设之，况可守而不守乎？虞、虢之相为援，宫之奇盖知之矣，曰："唇亡则齿寒。岂特灭国乎？"《诗》曰："赫赫宗周，褒姒灭之。"古之人盖有推其所以灭而知其灭者也。恃其非所恃，则虽浚洙见讥；不守其所可守，则灭下阳亦不免于罪。夫亦必有德者，然后无所恃而不失其守，故以虢一见法焉。

秋，九月，齐侯、宋公、江人、黄人盟于贯。冬，十月，不雨。

历时而言不雨者，不忧雨也，无志乎民也。历月而言不雨者，闵公[①]者也，有志乎民也。

楚人侵郑。

三年，春，王正月，不雨。夏，四月，不雨。徐人取舒。

徐始见书人，狄之也。舒，附庸之国也。

叶子曰：荆，九州也。鬻熊受封，在荆之楚，而非荆也，故谓之荆楚。而楚初以荆自名者，僭荆而有之也。其后复中国之称，故言楚舒，亦荆之别也，故谓之荆舒。其不曰荆者，以舒自名而已。其后复有舒鸠、舒蓼、舒庸者，盖又舒之别，所谓群舒者也。名从主人，君子无所加损焉。

六月，雨。

记喜也，书不雨矣，则不书者皆雨也，何独志于僖公欤？僖公书不雨者四，皆以月见，僖公有志于民而闵雨者也，则僖公之雨宜喜矣。僖公之喜皆雨也，何独志于六月欤？建巳之月也，万物始盛，待雨而大，古者以是月雩而祈雨，则六月之雨宜喜矣。

叶子曰：水旱，尧、舜之所不免也，然古之人不以是归之天而必反之己，故汤有六事自责者矣。《春秋》十有二公，而不雨独见于僖、文。盖忧雨者有矣，莫勤于僖公，故以历月见而志雨；不忧雨者有矣，莫慢于文公，故以历时见而不志雩。夫文公而无雩，则雨之得否亦何以为心哉？虽旱亦不书也。僖公有志雨，文公无志雩，是民事之不可不重也，故以僖公一见法焉。

秋，齐侯、宋公、江人、黄人会于阳谷。冬，公子友如齐莅盟。

莅盟者，前定之盟而往莅也。

楚人伐郑。

四年，春，王正月，公会齐侯、宋公、陈侯、卫侯、郑伯、许男、曹伯侵蔡，蔡溃。

民逃其上曰溃。蔡自莘之败，楚以献舞归。后十三年，北杏之会，一以人见。又明年，而楚复入之。自是齐侯霸，不与诸侯会者二十有三年，盖惧楚而属之，以为与国也。齐侯将有事于楚，故观兵于蔡，先楚而侵之。蔡人知楚不足恃，而齐为可畏，是以不与蔡侯而溃，楚于是乎始服，盖善之也。

叶子曰：《左氏》记侵蔡，以为蔡姬之故。夫小白之霸，攘夷狄[②]而抗中国，莫大

① 公，《荟要》本、文渊阁本作"雨"。

② 夷狄，文渊阁本作"荆蛮"。

于此举。苟以一妇人之怨，而勤七国之君，夫谁肯听之哉？蔡人虽畏齐，亦不遽溃矣。此事之必不然者也。昔者汤征诸侯，葛伯仇饷，汤始征之。孟子曰：“汤一征自葛始，天下信之。”小白一侵蔡而蔡溃，虽楚之强，不敢不听。天下之不难服如此，惜乎小白之不能为汤也。

遂伐楚，次于陉。

遂，继事之辞也。齐之侵蔡，志在楚也，故蔡溃，遂伐楚。次于陉，伐之道也。古之伐罪者，必有威让之令，文告之辞，不遽加之兵也。齐盖命于楚曰：“尔贡包茅不入，昭王南征不反。”对曰：“贡之不入，寡君之罪也，敢不共给？昭王之不复，君其问诸水滨。”楚盖未之服焉。进而次于陉。屈完来盟于师，始退而盟于召陵，以是为伐之道也。

叶子曰：昔者称管仲曰：“相桓公，九合诸侯，一正天下。微管仲，吾其被发左衽矣。”其在此伐也欤？然而辞无所褒，何也？《春秋》，王道也。自伐楚而言，中国所赖以安，则虽管仲以为仁可也。自王道而言，则小白亦霸而已矣，天下何取于为霸？故小白之事，管仲之功，《春秋》未尝有异辞。而为《公羊》者，乃始进之为王者之事，挈小白以为《春秋》每致意焉。盟不日，会不致，有过则为之讳，《穀梁》从而和之。山戎之伐，以人为爱；葵丘之会，以日为美；梁丘之遇，以辞为大。夫《春秋》岂区区于一小白哉？信斯言也，是将率天下以为霸乎？孟子曰：“春秋无义战。彼善于此，则有之矣。”然《春秋》未尝与战也。吾亦以为小白于诸侯，亦彼善于此尔，而何褒焉？故曰：“仲尼之徒无道桓、文之事”，必孟子而后能知也。

夏，许男新臣卒。

诸侯卒于会称会，卒于师称师。许男在师矣，何以不言卒于师？非卒于师也，疾而返，卒于道也。

楚屈完来盟于师，盟于召陵。

屈完，楚大夫之三命者也。嫔夷狄[①]皆言人，屈完何以不言人？进之也。诸侯次于陉，楚使屈完来观于师，未知其窥之欤？服之欤？楚子之命屈完，将曰：“可则盟，否则不盟。”齐侯陈诸侯之师，与屈完乘而观，曰：“与不穀同好，如何？”屈完曰：“君惠徼福于敝邑社稷，辱收寡君，寡君之愿也。”则屈完之为已。《春秋》之义，大夫出疆，有可遂者则遂焉。屈完，遂之善者也，君子于是进焉。不言使，制在屈完也。盟于师，楚志也。盟于召陵，齐志也。盟而后退师，其成在楚。退师而与盟，其成在齐。故再见盟焉，以齐为善也。

齐人执陈辕涛涂。

辕涛涂，陈大夫之三命者也。涛涂畏齐师之道其境以病陈，使出于东方。齐侯以申侯之谮执涛涂，不责其师之病人，而责人之不忠己，非伯讨也，故以人执。

秋，及江人、黄人伐陈。

及，不言主师，内之微者也。

---

① 嫔夷狄，文渊阁本作“凡吴、楚之大夫”。

八月，公至自伐楚。

此侵蔡也，何以致伐楚？侵蔡所以伐楚，致其本事也。

叶子曰：至，诸侯返而告庙之礼也。出而告者必以事，则归而告亦必以其前所告者，《春秋》从而书之，此礼之常也。何以或不致其本事？非故异之也，各原其事，而为之辞者异尔。桓公之会，本以伐楚，而先自侵蔡始，楚服而与之盟，盖伐之后事，归自宜以伐楚告。而穀梁氏不察，曲以为义，谓有二事偶，而或致后事，或致前事，以为大小之辨者，故谓此为致后事而大伐楚，以新城救许致伐郑为致前事而大伐郑。夫新城之役，出而告者，伐郑而已。楚人围许而遂救许，此乃伐之遂事，既非其本事，则归安得而告乎？至于柯陵、萧鱼之会，皆不悟其会伐，本以服郑而后会为言，或曰“不周乎伐郑”，或曰“得郑伯之辞”，皆不知经而妄意之也。

葬许穆公。冬，十有二月，公孙兹帅师会齐人、宋人、卫人、郑人、许人、曹人侵陈。

公孙兹，吾大夫之三命者也。

五年，春，晋侯杀其世子申生。

杀世子何以目君？甚之也。故母弟亦云。

叶子曰：杀公子以国与人，公子国与人可得而杀也。杀世子母弟不以国与人，世子母弟非国与人可得而杀也。父子天性也，兄弟天伦也。非其父不父、兄不兄，而谁敢杀乎？昔者万章尝问孟子曰：“象日以杀舜为事，立为天子则放之，何也？”孟子曰：“封之也。”或曰：“放焉。”以为“仁人之于弟也，不藏怒，不宿怨，亲爱之而已。”夫惟知亲爱之出其性，则虽有罪固不杀也，况无罪而杀之乎？世衰道微，有子弑父、弟弑兄者，故《春秋》之为教，杀世子母弟，特以其君责之。盖曰“能为人父然后可正天下之子，能为人兄然后可正天下之弟”，亦各反其性而已矣。

杞伯姬来朝其子。

伯姬来归宁也。庄公、哀姜死，伯姬归宁，固罪矣。曰“朝其子”，则志乎以子见而已。曹伯犹不得使其世子来朝，伯姬而可朝其子乎？我以待人父之道待人之子，而与之朝，我亦与有罪也。

夏，公孙兹如牟。公及齐侯、宋公、陈侯、卫侯、郑伯、许男、曹伯会王世子于首止。

世子，襄王郑也。殊世子，尊之也。天子之世子世天下，诸侯之世子世其国，皆不可以齿其臣也。

秋，八月，诸侯盟于首止。

间无中事而复举，诸侯尊王，世子不敢与盟也。盟者，所以结信，不敢以所不信加之于尊者也。诸侯不序一事而再见者，前目而后凡也。再地首止，善之也。惠王欲立子带而废世子，小白欲置之则无以尊王室，欲争之则无以夺惠后，故率诸侯盟世子而会焉。诸侯相与奉郑，而世子之位定矣。天子在而名世子，世子舍父而从诸侯以道，则不正也。世子定而王室安，以小白之义，则正也。君子盖以是善焉。

叶子曰:《春秋》辞繁而不杀者，正也。书之重，辞之复，其中必有美焉。乐道人之善而恶人之不善，天下之情一也。乐之，故每以为不足，一言不已至于再，再言不已至于三，君子犹以为未也。恶之，则唯恐绝之不速，拒之不严，一言之已过矣，而肯至于再乎? 故《春秋》会盟而再目地，惟四而已: 首止也，葵丘也，宋也，平丘也。以为会盟非诸侯之所得为，吾既概以为罪而一正之矣。后世有继世不以道而乱世嫡，定之如首止者; 守国不以礼而慢王政，率之如葵丘者; 强弱相陵而穷兵不已，和之如宋者; 夷狄乱华[①]而灭人之国，正之如平丘者。不少假之，则天下终无与立也。故待天下之变，而有出于不得已者，各于其事一见法焉,《春秋》之义也。

郑伯逃归不盟。

何以不曰逃盟? 有不盟之心而后弃而归也。盟者，诸侯之所同也; 不盟，郑伯之所独也。舍所同，从所独，苟以其身窃去焉，则逃而已矣，贱之也。

楚人灭弦，弦子奔黄。九月，戊申朔，日有食之。冬，晋人执虞公。

下阳灭，则虞、虢为已灭，故虢亡不书灭，虞亡不书灭，独志执虞公焉，所遗者惟其君而已。不言以归，虞为已灭，则虞公不得有其国，犹若执之晋也。晋假道以灭人，而复灭其所假，非伯讨也，故以人执虞。称公，或曰商之故爵也，或曰尝入而为王三公者也。

六年，春，王正月。夏，公会齐侯、宋公、陈侯、卫侯、曹伯伐郑，围新城。

伐国不言围邑，此何以言围新城? 以新城为伐也。伐者，问罪之师，不于其国于其邑，非伐也，为后齐人伐郑起也。

叶子曰: 伐以问罪，非志于得也，服之而已。宋伐郑而围长葛，楚伐宋而围缗，君子以为非伐之道，故见围焉。此伐郑而围新城，盖郑未服罪而施之于新城，未遽加兵于郑，此霸主之令也。则何以与长葛及缗同辞? 盖宋、楚以一国而伐，此以诸侯而伐。以一国而伐，固有私之者矣。以诸侯从霸主而伐，其谁取于一邑? 君子宜无疑焉。乃其不即问罪于郑，使楚得围许而迁其师，致齐人再伐而后服，则诸侯未得为无罪也。其情虽与宋、楚异，其事则与宋、楚同，故其辞一施之，此君子所以慎于伐也。

秋，楚人围许，诸侯遂救许。

遂，继事之辞也。此围郑之诸侯，何以不序? 一事而再见也。

冬，公至自伐郑。

① 夷狄乱华,《荟要》本作“华夏不分”，文渊阁本作“荒服阑入”。

《石林先生春秋传》卷第九

叶氏

僖公二

七年，春，齐人伐郑。夏，小邾子来朝。郑杀其大夫申侯。

申侯，郑大夫之三命者也。齐既再讨郑逃盟之罪，孔叔言于郑伯曰："国危矣，请下齐以救国。"郑伯曰："吾知所由来矣。"乃用陈辕涛涂之谮，杀申侯以说于齐。申侯之死，罪累上也，故以国杀。有国杀，有人杀。国杀者，大夫有罪而君杀之，君亦有罪而累上者也。人杀者，大夫有罪而人杀之，国人皆曰可杀者也。古者大国三卿，皆命于天子。次国三卿，二卿命于天子，一卿命于其君。小国三卿，一卿命于天子，二卿命于其君。诸侯不得专杀大夫。大夫，国体也。挈国与人杀者，大夫之罪也。挈杀其大夫者，其君之罪也。

叶子曰：吾何以知小国之亦有三卿欤？五等诸侯之臣，其命数则有间矣，而卿大夫之名未之有别也。盖为之国者，大小虽不同，而设官分职之事则不可杀，一官阙则一事废矣。既与共王事，则未有不命于王者，所以尊王也。如是役也，犹有私爵人而旷其官者，况略之而无所受命乎？则以为二卿而不命于天子者，记礼者之失也。

秋，七月，公会齐侯、宋公、陈世子款、郑世子华盟于甯母。

陈款、郑华何以得与盟？诸侯有故，则世子摄其君。下其君之礼一等，周道也。

曹伯班卒。公子友如齐。冬，葬曹昭公。

八年，春，王正月，公会王人、齐侯、宋公、卫侯、许男、曹伯、陈世子款盟于洮。

王人，微者也。序于诸侯之上，先王命也。

郑伯乞盟。

乞盟者何？请盟也。霸主有帅诸侯以共盟，诸侯无乞霸主以请盟。盟，诸侯之所得为也。郑伯杀申侯以谢首止之逃，则服罪矣。然甯母之会，以世子来，而郑伯不至，则诸侯犹未信也。故洮之役，以王人会，黜郑不得与，郑伯于是惧而请盟。乞盟，犹乞师也，有得不得焉。师非我所有，乞犹可言也；盟我所得为，乞不可言也。有诸侯之会，不能正其事，乃至于下人而请焉，贱之也。

夏，狄伐晋。秋，七月，禘于太庙，用致夫人。

八年而禘，禘之节也。何以书？不正其用之以致夫人，且僭天子也。夫人者何？成风也。成风，僖公之妾母，僖公欲尊之以匹嫡，故因禘致于太庙，始见其祖考，为夫人不与，非禘之道，用禘者也。成风遂为夫人矣，故后薨以夫人风氏见，不称用致夫人风氏，内辞也。盖鲁自是以妾匹嫡致其志，妾母之始而不言风氏，其义则甚乎以风氏见也。周之禘以七月日至，鲁之禘以季夏六月，七月而禘，僭天子也。

叶子曰：三《传》言夫人，《左氏》以为哀姜，《公羊》以为声姜。夫哀姜之为夫人，固在庄公之世矣，虽以罪讨于齐僖公，未之敢黜也，故其归曰“夫人氏之丧至自齐”，何用至是而始致之乎？声姜不书至，盖僖公之娶在即位之前也，以齐媵而得，于传无闻焉。审僖公果以是易嫡，则于至之日已定之矣，何待禘而后始致之乎？此皆理之必不然者，吾固以《穀梁》之言为正也。

冬，十有二月，丁未，天王崩。

九年，春，王三月，丁丑，宋公御说卒。夏，公会宰周公、齐侯、宋子、卫侯、郑伯、许男、曹伯于葵丘。

宰，王之太宰也。何以言周公？太宰而兼三公者也。古者三公官不必备，惟其人则以六卿有道者兼焉。王人不得系周，刘子、单子不得系周，宰周公得系周，三公论道经邦，与王同体者也。宋子，未逾年之君也。

叶子曰：子夏问于孔子曰：“三年之丧卒哭，金革之事无辟也者，礼欤？初有司欤？”孔子曰：“夏后氏既殡而致事，商人既葬而致事。”子夏曰：“金革之事无辟也者，非欤？”孔子曰：“吾闻诸老聃曰：昔者鲁公伯禽有为为之也，今以三年之丧从其利者，吾弗知也。”故闵子要绖而服事，既而曰：“若是乎！古之道不即人心。”退而致仕。孔子盖善之也。夫非礼之礼，大人不为也，其可有三年之爱而不尽于父母欤？则虽伯禽为之，固不以为常也，而况因之以为利乎？秦伐郑，晋襄公墨衰绖而败之殽，《春秋》贬而称人，君子之恶夺亲也甚矣。故《春秋》诸侯会征伐，在丧而出与者，或逾年，或未逾年，各以其实书之，无所加损焉，所谓不待贬绝而自见也。而《穀梁》独以宋桓公未葬，背殡出会为无哀，然则卫燬卒，成公既葬而会于洮，亦书子则无贬乎？彼固未知《春秋》之意也。

秋，七月，乙酉，伯姬卒。

内女未适人不卒，伯姬卒，许嫁也。礼，男子二十而冠，字之不名，列于丈夫。三十而娶，女子十五而许嫁，笄而字之，列于成人。二十而嫁，女子许嫁不为殇，死则以成人之丧治之。故亦以成人之礼卒焉。

叶子曰：内女嫁为夫人则卒，以尊同也。为大夫妻则不卒，厌也。何以许嫁而卒之欤？曰：“各以其服为之称也。”女子在室为父母三年，其嫁而适人，降而为父母期，故父母为之报也。未嫁者服齐衰三月，适人则服大功，不以齐衰薄大功之丧，此未嫁所以有加于已嫁者也。

九月，戊辰，诸侯盟于葵丘。

诸侯不序，一事而再见也。再地葵丘，善之也。首止之会，既已正父子而尊王室矣，故于是合诸侯而授王政焉。初命曰：“诛不孝，无易树子，无以妾为妻。”再命曰：“尊贤育材，以彰有德。”三命曰：“敬老慈幼，无忘宾旅。”四命曰：“士无世官，官事无摄，取士必得，无专杀大夫。”五命曰：“无曲防，无遏籴，无有封而不告。”曰：“凡我同盟之人，既盟之后，言归于好。”诸侯于是束牲、载书而不歃血，咸谕乎小白之志，君子盖以是善之也。

叶子曰：惠王崩而襄王始立，天子在丧，可以王臣而会诸侯欤？襄王之立，非惠王之意，而惠后犹在。首止之盟虽已定，而诸侯不能保其无如郑伯之逃盟者，则襄王固未知得终安其位也。此霸主之所当忧，则请于王而与之盟，王亦出内臣而临之，有不得已者，是以无易树子，犹载之初命。如是而仅终丧，犹有子带之难，则齐侯之虑，君子不得不与也。

甲子，晋侯佹诸卒。冬，晋里克杀其君之子奚齐。

里克，晋大夫之三命者也。奚齐未逾年，未成君也，故言其君之子。未成君，则不可以弑名，故称杀焉。

叶子曰：弑君，天下之大恶也，可以未逾年而薄其罪欤？曰：《春秋》以名定罪，若其义，则亦各视其情而已矣。齐商人之弑舍，晋里克之弑奚齐，皆未逾年之君也。商人之弑，以己也，取而代之。里克之弑，以文公也，盖以纳文公焉。故于奚齐则不成其为君，于舍则成其为君。不成其为君者，《春秋》之法也，常也。成其为君者，《春秋》之义也，变也。法不可以变而乱名实，义不可以常而废善恶，此政之所以行，而教之所以立也。

十年，春，王正月，公如齐。

如，朝也。凡公如皆朝，朝君之事也。大夫如皆聘，聘臣之事也。诸侯之邦交，以世相朝，非周道也。即位，大国聘焉，小国朝焉，霸主之令尔。鲁前有诸侯来朝者矣，未有朝人者也。盖小白既霸，鲁于是事齐。鲁之屈于大国，自僖公始矣。

狄灭温，温子奔卫。晋里克弑其君卓及其大夫荀息。

荀息，晋大夫之三命者也。及荀息贤也，荀息不食其言者也。

叶子曰：子纠之难，召忽死之，管仲不死，孔子不嘉召忽之死，而与管仲以仁。里克傅申生，申生死，里克不死，以纳文公。荀息以不正傅卓子，卓子死而荀息死之，《春秋》何以不与里克之不死，而与荀息以贤欤？子纠未君也，卓子已君也，荀息之不正，可责于傅卓子之初，不可责于卓子弑之际。夫受命而傅之，既立以为君，则君臣之义定矣，可以君而不死其难乎？言必信，行必果，孔子以为小人；言不必信，行不必果，孟子以为大人。夫言之不必信，亦必有义焉而后可，故非复言之为难，而近义之为贵。管仲之仁虽可与，而召忽不可为不忠；里克之罪虽可薄，而荀息不可为不信，亦各有义而已矣。故曰：“人之欲善，谁不如我？我欲无贰，而能谓人已乎？”荀息盖知之矣，此《春秋》所以贤也。

夏，齐侯、许男伐北戎。晋杀其大夫里克。

里克既弑卓，惠公重赂秦以求入，里克迎而立之。惠公既得国，曰：“又将图寡人。”乃杀里克以说晋人。里克之死，罪累上也，故以国杀。

叶子曰：晋里克、卫甯喜，皆弑君者也，然其死不书，以讨贼之辞，而与杀大夫一施之，何哉？所以杀者，非讨贼也。始卓死，惠公求入，里克实迎立焉，则惠公固幸卓之死而窃其位者也。卫献公之入立，则固与闻乎弑矣，是以求复于喜曰：“苟反，政由甯氏，祭则寡人。”此岂可责讨卓与剽之贼者欤？及其得国，惠公则曰：“子弑二君一大夫，为子君者，不亦难乎？”而后杀克。献公既以政许甯喜，而患其专，乃与公孙无地、公孙臣谋攻甯氏，免余杀喜而尸诸朝，则其讨克与喜者，皆畏其害，已而除之者也。孔子曰：“名不正则言不顺。”其极至于刑罚不中，无所措手足。使惠公、献公初无愧于卓与剽，归正二臣之罪而诛焉，《春秋》如之何不书曰“晋人杀里克”“卫人杀甯喜”乎？而徒以行其私，使二臣虽负弑君之恶，而终得以免，是谓名不正而刑罚不中者，宜《春秋》之所谨也。

秋，七月。冬，大雨雪。

大雨雪不志，此何以志？建酉、建戌、建亥之月，书，不时也。

十有一年，春，晋杀其大夫丕郑父。

丕郑父，晋大夫之三命者也。丕郑父，里克之党也。惠公既杀里克，丕郑父聘于秦，未反，请杀吕甥、郤称、冀芮而纳文公。既归，秦使召三子，郤芮曰：“币重而言甘，诱我也。”遂杀丕郑父。丕郑父之死，罪累上也，故以国杀。

夏，公及夫人姜氏会齐侯于阳谷。

夫人姜氏，声姜也。僖公不戒文姜之失，而使夫人复会；齐桓公不戒襄公之失，而纳夫人以为会，皆过也。桓公之业，自是衰矣。

叶子曰：吾何以知夫人之为声姜欤？言哀姜者，已死矣；言声姜者，见薨、见葬而不见逆。盖僖公娶于世子之时，故逆不书于经，则夫人固声姜也。

秋，八月，大雩。冬，楚人伐黄。

十有二年，春，王三月，庚午，日有食之。夏，楚人灭黄。秋，七月。冬，十有二月，丁丑，陈侯杵臼卒。

十有三年，春，狄侵卫。夏，四月，葬陈宣公。公会齐侯、宋公、陈侯、卫侯、郑伯、许男、曹伯于咸。秋，九月，大雩。冬，公子友如齐。

十有四年，春，诸侯城缘陵。

缘陵，杞邑也。外城邑不书，此何以书？城杞也。淮夷病杞，诸侯迁纪[①]于缘陵而城之。何以不言城杞？不与诸侯之得专封也，故为之辞，若城其外邑然。何以复言诸侯？以不终乎城。亦不序，以见贬也。楚丘之城也，卫人忘亡。缘陵之城，杞未有闻焉，以为有阙而去之，则非去灾恤邻之道，诸侯为不足序也。与之，故没诸侯而为之辞。略之，故见诸侯而不序。

叶子曰：《春秋》诸侯及大夫之行事，有再见而不序者，有初无所见而不序者。再见而不序，前目而后凡也。初无所见而不序，不足序而略之也。故诸侯不序见于经者，两盟于扈，一会于扈，及是而四焉。前盟于扈，不与赵盾之临诸侯。后盟于扈，不与晋伐齐而取其赂。扈之会，则欲平宋乱而后不果者也。是皆以为不足言，故略之。略之者，简之也。《左氏》以缘陵为阙，后扈盟为无能为，扈会为无功，盖近之矣。然复或以为公

① 纪，《荟要》本、文渊阁本作“杞”。

后至，或以为公不会，故不序，则不能必其说。夫后至乃公之罪，何与于诸侯而反不得序乎？《公羊》《穀梁》或以为失序，或以为略，或以为桓德衰，皆仅知其端而不能尽。盖《春秋》之义，有在于详略者，非比事而深考之，未足以言君子之意也。

夏，六月，季姬及鄫子遇于防，使鄫子来朝。

季姬，内女也。内女则何以得遇鄫子？爱季姬，使自择配也。季姬已许嫁郏子，鄫子来请婚，僖公未知其所与也，则召鄫子见季姬以择之，若邂逅相遇然。防，鲁地。季姬以为可，而后鄫子来朝以请，故以季姬及鄫子，非婚姻之道也。何以言使鄫子来朝？鄫子以国君使乎季姬，贱之也。

叶子曰：吾何以知季姬之遇为择配与？季姬不系鄫，则未嫁之辞也，后见季姬归于鄫，则始嫁之辞也，于是乎择之矣。鲁之乱，始于不能正家，僖公虽贤而不知礼，故致成风为夫人，则非所以事其母，及声姜以会齐侯，则非所以闲其妻，爱人以姑息而已，则安得以礼正季姬哉？王政之不行，盖虽子产为郑，不能夺公孙黑之强委禽，乃从徐吾犯妹之所欲以与子南，其习俗有自然矣。《公羊》乃以为奔则已甚，夫奔，匹夫匹妇之事也，岂可行之于有国？故吾以徐吾犯妹与子南之事推之，而后知其说云。

秋，八月，辛卯，沙鹿崩。

记异也。沙鹿、梁山皆在晋，不系之晋，名山大泽不以封，为天下记异也。

叶子曰：是所谓“百川沸腾，山冢崒崩。高岸为谷，深谷为陵”者欤？此幽王之诗也。故曰“国必依山川，川竭山必崩，亡之征也。”伯宗其知之矣。

狄侵郑。冬，蔡侯肸卒。

十有五年，春，王正月，公如齐。楚人伐徐。三月，公会齐侯、宋公、陈侯、卫侯、郑伯、许男、曹伯盟于牡丘，遂次于匡。

前救邢，先言次于聂北。聂北，邢地，以次为救者也。此救徐，先言次于匡。匡，卫地，不果于救者也。故以其大夫往焉，非救之道也。

公孙敖帅师及诸侯之大夫救徐。

公孙敖，吾大夫之三命者也。以敖主兵，内辞也。大夫何以不序？无功不足序也。楚遂败徐于娄林，齐自是不复救人矣。

夏，五月，日有食之。秋，七月，齐师、曹师伐厉。八月，螽。九月，公至自会。季姬归于鄫。己卯晦，震夷伯之庙。

记异也。晦，月晦也。夷伯，鲁大夫。夷，氏也。伯，字也。大夫则曷为以字见？大夫卒则不名也。震，雷击之也。桓宫、僖宫灾。孔子在陈闻火，曰：“其桓、僖乎？”为其亲尽而当毁也。夷伯之庙，必有不得其正者矣，故辞间容之。之，缓辞也，不与其正之辞也。

叶子曰：是在《周易》所谓“洊，雷震，君子以恐惧修省”者欤？天之威怒，非苟然也。成王未知周公，秋大熟，未获，天大雷电以风，禾尽偃。成王启金縢之书曰：“今天动威，以彰周公之德。”天乃雨，反风，禾则尽起。是以君子迅雷风烈必变，中夜必兴，正衣冠而坐，以为天不可不畏也。故以夷伯一见法焉。

冬，宋人伐曹。楚人败徐于娄林。

两夷狄亦曰败。不言败绩，皆夷狄，则不能偏战也。故不嫌与内败外、中国败夷狄同辞，《春秋》之意也[①]。

十有一月，壬戌，晋侯及秦伯战于韩，获晋侯。

秦伐晋，惠公逆而请战，故以晋侯及秦伯，言晋之主战也。以力得之曰获，不言师败绩。君获，举重也。晋侯不名，内未有君也。执言以归，获不言[②]以归。执而以归者，屈服也。获而不以归者，非屈服也。

十有六年，春，王正月，戊申朔，陨石于宋五。

记异也。外异不书，此何以书？二王之后也。闻其陨而知其石，数之则五也。于宋，国中也。不言"陨石五于宋"，嫌有陨之于宋者也。

叶子曰：《春秋》不书晦朔，惟记异与战则书。古者谓朔月为吉月，恶其始之不能吉也。用兵有违晦，恶其阴之穷也。故震夷伯之庙书晦，战于鄢陵书晦，陨石于宋书朔，战于泓书朔，谨始慎终之道也。

是月，六鹢退飞，过宋都。

是月，逮是月也，不得其日，则嫌与上同日也。鹢，水鸟，不能高飞。飞以进为顺，退飞犹逆飞也。五石先物，近也，近者察其形而后知其数。六鹢先数，远也，远者见其数而后辨其物。都，鄙也，自是而之他矣。

三月，壬申，公子季友卒。

此公子友也。何以言季友？犹仲遂始赐族也。赐族多矣，何以独言季友、仲遂？季氏后逐君，仲氏身弑君，世卿强而专国者也。

叶子曰：吾何以知季友、仲遂之为赐族欤？古者天子以姓氏旌群臣，故舜以禹治内，赐姓曰姒，封之于夏，而氏有夏；以四岳治外，赐姓曰姜，封之于吕，而氏有吕。天子之氏，氏其土也。诸侯不得以地与人，则不得赐姓与氏，故公孙之子氏以王父之字，别其宗云尔。而大夫之有功德者赐之族，或以其氏，或以其谥，或以其官，或以其邑。天子命氏则世国，诸侯赐族则世官，天子、诸侯之辨也。故众仲曰："天子建德，因生以赐姓，胙之土而命之氏。"诸侯以字为谥，因以为族。官有世功，则有官族，邑亦如之。凡族皆死而后赐之者也。季子杀叔牙，曰："公子从吾言，必有后于鲁国。"及其死而立叔孙。氏不待孙而称叔孙，此以氏为族者也。而春秋之世，亦有生而赐之族者。诸侯讨宋乱，取华督，赂而立华氏，此周之末造也。然则友未氏而先见季，遂未氏而先见仲，非以世卿故，志其始赐族而特书之欤？

夏，四月，丙申，鄫季姬卒。秋，七月，甲子，公孙兹卒。冬，十有二月，公会齐侯、宋公、陈侯、卫侯、郑伯、许男、邢侯、曹伯于淮。

淮，淮夷也。

十有七年，春，齐人、徐人伐英氏。

---

① 文渊阁本此条无传。

② 言，底本作"免"，据《荟要》本、文渊阁本改。

英氏，国也。

夏，灭项。

项，国也。孰灭之？公灭也。公方在淮，则何以能灭项？使大夫灭也。内不言灭，此何以言灭？诸侯方与公责淮夷病人于外，而公复使大夫灭人于内，以公为病矣。何以不言大夫？非大夫之罪也。

秋，夫人姜氏会齐侯于卞。

何以不言公及？公未归也，会非矣。公未归而专行，又非也。

九月，公至自会。冬，十有二月，乙亥，齐侯小白卒。

十有八年，春，王正月。宋公、曹伯、卫人、邾人伐齐。

伐齐者何？纳公子昭也。何以不言纳？不与其纳也。齐侯之夫人三，皆无子，如夫人者六人，生诸公子，长曰无亏，其三曰昭，属昭于宋以为太子。其后复欲立无亏，齐侯卒而无亏立，昭奔于宋，宋襄公用是纳昭。夫人无嫡则立长，纳昭非正也。

夏，师救齐。五月，戊寅，宋师及齐师战于甗，齐师败绩。

以宋师及齐师，言宋之主战也。

狄救齐。秋，八月，丁亥，葬齐桓公。冬，邢人、狄人伐卫。

狄何以称人？以狄邢也。邢尝病于狄而迁夷仪矣。卫同姓而复与狄伐之，自取灭于卫者也，不可曰“邢、狄伐卫”，故人狄，则邢亦狄也。

十有九年，春，王三月，宋人执滕子婴齐。

诸侯有罪，执而归于京师者，伯讨也，故以侯执。执而不归京师者，非伯讨也，故以人执。执而言以归者，归于其国而释之也。执而不言以归者，即其所而释之也。凡执而不名，内未有君也。此何以言名？执而杀之也。何以不言杀之？大夫则言杀之，诸侯则不言杀之，君臣之辞也。

夏，六月，宋公、曹人、邾人盟于曹南。

盟于曹南，曹地也。何以不言宋公、邾人盟于曹？非曹之国中，曹之南也。曹、卫、邾同于伐齐，而不同于战甗。卫以狄伐，则有辞矣。曹、邾之不至，以纳为非正也。宋公强而与之盟，故不盟于国中，而盟于国外，各以其微者来，义不足以服之也。宋于是复围曹。

鄫子会盟于邾。己酉，邾人执鄫子用之。

鄫子不名，恶邾也，谓其为虐亦已甚矣，故人邾而不名鄫子也。用之，或曰杀之以祭也，或曰血其鼻以祭也。

秋，宋人围曹，卫人伐邢。冬，会陈人、蔡人、楚人、郑人盟于齐。

会，《公羊》作公会，《左氏》《穀梁》作会，当从二《传》。会者何？没公也。地齐，齐亦与盟也。齐小白死，五公子争立，而齐衰矣。陈穆公思小白之德，率四国与公而盟焉，畏楚之或侵也。陈、蔡、郑皆楚之与国也，陈率诸侯以保齐，可；畏楚之侵而使楚亦与盟，不可。小白率中国以攘楚，公得率楚以保中国乎？楚之窥中国，自是始矣。故四国皆贬而称人，公亦没而不得见，人诸侯所以人公也。

梁亡。

有一朝而亡者，不幸而人或亡之也；有积久而亡者，虽幸而人欲存之，不得不亡也。人亡之，可曰亡梁；人欲存之，而不得不亡，不可曰亡梁，梁亡而已。其所由来者渐矣，此梁之所以亡也。

二十年，春，新作南门。

南门，路门也。何以言新作？僭天子也。因旧而修谓之新，有加其度谓之作。礼，天子五门：曰皋门、曰库门、曰雉门、曰应门、曰路门。诸侯三门：曰库门、曰雉门、曰路门。古者谓国门为南门，故曰“天子听朔于南门之外”。谓路门亦为南门。故成王丧，言“逆子钊于南门之外”。鲁得以天子皋门之制为库门，应门之制为雉门，周公之赐也。而路门则有诸侯之门焉。新作南门书，岂非有加其度而僭天子路门欤？故与新作雉门之辞一施之，不曰路门。天子有路门，曰是天子之南门云尔。

夏，郜子来朝。五月，乙巳，西宫灾。

记灾也。西宫，夫人之宫也。天子六寝，后六宫；诸侯三寝，夫人三宫：曰东宫，曰西宫，中宫处乎中。

郑人入滑。秋，齐人、狄人盟于邢。

狄何以书人？以狄齐也。卫人伐邢，狄以前与邢人伐卫之故，请于齐为此盟，以谋邢难。明年，狄遂侵卫，复报邢而灭之。邢、卫之怨，以齐为有力，则齐亦狄也。

冬，楚人伐随。

二十有一年春，狄侵卫。宋人、齐人、楚人盟于鹿上。

鹿上，宋地。此宋公也，何以言宋人？不知诸侯之不宗，已而强图霸也。齐、楚何以皆称人？此亦齐侯、楚子也。知宋公之不足宗，而矫从之盟也，故皆贬而人之。

夏，大旱。

记灾也。夏以月志不雨者，未为灾也。以时志大旱者，历时不雨，而播种不入也。

秋，宋公、楚子、陈侯、蔡侯、郑伯、许男、曹伯会于盂。

楚子何以先诸侯？宋襄公欲图霸而会楚子，诸侯推先楚子也。楚子先诸侯，则何以不贬楚？所以正诸侯也。一人衡行于天下，武王耻之。诸侯知宋襄公不足霸，则勿会而已。会而先楚子，遂使楚子得以争中国，则宋与诸侯之罪也。

叶子曰：宋襄公可谓不量力矣。齐桓公自同盟于幽而霸，历楚文王、堵敖，未尝与之通，至成王立而以人来聘，已而连侵伐郑者四年，桓公于是遂伐楚。虽成王之强，以屈完来盟于师，则楚服矣。然相继八合诸侯而楚不与，知成王未可以致，则外之而不使得与中国诸侯齿也。今襄公一图霸而遽召楚，岂以桓公所不能为而己为之乎？鹿上之盟，公子目夷，固知小国争盟之为祸矣。楚子伪从之以观其衅，而襄公弗悟，遂再为此会，则宜楚子之所易也。故偃然欲与之争中国而不肯为诸侯，下诸侯亦莫敢复先焉者，盖以王爵推之也。襄公乃反从之以相敌，则恶在其为霸？此楚子所以知其无能为而遂执之欤？故《春秋》不贬楚子而以爵书之，以为宋与诸侯之罪，而未可以专责楚子也。

《石林先生春秋传》卷第十

叶氏

僖公三

执宋公以伐宋。

此楚子执之也，何以不言楚？诸侯与有罪也。诸侯知宋公之不足宗，则勿会而已矣。从之而先楚子，则宋公之执，非楚所独能为也。

冬，公伐邾。楚人使宜申来献捷。

宜申，楚大夫之再命者也。捷者何？捷乎宋也。前未有言败宋者，此何以言捷？不使楚子得执宋公以败宋，故见伐不见战也。宋捷则何以献于我？威我也。楚居一方，与宋襄公争中国，执宋公以伐宋，惧诸侯犹未尽宗己，故其捷也，夸之以示诸侯，挈使宜申，若奉我然，欲求名而不得也。不言宋，不使楚子得捷于宋也。

十有二月，癸丑，公会诸侯盟于薄，释宋公。

此前会盂之诸侯也，不序，前目而后凡也。何以言公会？约盟而公往会也。执不言释，此何以言释？以二王后见重也。楚既得宋矣，宋公犹未释，诸侯于是请于楚而盟焉。此楚子释之也，何以不言楚？诸侯与有力也。执不言楚，则诸侯不能逃其罪；释不言楚，则楚子不能专其德。宋公曰释，晋舍季孙行父于苕丘曰舍，君臣之辞也。

二十有二年，春，公伐邾，取须句。

须句，邾邑也。内取外邑不书，此何以书？不正其伐取也。须句，风姓之国，邾人灭而属之以为邑，则取邑者也。

夏，宋公、卫侯、许男、滕子伐郑。秋，八月，丁未，及邾人战于升陉。冬，十有一月，己巳朔，宋公及楚人战于泓，宋师败绩。

此救郑之师也。以宋公及楚人言，宋之主战也，薄之。释宋公，郑伯在焉。宋公以郑为楚与国，背惠而伐郑，不量力而与楚战，败之道也。何以不贬？不重伤，不禽二毛，不鼓不成列，以襄公有取败之道则可，以襄公为非战之道则不可。《春秋》贵偏战，不贵诈战，则襄公义有不可贬也。

二十有三年，春，齐侯伐宋，围缗。

伐国不言围邑，此何以言围缗？不正其伐泓之败而凌之也。伐者，问罪之师，不正其义而幸其间，非伐也，为后宋公兹父卒起也。

夏，五月，庚寅，宋公兹父卒。秋，楚人伐陈。冬，十有一月，杞子卒。

此杞伯也，何以言子？时王降之也。何以降？用夷礼也。

叶子曰：孔子言："夏礼吾能言之，杞不足征也；殷礼吾能言之，宋不足征也，文献不足故也。"古者天子五载一巡守，考制度于四岳，变礼易乐者为不从其君，沿革制度衣服者为畔其君。杞，二王之后，所以尊贤也，岂不曰统承先王，修其礼物者乎？宋礼之不足，或以久而亡也，而杞习于用夷，则中国之道丧[①]矣。故虽周之衰，王政犹或行也。

二十有四年，春，王正月。夏，狄伐郑。秋，七月。冬，天王出居于郑。

天子以畿内为国，诸侯以封内为国。诸侯不以其道去其封内，故曰出奔；天子不以其道去其畿内，故曰出居。出之为言耻也，若曰"虽有其国而不能守"云尔。天子无外，虽去其国，不失天下，故谓之居焉。凡诸侯与其国内曰居，国外曰在，诸侯以国为家者也；天子内外皆曰居，天子以天下为家者也。

叶子曰：天子非巡守不适诸侯，诸侯非述职不见天子。诸侯于盟会征伐之事，未尝书出，义可得而行也；至于奔，则失其位矣，然后书出。天子于伐郑、狩于河阳，未尝书出，亦义可得而行也；至于出居于郑，则失其位矣，然后书出。盖大有天下，小有一国，皆其所当守而不可失，安有内难不能正，而反避之于外，以托于诸侯欤？夫子带之乱，君子亦有以处之矣。方其奔齐，或放焉，或封焉，亲爱之而勿杀可矣。古之人有行之者，舜也，而王不能反，召之使得终其恶。及以狄伐周，则罪在可讨，弗辟则无以告先王。古之人有行之者，周公也，而王不能反，避之使得夺其位。在《易》，鼎而受之震。鼎，器也。震，长子也。主器莫若长子，故必"不丧匕鬯"而后出，可以守其宗庙社稷，以为祭主。若惠[②]王者，可谓丧其匕鬯矣。有天下而不知此，则亦何以王天下哉？故以惠王一见法焉。

晋侯夷吾卒。

二十有五年，春，王正月，丙午，卫侯燬灭邢。

卫侯何以名？嫉诱灭也。卫侯将伐邢，其大夫礼至曰："不得邢之守国，不可得也，请往其昆弟仕于邢。"及卫伐邢，邢之守国子巡城，卫之仕于邢者，乃掖国子赴外而杀之，邢遂以亡。礼至铭其器曰："余掖杀国子，莫余敢止。"君子是以嫉卫侯也。

叶子曰：甚矣，君子之恶诈也！曰："自古皆有死，民无信不立。"民之所以能并生于天地之间而不相害者，以其信足恃也。使人而各怀其诈，虽匹夫且不可与共处，况有国与天下者乎？故楚子虔诱蔡侯般杀之，名，恶诱杀人之君也。卫侯燬从礼至之请，诱杀国子而灭邢，名，恶诱灭人之国也。夫灭国之罪亦大矣，而辞无所贬，以为不待贬绝而自见也。乃其诱杀人之君、诱灭人之国，非有所示，其谁察焉？是以中国与夷狄之辞[③]辞一施之。而三《传》皆言贬灭同姓，记礼者从而为之说。《春秋》之义，不加于事之所易见，而常致意于义之所难察。同姓所易言也，楚灭夔，齐灭莱，皆不名。灭国、灭同姓，一事也。既见灭，则罪已重矣，故不以轻者复参焉。诱杀人而灭国，

① 中国之道丧，《荟要》本作"先王之道废"，文渊阁本作"时王得降之"。

② 惠，文渊阁本作"襄"，下同。

③ 中国与夷狄之辞，文渊阁本作"卫与狄异，而其"。

与诱人而杀之，二事也。不正，则终无以著其罪。三《传》既已失之，为礼者又从而弗悟，吾然后知学之为难也。

夏，四月，癸酉，卫侯燬卒。宋荡伯姬来逆妇。

荡，氏也。伯姬，内女而嫁于宋之荡氏者也。子逆妻而母亲之，非礼也。妇，缘姑之辞。

宋杀其大夫。

大夫何以不名？大夫无罪也。何用见大夫之无罪，其讨泓之败欤？

秋，楚人围陈，纳顿子于顿。

围陈何以言纳顿子？与其纳也。纳君未有不以师。何以言围陈？顿，陈之邻国，盖有迫于陈而出奔者，围陈而使顿子得以归，是亦所以为纳也。顿子何以不名？内未有君也。凡纳君而名者，内有君也；纳君而不名者，内未有君也。

葬卫文公。冬，十有二月，癸亥，公会卫子、莒庆盟于洮。

公不讳与莒庆盟，卫子在焉者也。

二十有六年，春，王正月，己未，公会莒子、卫甯速盟于向。

甯速，卫大夫之三命者也。公不讳与甯速盟，莒子在焉也。

齐人侵我西鄙。公追齐师至巂，弗及。

弗及，《左氏》作不及，《公羊》《穀梁》作弗及，当从二《传》。弗及，可及而我不及也。善用师者，量敌而后进，虑胜而后会，追而弗及，有畏齐之志焉。巂，齐附庸之国。齐人而言齐师，以公弗及大之也。

夏，齐人伐我北鄙。卫人伐齐。公子遂如楚乞师。

乞，重辞也，得不得之辞也。古者诸侯无师，帅教卫以赞元侯，人乞师而我从之，固已非矣，况我不足而乞于人乎？非正师之道也。

叶子曰：齐自鹿上之会，不复与楚通，盖欲与争霸，而我方与诸侯会楚盟于薄，以释宋公，则弃齐而从楚矣。故齐连年既侵我，又从而伐之，我畏齐弗敢追，反假楚以报怨，所谓“既不能令，又不受命”者也。召陵之盟，桓公与我伐楚而楚服，今我乃欲以楚伐齐，而恃之以胜，公之谋国为可知已。昔者滕文公尝问于孟子曰：“滕，小国也，间于齐、楚，事齐乎？事楚乎？”孟子告之以“凿斯池，筑斯城，与民守之，效死而民弗去。”使僖公而知此，则齐不必畏，楚不必恃，盖为国必有自胜之道，故以僖公一见法焉。

秋，楚人灭夔，以夔子归。

夔子何以不名？申夔子也。凡灭国之君，内无君则不名。然国灭而奔则不名，国灭而以归则名者，著屈不屈也。夔，楚之同姓，楚人责其不祀祝融与鬻熊，夔子以熊挚有疾，别于楚而不得祀，楚用是灭焉。则夔子为有辞而未尝屈，故以出奔之辞书之，见夔子非楚之所得归也。

冬，楚人伐宋，围缗。

伐国不言围邑，此何以言围缗？未能得宋，先尝之于缗也。伐者，问罪之师，国未可得而先尝之于其邑，非伐也，为后围宋起也。

公以楚师伐齐，取穀。

穀，齐邑也。内取外邑不书，此何以书？不正其伐取也。

公至自伐齐。

二十有七年，春，杞子来朝。夏，六月，庚寅，齐侯昭卒。秋，八月，乙未，葬齐孝公。乙巳，公子遂帅师入杞。

公子遂，吾大夫之三命者也。

冬，楚人、陈侯、蔡侯、郑伯、许男围宋。

楚子何以先诸侯？主兵也。于是宋襄公死矣，而晋文公未兴，中国无霸，楚子遂欲先诸侯，而诸侯莫不从焉，故贬而人之。人楚子，所以人诸侯也。

十有二月，甲戌，公会诸侯盟于宋，释宋公①。

此前围宋之诸侯也，不序，前目而后凡也。宋公犹在围，则何以地？宋盟于宋之国外，是亦宋矣，不嫌也。曹南言南，聂北言北，此何以不言方？志于围则不主方也。楚围宋而公不与，于是如会而请盟焉，恶矣。何以不没公？公欲之也。

叶子曰：吾何以知此盟为围宋欤？僖公自陈穆公之盟，虽以为齐故，然陈、蔡、郑皆楚之与国也，而公与之同好，楚子得交中国，盖自是始矣。《春秋》没公而人三国，则公宜与楚厚者也。明年，公虽不会盂，而为薄之盟以释宋公，然后五年伐齐之役，乃乞师于楚，而楚援之，遂以取穀，则何以得于楚乎？晋文公之兴，首伐卫以致楚，而公为之戍卫，又责公子买之不卒戍而刺之，则公之附楚审矣。围宋之役，初虽不与会而为盟，岂有意于救宋哉？殆亦若戍卫以成楚志尔。楚子居申，而后使子玉去宋，若前盟而宋围解，何待既退而后命之？是会围，非解围也。薄之盟，公会而释宋公，宋之盟，公会而围宋公，美恶不嫌于同辞也。

二十有八年，春，晋侯侵曹。晋侯伐卫。

何以再见晋侯？嫌侵曹与伐卫并也。曹侵诸侯之田，不用僖负羁，而乘轩者三百人。卫欲与楚见逐于国人，楚始得于曹，而新婚于卫。文公欲习齐桓之迹，先攘楚以图霸，故自南河济而侵曹，归而讨卫罪，因以怒楚而求战。何以不言遂侵曹？非以伐卫也。

公子买戍卫，不卒戍，刺之。

公子买，吾大夫之三命者也。何以言不卒戍？以买为善遂事而不正其杀也。卫自淮之会，不复与诸侯通，至文公卒，始以莒故与我为洮及向之盟，以我为楚与国而同好也。故晋伐卫，而我戍之以援焉，买以晋不当敌而去之。大夫出疆，可以安社稷，而专之可也。则公畏楚而杀买，不正也。何以言刺？内杀大夫不言杀。刺之为言，一曰讯群臣，二曰讯群吏，三曰讯万民，周道也。若言察之审而后杀焉，内辞也。凡先刺而后名者，杀有罪也；先名而后刺者，杀无罪也。

楚人救卫。三月，丙午，晋侯入曹，执曹伯，畀宋人。

侵而不服，然后入之，数其罪而执其君，伯讨也。故以侯执不归之京师而畀宋人，

① “释宋公”三字，《春秋》原无，疑为衍文。

则伯讨欤？阙文也。是当曰“畀宋人田”，不言田，经成而亡之也。曹、卫尝侵诸侯之田矣。晋侯图霸，欲怒楚而求战，先轸乃为之谋，使执曹君而归诸侯之田。晋侯于是侵曹，数其不用僖负羁，而乘轩者三百人，夺所侵地以还诸侯，宋与得焉。畀之为言，与也。不曰与曰畀，与者我物而归之彼，畀者彼物而受之我，犹曰“皇天用训厥道，付畀四方”云尔。

叶子曰：吾何以知畀宋人田为阙文欤？楚之围宋，在二十七年之冬。宋公孙固如晋告急，是时宋公盖在围也。及诸侯盟于宋，盖即宋之城外以为会，宋公不与焉。明年三月，晋侯入曹，执曹伯，宋围犹未解，故再见宋，使门尹般如晋师告急。《左氏》载先轸始谋，言我执曹君，而分曹、卫之田以赐宋人，既而公说，复言执曹伯，分曹、卫之田以畀宋人，此其终事也。楚子闻，果命子玉去宋，宋公于是始释围得归，而从晋城濮之战，始见宋师。则方执曹伯，畀之者谁乎？晋侯有疾，侯獳货晋史归曹伯，则曹伯之归，盖自晋不自宋也。是其畀之者，田而已。《穀梁》固不见其事，《左氏》见之而不能辨，盖不知侯执之为伯讨也。《公羊》虽知之，而不悟其与京师楚同文，亦求之经者不审尔。

夏，四月，己巳，晋侯、齐师、宋师、秦师及楚人战于城濮，楚师败绩。

晋怒楚而与之战，故晋与诸侯之师及楚人言晋之主战也。楚何以言人？得臣之师也。城濮，卫地。

楚杀其大夫得臣。

得臣，楚大夫之再命者也。城濮之役，楚子命得臣还师而不从，楚子不能制，怒而少与之师，晋侯战而师遂败。得臣之死，罪累上也，故以国杀。

卫侯出奔楚。

卫侯何以不名？非二君也。楚败，卫侯惧而出奔，使其大夫元咺奉母弟叔武受盟于晋。叔武不正其为君而摄焉，以内为未君，故不名卫侯也。

五月，癸丑，公会晋侯、齐侯、宋公、蔡侯、郑伯、卫子、莒子盟于践土。

卫子者何？叔武也。叔武既不正其为君，曰卫侯弟，则既已摄其君矣；曰卫侯，则叔武[①]未之敢君也。故与之以未踰年君之辞，而系之子，贤之也。

陈侯如会。

如会者何？非前约而来从会也。何以不言乞会？前无拒会而后无乞会，如则得之也。何以不言会？陈侯以疾返而不及会也。不及会则何以书？如会成其意也。

公朝于王所。

何言乎王所？天子所在曰所。古者天子无事，诸侯来见于京师，则朝于庙中；天子巡守，诸侯来朝于方岳之下，则朝于王所。何以书？非常也。晋侯既胜，将合诸侯以尊王室，遂为践土之盟，作王宫于衡雍，王于是往而即焉。何以不言王狩于践土？以王自往为见正也。何以独言公朝于王所？朝者，诸侯各自致于王，非有所期而后听之者也。

① 叔武，底本作“叔父”，据《荟要》本、文渊阁本改。

六月，卫侯郑自楚复归于卫。

卫侯何以复名？成叔武为君，以恶卫侯也。卫侯既命元咺奉叔武以受盟，或诉元咺曰："立叔武矣。"遂杀叔武[①]之子。及其归也，盟国人曰："既盟之后，行者无保其力，居者无惧其罪。"卫侯先期入，叔武闻君至，喜而走出。前驱公子歂犬、华仲射而杀之。故进叔武以为君，而名卫侯。曰自楚，楚有奉焉尔。何以言复归？归，顺辞也。君而复其国，以其道则顺也。

卫元咺出奔晋。

元咺，卫[②]大夫之三命者也。

陈侯款卒。秋，杞伯姬来。

内女不言来，此何以言来？父母没矣，伯姬不得来而来也。

公子遂如齐。冬，公会晋侯、齐侯、宋公、蔡侯、郑伯、陈子、莒子、邾子、秦人于温。天王狩于河阳。

狩者何？天子适诸侯曰巡狩，诸侯见天子曰述职。巡狩者，巡所守也，何以书？前以王之自往则不书，今以晋侯召王而往则书，盖王以巡狩为之名也。

叶子曰：吾何以知晋侯召王，而王以狩为之名欤？《春秋》有讳而为之辞者矣，未有讳而变其实者也。天王败绩于茅戎，可以自败见义，不可以非败而言败也。天王出居于郑，可以自出见义，不可以非出而言出也。使晋侯实召王而往，《春秋》虚假之狩，是加王以无实之名，而免晋以当正之罪，孰有如是而可为《春秋》乎？此自《左氏》失之，而《公羊》《穀梁》复谓再致天子，故通文公以全天子之行，则又非矣。使天子而可致，虽书而何讳？使不可致，一致固已罪矣，何再致而反通之乎？天子之行，不可以晋侯而苟全，此《春秋》垂万世之义也。

壬申，公朝于王所。

前朝不言日，蒙上癸丑，见天子在焉，诸侯即其所而朝也。今朝言日，见诸侯先会天子来狩而后朝也。此因其日之可得而著者也。何以不书月？阙文也。

叶子曰：吾何以知不书月之为阙文欤？《春秋》不以日月为例，吾固言之矣。而其所谓阙文，盖有二焉：有史失之而经不能益者，有经成亡之而后世不敢益者。故桓书五月而无夏，昭书十二月而无冬，有月而无时，岂时不可推乎？僖书"壬申，公朝于王所"，以上五月癸丑推之，知其为十月而不书。定书"辛巳，葬定姒"，以上九月丁巳推之，亦知其为十月而不书。有日而无月，岂月不可推乎？以《公羊》《穀梁》言之，可书而不书者，皆义之所在也，而二氏不能为之说。《穀梁》但于僖壬申不书月，以为晋文公致天子之罪，其言亦已迂矣。由是言之，何日月例之云乎？以为史失之，则经固可推而益也，而不推，非经成而后亡之者欤？吾意以日系月，以月系时，此史之常例，有不得则阙之。而传《春秋》者，以为非义之所在，虽经之所见，亦或略而遗之。不然，如是四者，虽二氏且不能容其私，岂后世可得而妄意之乎？

① 叔武，文渊阁本作"元咺"。

② 卫，底本作"晋"，据《荟要》本、文渊阁本改。

晋人执卫侯，归之于京师。

晋侯初伐卫，卫侯请盟而晋不许，故去奔楚，而以叔武受盟。晋侯虽治杀叔父[①]之罪，而卫有辞，非伯讨也，故以人执。何以言归之于京师？诸侯有罪，霸主执而归之京师，正也。执之当其罪，则曰归于；执之不当其罪，则曰归之于。之，缓辞也，不与其正之辞也。古者君臣无狱，元咺讼卫侯，晋侯宥元咺而刖卫大夫鍼，庄子杀士荣，归卫侯于京师，是以不与其正也。

卫元咺自晋复归于卫。

元咺何以言复归？大夫出奔而位已绝，则不可以复归者也。归而君复之则可，自求复而归则不可。大夫之复归，恶也。元咺讼卫侯而胜以文公之命，归而立公子瑕，求复而归者也。何以曰归？归，易辞也。有晋以为奉，则其归为易也。

诸侯遂围许。

此会温之诸侯也。何以不序？前目而后凡也。遂，继事之辞也。

曹伯襄复归于曹。

曹未有君，曹伯不名者也。何以名？不正其归之不以道也。曹伯执于晋而未释，晋侯有疾，使其竖货晋之筮史以胁晋侯，晋侯于是释曹伯，以是为非归之道也。何以曰复归？归，顺辞也。君而复其国以其道，则顺也。

遂会诸侯，围许。

二十有九年，春，介葛卢来。

介，附庸之国也。葛卢，介君之名也。附庸之君以字见，葛卢书名，不满三十里之国也。来，来朝也。何以不言来朝？公在会，未见公也，我接之云尔。

公至自围许。

此会温也，何以不致会而致围许？《春秋》之辞也。以为晋侯召诸侯而会天子，此不可以告宗庙者，故归而为之辞，以见正也。

夏，六月，公会王人、晋人、宋人、齐人、陈人、蔡人、秦人盟于翟泉。

会，《左氏》作会，《公羊》《穀梁》作公会，当从二《传》。公不耻会，则不没公也。翟泉，王城之内也。此王子虎、晋狐偃、宋公孙固、齐国归父、陈辕涛涂、秦小子慭，何以皆称人？不正诸侯不自朝王，而以陪臣请盟也。晋召王，使诸侯皆来朝，则自行。天子还京师，诸侯当朝于王，则以陪臣往受命。以诸侯为无君，故贬大夫而人之也。诸侯贬，则不以公为耻也。

秋，大雨雹。

雨雹不志，此何以志？记灾也，害禾稼、伤人畜也。

冬，介葛卢来。

此既见公而朝也。何以不言朝？习于用夷，不能朝也。

三十年，春，王正月。夏，狄侵齐。秋，卫杀其大夫元咺及公子瑕。

公子瑕，卫大夫之三命者也。元咺讼君，而专立公子瑕以叔武也。卫侯将复，使

① 叔父，《荟要》本、文渊阁《四库全书》本作“叔武”。

赂其大夫曰："苟能纳我，吾以尔为卿大夫。"于是杀元咺及瑕，而卫侯入。元咺之死，罪累上也，故以国杀瑕，逾年之君也。其曰公子瑕何？瑕，元咺之所立，不与瑕之得成君，则是犹公子也。元咺立之，则何以及公子瑕？瑕不当受也。为曹子臧、吴延州来，则免矣。

叶子曰：《春秋》正名以定罪，可谓审矣。卫之事当议罪者四人焉：晋侯也，卫侯也，元咺也，公子瑕也。晋侯以霸主逐人之兄而立其弟，使骨肉更相残。卫侯始入则杀叔武，再入则杀公子瑕，暴戾而贼其亲。元咺以臣讼君，君入则己出，己入则君出，立公子瑕。卫侯在，不命于天子，而受国于元咺。与霸主则失诸侯，与诸侯则失霸主；与君则失臣，与臣则失君，而《春秋》未尝容心焉。执卫侯不以为伯讨，而晋侯之罪定矣；复国特加之名，而卫侯之罪定矣；自晋归以复书，而元咺之罪定矣；立逾年不称君，而公子瑕之罪定矣。四者不相为乘除，而君臣之义，方伯诸侯之职，无不各得其正，此君子断狱之道也。

卫侯郑归于卫。

卫侯何以不言复归？绝之不与其复也。卫侯既已杀叔武矣，再归不以为非，而又杀公子瑕，以为无君之道，虽有其位而不可复也。何以名？子瑕在焉也。何以曰归？归，易辞也。元咺死，则卫侯之归为易也。

叶子曰：晋侯执曹伯归于京师，及其复也，书曰"曹伯归自京师"。晋人执卫侯归之于京师，及其复也，书曰"卫侯郑归于卫"。而不曰"归自京师"，何哉？曹伯，伯讨也。诸侯将见子臧于王而立之，子臧辞而奔于宋。晋侯使曹人反子臧而归其君，天子许焉。故子臧反而曹伯归，天子命之使君也。卫侯非伯讨也，辞间固已容之矣。及晋侯使医鸩卫侯不果，鲁公为纳玉于王与晋侯而后复焉。虽曰命之，非天子所以君诸侯之道也，卫侯归于卫而已。京师，天子之居也。诸侯有奉曰"自某归于某"，自者诸侯所可为也，归者诸侯所不可为也，自某归而已。天子有命曰"归自京师"，天子归之而我自焉，归自京师者也。卫侯命于天子而不得以京师言，其为天子者亦病矣。

晋人、秦人围郑。介人侵萧。冬，天王使宰周公来聘，公子遂如京师，遂如晋。

如曷以言遂？疾不专于王也。遂如京师，拜周公之聘也。曰：因是而往聘晋焉，非尊天子之道也。大夫出疆，固有以二事行者矣，必再见名。"公子遂会晋赵盾盟于衡雍""公子遂会雒戎盟于暴"是也。惟天子不可以二事，故讳为之辞，不再挈公子遂，若大夫之专事然。

叶子曰：吾何以知是为因之使聘欤？大夫之罪，有曰盟、曰城、曰入者矣。听于人则可盟，兵在己则可城、可入，此遂而可得为者也。内大夫如皆聘也，必有礼焉，非遂之所能为也。盖必受之于君，而后施之于其国，以为出疆之专，则不可也。

《石林先生春秋传》卷第十一

叶氏

僖公四

三十有一年，春，取济西田。

济西田，我田而曹侵之者也。晋侯执曹伯，班其所侵地于诸侯，而我受焉，故曰取。不系之曹，非曹之所得有也。凡外取内邑、外取内田，皆不书，耻也。反而归于我，则书，重地。古者国亡大县邑，公、卿、大夫、士皆厌冠，哭于大庙三日，君不举。以为吾受之君而为之守者，失地则失其守矣。是以谓之重也。

公子遂如晋。夏，四月，四卜郊，不从，乃免牲。

郊何以言四卜？四卜而不从，免牲，非礼也。周郊以日至则不卜，鲁郊以上辛则卜。求吉之道三：以十二月下辛卜正月上辛；不吉，则以正月下辛卜二月上辛；又不吉，则以二月下辛卜三月上辛；不吉，则不郊。牲所以祭也，卜郊不从，则无所用牲矣。以为尝置之上帝，不敢专也，则又卜而免焉。卜而吉则免，卜而不吉则置之，系待庀牲而后左右之。曷为则谓之系牲？六月上甲始庀牲，十月上甲始系牲，系牲必在涤三月，系牲之道也。曷为则谓之免牲？或曰：为之缁衣玄裳，有司玄端，奉送于南郊，免牲之道也。郊不过乎三月，至春之末而止矣。三卜，礼也；四卜，非礼也；五卜，强也。故夏四月四卜郊，不从而后免牲者，非礼也。

叶子曰：天子祭天，诸侯祭土，鲁何以得郊天欤？曰：周公有勋劳于天下，故成王赐鲁以重祭，使得用天子礼乐。内祭则禘也，外祭则郊也，此记礼者之言也。或以为成王焉。夫成王，贤君也，立国之道，孰大于礼乐？周公虽有勋劳，可以人臣而僭天子之制乎？闻之吕不韦之书曰："此平王之末造，惠公请于周，而假宠于周公。"是平王为之则可也，然犹有降杀焉。故郊不以日至，而以卜辛；禘不以祖之所自出，而以文王；望不通方望之祀，而以三望；门不兼五门之制，而以天子皋门为库门，应门为雉门。虽有为之别，而孔子不与焉。故曰："鲁之郊禘，非礼也，周公其衰矣。"然《春秋》何以无贬文？其赐之者，非《春秋》也。礼有其废之，莫敢举也；有其举之，莫敢废也。非天子不议礼，不制度，不考文，是先公所以受赐于先王者，吾焉得而废欤？乃有贤君能因其坏，请于王而复正之，庶几其可矣。故郊之当其时不书，禘之得其节不书。凡书者，皆非其时而失其节者，非以讥郊禘也。乃新作南门书，新作雉门及两观书，亦为可因以革而不革，反有加其度以僭天子，则后之子孙有当其责者矣。此君子所以每致意也。

犹三望。

三望者何？礼，天子四望，方望之事无不通，则四方无不祭也。鲁得用天子之礼乐而制不同，故以泰山、河、海为三望。何以言犹三望？望，郊之细也，犹可以已之辞也。不郊亦无望，犹三望非礼也。

叶子曰：吾何以知三望为周公之赐欤？儒者或言："四望，天子之礼也；三望，诸侯之礼也。"《周官·典瑞》，用玉，四圭有邸以祀天，而上帝同焉；两圭有邸以祀地，而四望同焉。天地祭于圜丘方泽，而四望各兆于国之四郊；天地之祭以冬夏之日至，而上帝、四望无常时。然《诗》《书》言柴，未有不兼望者，柴则郊也。盖阴阳之义必参配，故祀天之后则祭四望，祀地之后则祭上帝，周道也。而三望之名，于经无传焉，独见于《春秋》。诸侯山川不在其封内者不祭，楚昭王所以不越江、汉、雎、漳而祭河，何鲁之得祭泰山、河、海乎？吾是以知其为周公之赐，而非诸侯之所得通也。

秋，七月。冬，杞伯姬来求妇。

逆妇非姑道，求妇非母道。

狄围卫。十有二月，卫迁于帝丘。

三十有二年，春，王正月。夏，四月，己丑，郑伯捷卒。卫人侵狄。秋，卫人及狄盟。

卫人何以及狄盟？离盟不可以地，狄也。何以再见卫人盟？非侵之事也。

冬，十有二月，己卯，晋侯重耳卒。

三十有三年，春，王二月，秦人入滑。

滑，国也。

齐侯使国归父来聘。

国归父，齐大夫之三命者也。

夏，四月，辛巳，晋人及姜戎败秦于殽。

秦，《左氏》《穀梁》作秦师，《公羊》作秦，当从《公羊》，贬秦以狄之也。中国未有不言战败绩者，曰败不以战，不以中国与秦也[①]。秦之为道，伐人之丧而败其盟，一狄也；出不意于袭人而幸其间，二狄也；成人于其国而反其君，三狄也；违老成之谏而纵其谖，四狄也；恶人之所与而人其国，五狄也。卫文公一用二礼，诱邢而贬以名，使杞子、逢孙、杨孙行其谋，则郑亦邢也，而况甚于此乎？疾之也。此晋襄公也，何以书人？贬之也。柩在殡而事外敌，与夷狄而薄人于险，非战之道也。何以及姜戎？不使夷狄得与中国亲也。

叶子曰：穆公之誓，孔子取之以为《书》之终。而殽之战，何以不免于狄？《春秋》以正治人者也。以一人而论情，则君子不可以轻绝人。改过不吝，有汤之道焉，虽录之于书可也。以天下而论法，则君子不可以轻许人，一干正且不可，而况于五焉？则幸容于《春秋》不可也。如是而后可使人人皆立于无过之地，而天下无一不善焉，此《春秋》所以异乎《书》也。

① 文渊阁本此条传文止于此。

癸巳，葬晋文公。狄侵齐。公伐邾，取訾娄。

訾娄，邾邑也。内取外邑不书，此何以书？取訾娄，不正其伐取也。

秋，公子遂帅师伐邾。晋人败狄于箕。

中国败夷狄，言败不言战某师败绩，不以中国受败于夷狄也。

冬，十月，公如齐。十有二月，公至自齐。乙巳，公薨于小寝。

小寝，燕寝也，不与其正也。乙巳，十一月之日也，何以言十二月？经成而误也。

陨霜不杀草。

记异也。霜者，天之所以杀万物也。霜降矣而不杀草，天反时而不能正其杀，是以谓之异也。

李、梅实。

记异也。霜不杀物，则有非所实而实者矣。

晋人、陈人、郑人伐许。

文公一

元年，春，王正月，公即位。二月，癸亥，日有食之。天王使叔服来会葬。

叔服，王之下大夫也。诸侯丧，天子以大夫送葬，礼也。前未有书会葬者，此何以书？正文公之僭也。天子七月而葬，诸侯五月而葬。僖公之薨以十一月，葬以四月，僭七月矣。天王以二月来会葬，正也。薨以十一月，葬以四月，则何以谓之僭七月哉？僖公之末，未有闰也。举天王之正，见鲁之不正，所以正鲁也。

叶子曰：鲁十有二公，见葬者九。文、宣、成、襄、定，葬而得节者也。桓、庄、僖、昭，葬而缓者。桓以故而九月，庄以乱而十一月，昭以丧后至而八月，皆有为而然。是虽缓也，而无所嫌，则慢葬而已矣。僖葬以七月，未见其所以然者也，岂其尊之欲以拟天子乎？文公之事亲，亦已悖矣。昔者孟武伯[①]问孝于孔子，子告之以无违，曰："生，事之以礼；死，葬之以礼，祭之以礼。"故大夫之箦，曾子且不敢死，而况诸侯而僭天子之葬？凡文公之于僖公，皆欲过厚，而不知反陷其亲于罪，所谓细人之爱人以姑息者，故未有一得于礼。已练而作主，逆祀而先其祖，至是复僭天子而葬，以是为孝，则亦违而已矣。

夏，四月，丁巳，葬我君僖公。天王使毛伯来锡公命。

毛伯，王之上大夫也。文公在丧未终，不待其朝而锡命，非正也。

晋侯伐卫。

叔孙得臣如京师。

叔孙得臣，吾大夫之三命者也。

卫人伐晋。秋，公孙敖会晋侯于戚。冬，十月，丁未，楚世子商臣弑其君頵。

商臣弑其君，又弑其父，而无异文，极天下之辞无所加也，正其名而君亲之义尽矣。

① 孟武伯，文渊阁本作"孟懿子"。

公孙敖如齐。

二年，春，王二月，甲子，晋侯及秦师战于彭衙，秦师败[①]绩。

秦伐晋以报殽之役。以晋侯及秦师，言晋之主战也。

丁丑，作僖公主。

主者何？练主也。作主不书，此何以书？不时也。礼，既葬而虞，虞有虞主；既期而练，练有练主。虞主，丧主也，既练则埋于两阶之间；练主，吉主也，既祥则藏于庙。未有非时而作者也。三年之丧，以二十有五月，故期而练，练而祥。僖公之薨，至是十有六月矣，盖以遽吉为不忍，故从练而作之也。

三月，乙巳，及晋处父盟。

处父，晋大夫之再命者也。孰及之？公也。何以不言公及？不以处父敌公也。晋人以公不朝来讨，公如晋，晋侯以处父盟焉。何以不言公如晋？耻也。不地，地于晋也。

夏，六月，公孙敖会宋公、陈侯、郑伯、晋士縠盟于垂陇。

士縠，晋大夫之三命者也。

自十有二月不雨，至于秋七月。

记灾也，不书旱，非大旱也。《春秋》惟大旱而后书，故见大旱则不见不雨，见不雨则不见旱。

八月，丁卯，大事于太庙，跻僖公。

大事者何？祫也。太庙，周公之庙也。天子之祭莫大于禘，则禘者天子之大事也。诸侯之祭莫大于祫，则祫者诸侯之大事也。大事于太庙不书，此何以书？为跻僖公起也。跻，升也。僖公以属于闵公则为兄，闵公以世于文公则为祖。君子不以亲亲害尊尊，文公欲先其祢而后其祖，故因祫升僖公以先闵公，君子以为逆祀也。

冬，晋人、宋人、陈人、郑人伐秦。

此晋先且居、宋公子成、陈辕选、郑公子归生也。何以称人？不正其以兵争，既败人而复伐之，故败[②]而人之也。

公子遂如齐纳币。

纳币不书，此何以书？不正其以丧娶也。僖公之丧始祥，而公图婚，非礼也。始祥则何以谓之非礼？《礼》："祥而缟，是月禫，徙月乐。"孟献子禫，县而不乐，比御而不入。夫子曰："献子加于人一等矣。"禫而图婚，犹丧娶也。

三年，春，王正月，叔孙得臣会晋人、宋人、陈人、卫人、郑人伐沈。沈溃。夏，五月，王子虎卒。

王子虎，王之中士也，外大夫不卒，此何以卒？翟泉之盟，尝主我而天子为之赴也。

叶子曰：尝接我而丧之，礼欤？曰：以义起也。昔者孔子遇旧馆人之丧，入而哭

---

① 败，底本作“改”，显误，据《荟要》本、文渊阁本改。

② 败，《荟要》本、文渊阁本作“贬”。

之哀，出，使子贡脱骖而赙之，子贡以为重，而子不从。夫礼缘人情，而以义起者也，情有所不能已，则义有所不能废。故尝接于我，则王必赴之，赴之则必为之变，此礼之所由起也。然则宰周公、宰渠伯纠、荣叔、毛伯，亦接我者也，何以不卒？盖赴则卒，不赴则不卒，君子不虚加之也。

秦人伐晋。

此秦伯也，何以称人？不正其忘殽之悔，为彭衙之战以取晋伐，又从而济河，焚舟取二邑，兵自是不解，故贬而人之也。

秋，楚人围江。雨螽于宋。

记异也。自上而下谓之陨，自下而上谓之雨。雨，螽死而坠也。外异不书，此何以书？宋故也。

冬，公如晋。十有二月，己巳，公及晋侯盟，晋阳处父帅师伐楚以救江。

处父何以氏？始三命也。救不言伐，此何以言伐？伐所以为救也。君子录人以意，不责人以事。围陈所以纳顿子，故因纳以见围，则围非所责也。伐楚所以救江，故因救以见伐，则伐非所责也。江即灭矣，何以独录其救？救所能为也，不灭非所能为也。

四年，春，公至自晋。夏，逆妇姜于齐。

孰逆之？公也。何以不言公？讳以丧娶也。此逆女也，何以言逆妇？成礼于齐也。逆妇何以书？以为卿之事而公亲之也。何以不言姜氏？公以丧娶夫人，与有贬也。妇人在家制于父，既嫁制于夫，贬夫人，所以贬齐也。哀姜之罪在其身，故丧至言氏，不言姜姓，以别其身也。出姜、穆姜之罪在其父，故逆与至言姜，不言氏，以别其族也。

狄侵齐。秋，楚人灭江。晋侯伐秦。卫侯使甯俞来聘。

甯俞，卫大夫之三命者也。

冬，十有一月，壬寅，夫人风氏薨。

僖公之妾母也，何以曰夫人？致之为夫人矣。

五年，春，王正月，王使荣叔归含且赗。

荣叔，王之下大夫也，归含、赗不书，此何以书？妾母非王之所得含、赗者也，渎夫妇之道而乱嫡庶之别，王无以继天矣，故去天。何以不曰归含及赗？含一事也，赗一事也，何以不言来？上有逆礼则下有慢令，荣叔不自来也。

叶子曰：名分，礼之大也。古者立五教以正上下，夫妇居其一焉。其叙为五典曰天叙，秩之为五礼曰天秩，明其有所受也，非王其谁任之欤？禘于太庙，用致夫人，僖公之为也。使王而能用其政，则僖公在所诛矣。今王不能正其僭，死又从而礼之，则致之以为夫人者，殆请于王而王听之者也。《春秋》之去天，非正其归含且赗也，正其成之为夫人者也。

三月，辛亥，葬我小君成风。

成，谥也。

王使召伯来会葬。

召伯，王之上大夫也，会夫人葬不书，此何以书？妾母非王之所得葬者也，故王去，天与含、赗之辞一施之也。

叶子曰：《春秋》一恶不再贬，吾固言之矣。妾母之不得为夫人，王去天既见于含、赗，则会葬何为而复贬乎？君子之待其君，所以异于众人也。疾恶而一见贬，吾以正天下之为恶者而已。彼自弃而不能改，吾亦何用每致意焉？曰是不足诛云尔，乃吾以为君，则不可以不足诛而遽绝之也。见一恶焉，曰“庶几其或改也”，则从而亟救之；又见一恶焉，曰“庶几其或改也”，则又从而亟救之。见者不已，救者亦不已，终必至于改而后止，此君子之事其君者也。含、赗非矣，吾为之辞而去天，以为知其道者，宜于此焉变矣。其不能变而至于会葬，吾又为之辞而去天，以为知其道者，亦宜于此焉变矣。是其存于心者，岂有异乎？则贬之者，乃所以爱之也。

夏，公孙敖如晋。秦人入鄀。秋，楚人灭六。冬，十月，甲申，许男业卒。

六年，春，葬许僖公。夏，季孙行父如陈。秋，季孙行父如晋。

季孙行父，吾大夫之三命者也。

八月，乙亥，晋侯驩卒。冬，十月，公子遂如晋，葬晋襄公。晋杀其大夫阳处父。

晋以狐射姑将中军，赵盾佐之。处父党赵氏，言于晋侯，不以赵盾佐射姑。襄公从之蒐而易中军。故襄公死，射姑使人杀处父于朝。处父之死，罪累上也，故以国杀。

晋狐射姑出奔狄。

狐射姑，晋大夫之三命者也。

闰月不告月，犹朝于庙。

闰月者，积日之余以附于月也。闰月何以不告月？无是月也。天子正岁年以序事，各于其朔颁之于诸侯，曰颁朔。诸侯受而藏之于祖庙，各于其朔朝庙而告行之，曰告朔。诸侯告朔不告月，前未有书闰月不告月，此何以书？为朝于庙起也。无是月而不告，正也。有告朔而后有朝庙，不告朔则亦无所用朝矣。闰月而朝庙，非礼也。犹者，可以已之辞也。

叶子曰：吾何以知闰月为无是月欤？日月所会谓之辰，日月所合谓之朔。辰之大数不过十二，周天之度而居其舍，为十有二次。日行一度而迟，故三百六十日而成岁。月行十三度有奇而速，故三十日而成月。日迟而月速，每以三十日会于所次之辰，所谓朔也。闰既积日之余以附于月，则日月无所合，是以斗指两辰之间而无是朔，无朔安得有月哉？古者常月则听朔于南门之外，以告其月之事。闰月则阖门左扉，立于其中，以听其附月之余事。此礼之所由辨也。《春秋》积月以编，宣之十年书“夏，四月，丙辰，日有食之”，在晦，下见五月，而中有“己巳，齐侯元卒”，己巳距丙辰十有四日，则为闰四月，蒙上文不书。襄之二十八年书“十有二月，甲寅，天王崩”，下见正月，而中有“乙未，楚子昭卒”，乙未距甲寅四十有二日，则为闰十二月，蒙上文不书。惟丧以月计，故齐景公葬见闰月，亦以无是月，故不得别见。天子既不以是颁朔，则诸侯宜亦不以是告月。

七年，春，公伐邾。三月，甲戌，取须句。

须句尝为我取矣，何以复见？再归于邾也。何以书？不正其伐取也。

遂城郚。

书，不时也。

夏，四月，宋公王臣卒。宋人杀其大夫。

大夫何以不名？大夫无罪也。宋昭公即位，欲尽去群公子，穆、襄之族，遂率国人攻昭公而杀公孙固、公孙郑，则大夫为无罪矣，何以曰宋人？众杀之也。

戊子，晋人及秦人战于令狐。

秦欲纳公子雍而晋拒之，故以晋人及秦人，言晋之主战也。此赵盾之师也，何以言晋人？盾舍嫡而外求君，逮其既悔，复背约而御秦师，秦亦党不正而与之战，故两狄之。贬而称人。不言败绩，曰是犹“楚人及吴战于长岸”者云尔。

叶子曰：吾何以知令狐之战为两狄之欤？《春秋》三十四战，未有不言败绩者，以为偏战，中国之辞也。至于“楚人及吴战于长岸”，未必非偏战，而但言战，不言败绩，以其皆夷狄[①]，是以略，而与“楚人败徐于娄林”“于越败吴于槜李”之辞一施之。其或言败、或言战者，盖言败绩则胜负不可两见，故假内辞以别之。战则我败也，败则我胜也，此《春秋》重师之道，虽夷狄[②]不敢忽焉，故河曲之役亦云。今《左氏》以河曲为交绥，而《公羊》以河曲及此皆为敌。交绥犹言两相敌而俱退也。以《左氏》考之，河曲赵盾恐获赵穿而出战，因以俱退，犹云可也。令狐乃赵盾潜师夜起，以败秦师，何以亦不书“秦师败绩”乎？《公羊》盖不见其事而意之，故概以为敌，岂三十四战无一相当，而独见于此二役乎？其言亦不足据矣。然则河曲何以不言及？及以别会内为志也。胜败既不可不分，则内外亦不可不辨，以为两欲无及之者，故不得书。战非人之所欲，是以亦重责之者也。

晋先蔑奔秦。

先蔑，晋大夫之三命者也。何以不言出？自战而奔也。令狐，秦地。

狄侵我西鄙。秋，八月，公会诸侯、晋大夫盟于扈。

此齐侯、宋公、卫侯、郑伯、许男、曹伯也。何以不序？不足序也。赵盾背秦约而立灵公，不以灵公会诸侯，而己临之。诸侯以大夫执国命而靡然听焉，故诸侯不序，大夫亦不名，犹溴梁大夫之盟然，不与大夫之得会诸侯也。

冬，徐伐莒，公孙敖如莒莅盟。

八年，春，王正月。夏，四月。秋，八月，戊申，天王崩。冬，十月，壬午，公子遂会晋赵盾盟于衡雍。乙酉，公子遂会雒戎盟于暴。

何以再言公子遂？以两事出也。赵盾，晋大夫之三命者也。

公孙敖如京师，不至而复。

复者，事之未毕也。事毕之辞谓之还，事未毕之辞谓之复。大夫受命而出，君言不宿于家，虽死以尸将事，闻父母之丧，则徐行而不返，以君命为不敢专，事未毕而

① 夷狄，文渊阁本作“非中国”。

② 虽夷狄，文渊阁本作“非中国”。

复，罪也。公子遂至黄乃复，非自复也，故地而以难言之，乃难辞也。公孙敖如京师，不至而复，自复也，故不地而以易言之，而易辞也。

丙戌，奔莒。

何以不言出？自外而奔也。

螽。宋人杀其大夫司马。

大夫司马者何？杀大夫与司马也。何以先大夫？杀大夫而后杀司马也。何以不言及？异事也。犹曰杀其大夫赵同、赵括。然司马官举上大夫，卿也，不名杀，无罪也。昭公不礼于襄夫人，夫人因戴氏之族杀昭公之党孔叔、公孙钟离及大司马公子卬，司马握节以死，则大夫司马为无罪矣。

宋司城来奔。

司城何以官？举卿也。

九年，春，毛伯来求金。

毛伯，王之下大夫也，求赙非矣，求金又甚也，不言使，当丧未君也。

叶子曰：天子诸侯在丧之称，礼不能详。《左氏》谓诸侯曰子，此以《春秋》言之也。其曰天子，曰小童，则礼未之闻焉，岂不曰余小子者乎？《公羊》言世子君薨称子某，既葬称子，逾年称公，此亦以《春秋》之文次之尔。至平王未葬，桓王未逾年而求赙；襄王未葬，顷王已逾年而求金，皆不称天王，则以为当丧未君，即位而未称王也。为之说曰："以天子三年然后称王，亦知诸侯于其封内三年称子，逾年称公矣。曷为于封内称子？缘民臣之心，不可一日无君；缘终始之义，一年不二君，不可旷年无君；缘孝子之心，则三年不忍当也。"原《公羊》之义，盖以逾年称公者，民臣之称；封内三年称子者，孝子之自称也。则顷王即位已逾年，此正旷年不可无君者，安得不称天王乎？至敬王在景王之丧逾年，而狄泉书天王，则以为著有天子，盖求其说不得，故意之而终不免相戾也。以吾考之，天子三年曰余小子，诸侯曰子，此自称之辞也。所谓"三年不忍当"者，《春秋》与礼之所同也。故天子崩，有所谓小子王者矣。天子即位逾年称王，诸侯即位逾年称公，此民臣称之辞也。所谓"不可旷年无君"者，岂独即位逾年哉？康王始即位于柩前，群臣告之曰："御王册命。"曰："王再拜兴。"则虽未即位逾年，亦称王矣。盖既为之天子而不称王，诸侯而不称公，则无称也，所谓"不可一日无君"者也。乃《春秋》所书，则以逾年、未逾年、葬、未葬为辨尔。年者，君之节也；葬者，臣子之终事也。二者必兼尽，而后可以为君。故以年为辨者，虽已葬未逾年，不得称君，子赤卒不称公是也。以葬为辨者，虽逾年未葬，亦不得称君，顷王求金不称天王是也。以顷王不得称王，则桓王未逾年未葬，其不称天王固宜矣。然则敬王得称天王，其以逾年而又葬乎？何以知之？郑庄公以五月卒，七月葬厉公，明年盟于武父，称郑伯。齐僖公十二月卒，明年四月葬襄公，五月会于艾，称齐侯。则敬王之称王亦固宜矣。此《春秋》尽君亲之道者也。

夫人姜氏如齐。二月，叔孙得臣如京师。辛丑，葬襄王。

葬天王不书，此何以书？不正其无故以大夫会葬也。

叶子曰：吾何以知此为不正大夫之会葬欤？《春秋》固有礼所不见而可以情度之者。葬天子，亲者也，有不能亲焉故也。遂不葬则不可，礼必有许之大夫将事者，则灵王之葬郑以在楚，而以印段行是也。天王崩，见经者九，其四不书葬，书葬而见大夫者，惟此与叔鞅二而已。考之于经，襄王前年八月崩，冬十月公孙敖如京师，不至，以币奔莒，此吊也。明年书"毛伯来求金"，则货贝赗赙，盖遂阙而不供焉，此文公之怠也。其于葬，岂亦慢而不亲往乎？昭公前年冬如晋，至河，晋谢之，不得见而复，此朝也。明年天王崩，王室乱宁，昭公能朝晋而不能朝京师，盖避王子朝之难而不敢进焉，此昭公之怠也。其于葬，岂亦畏而不亲往乎？慢与畏，非故也。大夫将事，礼之所得通，亲往，或有过[①]不往而合礼，所以四不书；则无故不亲往而违礼，此所以二特书欤？

晋人杀其大夫先都。

先都，晋大夫之三命者也。晋侯蒐于夷，将登箕郑父、先都，而使士縠、梁益耳将中军。先克不从，于是四人作乱，杀先克。晋人复杀先都。大夫有罪而众杀之也，故以人杀。

三月，夫人姜氏至自齐。

内夫人出，前未有书至者，此何以独书？夫人出未有不告，归未有不致者也。前此者，或以会，或以飨，或以如师，或父母没而归宁，皆礼之所不可为者也，而况孙与如他国者乎？故内夫人出十有四，皆不书至，非不致也，讳而没之也。父母在而归宁，惟出姜得其节，故书其正，以见其不正焉。

叶子曰：《泉水》《载驰》之诗，孔子何为而取欤？善其思不失其正也。父母亡而思见其兄弟，于义未为甚过也，然而诸姑伯姊以为不可，则不敢违，故曰："遄臻于卫，不瑕有害。"国亡矣，思归唁其兄，于义亦未为甚过也，然而许人以为尤，则不敢违，故曰："视尔不臧，我思不远。"古者妇人内不忘其宗国，而外能止于礼义，是以嫌疑之隙无自而萌，而廉耻之心油然常存而不亡。鲁之乱，始于不能正家，家道之不正，常自归宁始。《春秋》书变事，不书常事。夫人归宁，常事也，宜所不书，而不一书，则终无以著其正，故以出姜一见法焉。

晋人杀其大夫士縠及箕郑父。

箕郑父，晋大夫之三命者也。及者，罪及之也。士縠、箕郑父，先都之党也。先都既死，晋人复杀二人，大夫有罪而众杀之也，故以人杀。

楚人伐郑。公子遂会晋人、宋人、卫人、许人救郑。夏，狄侵齐。秋，八月，曹伯襄卒。九月，癸酉，地震。

记异也。阳伏而不能出，阴迫而不能散，于是有地震。

① 过，《荟要》本、文渊阁本作"故"。

《石林先生春秋传》卷第十二

叶氏

文公二

冬，楚子使椒来聘。

椒，楚大夫之再命者也。楚大夫聘，前未有以名见者，此何以书？进之也。进者何？始能以中国之礼通也。故楚子得称爵，椒得称名。楚以爵见，始于此乎？盂之会尝称爵矣，引之以贬诸侯，则非进也。大夫以名见，始于此乎？屈完、宜申皆尝称名氏矣，屈完以盟褒其身，宜申以捷著其名，则非进也。前乎此书“荆人来聘”，则以其用夷礼，不得爵而名也。后乎此书“楚子使薳罢来聘”，则已与之，不得不爵而名也。然则与其为中国而始进之，盖在是矣。《春秋》之恶夷狄，非不深也，驱而远之，常若不及，至其可进也，则未尝绝焉。故楚至以椒来聘，而得与中国同；吴至以札来聘，而得与中国同。孟子曰：“西子蒙不洁，人皆掩鼻而过之，虽有恶人，斋戒沐浴，可以事上帝。”此《春秋》用夏变夷之道也。故曰：“惟仁者能好人，能恶人。”[①]

秦人来归僖公成风之襚。

襚者何？归死也。贝玉曰含，衣衾曰襚。襚不书，此何以书？因外之弗夫人以见正也。妾母系之子曰僖公成风，礼也。内既夫人之矣，《春秋》所不得革，犹以秦人之辞为正也。

叶子曰：含、襚皆所以赠死也，既葬而后归之，礼欤？死丧之戚，君子未有不致其哀者也。然死而赴，赴而吊，则为之含、襚，赗与之俱焉。吊者降，出，反位，而后含者执璧以入；含者降，出，反位，而后襚者执冕服以入。其归死者尽矣，而后上介执圭将命曰：“寡君使某赗。”然而死三日而敛，上下之所同也。则含、襚有不及其尸者矣。先王待人以情，而不责人以事，故礼有既葬而至含于蒲席者，称其情而为之也。而《左氏》乃谓惠公仲子赗为贬不及尸，《穀梁》谓成风之含、赗为贬不周事者，皆妄也。

葬曹共公。

十年，春，王三月，辛卯，臧孙辰卒。夏，秦伐晋。

秦何以国举？夷狄之也[②]。秦、晋之雠久矣。自四年晋侯伐秦不复贬，七年而为令狐之战，盖有为而然也。而公子雍之不可纳，秦固已失正矣。如不可而退，犹以为愈

① 文渊阁本传文缺。

② 文渊阁本无“夷狄之也”四字。

也。晋自是不出师者三年，而秦复首兴兵端，终不忍小忿以残其民，则秦、晋之怨无时而可息矣。殽战，初以两夷狄书之[①]，晋固与有责也，至是则晋有辞矣，是以独归恶于秦也。

楚杀其大夫宜申。

城濮之战，宜申兵败，楚子不杀，以为商公。既而沿汉溯江，将入郢，曰："臣免于死，又有谗言，谓臣将逃，臣归死于司败。"楚子复使为工尹，乃谋弑楚子，遂杀焉。宜申之死，罪累上也，故以国杀。

自正月不雨，至于秋七月。及苏子盟于女栗。

苏子，寰内诸侯王之中大夫也。孰及之？公也。何以不言公？不与公之与内大夫交也。公于内大夫有会盟，无及盟，及而离盟，私交之也。

冬，狄侵宋。楚子、蔡侯次于厥貉。

十有一年，春，楚子伐麇。

麇，国也。

夏，叔彭生会晋郤缺于承匡。

叔彭生，吾大夫之三命者也。郤缺，晋大夫之三命者也。

秋，曹伯来朝。公子遂如宋。狄侵齐。冬，十月，甲午，叔孙得臣败狄于咸。

十有二年，春，王正月，郕伯来奔。

郕伯何以不名？内未有君也。

叶子曰：吾何以知郕之内无君欤？卫侯郑附楚，晋文公兴，惧讨，使元咺立其弟叔武而奔楚，叔武不当国而摄焉。《春秋》不名郑，书"卫侯出奔楚"，不嫌也。践土之盟，叔武亦书子而不以爵，见不君之也。凡诸侯奔而不名，惟此两见。以类求之，吾是以知其然也。

杞伯来朝。二月，庚子，子叔姬卒。

子叔姬，文公之女也。何以书卒？许嫁也。

夏，楚人围巢。

巢，国也。

秋，滕子来朝。秦伯使术来聘。

术，秦大夫之再命者也。

冬，十有二月，戊午，晋人、秦人战于河曲。

何以不言及？两欲之也。何以不言师败绩？狄[②]之也。前既已狄秦矣，此何以复狄秦？前伐未得志，而复伐晋，晋以赵盾御之于河曲，谋深沟固垒以老秦师，秦军掩晋上军，赵穿以其属独出，赵盾不能禁，乃皆出战，以为不能弭敌而复出以争，是以狄而又狄也。

季孙行父帅师城诸及郓。

---

① 文渊阁本无"初以两夷狄书之"七字。

② 此条中五"狄"字，文渊阁本皆作"贬"。

诸、郓，内二邑也。以诸及郓，小大之辞也。城则何以帅师？畏齐也。莒有郓，鲁有郓。莒郓，附庸也。鲁郓，吾邑也。齐尝取其田矣，是以城而有畏焉，畏非城之道也。

十有三年，春，王正月。夏，五月，壬午，陈侯朔卒。邾子蘧蒢卒。自正月不雨，至于秋七月，大室屋坏。

世室，《左氏》作大室，《公羊》《穀梁》作世室，当从《左氏》[①]，大庙之室也。古者将祭祀其庙，则有司修除之。其祧以守祧，黝垩之，无坏之道。坏，久不修也。自文而上皆贬矣。

冬，公如晋。卫侯会公于沓。狄侵卫。十有二月，己丑，公及晋侯盟。公还自晋。郑伯会公于棐。

公还不书，此何以书？善公之能平卫、郑也。卫、郑皆尝附楚而畏晋讨，故因公之朝，往则卫侯会公于沓，反则郑伯会公于棐，皆介公以请平于晋。明年，于是同盟于新城，则公成之也。一出而三国附，楚[②]以善其还焉。

十有四年，春，王正月，公至自晋。邾人伐我南鄙，叔彭生帅师伐邾。

夏，五月，乙亥，齐侯潘卒。六月，公会宋公、陈侯、卫侯、郑伯、许男、曹伯、晋赵盾。癸酉，同盟于新城。

晋始得诸侯。卫、郑既请平，从于楚者尽服，故赵盾修小白之旧，复为同盟。会而后盟，故别见日。会何以不目新城？盟何以不目诸侯？君子以赵盾之盟异乎小白之盟，略之也。

秋，七月，有星孛入于北斗。

记异也。五星之变为彗。孛，彗也。何以曰入北斗？有环域，自外入于环中也。

公至自会。晋人纳捷菑于邾，弗克纳。

纳捷菑，则何以言弗克纳？善之也。此赵盾之师也。善之，则何以言晋人？不与大夫得专废置君也。古者立嫡以长不以贤，立子以长不以贵。邾文公卒，无嫡，捷菑、貜且皆庶子也。貜且长，邾人立貜且，晋以捷菑已出而往纳焉。邾人曰："子以其指，则捷菑四，貜且六。虽然，貜且也长。"赵盾引师而去之。君子是以与其弗克纳也。故言弗。弗者，可纳而不纳也。然赵盾不纳捷菑可，专废置邾君不可，《春秋》不以所可废不可，此赵盾所以不免于人也。

九月，甲申，公孙敖卒于齐。

内大夫卒于外不书，此何以书？录难也。敖初奔莒，鲁人立其子谷以为后，谷死，复立其弟难，敖请重赂以求复，难以为请，许之，未至而卒，故与大夫卒于国内者同书，君子以是录难也。

叶子曰：吾何以知内大夫卒于外不书欤？季孙行父以仲遂之故，逐公孙归父，归

---

① "世室"以下至此，文渊阁本作"大室，《公羊》作世室，《左氏》《穀梁》作大室，当从二《传》"，与今本三《传》相符。

② 楚，文渊阁本作"是"。

父走之齐，鲁人徐伤其无后，于是立其弟婴齐以后仲氏，则归父盖死于齐矣。然而《春秋》不见归父之卒，盖位已绝，则不得以大夫卒之也。古者以大夫卒，则得以大夫卒之，盖为之变也；不以大夫卒，则不得以大夫卒之，盖不为之变也。赦虽许其复，而非大夫，则礼不得书卒，书卒所以为录难也。使婴齐能为难，则生必能尽其力以复其身；生不能复，则死必能尽其力以归其丧，而婴齐无闻焉。春秋之时，臣弑君，子弑父，无国而无有，则有如难者，不得不贵。所以尽人伦之至，而示天下以大孝也，故以难一见法焉。

齐公子商人弑其君舍。

公子商人，齐大夫之三命者也。舍，未逾年之君也。何以称弑其君？恶商人也。成之为君，则可名以弑；不成之为君，则不可名以弑。商人取舍而代之者也，君子以为异乎里克之杀奚齐。故成舍之为君者，所以正商人之弑也。

宋子哀来奔。

子哀，宋大夫之高哀也。何以曰子哀？字也。宋昭公无道，哀为萧封人，昭公命以为卿。哀不义其所为，知宋之将乱，弃而来奔，故以字褒之，为于治乱为见几，于去就为有义也。

冬，单伯如齐。

单伯，鲁四命之孤也。

齐人执单伯。

单伯，以事使于齐者也。何以不称行人？单伯之执，非以其事也。商人暴子叔姬，单伯因使而为之请曰："既杀其子，安用其母？"商人怒，遂执单伯，非伯讨也，故以人执。

叶子曰：单伯，《左氏》以为王大夫，而《公羊》《穀梁》以为鲁大夫，道淫子叔姬而见执，《左氏》固已失矣，二《传》亦得之而未尽也。戎伐凡伯以归，不言执，《穀梁》谓以一人同一国，大天子之命。《春秋》施之于夷狄[①]犹尔，岂中国执天子之使，而反与诸侯之辞一施之乎？王大夫适他国，初不书于《春秋》。州公如曹，刘夏逆王后于齐，皆因过我而得见也，则单伯何以得独书？经书单伯至自齐，且执王大夫而鲁书至，此尤理之必不然者，盖《左氏》传事不传义也。《公羊》《穀梁》虽以为鲁大夫，然求其执而不得，则意其为道淫，不近人情愈甚，盖二氏传义不传事也。

齐人执子叔姬。

子叔姬，齐君舍之母也。商人，舍之庶弟。商人既弑，舍不礼于叔姬，因单伯之请而执单伯，故又执叔姬。再见齐人，别单伯之执，非一事也。凡国君自执，其国人未有书执者，子叔姬则何以书执？《春秋》天下之大教也。天下岂有无母之国哉？言夫人姬氏则不可书执，言子叔姬则可书执，故以父母之辞言之，若鲁人然，不使得见为齐君之母，所以存教也。舍未逾年，既成之为君而正其弑，则商人之罪无所逃矣，故不再贬，使天下之为母者存，亦以绝商人于天下也。

---

① 夷狄，文渊阁本作“戎”。

十有五年，春，季孙行父如晋。三月，宋司马华孙来盟。

司马，官举者也。华孙，华耦也。官举则何以复称氏而不名？贬也。华、乐皇皆戴族，襄夫人杀大夫司马，三族与焉。昭公立而不得自为政，华孙于是出而来盟。以为能其官，则非也，故不言使而加氏。其不得以名见焉者，嫌其与楚屈完同辞也。屈完，以君命出而专盟者也。华耦，不以君命出而擅盟者也。以为若齐仲孙来，则近之矣。

夏，曹伯来朝。齐人归公孙敖之丧。

内大夫葬归不书，此何以书？录难也。敖死，齐人饰其棺而置诸堂阜，难毁以请，期年犹未已，立于朝以待命。鲁人许之，取而殡于孟氏之寝，葬视共仲。君子以是录难也。《春秋》一恶不再贬，一善不再褒。难之善己，特见于书卒，此何以复书？丧归，生虽许复其位，死不能终归其葬，犹不复也。故曰："书之重，辞之复，其中必有美恶者焉，《春秋》之意也。"何以不言来？齐人许而我受之于齐也。

六月，辛丑朔，日有食之。鼓，用牲于社。单伯至自齐。

内大夫如不书至，大夫执而后书至。大夫，国体也。

晋郤缺帅师伐蔡。戊申，入蔡。

伐而以同日入，故见日。郤缺以上下军伐蔡，曰："君弱，不可以怠。"遂以戊申入。会而以同日战，故先言会而后言日。伐而以同日入，故先言伐而后言日。战不为期则近于诈，伐不待服则近于陵。

秋，齐人侵我西鄙。季孙行父如晋。冬，十有一月，诸侯盟于扈。

此晋侯、宋公、卫侯、蔡侯、陈侯、郑伯、许男、曹伯也。何以不序？不足序也。齐执子叔姬，晋率诸侯寻新城之盟，以谋伐齐，晋受齐赂，不克而还。以诸侯为不足序也。

十有二月，齐人来归子叔姬。

来归，出也。何以不言子叔姬来归？不正商人以子出母也。内女出，皆以归为文，见其以罪绝于夫之国也。故国君出，夫人使者将命曰："寡君不敏，不能从而事社稷宗庙，使臣某敢告。"主人对曰："寡君固辞不教矣，敢不敬须以俟命。"天下岂有子而出其母者哉？故以齐人来归为文，曰齐人出之则可，子叔姬无绝于商人者也。

齐侯侵我西鄙，遂伐曹，入其郛。

郛，外城也。诸侯之国，三里之城，七里之郭。城，中城。郛，郭也。入其郛而不入其城，是亦入焉尔。

十有六年，春，季孙行父会齐侯于阳谷，齐侯弗及盟。

弗及盟，齐侯不肯与我盟也。齐侯既归了叔姬，遂侵我西鄙，我以季孙行父约齐侯而与之盟。齐侯不肯与大夫盟而后约，若弗及然，以齐侯为愧矣。桃丘，我往而不肯遇，故言弗遇。阳谷，齐侯来而不肯盟，故言弗及盟。

夏，五月，公四不视朔。

不视朔不书，此何以书？言公之有疾也。以公有疾而书，则凡不书者，皆公无疾而不视朔也。古者天子皮弁，以日视朝，朔月则以玄端听朔于南门之外。诸侯朝服，以日视朝，朔月则皮弁听朔于太庙。未有天子听朔而诸侯不视朝者也。盖鲁自是不视朔矣。

叶子曰：是“子贡欲去告朔之饩羊”者欤？子曰：“尔爱其羊，我爱其礼。”此《春秋》书不视朔之意也。

六月，戊申[①]**，公子遂及齐侯盟于郪丘。秋，八月，辛未，夫人姜氏薨。**

僖公之夫人也。

毁泉台。

毁泉台何以书？不正其听于神而疑民也。有蛇出于泉宫，入国，如先君之数。既而夫人薨，鲁人以为妖，遂毁泉台，非示民之道也。

叶子曰：殷人率民以事神，先鬼而后礼。孔子以为其民之敝，荡而不静，是以古者假鬼神、时日、卜筮以疑众者，诛不以听。孔子盖知之矣，故曰“不语怪力乱神”，然后人知敬鬼神而远之，故以泉台一见法焉。

楚人、秦人、巴人灭庸。冬，十有一月，宋人弑其君杵臼。

称人以弑，微者弑君之辞也。昭公既不得于襄夫人，夫人杀其大夫司马，而昭公无以自立矣。即位九年，卒因昭公田，率郊甸之师而弑公，故以人弑。

十有七年，春，晋人、卫人、陈人、郑人伐宋。夏，四月，癸亥，葬我小君声姜。

声，谥也。

齐侯伐我西鄙。六月，癸未，公及齐侯盟于穀。诸侯会于扈。

扈之会，晋侯、宋公、卫侯、蔡侯、陈侯、郑伯、许伯[②]、曹伯也。何以不序？不足序也。宋既弑昭公，晋侯复合扈之诸侯以讨宋乱，而后不能以诸侯为不足序也。

秋，公至自穀。冬，公子遂如齐。

十有八年，春，王二月，丁丑，公薨于台下。

非正也。

秦伯罃卒。夏，五月，戊戌，齐人弑其君商人。

称人以弑，微者弑君之辞也。商人为公子与邴歜之父争田，弗胜，即位，掘而刖之，而使歜仆。纳阎职之妻，而使职骖乘，游于申池。二人遂弑公，纳诸竹中，故以人弑。

六月，癸酉，葬我君文公。秋，公子遂、叔孙得臣如齐。

使举上介。公子遂、叔孙得臣何以并见？二卿共使也。聘则何以二卿共使？非常聘也，其谋立宣公也欤？文公夫人姜氏生子赤，其二妃敬嬴，生宣公。子赤嫡而幼，宣公庶而长，敬嬴私事公子遂，以属宣公。文公薨，遂于是欲立宣公，问赤于叔彭生曰：“君幼如之何？愿与子虑之。”对曰：“吾子相之，老夫抱之，何幼君之云？”遂知不可，乃杀彭生，将见于齐侯而请之。以其非常聘，故以得臣共使见重也。《聘礼》：

① 戊申，《荟要》本、文渊阁本作“戊辰”。

② 许伯，文渊阁本作“许男”。

“君与卿图事，遂命使者。”盖使必以卿，既图事而后戒上介，众介则以宰命司马戒焉。司马掌士，众介以士为之，则上介宜以下大夫得臣卿，此非以为介，盖共使者也。

叶子曰：公子遂，庄公之子，僖公之弟也。自僖公以来，三桓之子孙始渐进。四年公孙兹见，文元年叔孙得臣见，而叔孙氏强矣。僖十五年，公孙敖见，而仲孙氏强矣。文六年，季孙行父见，而季孙氏强矣。终春秋之世，莫之能去也。僖之十六年，公子友卒。秋，公孙兹卒。三家子孙列于卿者，惟公孙敖一人。遂以二十八年得政，虽后于敖，然视三家为最亲。故敖自十五年救徐之后，不复用事，所往来齐、晋、楚三大国之间，至于入杞伐邾，皆遂为之，鲁之政盖皆在遂焉。文公立而遂益专，及元年叔孙得臣见，六年季孙行父见，二氏虽复进，而力未能与遂抗，故其末年执政，惟遂与叔彭生、得臣、行父四人。彭生既以不从而杀，则得臣、行父不得不畏而听，此其所以挟得臣与之偕行，将以见此鲁执政之意，而非己之私也。齐侯于是许之。宣公立，季孙行父亦如齐，公遂会齐侯于平州，以定其位，则二人盖皆与闻乎弑者欤？

冬，十月，子卒。

此弑也，何以不书？弑内辞也。不书则何以知其为弑？不地则知其为弑也。遂既以赂请于齐，齐惠公新立，亦欲亲鲁而许之，故遂归弑赤而立宣公。何以不名？未逾年君之辞也。

夫人姜氏归于齐。

归者何？大归也。子赤既死，夫人无以容于鲁执政，于是谋而归之齐。执政谋之，宣公从之，齐人受之，以为一有礼义之心焉，则不至于是也。

季孙行父如齐。莒弑其君庶其。

称国以弑，众弑君之辞也。

叶子曰：弑君，天下之大恶也，《春秋》各正其名而无所加辞。吾固言之矣，而《左氏》不能尽辨，乃曰：“弑君称君，君无道也；称臣，臣之罪也。”夫国有不幸出于争夺，以庶而篡嫡如齐商人者；立非其正，黜于强臣如晋里克者，概以为君无道，可乎？君君臣臣，天下之大义也，必以称臣而后为臣之罪，则称国为非其罪，可乎？此《左氏》不传经，臆以为说者也。故各书其事，虽或仅得之，而终不免惑其私。故于庶其曰“莒杞公生太子仆，又生季佗，爱季佗而恶仆，且多行无礼于国，仆因国人以弑莒公。”于密州曰“莒犁比公生去疾及展舆。既立展舆。又废之，犁比公虐，展舆因国人攻莒子，弑之，乃立。”若然，则庶其当为世子弑，密州当为公子弑，何为反书国与人乎？以吾考之，庶其所谓多行无礼于国，密州所谓虐国人而国人弑之者，其言是也。以为仆与展舆之弑，则不明《春秋》之义，而妄信旧史之过矣。惟《公羊》《穀梁》氏为能近之，盖非传经者不能辨。吾是以于《左氏》所记事，每不敢尽以为证，必断于经焉。孟子曰：“尽信书，不如无书。吾于《武成》，取二三策而已。”此之谓善学。

宣公一

元年，春，王正月，公即位。

继弑而书即位，见宣志也。

叶子曰：隐公之弑，公子翚也；子赤之弑，公子遂也，《春秋》于翚与遂皆无异辞。至桓与宣，则书即位以著其意，何也？《春秋》以道治弑君者三，而正弑君不与焉。郑公子归生非本弑夷者也，惧人之谮己而从之，故夷弑不书公子宋而书归生。楚公子比非亲弑虔者也，告之谋而不能拒，故虔弑不书公子弃疾而书比。晋赵盾非实弑夷皋者也，不讨贼而居其位，故夷皋弑不书穿而书盾。书归生者，《春秋》之义也。书比者，《春秋》之情也。书盾者，《春秋》之教也。翚与遂之罪，固不得免矣，然其所为，则桓、宣之意也。使以翚、遂首恶，则凡天下之为篡夺而弑其君者，皆得因人而免矣，此桓、宣所以书即位也。

公子遂如齐逆女。

此丧娶也。何以不言纳币？在文公之世也。

三月，遂以夫人妇姜至自齐。

遂不称公子，一事而再见者，卒名之也。文与宣皆丧娶也，故出姜逆不称氏，穆姜至亦不称氏，其为贬之道同也。何以不于其逆焉贬？逆者，未成妇也；至者，已成妇也。出姜公自逆，不与其自逆而没其至，则不得于至为贬矣。妇，有姑之辞也。

夏，季孙行父如齐。晋放其大夫胥甲父于卫。

胥甲父，晋大夫之三命者也。放者，宥之以远也。古者臣有罪，待命于其境，君赐之环则还，赐之玦则去，谓之放。晋与秦战于河曲，胥甲父佐下军，臾骈佐上军，秦、晋以力争而民敝久矣。秦师将退，臾骈欲薄诸河，胥甲父不可而止，秦师遂遁。至是八年，晋患不得志于秦，追咎胥甲父而放之，非其罪也，故以国放。凡以国放者，大夫无罪而君放之也；以人放者，大夫有罪而众放之也。

公会齐侯于平州。公子遂如齐。六月，齐人取济西田。

外取内田不书，此何以书？赂也。宣公既请于齐而以弑立，故以济西田赂齐为之辞。言齐取，若非我与之然。齐称人，贬也。曰济西田，不一地也。

秋，邾子来朝。楚子、郑人侵陈，遂侵宋。晋赵盾帅师救陈，宋公、陈侯、卫侯、曹伯会晋师于棐林，伐郑。

此赵盾之师也。不言赵盾，不以大夫会君也。

冬，晋赵穿帅师侵崇。

赵穿，晋大夫之三命者也。崇，国也。

晋人、宋人伐郑。

二年，春，王二月，壬子，宋华元帅师及郑公子归生帅师，战于大棘，宋师败绩。获宋华元。

华元、公子归生，宋、郑大夫之三命者也。郑受命于楚以伐宋，华元不服而御之，故以华元及归生，言华元之主战也。君获，不书师败绩；大夫获，书师败绩。君重于师，师重于大夫。华元获，再见宋。华元尽力于战，不以获耻，华元善之也。

秦师伐晋。夏，晋人、宋人、卫人、陈人侵郑。秋，九月，乙丑，晋赵盾弑其君夷皋。

此弑者，赵穿也。曷以为盾主弑？盾，正卿也。臣弑君，在官者杀无赦。盾有憾于灵公而出，闻灵公弑，未越竟[①]，非君命而自复，不讨穿，反与之并列于朝。君子以为此同乎欲弑灵公者，特假手于穿尔，是以探其恶而诛也。

叶子曰：《左氏》记盾事，载孔子之言，称盾能为法受恶，为良大夫，而许之以越竟，乃免。此非孔子之言也。弑君，天下之大恶也，有为不为尔。使与闻乎弑，虽在四海之外无所逃，则安取于越竟？使不与闻，虽在朝如晏子，其谁敢责之？而况已出《春秋》，书盾非以其实弑也。《穀梁》氏载董狐之言曰："子为正卿，入谏不听，出亡不远，反不讨贼，则志同。志同则书重，非子而谁？"是盖推盾之志而加之弑者也。《左氏》传史不传经，故虽得于三言，而莫知《春秋》之义，正在于志同则书重，乃略而不言，则盾为实弑矣。安有实弑君而为法受恶，是区区何足言者，犹得为良大夫乎？亲弑其君者，其恶易见；假手以弑其君者，其恶难察。使盾而得免，则乱臣贼子皆将假诸人以肆其恶，甚乎亲弑君者矣。故以赵盾一见法焉。

冬，十月，乙亥，天王崩。

三年，春，王正月，郊牛之口伤，改卜牛，牛死乃不郊。

三年之内不郊，初未有书者，此何以书？为郊牛之口伤及牛死起也。古者祭祀，天子诸侯必有养兽之官，君召牛，纳而视之，择其毛而卜之，吉，然后养之。朔月月半，则皮弁素积以巡牲。有帝牲，有稷牲。何谓[②]稷牲？后稷之牲也。郊必以祖配。后稷，祖也。未用谓之牛，将用而全谓之牲。故将祭，展牲则告牷。牷之为言，为其全而无伤也。帝牛不全，则扳稷牛而卜之。稷牛不吉或死，则不郊。郊牛之口伤，自伤也。改卜牛，稷牛也。伤者养之不谨，死者若有谴之者也。以宣公为事天者怠矣。

叶子曰：先王养兽之官曰充人，其祀上帝、享先王之牲，系于牢，刍之必三月，初未有闲也。散祭祀也，牲则系之国门。而《公羊》氏乃以为帝牲在涤三月，于稷者唯具是视。记礼者因之，遂以为事天神人鬼之别。夫天地宗庙，先王以类求之者，其文或有异，至于齐明之诚，岂有二哉？此《公羊》氏之失也。

① 竟，文渊阁本作"境"。
② 谓，文渊阁本作"为"。

《石林先生春秋传》卷第十三

叶氏

宣公三

犹三望。葬匡王。楚子伐陆浑之戎。

陆浑之戎，《公羊》《穀梁》作戎，《左氏》作之戎，当从《左氏》，不正其诈周也。楚子将至雒，观兵于周疆，假伐戎以过之，于是问鼎轻重焉，是以谓之诈周，辞间容之。之，缓辞也，不与其正之辞也。

夏，楚人侵郑。秋，赤狄侵齐。宋师围曹。冬，十月，丙戌，郑伯兰卒。葬郑穆公。

四年，春，王正月，公及齐侯平莒及郯。莒人不肯。

不肯者，非弗肯也，义可从而不从曰弗肯，义不可从而不从曰不肯。郯、鲁婚姻之国，有莒怨，公欲平之，挟齐以胁焉，义不足以服莒也。莒人，则不肯者非独其君云尔。

公伐莒，取向。

向，莒邑也。内取外邑不书，此何以书？不正其伐取也。平人不肯而伐之，莒固有辞矣，又从而取其邑，宜不能服莒也。郯亦自是不终其好，而伯姬来归矣。

秦伯稻卒。夏，六月，乙酉，郑公子归生弑其君夷。

此弑者，公子宋也。曷为以归生主弑？宋欲弑灵公而谋于归生，使归生能为公子友，则宋之恶可遏，而灵公亦免矣。既不以告，反畏宋谮而从之，则成宋之弑者，归生之为也。《春秋》用法，常施于所疑，而不施于所不疑。于所不疑则举重，于所疑则举轻以见重。宋之弑无可免之道，而归生尝拒宋，或疑于可免，故治归生则宋自见，非以归生薄宋也。

赤狄侵齐。秋，公如齐。公至自齐。冬，楚子伐郑。

五年，春，公如齐。

公始即位，公子遂、季孙行父一岁而三聘齐，犹可为也。至是更三时而再朝，则鲁失位而屈于大国，至公而不可复亢矣。

夏，公至自齐。秋，九月，齐高固来逆叔姬。

高固，齐大夫之三命者也。

叔孙得臣卒。

冬，齐高固及子叔姬来。

子叔姬来，归宁也。宣公在而子叔姬归宁，节矣。何以书？以高固之俱行也。礼，大夫非君命不越竟。

楚人伐郑。

六年，春，晋赵盾、卫孙免侵陈。

孙免，卫大夫之三命者也。

夏，四月。秋，八月，螽。冬，十月。

七年，春，卫侯使孙良夫来盟。

孙良夫，卫大夫之三命者也。

夏，公会齐侯伐莱。秋，公至自伐莱。大旱。冬，公会晋侯、宋公、卫侯、郑伯、曹伯于黑壤。

八年，春，公至自会。夏，六月，公子遂如齐，至黄乃复。

至黄乃复，有疾也。不书有疾，君行有疾可复，臣行有疾不可复。大夫以君命出致使，虽死以尸将事。复，讥[①]废命也。

辛巳，有事于太庙。仲遂卒于垂。

有事者何？四时之常祭也。四时常祭不书，此何以书？为仲遂卒，犹绎起也。仲遂，弑君不得卒者也。何以不言公子遂？贬也。贬则何以谓之仲遂？宣公盖尝赐之族矣，曰："是犹公子友之为季友者也。"垂，齐地。何以地？外也。

壬午，犹绎。《万》入，去籥。

绎者何？祭之明日也。夏曰复，商曰肜，周曰绎，《万》，舞也。籥，节舞者也。同谓之乐，犹可以已之辞也。礼，大夫死，废绎。公知其当废而犹举之，故去其有声者而存其无声者，以公为无恩也。

叶子曰：大夫死而废宗庙之祭，礼欤？曰："非礼也。"昔者曾子尝问于孔子曰："诸侯之祭社稷，俎豆既陈，闻天子崩、后之丧、君薨、夫人之丧，如之何？"曰："废。"则非此四者皆不废也，而况于宗庙乎？然则绎之得废，何也？绎非正祭也。礼，有正祭，有绎祭。君子以为祭之所以事其先者至矣，而犹恐有所未尽，故于其明日为位于庙门之外而宾尸，谓之绎。正祭主于礼神，而以宗伯将事；绎祭主于礼尸，而以士将事。礼既以是为差，则所以事其先者亦有闲矣。而大夫国体也，未有闻其死而不哀者。绎于祭为轻，大夫于国体为重。君子以所重权所轻，则亦有时而可废矣。故《檀弓》记仲遂卒于垂，壬午犹绎，孔子以为非礼也。卿卒不绎，则是特施之于绎而已。春秋之时，君臣之义薄矣。无罪而杀大夫，无国而无有。君子以为杀者吾无以救，而死者又无以申其恩，则天下无复与为臣者矣。虽弑君之贼，亦假之以致意，故以仲遂一见法焉。

戊子，夫人嬴氏薨。

宣公之妾母也，何以称夫人？致之为夫人也。致之则何以不言致之？内辞也。

叶子曰：鲁之妾母五：仲子也，成风也，敬嬴也，定姒也，定弋也。自仲子始见

① 底本无"讥"字，据文渊阁本补。

于隐公之世，《春秋》书“归惠公仲子之赗”“考仲子之宫初献六羽”以见讥。然仲子不为夫人于惠公，则隐公之讥，如是而已。至成风，则僖公致之为夫人矣。鲁之妾母为夫人，自成风始，书“禘于太庙，用致夫人”“王使荣叔归含且赗”“王使召伯来会葬”“秦人来归僖公成风之襚”，凡可以见讥者无不著，所以正妾之不得为夫人也。然而书薨、书葬，正以夫人小君名之者，盖夫人之矣，虽《春秋》不得而夺也。自敬嬴而下，惟定弋以哀公未君，未得致之为夫人，而敬嬴、定姒皆以夫人书。使宣公、襄公未尝致之为夫人，则《春秋》恶得而名哉？由是言之，自成风而后，凡为妾母者，盖皆致之为夫人，而《春秋》不可以遍书，故于成风一见正，而敬嬴以下无讥焉，臣子之义也。

晋师、白狄伐秦。楚人灭舒蓼。秋，七月，甲子，日有食之，既。冬十月己丑，葬我小君敬嬴。雨，不克葬。庚寅，日中而克葬。

敬，谥也。雨，不克葬，止而待之，至于克葬，礼也。克之为言，致力而后胜之者也。不克葬，非弗葬也，欲致力而不得也。

叶子曰：诸侯之葬为雨止，礼欤？礼也。古者庶人县窆，不封不树，不为雨止。潦车载蓑笠，盖士之礼。然言县窆，则有隧窆者矣；言不封不树，则有封树者矣；言不为雨止，岂固有为雨止者乎？礼之降杀，未有虚加之者，亦各称其情而已。天子七月而葬，所以待同轨；诸侯五月而葬，所以待同盟；大夫三月而葬，所以待同位。非特以是为节，盖礼有略而可得为者，有详而不可得为者。可为而不为则缓，缓则不恪；不可为而为则亟，亟则不怀。自大夫而上，其礼以次加详，则有不可以遽为者。葬不为雨止，特为士庶人言之尔。诸侯旅见天子，雨沾服失容，虽入门犹废，而况送死之大乎？或者乃以为通上下之辞，《穀梁》氏之失也。

城平阳。

不时也。

楚师伐陈。

九年，春，王正月，公如齐，公至自齐。夏，仲孙蔑如京师。

仲孙蔑，吾大夫之三命者也。

齐侯伐莱。秋，取根牟。

根牟，附庸之国也。

八月，滕子卒。九月，晋侯、宋公、卫侯、郑伯、曹伯会于扈。晋荀林父帅师伐陈。

荀林父，晋大夫之三命者也。

辛酉，晋侯黑臀卒于扈。

扈，晋地也。何以不言卒于会？会散矣，晋侯以疾留而卒也。卒于寝，正也；卒于外，非正也。卒，人道之终也。正不正，不可以不谨。故凡不卒于正寝者，必地焉。鲁君卒于路寝、小寝、楚宫、台下且志，况其国外乎？

叶子曰：

吾何以知晋侯之为会散而留也？凡诸侯卒于师言师，卒于会言会，非不地也。曰师与会，则既有地矣。春秋诸侯擅相征伐盟会，虽不能无得罪于王法，然有救灾恤患、谋事补阙之道焉。故凡卒于是者，葬之加一等，则《春秋》实不得不与也。不地而言师与会，盖录之也。今会扈之后，间有荀林父伐陈之事而见卒，非会散而何？伐楚之役，许男在焉，及其卒，书“许男新臣卒”，而不言师归，卒其国中也。扈之会，晋侯在焉，及其卒，书“晋侯黑臀卒于扈”，而不言会，卒于会散也。吾是以知之。

冬，十月，癸酉，卫侯郑卒。宋人围滕。楚子伐郑。晋郤缺帅师救郑。陈杀其大夫洩冶。

洩冶，陈大夫之三命者也。灵公之恶，洩冶见其微则当谏，谏而不从则当去，逮其宣淫于朝而后言焉。洩冶之死，罪累上也，故以国杀。

叶子曰：洩冶其犹可以为罪欤？曰：昔者晋假道于虞以伐虢，宫之奇谏，百里奚不谏。孟子不多宫之奇之谏，而以百里奚为智。曰：“知虞公之不可谏而不谏，可谓不智乎？”灵公之恶，固有自来矣。而孔宁、仪行父者，洩冶之所得治者也，既不能诛二人以正一君，又见不可而不能止，虽未[①]言之，徒以杀其身，则异乎从君于昏者无几。志士仁人，无求生以害仁，有杀身以成仁。所贵于杀身者，为其足以成仁也。杀身而不足以成仁，君子何取焉？然则比干非欤？曰：“是不可以一道也。”比干贵戚之卿，微子既已去矣，使比干而复去，谁与扶其宗者？故虽死不失其为仁，此君子所以立教也。洩冶异姓之卿，三谏不从，则去而已，何必至于死？故曰：“所谓大臣者，以道事君，不可则止。”故以洩冶一见法焉。

十年，春，公如齐。公至自齐。齐人归我济西田。

此其为赂也，曷为归之？以我为能事已也。何以不言取济西田？曰：是我济西田也，而齐人反归之乎？公以是病矣。邴，郑邑也，我非所当入而入，故于入言我恶其取。济西，我田也，齐非所当取而取[②]，故于归言我恶其与也。

夏，四月，丙辰，日有食之。己巳，齐侯元卒。齐崔氏出奔卫。

崔氏，崔杼也。何以举族？杼，齐之世卿，盖力足以专齐者也。其归，于是乎弑庄公。

公如齐。五月，公至自齐。癸巳，陈夏徵舒弑其君平国。

夏徵舒，陈大夫之三命者也。

六月，宋师伐滕。公孙归父如齐，葬齐惠公。

公孙归父，吾大夫之三命者也。

晋人、宋人、卫人、曹人伐郑。秋，天王使王季子来聘。

季子，王之季子也。何以不名？未大夫也。未大夫则何以书？爱之，使行大夫之事也。以为爱其子则可，以之行大夫之事则不可。君子以天王为爱其子而轻大夫也。古者天下无生而贵者也，二十而冠，四十而仕，五十而爵，而后为大夫。虽天子之子，犹士也。故齐侯以其弟年来聘，讥；天王以季子来聘，讥。

---

① 未，《荟要》本作“既”，文渊阁本作“能”。

② 取，底本无，据文渊阁本补。

公孙归父帅师伐邾，取绎。

绎，邾邑也。内取外邑不书，此何以书？不正其伐取也。

大水。季孙行父如齐。冬，公孙归父如齐。齐侯使国佐来聘。饥。

饥者何？食不足也。一谷不登曰嗛，二谷不登曰饥，三谷不登曰馑，四谷不登曰康，五谷不登曰大饥。古者三年耕必有一年之蓄，九年耕必有三年之蓄，以三十年通计之，则有九年之蓄，故凶年可以补败，是为教民之道。二谷不登而饥，其为民者病矣。何以于冬焉书？冬，五谷毕登之时也。

楚子伐郑。

十有一年，春，王正月。夏，楚子、陈侯、郑伯盟于辰陵。公孙归父会齐人伐莒。秋，晋侯会狄于欑函。

外会夷狄不书，此何以书？恶晋侯也。会，中国之礼也。郤成子求成于众狄，众狄疾赤狄之强，遂服于晋，故即欑函以为会。欑函，狄地也。晋于是灭潞氏、甲氏及留吁，以晋侯为交夷狄而乱中国也。

叶子曰：中国之恶夷狄久矣，此固礼义之所不能及，而何取于会乎？虽楚之强，主诸侯以为会，仅见于申，然亦未尝入其境而从之也。自成之十五年，吴始为钟离之会，而我与晋、齐、宋、卫、郑、邾七国从之，晋盖不能有其霸，自是遂复会于柤、于向矣。襄之五年，吴始为善道之会，而我入其境，盖我欲叛齐而假吴以为重，自是遂复会于柤、于鄫、于橐皋矣。此固中国之深耻也。《春秋》所以皆殊会而主吴，况于狄乎？然吴之强，天下莫与之争，则不可以不累书。乃会戎狄，于内则书公会戎于潜，于外则书晋侯会狄于欑函，才各一见而已。以为是不足录者，知中国、夷狄之辨，则宜于此焉正之尔，所以终见其贱夷狄之意也[①]。

冬，十月，楚人杀陈夏徵舒。

楚人者何？讨贼之辞也。

丁亥，楚子入陈。

此讨贼也，何以书入陈？不正其欲县陈也。楚子之伐陈，盖在杀夏徵舒之先。方其始谓陈人无动，吾有讨于少西氏，遂杀徵舒而轘诸栗门，孰知楚子之非讨贼哉？谓之入陈不可也，则书楚人杀陈夏徵舒足矣。及欲贪其地而有之，虽能用申叔时之言，不终其志，与得而不居者何以异？则亦入陈而已。故于是再见入陈，与入国之辞一施之。

纳公孙宁、仪行父于陈。

公孙宁、仪行父，皆陈大夫之三命者也。纳者何？与其纳也。公孙宁、仪行父，陈大夫之与君同恶者也，则何以得言纳？能讨贼者也。臣弑君，在官者杀无赦。灵公之死，陈人未有能讨徵舒者，宁、仪行父独诉之楚，而君雠复虽欲不与之，可乎？然而以楚子纳宁行则可，以宁行为陈之大夫则不可，故不系之陈，不正其为大夫，而君由之以弑者也。

① 文渊阁本传文缺。

十有二年，春，葬陈灵公。楚子围郑。

此入郑也，何以言围？与楚子也。楚子围郑旬有七日，郑人卜行成，不吉，不服。楚子退师，复修城而进围之。又三月，始克入自皇门。郑伯降楚，退三十里而与之平。则围郑者楚志，入郑者非楚志也。

叶子曰：楚围郑，盖怒其贰也。以夷狄而争中国，虽有善焉，义固不得与。然此为楚、郑言可也。入国非诸侯之善辞，自诸侯推之，安有举师问罪，待之百日而不服？虽得之，有能不有其地，与之平而去，尚可以入国之罪责之乎？《春秋》之法，义不胜人则责其人，人不胜义则责其义。故言楚之于郑，则虽终天下而不可得。若其义，则诸侯之所不可夺，亦不可以楚而遂废，故以郑一见法焉。

夏，六月，乙卯，晋荀林父帅师及楚子战于邲，晋师败绩。

晋师救郑，闻楚平欲还，先縠不可，荀林父不能止而请战，故以林父及楚子，言林父之主战也。

秋，七月。冬，十有二月，戊寅，楚子灭萧。

萧，宋附庸之国也。

晋人、宋人、卫人、曹人同盟于清丘。

是晋原縠、宋华椒、卫孔达也，何以称人？贬大夫而始同盟也。

叶子曰：《左氏》以言"恤病讨贰"则然矣，而曰"不实其言"而不书卿，岂以卫救陈而晋不讨、楚伐宋而晋不救者欤？夫大夫盟而后能实，惟向戌于宋尔。《春秋》固有异文，外此未有不叛者，何独于清丘责之？是盖知其为贬而不知其说也。

宋师伐陈，卫人救陈。

十有三年，春，齐师伐莒。夏，楚子伐宋。秋，螽。冬，晋杀其大夫先縠。

先縠，晋大夫之三命者也。邲之败，固先縠之为矣。晋侯既释荀林父，已而耻不得志，复杀先縠。先縠之死，罪累上也，故以国杀。

叶子曰：晋之杀先縠，宜若有罪，然而《春秋》以国书之，何也？古之任将，推毂而命之曰："阃外之事，将军主之。"虽君命有所不受。邲之役，晋侯既以荀林父主中军，而先縠佐之。师之进退，实在林父。举六卿之众，不能夺一先縠，遂至于败。使归而诛主将，非林父其孰为之首乎？及其请死，乃释之而不问。既失刑矣，已乃耻不得志，独追咎而杀之，则先縠安得无辞？此亦不免乎累上者也。

十有四年，春，卫杀其大夫孔达。

孔达，卫大夫之三命者也。宋责清丘之盟而伐陈，以其附楚也。孔达背盟而救陈，卫侯不能止，晋人以为讨。卫侯惧，乃复杀孔达以说于晋。孔达之死，罪累上也，故以国杀。

夏，五月，壬申，曹伯寿卒。晋侯伐郑。秋，九月，楚子围宋。葬曹文公。冬，公孙归父会齐侯于穀。

十有五年，春，公孙归父会楚子于宋。夏，五月，宋人及楚人平。

外平不书，此何以书？宋故也。此围者，楚子也，不胜将去，使子反乘堙而窥宋城。宋华元亦乘堙而出见之，各告以其情。楚子怒。子反曰：“以区区之宋，犹有不欺人之臣，可以楚而无乎？”楚子于是引师而去。君子以是为近王者之师也。是子反、华元也。何以书？人不与大夫得专平也。何以宋人及楚人？华元始告之曰：“惫矣，易子而食，析骸而爨。”子反曰：“噫！吾闻之，围者柑马而秣之，使肥者应客，是何子之情也？”乃告之曰：“吾军亦有七日之粮尔，尽此不胜，将去而归。”是宋有以先得楚者也。

六月，癸卯，晋师灭赤狄潞氏，以潞子婴儿归。

潞氏，赤狄之别种[①]也。以归，囚服也。何以名？贱之也。

秦人伐晋。王札子杀召伯、毛伯。

王札子者何？王之子札也。召伯、毛伯者何？王之上大夫也。两下相杀不书[②]，此何以书？不正其矫君命以杀二卿也。何以曰王札子？王之所亲贵者也。何以知其为矫王命而杀之？则当书天王杀其大夫某，子札忿怒而杀之，则《春秋》所不书也。盖王孙苏与毛、召争政，使札子杀焉。生杀，王之大柄也，札子得矫命而行之，王之为王者无几矣。召伯、毛伯何以不名？札子杀之也。

叶子曰：吾何以知札子之为王亲贵者欤？王子而为卿大夫，以邑爵见者书邑爵，以氏字见者书氏字。其未为大夫，则系之王而已，子瑕、子虎是也。然而晋人亲贵卓，则有曰卓子者焉；卫人亲贵伋、寿，则有曰伋子、寿子者焉，当时之辞也。札子其犹是乎？故得窃君命而矫用之，《春秋》所以因而不革也。

秋，螽。仲孙蔑会齐高固于无娄。初税亩。

税亩者何？履亩而税也。古者藉而不税，野以一夫受田百亩，积九夫以为井，以其八为私田，一为公田，谓之藉。国中自园廛至于漆林，各视其地而征之，多不过乎二十有五，寡者止于十一，谓之税。藉以田，税以地，未有田而以亩税者也。举贡之法而加之藉，非正也。鲁盖自是税亩矣。初，有终之辞也。

叶子曰：鲁固有藉矣，而又税焉，此哀公所谓二吾犹不足者欤？

冬，蝝生。

记灾也。未成谓之蝝，既成谓之螽。冬，螽未成之时也。

饥。

十有六年，春，王正月，晋人灭赤狄甲氏及留吁。

甲氏、留吁，皆赤狄之别种也。曷为以甲氏及留吁？嫌留吁之为甲氏也。

夏，成周宣榭灾。

灾，《左氏》作火，《公羊》《穀梁》作灾，当从二《传》。灾，天事也。火，人事也。《春秋》灾不志火，外灾不书，此何以书？为成周也。成周者何？东周也。宣榭者何？宣王之榭也。室有东西广曰庙，无东西广有室曰寝，有广无室曰榭。榭所以讲武事也。

---

① 别种，文渊阁本作“别族”，十六年春传文同此。

② 书，底本、《荟要》本作“尽”，据文渊阁本改。

秋，郯伯姬来归。

伯姬，内女之嫁为郯夫人者也。来归者何？出也。何以不言“郯人来归伯姬”？出有罪之辞也。

冬，大有年。

五谷皆熟也。

十有七年，春，王正月，庚子，许男锡我卒。丁未，蔡侯申卒。夏，葬许昭公。葬蔡文公。六月，癸卯，日有食之。己未，公会晋侯、卫侯、曹伯、邾子同盟于断道。秋，公至自会。冬，十有一月，壬午，公弟叔肸卒。

内大夫而后卒，叔肸未为大夫，则何以书卒？贤之也。公子三命以名氏见，再命以名见。曰弟云者，母弟也。叔，字也。何贤乎叔肸？宣公弑子赤而立叔肸，不义宣公之为，欲去，则曰：“兄弟也。何去而之？”与之财，则曰：“我足矣。”织屦而食，终身不食宣公之食，君子以是为贤也。

叶子曰：是外书所谓纪季、蔡季者也，内不可系之国，故举字以加诸名之上。然则与季友、仲遂奚辨？季友、仲遂皆正卿也，故可以功得赐族。叔肸未尝为大夫也，则不嫌于为族。是谓《春秋》美恶不嫌同辞，各于其事察之而已。

十有八年，春，晋侯、卫世子臧伐齐。公伐杞。夏，四月。秋，七月，邾人戕鄫子于鄫。

戕者何？暴之自外而贼杀之也。鄫子不名，恶邾也。执之于邾而用之，其虐固已甚矣。戕之于鄫，则又甚焉。故人邾而不名鄫子，其为恶至于此极，则亦无所加辞也。于鄫，鄫亦有罪也。国君而人得以戕之，其为国者亦已殆矣。

甲戌，楚子旅卒。

楚前未有书卒者，此何以书卒？始能以赴通中国也。楚自庄王以椒来聘，而渐能从中国之习矣。椒以是得名，故至是复能以其卒来赴进之也。何以不书葬？辟其号也。录葬者，当以主人之辞也。

公孙归父如晋。

归父，仲遂之子也。

叶子曰：齐、晋盖相与为强者也。宣公既因齐以得位，势不得不厚齐而弃晋。三桓又附齐以自托者也，故自即位，聘好之使与身自朝齐者无虚岁，而未尝一与晋通。及三桓既张，虽仲遂疑亦不能堪，将谋去之，非稍谢齐而假于晋不可。故六年始为黑壤之会，则仲遂之志也。明年，仲遂卒。十年，归父始见。逮晋景公复霸，我始与诸侯为断道之盟。归父之为此行，殆行先君之志欤？不幸宣公卒不克成，君子犹以是录焉。故后书还自晋，至笙，遂奔齐，辞繁而不杀，以与其正。吾以是知《左氏》之言为有证也。

冬，十月，壬戌，公薨于路寝。归父还自晋，至笙，遂奔齐。

大夫出疆，未有书还者，归父何以书？善之也。何以不氏？一事而再见者，卒名之也。礼，大夫出聘，君薨，归，执去[①]复命于殡，如聘，然后行丧礼。季孙行父既逐东门

① 去，文渊阁本作“圭”。

氏，归父还，至笙，墠帷，复命于介，袒，括发，三踊而出，遂奔齐。君子以是为善也。

叶子曰：桓、宣皆与闻乎弑而自立者也，何以桓不书王而宣书王欤？桓不书王，非特以其弑也。昔者卫州吁弑其君完，石厚问定君于石碏，石碏曰："王觐为可。"桓公死而后锡命。盖为身未尝觐王，则桓之为君，非受命于王者也。宣不言锡命，则宣固尝觐于王矣。觐而受命，则《春秋》虽欲夺之王而不可也。

成公一

元年，春，王正月，公即位。二月，辛酉，葬我君宣公。无冰。三月，作丘甲。

丘甲者何？军赋也。古者谓甲士为甲。井田之法，自九夫为井，积十六井而为丘，四丘为甸，而后有军旅之赋。举甸之赋而加之丘，非正也。作者何？起而用之也。犹曰作其众庶然。

叶子曰：先王赋于民者二，有口赋，有军赋。口赋，常赋也，大宰所谓"九赋敛财贿"者是也。军赋，非常赋也，有军旅之事则征之，县师所谓受法于司马，以作其众庶及马牛车辇，使皆备旗鼓兵器，而稍人作其同徒輂辇者是也。然其为法，不可得而详矣。学者所言自丘出牛马，至甸为一乘，然后甲士步卒具焉者，司马穰苴之法也。然而司马法甸而后出车一乘，甲士三人，而《周官》或谓甸为乘，自天子建国至于大夫，皆以乘为差，则甸固乘之所出。司马法盖本于周，特其损益不可知尔。故周制有言六畜车辇者，则牛马在焉；有言六畜兵器者，则甲士在焉。而鲁以丘为之，是与子产作丘赋者同。越先王之政而四之，其厉民亦已甚矣。盖鲁自是有以四军出者，非多作其民，则何以能成？《左氏》以为有齐难，故作丘甲，此独知之。而《公羊》《穀梁》乃以工民为言，审农工不相乱，则何待丘使而始讥乎？彼固不知先王有作民之政也。

夏，臧孙许及晋侯盟于赤棘。

藏孙许，吾大夫之三命者也。

秋，王师败绩于茅戎。

茅戎，戎之别种[①]也，何以不言战？王者无敌，莫敢当也，为之辞曰"败绩于茅戎"，言王之自败，非败于戎云尔。

叶子曰：鲁言战不言败，内辞也。言战而不言败某师，则我固败矣。败所耻也，战非所耻也，故以战见败。战者，诸侯之所宜有也。王言败不言战，天下辞也。言败绩则固战矣，自败可言也，战而败不可言也，故以败见战。败者，虽王亦或有也。

冬十月。

二年，春，齐侯伐我北鄙。夏，四月，丙戌，卫孙良夫帅师及齐师战于新筑。卫师败绩。

卫使孙良夫、石稷、甯相、向禽将侵齐，与齐师遇。石稷欲还，良夫不可而战，故以良夫及齐师，言良夫之主战也。

---

① 别种，文渊阁本作"别族"。

《石林先生春秋传》卷第十四

叶氏

成公二

六月癸酉，季孙行父、臧孙许、叔孙侨如、公孙婴齐帅师会晋郤克、卫孙良夫、曹公子首及齐侯战于鞌，齐师败绩。

叔孙侨如、公孙婴齐，皆吾大夫之三命者也。郤克、公子首，晋、曹大夫之三命者也。晋以郤克之怨，因我与卫请师，而与曹共伐之，故以我会三国及齐师，言四国之主战也。行父、许、侨如、婴齐以四卿出，则四军也。古者师虽众，必有元帅焉。四卿并见，则大夫强而莫相为属也。大国三卿，四卿僭矣。诸侯无军，四军悖矣。

叶子曰：天子作师，公帅之以征不德。元侯作师，卿帅之以承天子。诸侯有卿无军，帅教卫以赞元侯，周道也。则诸侯非方伯连帅，盖未之有军焉。天子之军寓于六卿，无事则散于国，及有事而用，则各以其卿为之将。故大为六军、小为三军者，天子、元侯之制也。周衰，征伐自诸侯出，列国始各自为军，而以其卿将之。故晋初以一军为晋侯，至献公而作二军，与太子分将。文公之霸，遂增三行以为六军，则他国盖可知也。然犹时出而用之，未尝立以为定制也。鲁之僭军，自隐公以来，见于征伐，有自来矣。其不见于《春秋》者，犹有元帅以总之也。至是季孙氏虽专国，而臧孙氏、叔孙氏与婴齐犹未尽听，是以《春秋》因以见焉。逮成之六年，仲孙蔑、叔孙侨如侵宋，以二卿见，自是二卿将者九。昭之十年，季孙意如、叔弓、仲孙貜伐莒，以三卿见，自是三卿将者二。盖鲁且三分公室以为三军，则时出而用焉者，固非其君所得制也。

秋，七月，齐侯使国佐如师。己酉，及国佐盟于袁娄。

国佐，齐大夫之三命者也。师已败矣，何以言如师？追奔及于袁娄而未退也。齐于是使国佐以赂为请。孰及之？诸侯之大夫也。何以不言诸侯之大夫？不与大夫得专盟也。使齐侯既败而佚，使国佐以纪甗、玉磬与地赂晋，曰："不可，则听客之所为。"国佐致赂，晋人不可，曰："以萧同叔子为质，反鲁、卫之侵田而致，使齐之封内尽东其亩。"国佐辞而请战。晋人于是眣鲁、卫之使，使为之请，而后与之盟。袁娄之盟，国佐之为也，故不系之于齐，制在国佐也。何以再见国佐与之也？

八月，壬午，宋公鲍卒。庚寅，卫侯速卒。取汶阳田。

汶阳田，我田而齐侵之者也。齐既服于晋，以反鲁、卫之侵田，于是复归于我，故曰取。不系之齐，非齐之所得有也。

冬，楚师、郑师侵卫。十有一月，公会楚公子婴齐于蜀。

公子婴齐，楚大夫之三命者也。始宣公欲求好于楚，不克而薨，故公即位，受盟于晋。楚共王立，婴齐欲以威胁中国而争长，故与郑侵卫之师，召诸国而盟之。公惧，欲附楚，于是先诸侯而与之会。不没公，公欲之也。

丙申，公及楚人、秦人、宋人、陈人、卫人、郑人、齐人、曹人、邾人、薛人、鄫人盟于蜀。

此公子婴齐也，何以复称人？不与婴齐争中国，而诸侯皆以其大夫受盟也。故秦右大夫、宋华元、陈公孙宁、卫孙良夫、郑公子去疾及齐国之大夫，皆贬而人焉。始晋伐齐，楚将以婴齐救之，婴齐曰："君弱，群臣不如先大夫师众而后可。"乃悉帅王卒尽行，而强冠蔡、许之君以为左右，诸侯莫敢不听。则婴齐之为也，何以不没公？是公往会焉而求盟者也。

叶子曰：楚自庄王讨夏徵舒，灭陈而复封之。既得郑，而不有不夺子反之言而与宋平，诸侯皆有畏楚之意，盖几于霸矣。及其卒也，遂能以赴通中国。楚子书卒，自庄王始。然见于《春秋》，未尝因其善而少进焉，岂终不以中国之无霸而假夷狄欤？及共王立而弱，未知诸侯之复能从楚也，而我与晋方为伐齐之役，故婴齐始以卿出，悉帅王卒尽行以救齐，盖将挟其众以威我，遂以蔡侯为左、许男为右以侵卫。方是时，使中国而有主，婴齐必有为之所者矣。而二国之君、十国之大夫，方且拱手而不敢违，则夷狄几何不横行于天下乎？此《春秋》之所以谨也。是以庄王不为无善，而未尝得一褒，婴齐始见其强而力遏之，夫然后知中国之有与存者矣。

三年，春，王正月。公会晋侯、宋公、卫侯、曹伯伐郑。辛亥，葬卫穆公。二月，公至自伐郑。甲子，新宫灾，三日哭。

新宫，宣公之室也。何以不曰宣公？《礼》："焚先人之室，三日哭。"成公既已尽之矣，谓其志为己哀，故不忍以谥举也。

乙亥，葬宋文公。夏，公如晋。郑公子去疾帅师伐许。

公子去疾，郑大夫之三命者也。

公至自晋。秋，叔孙侨如帅师围棘。

棘，邑也。邑不言围，此何以言围？内邑也。

大雩。晋郤克、卫孙良夫伐廧咎如。

廧咎如，赤狄之别种也。

冬，十有一月，晋侯使荀庚来聘。卫侯使孙良夫来聘。丙午，及荀庚盟。丁未，及孙良夫盟。

荀庚，晋大夫之三命者也。荀庚、孙良夫何以不系国？不与其得专盟也。古者大夫出聘，受命不受辞，辞无所受而说，以为专盟则非也。孰及之？公也。何以没公？非公欲也。

郑伐许。

郑何以举国？狄之也。郑自邲之役，叛晋而从楚，不复与中国交。许灵公之弱，前既屈于公子婴齐，失位而不得列于诸侯矣。郑方以公子去疾伐之，未知许之为罪也，曾未三时而再伐焉。此其为道，冯弱犯寡，必有中国所不为者，而史失之矣。

四年，春，宋公使华元来聘。三月，壬申，郑伯坚卒。杞伯来朝。夏，四月，甲寅，臧孙许卒。公如晋。葬郑襄公。秋，公至自晋。冬，城郓。

郓，内邑也。冬，城之，节矣。何以书？不正其所以城也。前季孙行父帅师城之，虽时亦不书，畏齐也。今公欲判[①]晋而求成于楚，城之以为备，虽时亦书，畏晋也。

叶子曰：晋筑蒲与屈，士𫇭曰："无戎而城，雠必保焉。"楚囊瓦欲城郢，沈尹戌曰："苟不能卫，城无益也。"夫城虽以为守，而非恃以为守者也。故城之非其道，以雠则不能拒，以己则不能卫，而况介于齐、晋二大国之间者乎？君子以是为非守国之道也。

郑伯伐许。

五年，春，王正月，杞叔姬来归。仲孙蔑如宋。夏，叔孙侨如会晋荀首于穀。

荀首，晋大夫之三命者也。

梁山崩。

记异也。梁山，晋河上之山也。何以不系晋？非晋所封也。

秋，大水。冬，十有一月，己酉，天王崩。十有二月，己丑，公会晋侯、齐侯、宋公、卫侯、郑伯、曹伯、邾子、杞伯，同盟于虫牢。

杞伯何以序邾子下？杞之习用夷礼久矣，今虽能变，复能称伯，犹抑之，不得使与诸侯齿，时王之为也。

六年，春，王正月，公至自会。二月，辛巳，立武宫。

武宫，武公之宫也。礼，天子七庙，诸侯五庙。天子亲庙四，祧庙二。祖有功而宗有德，则又有不毁之庙焉，同谓之祧。诸侯有庙无祧，武公之庙毁矣。毁而复立，非礼也。僭天子而益五庙，亦非礼也。

叶子曰：周衰，先王之礼乐尽废矣。古者师出必于庙受命，而春秋诸侯盖有各于其先而私祷者焉，功成则为之立宫，其为说则吾不知也。故季孙意如逐昭公，祷于炀公，因为之立炀宫。武公，伯禽之九世孙敖也，谥之曰武，其必有称此名者。岂鞌之战，季孙行父亦私有以请之者欤？是盖以为周有文、武二祧，故以武公配伯禽，亦已僭矣。记礼者不知，遂曰："鲁公之庙，文世室也。武公之庙，武世室也。"使诚如记礼之言，以为天子之礼，而成王赐之，亦安能遽先其九世而名之欤？儒者之妄每如是，不可以不察也。

取鄟。

鄟，附庸之国也。

卫孙良夫帅师侵宋。夏，六月，邾子来朝。公孙婴齐如晋。壬申，郑伯费卒。秋，仲孙蔑、叔孙侨如帅师侵宋。楚公子婴齐帅师伐郑。冬，季孙行父如晋，晋栾书帅师救郑。

---

① 判，《荟要》本、文渊阁本作"叛"。

栾书，晋大夫之三命者也。

七年，春，王正月，鼷鼠食郊牛角，改卜牛。鼷鼠又食其角，乃免牛。

郊牛之口伤，以渐伤也，故言之，缓辞也。鼷鼠食郊牛角，忽然而食之，非渐也，故不言之，亟辞也。何以书？以庀牲之道为未尽，则非所以事天也。

吴伐郯。夏，五月，曹伯来朝。不郊，犹三望。

凡免牛免牲，不书不郊。免牲与牛，则不郊可知矣。此何以再见不郊？为犹三望起也。不郊而望，非礼也。正月免牛，五月而望，尤非礼也。

秋，楚公子婴齐帅师伐郑。公会晋侯、齐侯、宋公、卫侯、曹伯、莒子、邾子、杞伯救郑。八月，戊辰，同盟于马陵。公至自会。吴入州来。冬，大雩。卫孙林父出奔晋。

孙林父，卫大夫之三命者也。

八年，春，晋侯使韩穿来言汶阳之田，归之于齐。

韩穿，晋大夫之三命者也。汶阳，我之旧田也。晋为霸主，可使齐人反我之侵田，不可使我复以与齐。名不正则言不顺，言不顺则事不成。韩穿之言，不可以为顺也，故辞皆容之。之，缓辞也，不与其正之辞也。

晋栾书帅师侵蔡。公孙婴齐如莒。

公孙婴齐，吾大夫之三命者也。

宋公使华元来聘。夏，宋公使公孙寿来纳币。

公孙寿，宋大夫之三命者也。纳币不书，此何以书？以宋公使公孙寿为得礼也。昏礼，无父则母命之，无母则己命之。公孙寿言使，无母之辞也。无父则母命之，不以母命而己命之则非正，故纪裂𦈡不言使，以母命之，得礼，一见正也。无母则己命之，不以己命而以诸父兄命之，则非正，故公孙寿言使，以己命之，得礼，一见正也。

叶子曰：昏礼不称主人，然欤？非也。《礼》：国君求婚之辞曰："请君之玉女，与寡人共有宗庙之事。"其父母纳女之辞，于天子则曰"备百姓"，国君则曰"备酒浆"，大夫则曰"备洒扫"，未尝不亲命之。不称主人，于礼未之闻也。为是说者，特出于《公羊》，盖以纪裂𦈡不言使而云尔。然公子遂如齐逆女，内之言如，则外之言使也。昏姻之道一，在我则得言如，在彼则不得言使，可乎？夫公羊氏既以无母，则当称诸父师友矣，宋公无母，又安得以辞而言使？弟称其兄，礼为支子之无父者，非宗子也，乃师友，则友非礼之所见，安有合二姓之好，以奉宗庙社稷，而受之于他人者？其亦何辞以见祖考？是皆不可行于《春秋》，则公羊氏不学礼之罪也。

晋杀其大夫赵同、赵括。

赵同、赵括，皆晋大夫之三命者也。赵朔，晋侯之婿。朔死，而同、括之弟婴乱其室，同、括不请于君而放之齐。于是朔之室诉于晋侯曰："同、括将为乱。"晋侯不察而杀之。同、括之死，罪累上也，故以国杀。

秋，七月，天子使召伯来赐公命。

赐公命，《穀梁》作锡，《左氏》《公羊》作赐，当从二《传》。赐命，如命也。礼，子男五命，服毳冕；侯伯七命，服鷩冕；上公九命，服衮冕，有加焉。则赐固有服过其爵者矣，而非有德者莫之与也。临诸侯曰天王，君天下曰天子。锡命，常也；赐命，非常也。成公即位，其德未有闻，而王赐之，滥矣。故以君天下之辞言之，曰："是天所以彰有德者，吾虽有天下，继天而为之子，不得而私尔。"

冬，十月，癸卯，杞叔姬卒。

叔姬已出于杞矣，何以复系之？杞虽出而未许其绝也。曷为未许其绝？我将胁杞而复归之也。

晋侯使士燮来聘。

士燮，晋大夫之三命者也。

叔孙侨如会晋士燮、齐人、邾人伐郯。卫人来媵。

媵不书，此何以书？为二王后见正也。礼，天子一娶十二女，媵三在焉；诸侯一娶九女，媵二在焉。宋二王后，得用天子之礼者也。礼不求媵，与为好者自往媵之，所以一夫人之尊。卫人来媵矣，晋人、秦人复来媵，是天子之制也。前是必有不得其正者，故书以见正也。

叶子曰：吾何以知天子之备三媵欤？天子、诸侯后宫之数，礼不可尽考矣。《曲礼》言天子有后、有夫人、有世妇、有嫔、有妻、有妾，公侯有夫人、有世妇、有妻、有妾，而《昏义》言天子，后立六宫、三夫人、九嫔、二十七世妇、八十一御妻，与《周官》略同，而无妻妾，则世妇者所谓妻，而御妻者所谓妾也。诸侯有世妇、妻妾而无嫔，盖下于天子矣，而不列其数。至媵则皆未尝见，独《公羊》以为诸侯娶一国，则二国往媵之。诸侯一聘九女，是诸侯一夫人而二媵，夫人与媵皆有左右侄娣，合而为九，所谓一娶九女也。媵当为诸侯世妇之称，下夫人一等，故《诗·江有汜》以媵配嫡为言。以是推之，则天子后宜三国往媵，而三夫人者，王后之媵也。后与三夫人皆有左右侄娣，合而为十二，则亦所谓天子一娶十二女者也。盖自夫人、世妇至女御，皆妇官之名，而媵与侄娣者，皆其相与为称之辞。以媵为夫人、世妇，则侄娣者，又下媵之称，而为嫔与妻妾者也。故女子谓昆弟之子为侄，而同出谓后生者为娣。礼称世妇献茧于夫人，夫人副袆而受之。祭祀，夫人副袆立于房中。副袆，王后之服也。先儒皆以为二王后之夫人得从后之服，则三夫人之数宜亦备焉。此宋所以得三国之媵欤？《公羊》乃以三国媵之为非礼，此知诸侯之制，而不知宋之礼也。

九年，春，王正月，杞伯来逆叔姬之丧以归。

既以杞夫人卒之矣，则胁杞伯而归其丧者，非正也，故辞间容之。之，缓辞也，不与其正之辞也。

公会晋侯、齐侯、宋公、卫侯、郑伯、曹伯、莒子、杞伯，同盟于蒲。公至自会。二月，伯姬归于宋。夏，季孙行父如宋致女。

致女不书，此何以书？为二王后见正也。礼，女嫁，舅姑没，三月以奠菜之礼见于祢庙，称来妇，成其为妇也。父母之家，因使大夫致之，谓之致女。致之者何？亦所以成其为妇者。

叶子曰：致女，舅姑没之礼也。昏礼，同牢之夕，妇已见于庙矣。质明，复以枣栗腶脩赞见于舅姑，所以成妇礼也。舅姑入室，妇盥，馈以特豚，以明妇顺。厥明，舅姑以一献之礼飨妇，授之室事，以申著代，而妇道成矣。乃舅姑没，则未之有施也，故三月择日而祭于祢庙。三月者，天道之一变也。是以女未庙见而死，不迁于祖，不祔于皇姑，婿不杖不菲，不以归葬于女氏之党，示未成妇。则三月父母从而致之者，其亦成其女于舅姑者欤？先儒乃概谓舅姑存之礼以为聘问，以笃昏姻之好，故《左氏》以齐侯使弟年来聘为致夫人文姜，是盖不知有祢庙之祭，此左氏不学礼之罪也。

晋人来媵。秋，七月，丙子，齐侯无野卒。晋人执郑伯。

楚人以重赂求郑，郑伯背蒲之盟，与公子成会于邓。晋侯执之，因以伐其国。乃复以钟仪之使，与楚修好而结成，遂归郑伯。非伯讨也，故以人执。

晋栾书帅师伐郑。冬十有一月，葬齐顷公。楚公子婴齐帅师伐莒。庚申，莒溃。楚人入郓。

郓，莒附庸国也。

秦人、白狄伐晋。郑人围许。城中城。

中城，公宫之城也。楚既入郓，公惧其来逼，故修中城以备之，不正其卫己而外民也。

十年，春，卫侯之弟黑背帅师侵郑。

卫侯之弟云者，母弟也，何以称弟？兵，凶器；战，危事也。不以其可将者将焉，而私其弟，非爱其弟之道也。

夏，四月，五卜郊，不从，乃不郊。

卜郊不从，何以或言乃免牲，或言乃不郊？郊，祭之大，不可斥其废，故以免牲见之也。免牲，则不郊可知矣。卜免牲而不得，然后言不郊，辞穷也。免牲之道必卜，卜而吉则免，卜而不吉则不免，安置之，系以待庀牲而左右焉。卜郊者，月一卜之也，三卜而求吉者尽矣。此四月而五卜，谓其远而卜其中辛也。五卜，非礼也。卜其中辛，尤非礼也。莫甚乎其以四月五卜也。

五月，公会晋侯、齐侯、宋公、卫侯、曹伯伐郑。齐人来媵。丙午，晋侯獳卒。秋七月，公如晋。

吊厉公也。诸侯之丧大夫吊，公吊非礼也。于是晋人疑公贰于楚，止公使送葬，以待衾茷，诸侯莫在焉。是以景公不书葬，以公亲会为耻也。

冬，十月。

十有一年，春，王三月，公至自晋。晋侯使郤犨来聘。己丑，及郤犨盟。

郤犨，晋大夫之三命者也。何以不系晋？不与其得专盟也。孰及之？公也。何以没公？非公欲也。

夏，季孙行父如晋。秋，叔孙侨如如齐。冬，十月。

十有二年，春，周公出奔晋。

王大夫奔，未有言出者，此何以言出？以周公也。三公论道经邦，与王同德，故系之周。此宰周公楚也。自周无出，言宰楚则可出，言周公则不可出，故言周公不言宰，恶楚也。

叶子曰：坐而论道，谓之王公。作而行之，谓之士大夫。三公之为德，上有同于王，而下有别于士大夫，则天下之大，盖有共当其任者矣。天子有道，有会朝，无出居。天王出居于郑，耻也。三公有道，有经邦，无出奔。周公出奔晋，恶也。王子瑕奔晋，尹氏、毛伯、召伯以王子朝奔楚，皆不言出，周非卿大夫之所得任也。是以诸侯之大夫奔言出，以其国别也。王卿士大夫奔不言出，不以其国别也。必有不可出者而后言出，则出者上下之所病也。《公羊》以为自其私土出，误矣。

夏，公会晋侯、卫侯于琐泽。秋，晋人败狄于交刚。冬，十月。

十有三年，春，晋侯使郤锜来乞师。

郤锜，晋大夫之三命者也。

三月，公如京师。

公朝京师不书，此何以书？不正其伐秦而道朝京师也。

夏，五月，公自京师遂会晋侯、齐侯、宋公、卫侯、郑伯、曹伯、邾人、滕人伐秦。

此伐秦也，何以言公自京师遂会诸侯伐秦？以公为不足于恭，故为之辞，而以遂言之也。

曹伯庐卒于师。秋，七月，公至自伐秦。冬，葬曹宣公。

十有四年，春，王正月，莒子朱卒。

莒未有书卒者，此何以书？始来赴也。何以不书葬？辟其名也。

叶子曰：莒子以爵见于隐公，自是不复与我通，盖其实夷也。至文而庶其以弑见，襄而密州以弑见，昭而展舆以奔见，外此则朱与去疾以卒见而已。以《传》考之，朱之号曰渠丘公，去疾之号曰著丘公，而非谥也，盖朱之辞也。辟陋在夷，其孰以我为虞？则朱之自安于夷久矣。葬从主人，卒我所可正其爵为子，葬我不可从其号为夷，故与吴、楚不言王，皆不得以葬见也。

夏，卫孙林父自晋归于卫。秋，叔孙侨如如齐逆女。

逆女不书，此何以书？不正其以侨如逆也。

郑公子喜帅师伐许。

公子喜，郑大夫之三命者也。

九月，侨如以夫人妇姜氏至自齐。

侨如何以不氏？一事而再见者。卒名妇，有姑之辞也。

冬，十月，庚寅，卫侯臧卒。秦伯卒。

十有五年，春，王二月，葬卫定公。三月，乙巳，仲婴齐卒。

此公孙婴齐也，何以曰仲婴齐？后其兄也。后其兄则何以曰仲婴齐？孙氏，王父之字也。正乎不正，为人后者为之子。礼，兄弟之子犹子也，兄弟之子可以为后，兄弟不可以为后。弟而后兄，非正也。

癸丑，公会晋侯、卫侯、郑伯、曹伯、宋世子成、齐国佐、邾人同盟于戚。晋侯执曹伯归于京师。

曹伯庐卒于师，曹公[①]使公子负刍守。公子欣时逆曹伯之丧，未至，负刍杀世子而自立。晋侯为是为戚之会，执负刍以归京师，伯讨也，故以侯执。

公至自会。夏，六月，宋公固卒。楚子伐郑。秋，八月，庚辰，葬宋共公。宋华元出奔晋。宋华元自晋归于宋。宋杀其大夫山。

山，宋大夫之再命者也，荡泽也。平公立荡泽为司马，泽欲弱公室，杀公子肥，公不能止。华元使华喜帅国人攻荡氏而杀山。山之死，罪累上也，故以国杀。

叶子曰：吾何以知山之为泽欤？华元之出奔，以泽之欲杀公子肥也，故鱼石止而请讨，许之而后反。则攻而杀之，非泽而谁欤？《左氏》记大夫名氏，多欲与经参见。经以山为名，则泽当为字。然泽为六卿而不书氏，疑必再命而摄卿者。以为背其族而贬，则非是。此犹言侨如逆夫人，为遵[②]夫人而舍族者。盖《左氏》初不知经书名氏之例，故每以其私而妄意之也。

宋鱼石出奔楚。

鱼石，宋大夫之三命者也。

冬十有一月，叔孙侨如会晋士燮、齐高无咎、宋华元、卫孙林父、郑公子鳍、邾人会吴于钟离。

高无咎、公子鳍，齐、郑大夫之三命者也。此吴寿梦之会也。何以殊会？不使吴得主会也。吴前未有与中国通者，自申公巫臣请使始通吴于晋，遂叛楚而入州来，于是始为会，而晋从之，故君子谨焉。

叶子曰：春秋夷狄之强莫大于吴、楚[③]。楚自庄公以后始见，至僖而浸强。然召陵之盟，齐小白一起而正之，虽成王之强，不敢不服。及晋重耳继败成王于城濮，楚卒不得肆，盖齐与晋犹有与之敌者也。故申之会，灵王合十二国，晋与我虽不能拒，亦不复从，《春秋》犹以中国之会书焉。成王之末，楚浸衰而吴骤强矣，天下所恃以主盟者晋而已。厉公之暴，悼公之贤，皆不能少振，反率诸侯而从之。一会而合七国，再会而合十三国，三会而合十二国，我皆与之俱，天下无不听于吴焉。于是伐郯、伐陈、入州来，无不如志。及其久也，破楚柏举而入郢，几以灭楚，败顿、沈、陈、蔡之师，杀二国君，我遂舍中国而从之。昭公不耻同姓而与之昏，哀公始以叔还会吴于柤[④]，已而身为鄫与橐皋之好，则不被发而左衽者几希矣。故钟离与柤与向皆殊会，夫岂以楚申之会与此为异哉？楚有与敌，吴无与敌，君子之所忧也。或者乃以为诸侯皆以爵见，而吴不得以爵见，故殊之。夫使吴而有与敌，不害其同。楚黄池之会，且以晋侯及吴子矣，夫何独于是三者而嫌哉？

---

① 曹公，文渊阁本作“曹人”。

② 遵，《荟要》本、文渊阁本作“尊”。

③ 春秋夷狄之强莫大于吴、楚，文渊阁本作“春秋中国之势不强于吴、楚”。

④ 叔还会吴于柤，底本、《荟要》本作“救还离会于柤”，据文渊阁本改。

许迁于叶。

十有六年，春，王正月，雨木冰。

记异也，雨而木冰也。

夏，四月，辛未，滕子卒。郑公子喜帅师侵宋。六月，丙寅朔，日有食之。

晋侯使栾黡来乞师。

栾黡，晋大夫之三命者也。

甲午晦。晋侯及楚子、郑伯战于鄢陵。楚子、郑师败绩。

晋伐郑，楚子救之。士燮欲反，栾书不可，故以晋侯及楚子、郑伯，言晋之主战也。楚败，射共王，中目。不言楚师，君伤，举重也。

楚杀其大夫公子侧。

公子侧，楚大夫之三命者也。楚以公子侧将中军，子重将左，二卿交恶，而楚子并用之。及晋败之明日，楚子欲复战，召公子侧谋，醉不能见，楚子乃宵遁。问师败之故，子重使谓公子侧曰："初陨师徒者，而亦闻之矣，盍图之？"乃自杀。公子侧之死，罪累上也，故以国杀。

秋，公会晋侯、齐侯、卫侯、宋华元、邾人于沙随，不见公。

何以言不见公？公不讳，耻也。晋栾黡来乞师，公以申公儆备而后会。郤犨取货于叔孙侨如，而诉公于晋侯，晋侯遂辞公不见。非公之耻也，故不为公辞[①]。

① 辞，文渊阁本作"讳"。

《石林先生春秋传》卷第十五

叶氏

成公三

公至自会。公会尹子、晋侯、齐国佐、邾人伐郑。

尹子，王之中大夫也。

曹伯归自京师。

何以不言曹伯归于曹？以天子命之，见正也。负刍杀世子而篡其位，霸主执而归于王，王不能诛，反使归焉，则何以谓之正乎？以子臧之故，而曹人之请不归负刍，曹之乱或未已，视纳赂而私与之者犹有间，且曰自我命之使君也，故不言复归，不与其复也。何以不名子臧？不取为君，则内无君也。何以言归？易辞也。以王命反之，其归为易也。

九月，晋人执季孙行父，舍之于苕丘。

侨如始因穆姜欲逐季、孟而诉于晋，今复请止，行父杀之，而已毙仲孙蔑于内，晋于是执行父，非伯讨也，故以人执。大夫执未有言舍者，此何以言舍之于苕丘？录行父也。晋人既以侨如之谮而不见公，又以侨如之谮而执行父，公待于郓而为之请，范文子言于栾武子曰："信谗慝而弃忠良，若诸侯何？"乃许鲁平舍行父，君子为是录之也。故辞间容之。之，缓辞也，不与其正之辞也。行父何以不致？大夫与君同至则不致。

冬，十月，乙亥，叔孙侨如出奔齐。十有二月，乙丑，季孙行父及晋郤犨盟于扈。公至自会。

此伐郑也，何以言公至自会？会而后伐，以会告也。鄢陵之战，郑未服晋，为沙随之会以谋伐郑，故公归而复会尹子与三国，然后同伐。凡因伐而会，伐在会前则致伐；会而谋伐，伐在会后则致会，以所告者书也。

乙酉，刺公子偃。

公子偃，吾大夫之三命者也。偃，侨如之党也。始公出，穆姜使公逐季、孟。公以晋难告曰"：请反而听命。"姜怒。公子偃、公子鉏趋过，指之曰："女不可，是皆君也。"归而独杀偃。偃盖有与谋者焉。先刺而后名，刺有罪也。

十有七年，春，卫北宫括帅师侵郑。

北宫括，卫大夫之三命者也。

夏，公会尹子、单子、晋侯、齐侯、宋公、卫侯、曹伯、邾人伐郑。

单子，王之中大夫也。王大夫前未有二人临诸侯者，此何以言尹子、单子？郑恃楚而不服晋，复请于王而益之也。王命而行，一人可矣；命而不行，虽益何补？晋为霸主，不能服郑而假王人；王临诸侯，不能服郑而益以大夫，交失也。

六月，乙酉，同盟于柯陵。

此伐郑之诸侯也。何以不序？一事而再见也。

秋，公至自会。

会而盟者致会，此伐郑也，何以不致？伐郑而致会，非致会也，以会而谋伐者告也。凡公出，间有异事，皆不告。故柯陵之盟致会，而伐者告也；皋鼬之盟致会，以会而侵者告也；马陵之盟致会，以会而救者告也。盟非其本事也。

齐高无咎出奔莒。九月，辛丑，用郊。

前未有言用郊者，此何以书？用九月，非郊之节也。郊之失，至四月而止矣，犹曰："不得吉而强卜之也。"至于九月，则非所郊而郊焉。盖用之以祈于上帝，未闻报本反始，而用之以为祈者也。凡祭祀有为而行之者，皆曰用。僖公八年，禘于太庙，用致夫人，此用禘也。或以九月辛丑而郊，此用郊也。禘目事郊，不目事禘。宗庙之祭，用之以致夫人，犹可言也。郊天祭，不施之天，而假之以为用，不可言也。以成公为无天矣。

晋侯使荀䓨来乞师。

荀䓨，晋大夫之三命者也，晋何以三乞师于我？陵我也。

叶子曰：鲁在晋、楚之间为弱国，僖公尝乞师于楚矣，未闻二国而乞师于我也。今晋为盟主，有求于诸侯之师，则令之而已，何独于我乞师焉？盖厉公无道暴虐，诸侯畏我之从楚，故多方以挠之。方我往吊景公之丧，固已止公而使送葬，沙随之会，复以侨如之谮而不见公，已而遂执季孙行父，则其所以陵我者可知矣。是故连年以郤锜、栾黡、荀䓨来乞师。且厉公执曹伯而会吴子，败楚师而伤其王，内尸三郤，其力孰与之抗？奚少于我哉？君子以是知其情，独申之曰乞师，使之欲为强而不可得也。南宫括尝问："羿善射，奡荡舟，俱不得其死，然禹、稷躬稼而有天下。"孔子曰："君子哉若人！尚德哉若人！"盖以其知羿、奡之所以死者，此《春秋》书厉公之意也。

冬，公会单子、晋侯、宋公、卫侯、曹伯、齐人、邾人伐郑。十有一月，公至自伐郑。壬申，公孙婴齐卒于狸脤。

狸脤，鲁地。内大夫卒于竟外，地；卒于竟内，不地。此何以地？录婴齐也。婴齐从公伐郑而道卒也。卒后致，公至而后卒之也。十一月无壬申，经成而误也。

叶子曰：壬申，十月之日也。或曰致公而后录，是日可得而错也。或曰故史也，《春秋》所不革，是事可得而易也。以是言《春秋》，过矣。

十有二月，丁巳朔，日有食之。邾子貜且卒。晋杀其大夫郤锜、郤犨、郤至。

郤至，晋大夫之三命者也。三郤，晋强家族，大而多怨。厉公欲尽去群大夫而立其左右，胥童曰："必先三郤。"于是使胥童攻郤氏，杀三郤而尸诸朝。三郤之死，罪累上也，故以国杀。

楚人灭舒庸。

十有八年，春，王正月，晋杀其大夫胥童。

胥童，厉公之嬖，既以私怨杀三郤，复以甲劫栾书、中行偃于朝。公不忍从，使二子复位，而命胥童为卿。书、偃于是执公而杀胥童。胥童之死，罪累上也，故以国杀。

庚申，晋弑其君州蒲。

称国以弑，众□[①]之辞也。此栾书、中行偃之弑也。何以言众？厉公之恶，众之所弃也。

齐杀其大夫国佐。

庆克通于灵夫人，国佐召而谓之。庆克不出，而诉国佐于夫人。夫人谮于齐侯曰："国佐将为乱。"国佐怒，杀庆克，以邑叛。齐侯复之，而使士华以戈杀国佐于朝。国佐之死，罪累上也，故以国杀。

公如晋。夏，楚子、郑伯伐宋。

此纳鱼石也。何以不言纳？不与其纳也。

宋，鱼石复入于彭城。

鱼石何以言复入？位已绝而求复也。楚子既伐宋，取彭城以封鱼石。大夫去国，挟诸侯之力以求复，其为道则已逆矣，故言入。入，逆辞也。彭城何以不系之宋？不与鱼石得有宋邑也。

公至自晋。晋侯使士匄来聘。

士匄，晋大夫之三命者也。

秋，杞伯来朝。八月，邾子来朝。筑鹿囿。

书不时也。

己丑，公薨于路寝。冬，楚人、郑人侵宋。晋侯使士鲂来乞师。

士鲂，晋大夫之三命者也。前三乞师，为厉公者固已过矣。此悼公也，何以复来乞师？将以救宋，而以我师为之，救之道也。

十有二月，仲孙蔑会晋侯、宋公、卫侯、邾子、齐崔杼，同盟于虚朾。

崔杼，齐大夫之三命者也。

丁未，葬我君成公。

襄公一

元年，春，王正月，公即位。仲孙蔑会晋栾黡、宋华元、卫甯殖、曹人、莒人、邾人、滕人、薛人围宋彭城。

甯殖，卫大夫之三命者也。彭城，宋邑也。邑不言围，此何以言围？不正楚子得取彭城以封鱼石也。何以不曰楚彭城？非楚之所得有也。鱼石不得受之楚，楚子不得取之宋，是犹宋之彭城尔。

---

① 底本阙字，《荟要》本小字注"阙"，文渊阁本作"弑"。

夏，晋韩厥帅师伐郑。

韩厥，晋大夫之三命者也。

仲孙蔑会齐崔杼、曹人、邾人、杞人次于鄫。

诸侯何以次于鄫？彭城之役，齐、郑皆不会。晋既伐郑，而质齐大子，遂召诸侯，欲侵楚而后不能。崔杼于是有言，故书次，以晋侯为无能为也。

秋，楚公子壬夫帅师侵宋。

公子壬夫，楚大夫之三命者也。

九月，辛酉，天王崩。邾子来朝。冬，卫侯使公孙剽来聘。

公孙剽，卫大夫之三命者也。

晋侯使荀罃来聘。

二年，春，王正月，葬简王。郑师伐宋。夏，五月，庚寅，夫人姜氏薨。

成公之妇也。

六月，庚辰，郑伯睔卒。晋师、宋师、卫甯殖侵郑。秋，七月，仲孙蔑会晋荀罃、宋华元、卫孙林父、曹人、邾人于戚。己丑，葬我小君齐姜。

齐，谥也。

叔孙豹如宋。

叔孙豹，吾大夫之三命者也。

冬，仲孙蔑会晋荀罃、齐崔杼、宋华元、卫孙林父、曹人、邾人、滕人、薛人、小邾人于戚。遂城虎牢。

虎牢，郑邑也。何以不系之郑？非取之郑也。郑既附楚而未服晋，连合诸侯之大夫以谋于戚，仲孙蔑请城虎牢以逼之，荀罃从焉，郑人乃行成。遂之善者也。

楚杀其大夫公子申。

公子申，楚大夫之三命者也。申与公子婴齐、壬夫皆楚之执政。申多受小国之赂以逼二人，而楚子不能制，故二人怒，亦专杀申。申之死，罪累上也，故以国杀。

三年，春，楚公子婴齐帅师伐吴。公如晋。夏，四月，壬戌，公及晋侯盟于长樗。公至自晋。六月，公会单子、晋侯、宋公、卫侯、郑伯、莒子、邾子、齐世子光。己未，同盟于鸡泽。陈侯使袁侨如会。

袁侨，陈大夫之三命者也。如会者何？请从会也。陈、郑皆附楚，郑既同盟，故陈惧，以袁侨来即会而求受命也。

戊寅，叔孙豹及诸侯之大夫，及陈袁侨盟。

诸侯已盟而袁侨至，故各以其大夫再盟。殊袁侨盟，以袁侨也，曰：诸侯之大夫受命于其君，而非专盟也。不书单子，诸侯不盟，则不敢复以王臣临之也。

秋，公至自会。冬，晋荀罃帅师伐许。

四年，春，王三月，己酉，陈侯午卒。夏，叔孙豹如晋。秋，七月，戊子，夫人弋氏薨。

弋氏，《左氏》《穀梁》作姒氏，《公羊》作弋氏，当从《公羊》，襄公之妾母也。

叶子曰：吾何以知姒氏之为弋氏欤？鲁之有定姒，哀公之母也。前定公葬而卒，哀公未君，故系之定公，称定姒，而礼有不备焉，则所谓“不殡于庙，无榇，不虞”者是也。定弋盖襄公之妾母，季文子为政，初欲不以夫人之礼成之，而亦有是言。故匠庆以为子为正卿，而小君之丧不成。然卒之经书“夫人弋氏薨”，葬我小君定弋，则匠庆之言，季文子实行之也。《左氏》《穀梁》不能辨二定，乃以定姒之事言之，遂误弋氏为姒氏。审如《左氏》言“不殡于庙，无榇，不虞”，于其说自不得称夫人，《春秋》何为以夫人书之哉？

葬陈成公。八月，辛亥，葬我小君定弋。

定，谥也。

冬，公如晋。陈人围顿。

五年，春，公至自晋。夏，郑伯使公子发来聘。

公子发，郑大夫之三命者也。

叔孙豹、鄫世子巫如晋。

如，内事也。叔孙豹则何以与鄫世子巫如晋？属鄫以为附庸也。初，公如晋听政，请属鄫，晋侯许之，故及是以鄫世子巫同见晋，比之犹内臣也。有取人之附庸以自属者矣，未有取国以为附庸者也。附庸之地，可受于天子，不可自属以私于己。附庸之君，可因己以达于天子，不可己率之以达于诸侯。以为专诸侯之地，以自有推天子之礼而事霸主者也。

仲孙蔑、卫孙林父会吴于善道。

此吴寿梦之会也。何以殊会？不使吴得主会也。吴辞不会鸡泽之故，请听诸侯之好。晋将为之合诸侯，于是使鲁、卫先会吴，且告会期。孙林父不言会，离不言会也。

秋，大雩。楚杀其大夫公子壬夫。

陈既从会，楚人使顿间陈而侵伐之。陈人围顿。楚人讨陈叛曰：“壬夫实侵欲焉。”楚不能得陈，故追壬夫之贪而杀之。壬夫之死，罪累上也，故以国杀。

公会晋侯、宋公、陈侯、卫侯、郑伯、曹伯、莒子、邾子、滕子、薛伯、齐世子光、吴人、鄫人于戚。

鄫属于鲁矣，何以复见于会？叔孙豹以属鄫为不利而复归之，故使鄫以其大夫听命也，吴于是始与会矣。其称吴人何？人鄫人，则不得不人吴人也。鄫何以序吴下？己不能自为国而属于人，人不能保而复弃之，故不得与诸侯齿，主会者为之也。

公至自会。冬，戍陈。

孰戍之？我也。会戚之诸侯既受命于晋而归，各为之戍陈以备。不言诸侯，散辞也。

楚公子贞帅师伐陈。

公子贞，楚大夫之三命者也。

公会晋侯、宋公、卫侯、郑伯、曹伯、齐世子光救陈。十有二月，公至自救陈。辛未，季孙行父卒。

六年，春，王正月，壬午，杞伯姑容卒。夏，宋华弱来奔。

华弱，宋大夫之三命者也。

秋，葬杞桓公。滕子来朝。莒人灭鄫。冬，叔孙豹如邾。季孙宿如晋。

季孙宿，吾大夫之三命者也。

十有二月，齐侯灭莱。

七年，春，郯子来朝。夏，四月，三卜郊，不从，乃免牲。

三卜郊，不从，乃免牲不书，此何以书？不正其以四月而三卜也。

叶子曰：是举孟献子盖言之矣，以启蛰为当郊，耕而后卜郊，所以不从，此献子之妄也。周郊二，大报也，祈谷也。鲁郊一，卜辛也。鲁虽以赐得郊，而不得与周同，故自建子之月卜之，至建寅而止，三卜而得吉，适与周祈谷之祭同。而鲁郊非祈谷也，亦何事于启蛰乎？盖献子尝谓“正月日至可以有事于上帝，七月日至可以有事于祖”矣，其意盖将僭周日至之郊，故以是为非。启蛰之节，殆欲兼周而两之欤？记礼者不察，遂以为鲁君孟春祀帝于郊，配以后稷，季夏六月以禘礼祀周公于太庙，《左氏》从而实之，以启蛰为经例，其亦未尝以周公得郊之意考之也。

小邾子来朝。城费。

费，季氏之邑也。臣邑而国城之，季氏强也。

秋，季孙宿如卫。八月，螽。冬，十月，卫侯使孙林父来聘。壬戌，及孙林父盟。楚公子贞帅师围陈。十有二月，公会晋侯、宋公、陈侯、卫侯、曹伯、莒子、邾子于鄬。

楚既围陈矣，陈侯何以复与会？先围而会也。

郑伯髡顽如会，未见诸侯。丙戌，卒于鄵。

如会，鄬会也。鄬会，君子之所与也。诸侯不生名，郑伯如会，则何以名？非名也。郑伯卒矣，文不可再见，举卒之名加之如会之上，无嫌也。何以目未见诸侯？录郑伯也。鄵，郑地，何以书？非正也。郑自虎牢之城而从晋，诸大夫皆不肯及是，其大夫曰：“以中国为义，则伐我丧；以中国为强，则不若楚。中国不足归也，不若与楚。”郑伯不从而卒于行，君子以是录之也。

叶子曰：髡顽之卒，三《传》皆以为弑。《左氏》以为以疟疾赴，固陋矣。《公羊》《穀梁》以为不以夷狄加中国，则是抑夷狄，而纵失中国弑君之罪①，岂《春秋》之义哉？是盖以诸大夫不与髡顽而适卒，故或者疑之以为弑，《春秋》不然之也。吾何以知之？凡弑君不葬，而僖公书葬，是僖公非弑也。夫弑君固有书卒者矣，楚麇是也，所以正楚子，而示天下之为人君，髡顽则无可正者焉。弑君固有得葬者矣，蔡景公是也，所以正蔡固，而示天下之为人父，髡顽则无可正者焉。然则髡顽之卒，谓之弑可乎？或曰：实弑而以卒赴，《春秋》从而书之，所以遍绝郑之臣子也。是不然。《春秋》，故史也，有所不革其赴于鲁者。既曰卒矣，《春秋》何从知其弑乎？赵盾之弑，晋以穿

① “《公羊》”至“之罪”，文渊阁本作“《公羊》《穀梁》以为诸大夫因欲从楚而弑，故不书弑，则是纵失弑君之罪”。

赴，而《春秋》加之盾。许止之弑，买以卒赴，而《春秋》加之弑。是为《春秋》之义。髡顽之卒，郑人既不自言以为弑，则《春秋》之义无从生矣。吾是以知为当时之疑辞，而三家不能辨也。

陈侯逃归。

鄬之会，诸侯谋救陈，陈侯迫于二庆之言，不待救而遽归，故书曰逃，以陈侯为匹夫行而不知义也。

八年，春，王正月，公如晋。夏，葬郑僖公。郑人侵蔡，获蔡公子燮。

公子燮，蔡大夫之三命者也。此侵蔡也，何以言获公子燮？不交战而获大夫，以燮为狎敌也。

季孙宿会晋侯、郑伯、齐人、宋人、卫人、邾人于邢丘。

公在晋，曷为以季孙宿会？公返而宿留，以为会也。晋欲命朝聘之数，难于再勤诸侯，故各留其大夫以听命。此齐高厚、宋向戌、卫甯殖、邾大夫也。郑伯以献捷适至，于是见悼公之贤，不以勤诸侯，而以身敌其大夫，故大夫皆降而称人，为悼公厌也。

公至自晋。莒人伐我东鄙。秋，九月，大雩。冬，楚公子贞帅师伐郑。晋侯使士匄来聘。

九年，春，宋灾。

外灾不书，此何以书？以二王后见重也。

夏，季孙宿如晋。五月，辛酉，夫人姜氏薨。

成公之母也。

秋，八月，癸未，葬我小君穆姜。

穆，谥也。

冬，公会晋侯、宋公、卫侯、曹伯、莒子、邾子、滕子、薛伯、杞伯、小邾子、齐世子光伐郑。十有二月，己亥，同盟于戏。楚子伐郑。

十年春，公会晋侯、宋公、卫侯、曹伯、莒子、邾子、滕子、薛伯、杞伯、小邾子、齐世子光会吴于柤。

此吴寿梦之会也。何以殊会？不使吴得主会也。吴既叛楚而附晋，故其在楚，复求合诸侯，而诸侯从焉。柤，楚地。

夏，五月，甲午，遂灭偪阳。

偪阳，国也。孰灭之？诸侯灭之也。何以不言诸侯？以公在焉，略之也。诸侯会而灭人之国，非遂之善者也。

公至自会。楚公子贞、郑公孙辄帅师伐宋。

公孙辄，郑大夫之三命者也。

晋师伐秦。秋，莒人伐我东鄙。公会晋侯、宋公、卫侯、曹伯、莒子、邾子、齐世子光、滕子、薛伯、杞伯、小邾子，伐郑。

齐世子光何以序邾子下？主会者为之也。《礼》："诸侯之适子誓于天子，摄其君，则下其君之礼一等。”序于伯下，正也；序于子下，非正也。

叶子曰：《春秋》盟会征伐，班序升降，未有或同者，《春秋》有所进退欤？曰：非也。五等之爵，固有序矣。王政行于天下，诸侯来朝于王，行人之所掌，司仪之所相，未之敢乱也。世乱而诸侯自为政，不时相见，或以小大，或以强弱，或以先后，或以好恶，其或抑或扬，初未尝有定制，皆出于主会者为之。故滕、薛争长，公子翚以宗盟后薛；蔡、卫争先，子鱼以尚德长卫；邾人以主伐而首郑；齐光以先至而越滕。《春秋》不能追而正之也。曰：是所以为无王者，吾著其实而罪自见矣。世子之会，自陈款、郑华始，至宋子成、齐国佐而再见，皆序伯下，犹有先王之礼也。乃齐光或序伯下，或序子下，或序小邾子下，乍进乍退，未之有常。盖诸侯之升降，自不得其正，固无责于世子也。

冬，盗杀郑公子騑、公子发、公孙辄。

公子騑，郑大夫之三命者也。盗，贱者也。騑、发、辄，皆郑之执政。发与辄作田洫，已夺司氏五族之田，騑复与尉止争。故五族聚群不逞之徒，入西宫之朝，而杀三人。何以不言大夫？大夫非盗所得名也。盗，贱之贱也。故弑君不目君，不使其得接于上也；杀大夫不目大夫，不使其得接于下也。

戍郑虎牢。

孰戍之？我也。何以言郑虎牢？郑服而请平，故诸侯各为之戍以备楚。城之非以取之也，故不别于郑；戍之非以外之也，故复系之郑。何以不言诸侯？散辞也。

楚公子贞帅师救郑。

郑已服矣，楚何以犹救郑？救其始伐也。郑故于是复从楚。

公至自伐郑。

十有一年，春，王正月，作三军。

作三军者何？分其地而有其民也。古者天子六军，元侯三军，各属其民而以卿将之。其常赋则输于国，非常赋则有事而后征之军。诸侯有卿无军，季氏欲专国，始三分公室之地，各取其一以为军。季氏为左军，仲氏为右军，叔孙氏为中军。季氏尽征其赋，叔孙氏臣其子弟，孟孙氏取其半，非古也。鲁自是非其国也。

叶子曰：《礼》：“大国三军，次国二军，小国一军”，然欤？曰：非也。诸侯恶其害己而益其文也。周制，裂天下为九州而建其牧，谓之九牧。分陕东西而主以公，谓之二伯。是元侯而得专征者也。元侯之军，卿帅之以承天子，故曰“赐铁钺然后杀，赐弓矢然后征。”武王伐纣，誓司徒、司马、司空，此西北之军也。大国三军，盖非方伯不得有。诸侯不得专征，则无所用军，教其民以自卫，有事则帅赋以从方伯而已。此叔孙豹所以知其说而不敢僭者也。王命曲沃庄伯以一军为晋侯，侯伯次国也，一军犹受之于王，则安得为二军乎？平王之后，征伐自诸侯出，则固有僭元侯而自为军者矣。是以隐公之始，外书“郑伯克段于鄢”，内书“无骇帅师入极”，《春秋》不能追正也。然犹时出其民而用之，各以其卿将事，已则民复于农，赋归于国，而卿无与焉。故僖公之《诗》曰：“公车千乘”，则国之赋也；“公徒三万”，则三军之数也，而皆曰公焉。

至成公而季孙行父、臧孙许、叔孙侨如、公孙婴齐以四卿见于鞌，虽有加于三军，而其为军之道，则犹先王之法也。及是季孙行父死而宿为政，遂将弱其国，私有其地与民，于是窃大国三军之制以行其志。书曰作，作之为言，前未尝有而自我为之，犹南门、雉门两观之为作也。叔孙豹争之而不得，则姑臣子弟而归其父兄于君，是犹有所畏而不敢尽卒之，舍中军者，孟氏也。左氏不知此，乃以成国不过半天子之军，而《公羊》《穀梁》复以上卿下卿言之。学者因为鲁宜为二军，以作三军为僭，而舍中军为正，岂足与言《春秋》之意哉?

《石林先生春秋传》卷第十六

叶氏

襄公二

夏，四月，四卜郊，不从，乃不郊。郑公孙舍之帅师侵宋。

公孙舍之，郑大夫之三命者也。

公会晋侯、宋公、卫侯、曹伯、齐世子光、莒子、邾子、滕子、薛伯、杞伯、小邾子伐郑。秋，七月，己未，同盟于京城北。

京城，《左氏》作亳，《公羊》《穀梁》作京，当从二《传》。京，郑邑，大叔所封也。郑惧而行成，则地京城者，郑亦与盟也。

公至自伐郑。楚子、郑伯伐宋。公会晋侯、宋公、卫侯、曹伯、齐世子光、莒子、邾子、滕子、薛伯、杞伯、小邾子伐郑，会于萧鱼。

伐未有言会者，此何以言会？贵之也。郑人患晋、楚之故，诸大夫欲从晋，曰："何为而使晋师致死于我？楚弗敢敌，而后可固与也。"乃谋伐宋。诸侯遂伐郑，而为京城北之盟矣。已而楚复来伐，郑伯从之。诸侯悉师再伐郑。郑人乃使良霄如楚，告将服于晋，曰："孤以社稷之故，不能怀君。君若能以玉帛绥晋，不然，则武震以威摄之，孤之愿也。"乃行成于晋。晋于是申京城之言，以成其本意，约信命事而不盟。赦郑囚，纳斥堠，禁侵掠，使告于诸侯。君子以是贵之也。

叶子曰：吾何以知《春秋》贵萧鱼之会欤？郑介于二大国之间，为弱国。自楚与晋争强，郑无不与。事晋则楚伐，事楚则晋伐。晋讨其从楚则是矣，而晋不足恃也。戏之盟，士弱为之辞曰："郑国不唯晋命是听，有异志者，有如此盟。"公子骈趋而改之曰："郑国不唯有礼与强可以庇民者是从，而敢有异志者，亦如之。"晋不能夺也。故自虎牢之役至鸡泽，而郑受盟。僖公从于晋者六年，至邢丘之会而复叛。自是三年之间，我之伐者三，楚之伐者一。晋、楚之争郑，无甚于此时也。君子其亦闵郑之无以固其国也欤？及是，郑人择所从，而终以服晋。良霄之执楚，连三伐以讨，而郑卒不从。申之会，虽诸侯皆在，而晋不争，知其不得已也。楚自是亦不复加兵，而郑之息肩者五十余年，则萧鱼之为已。故曰：萧鱼之服郑也大矣。此君子所以贵也。

公至自会。

会而后伐，故以会致。

楚人执郑行人良霄。

良霄，郑大夫之三命者也。郑以告服于晋而楚执之，非伯讨也，故以人执。

冬，秦人伐晋。

十有二年，春，王三月，莒人伐我东鄙，围台。季孙宿帅师救台，遂入郓。

郓，莒附庸之国也。台在国内，郓在国外，救台而遂入郓，非遂之善也，季孙氏之强益甚矣。

夏，晋侯使士鲂来聘。秋，九月，吴子乘卒。

吴前未有书卒者，此何以书？始能以赴通中国也。吴自寿梦从诸侯会于戚，而渐能从中国之习矣。吴得以人见，故至是复能以卒赴进之也。不书葬，辟其号也。

冬，楚公子贞帅师侵宋。公如晋。

十有三年，春，公至自晋。夏，取邿。

邿，附庸之国也。

秋，九月，庚辰，楚子审卒。冬，城防。

防，臧孙氏之邑也。臣邑而国城之，臧孙氏强也。

十有四年，春，王正月，季孙宿、叔老会晋士匄、齐人、宋人、卫人、郑公孙虿、曹人、莒人、邾人、滕人、薛人、杞人、小邾人，会吴于向。

叔老，吾大夫之三命者也。公孙虿，郑大夫之三命者也。此吴诸樊之会也。何以殊会？不使吴得主会也。吴告庸浦之败，故合诸侯以谋楚，使举上介。曷为以季孙宿、叔老并会？大夫强也。

二月，乙未朔，日有食之。夏，四月，叔孙豹会晋荀偃、齐人、宋人、卫北宫括、郑公孙虿、曹人、莒人、邾人、滕人、薛人、杞人、小邾人伐秦。

荀偃，晋大夫之三命者也。

己未，卫侯衎出奔齐。

卫侯衎，《左氏》《穀梁》以为卫侯，《公羊》以为卫侯衎，当从《公羊》，阙文也。

叶子曰：衎之不名，或曰此《春秋》之义，而非阙也。孙林父、甯殖既逐衎而立剽，剽以公孙得位非正，故不以两君之辞与之。是不然。春秋诸侯以篡立而不得其正，与强臣援之而立者，非独剽也，何尝不以两君之辞与之乎？北燕伯款出奔齐，以其多嬖宠，而大夫之所逐也。蔡侯朱出奔楚，以东国谋篡，而蔡人逐之也。则燕有君与东国之窃其位，盖有甚于剽者，而款与朱皆名，夫岂君燕大夫之所立，而与东国篡乎？凡诸侯奔而名者，皆以别二君，所以辨其正不正者，不在是也。惟卫、郑奔，不以名见，盖叔武不敢于为君而摄之。曹负刍归，不以名见，盖子臧不敢于为君而逃之。则内无君而不嫌尔。今剽有国十有三年，凡盟会征伐之事，《春秋》未尝不书，以卫侯及甯喜杀之，正其名曰弑君，孰有如是而非君者？吾故知其为阙文，而非义之所在也。

莒人侵我东鄙。秋，楚公子贞帅师伐吴。冬，季孙宿会晋士匄、宋华阅、卫孙林父、郑公孙虿、莒人、邾人于戚。

华阅，宋大夫之三命者也。

十有五年，春，宋公使向戌来聘。二月，己亥，及向戌盟于刘。刘夏逆王后于齐。

刘夏，王之上士也。何以不言使？王臣来我则言使，他国则不言使，内外之辨也。

何以书？过我也。王臣过我则皆书乎？天子逆后以卿，而公临之，刘夏上士，非正矣，是故因其过我而正之也。

夏，齐侯伐我北鄙，围成。公救成，至遇。

成，仲孙氏之邑也。臣邑而君救之，非礼也。救不目至，何以言至遇？至遇，犹至酅也，以公为畏齐，故至遇而止也。

季孙宿、叔孙豹帅师城成郛。

前围而公救之，固过矣。今季孙氏、叔孙氏复各以其君而为之城，著三臣之自为政也。

秋，八月，丁巳，日有食之。邾人伐我南鄙。冬，十有一月，癸亥，晋侯周卒。

十有六年，春，王正月，葬晋悼公。三月，公会晋侯、宋公、卫侯、郑伯、曹伯、莒子、邾子、薛伯、杞伯、小邾子于溴梁。戊寅，大夫盟。

前未有言大夫盟者，此何以言大夫盟？恶大夫之无君也。溴梁之会，齐高厚歌诗不类，晋荀偃怒，以诸侯为有异志，使诸大夫盟高厚，高厚逃归。于是叔孙豹及偃、宋向戌、卫甯殖、郑公孙虿、小邾之大夫盟，曰："同讨不庭，诸侯皆在。"是而大夫盟，故不曰诸侯之大夫，以大夫为无君也。

叶子曰：自诸侯失政而大夫强，至襄公而愈甚，故盟会征伐，三年之间，诸侯不出而大夫出者四。鸡泽之会，诸侯始复见，时晋悼公之德犹未衰，其将有以振之欤？故自是至于萧鱼，诸侯之见者九，而大夫皆不与，庶乎其稍正也。及会吴于向，鲁以季孙宿、叔老二卿并出而伐秦，会戚再岁，诸侯皆不出，而大夫复三见。明年，晋悼公卒，则大夫盖复肆于悼公之末矣。然而诸侯不出而大夫出，犹云可也，溴梁之会，其君在而大夫敢专盟，则天下岂复有君哉？虽曰荀偃之为，而诸侯之大夫皆与有罪矣。故《春秋》之恶大夫，莫甚于溴梁。

晋人执莒子、邾子以归。

悼公始葬而平公出会，莒、邾虽以侵伐鲁之罪当执，然平公为无哀矣，非伯讨也，故以人执。

齐侯伐我北鄙。夏，公至自会。五月，甲子，地震。叔老会郑伯、晋荀偃、卫甯殖、宋人伐许。秋，齐侯伐我北鄙，围成。大雩。冬，叔孙豹如晋。

十有七年，春，王二月，庚午，邾子牼卒。宋人伐陈。夏，卫石买帅师伐曹。

石买，卫大夫之三命者也。

秋，齐侯伐我北鄙，围桃。高厚帅师伐我北鄙，围防。

高厚，齐大夫之三命者也。

九月，大雩。宋华臣出奔陈。

华臣，宋大夫之三命者也。

冬，邾人伐我南鄙。

十有八年，春，白狄来。

白狄，狄之别种[①]也。来者何？来朝也。何以不言来朝？不能朝也。古者夷狄[②]在九州之外曰蕃国，世一见于天子。诸侯而朝夷狄[③]，非正也。

夏，晋人执卫行人石买。

卫孙蒯淫猎于曹隧，以重丘人之诟，而使石买伐曹。曹人诉于晋，卫使石买如晋辞焉。晋不能治孙蒯，而罪石买之伐，非伯讨也，故以人执。

秋，齐师伐我北鄙。冬，十月，公会晋侯、宋公、卫侯、郑伯、曹伯、莒子、邾子、滕子、薛伯、杞伯、小邾子同围齐。

围未有言同者，此何以言同？围齐，恶灵公也。诸侯不义，灵公为溴梁之会，共谋伐之。于是前会之诸侯皆在，而益以滕子。晋平公祷于河曰："齐环怙恃其险，负其众庶，弃好背盟，陵虐神主，曾臣彪将帅诸侯以讨焉。"齐侯御诸平阴，不胜，脱归。诸侯遂及齐，焚雍门及西郭、南郭，又焚东郭、北郭。古之言围者，未必皆环之也，曰"禁之使不得出"焉尔。今十二国之师皆尽其力，而齐之四面无不及焉，是以谓之同也。

叶子曰：灵公以十五年伐我北鄙，至是连伐我者五岁，再围成，又围桃、围防，我之虐于诸侯，未有甚于齐也。故尝以叔孙豹请于晋，晋辞之。豹曰："敝邑之急，朝不及夕。引领西望曰：'庶几乎！'比执事之闲，恐无及也。"于是荀偃从之，而诸侯之师无不尽其力。则事虽以鲁出，而所以围齐者不以鲁也。故薄齐之城，周其四门，非共恶之，能若是乎？蔡失其国，周公复封之，为之训曰："睦乃四邻。"夫不能睦其邻者，邻亦不能睦也，国何以守？故以齐环一见法焉。

曹伯负刍卒于师。楚公子午帅师伐郑。

公子午，楚大夫之三命者也。

十有九年，春，王正月，诸侯盟于祝柯。

此围齐之诸侯也。齐未服，故再盟。何以不序？一事而再见也。

晋人执邾子。

晋前执邾子，以讨伐我之罪矣。明年，邾人不受。令[④]，又伐我南鄙而执焉，复取其田而舍之。非伯讨也，故以人执。

公至自伐齐。

此围齐也。何以致伐齐？围齐所以伐齐也。伐不服而后围，围不言伐，故以伐致也。

取邾田，自漷水。

内取外田不书，此何以书？不一地也。取者，我所有而取之者也。非所有而取之谓之盗，是犹言取济西田尔。漷水，邾水之经于我者也。言自漷水，则有非止于漷水

---

① 种，文渊阁本作"族"。

② 夷狄，文渊阁本作"荒服"。

③ 夷狄，文渊阁本作"藩国"。

④ 令，文渊阁本作"冬"。

者矣，故于是复取漷东田。

季孙宿如晋。葬曹成公。夏，卫孙林父帅师伐齐。秋，七月，辛卯，齐侯环卒。晋士匄帅师侵齐，至穀，闻齐侯卒，乃还。

师未有言还者，此何以言还？善士匄之不伐丧也。

叶子曰：赵盾纳捷菑于邾，以邾人之辞弗克纳而还。《春秋》虽善赵盾而不言还，赵盾不免于称人。士匄亦受命侵齐，何以得与其还而以名氏见？不伐丧，将之事也；纳君，非将之事也。赵盾不得以师而专废置君，士匄不得以伐丧而致为师之道，此士匄所以异乎赵盾也。

八月，丙辰，仲孙蔑卒。齐杀其大夫高厚。

灵公欲以公子牙易太子光，而使高厚傅之。厚从君于昏而不能正，于是光立而杀高厚。高厚之死，罪累上也，故以国杀。

郑杀其大夫公子嘉。

公子嘉，郑大夫之三命者也。尉止之乱，嘉独免，既得而专召楚师，至于纯门，郑伯不能正，故公孙舍之。公孙夏讨尉止之难，与纯门之师帅国人杀嘉而分其室。公子嘉之死，罪累上也，故以国杀。

冬，葬齐灵公，城西郛。

畏齐也。城坏而当城，则城之尔。畏齐难而城其西郛，非所以守国也。

叔孙豹会晋士匄于柯，城武城。

畏齐也。叔孙豹自晋会士匄还，曰："齐犹未也，不可以不惧。"乃复城武城。

二十年，春，王正月，辛亥，仲孙速会莒人盟于向。

仲孙速，吾大夫之三命者也。

夏，六月，庚申，公会晋侯、齐侯、宋公、卫侯、郑伯、曹伯、莒子、邾子、滕子、薛伯、杞伯、小邾子，盟于澶渊。秋，公至自会。仲孙速帅师伐邾。蔡杀其大夫公子燮。

燮以楚使蔡无常，求从文侯之志以事晋。蔡人畏楚不从，遂杀燮以止其谋。公子燮之死，罪累上也，故以国杀。

叶子曰：公子燮其犹以为罪欤？蔡自翟泉之役，不复与诸侯会，盖附楚久矣。故至于厥貉，遂与楚子同见，以谋伐宋。及晋虽尝以郤缺讨之，仅为城下之盟，而不能服也。自是晋复以栾书再侵之，蔡虽小弱，息肩者七十余年。古之君子，作事必稽于众，未有违众而能成者也。方晋、楚争强，蔡介于两国之间，事楚与晋，无有不受其弊者。今欲安于楚，使燮而能为蔡谋，必有绝楚而能保于晋者，然后可为。今未有以得晋而轻与楚绝，身且不能自保，况于蔡乎？故君子不以晋、楚为辨，而以保其国者为难，则尧之所谓稽于众，舍己从人者也，故以燮一见法焉。

蔡公子履出奔楚。

公子履，蔡大夫之三命者也。

陈侯之弟黄出奔楚。

黄，哀公之母弟也。庆虎、庆寅执政，畏黄之逼而诉于楚曰“与蔡燮同谋”。黄不能安，于是奔楚以自直。以陈侯为不能兄也，故目弟焉。

叔老如齐。冬，十月，丙辰朔，日有食之。季孙宿如宋。

二十有一年，春，王正月，公如晋。邾庶其以漆、闾丘来奔。

庶其，邾大夫之再命者也。以漆、闾丘来奔者何？据其邑叛而归我也。何以不言叛？讳纳叛臣也。漆，邑也；闾丘，亦邑也。何以不言及？皆私邑也。

叶子曰：《左氏》以邾庶其及莒牟夷、邾黑肱为三叛人，书名。齐豹，卫之司寇，杀卫侯之兄，贬而不书名。为《春秋》之义，使欲盖而名章，求名而不得，然欤？非也。夫豹以正卿而杀其君之兄，是何足以为名？邾、莒虽小国，再命之大夫，自得以名见。三人之奔，亦何以知其欲盖其恶欤？以为当时之意邪？岂有杀君之兄而人不知，窃邑以叛君而可以隐者也？以为有求于《春秋》而然邪？则《春秋》之作，三人固不能前知。此《左氏》不知小国有得名之大夫，而邾以弱，莒以用夷，适无事以屡见尔。然莒有庆、有挐，邾有畀我、有快，皆非以地叛者，何为而亦名也？夫名不名，《春秋》固有常法。大夫而以其邑叛，此与卫孙林父、晋赵鞅、荀寅、士吉射何以异？其恶盖有不待贬绝而自见者，《春秋》未尝加之辞，何于庶其三人而独异哉？

夏，公至自晋。秋，晋栾盈出奔楚。

栾盈，晋大夫之三命者也。

九月，庚戌朔，日有食之。冬，十月，庚辰朔，日有食之。曹伯来朝公。会晋侯、齐侯、宋公、卫侯、郑伯、曹伯、莒子、邾子于商[①]**任。**

二十有二年，春，王正月，公至自会。夏，四月。秋，七月，辛酉，叔老卒。冬，公会晋侯、齐侯、宋公、卫侯、郑伯、曹伯、莒子、邾子、薛伯、杞伯、小邾子于沙随。公至自会。楚杀其大夫公子追舒。

公子追舒，楚大夫之三命者也。追舒为令尹，宠佞人观起而富之，楚子不能禁。既而复将讨焉，乃与其子弃疾谋之。弃疾不从，遂杀追舒。追舒之死，罪累上也，故以国杀。

二十有三年，春，王二月，癸酉朔，日有食之。三月，己巳，杞伯匄卒。夏，邾畀我来奔。

畀我，邾大夫之三命者也。

葬杞孝公。陈杀其大夫庆虎及庆寅。

庆虎、庆寅，皆陈大夫之三命者也。寅、虎之杀也，二人既诉公子黄于楚，不胜而以陈叛，故陈侯以屈建围陈而杀寅、虎。寅从虎，故言及。庆寅、寅虎之死，罪累上也，故以国杀。

陈侯之弟黄自楚归于陈。

自楚者何？楚有奉也。

晋栾盈复入于晋，入于曲沃。

---

① 商，底本、《荟要》本作“商”，据文渊阁本改。

曲沃，栾氏之邑也。复入，求复也。栾盈既出奔楚，会诸侯于商任、沙随，使锢栾盈，无纳盈。盈以齐柝[①]归父入曲沃以求复。其曰入于晋何？盈先入于绛，不克而后返其邑也，故言入，逆辞也。

秋，齐侯伐卫，遂伐晋。八月，叔孙豹帅师救晋，次于雍榆。己卯，仲孙速卒。冬，十月，乙亥，臧孙纥出奔邾。

臧孙纥，吾大夫之三命者也。

晋人杀栾盈。

栾盈既返曲沃，晋人围而克之，尽杀栾氏之族党。不言杀其大夫，位已绝矣，非复大夫也。曰晋人，讨贼之辞也。

齐侯袭莒。

袭者何？掩其不备也。齐庄公自晋还，不入而伐莒，门于且于，盖掩之也。伤股而退，明旦将再战，复使人夜载甲入于且于之隧，遂以胜莒。故君子以是为袭也。

叶子曰：韩之战，秦人获晋惠公，不言师败绩，曰获晋侯。君获，重于败也。鄢陵之战，晋射楚王，中其目，败绩，不言师，曰楚子。君败，重于师也。然则齐侯亦伤股而败矣，何以不以君败为文？盖诈战也。结日而后战，君子犹不与焉，况乘人之不备而诈之乎？得免吴遏之卒，幸矣。昔者子钓而不纲，弋不射宿，谓其非爱物之道也，而况于人乎？是以古之用师，必先之以文告之辞，威让之令，至于不服，而后伐之。彼轻千乘之贵，而幸一日之胜，君子不与也，故以齐侯一见法焉。

二十有四年，春，叔孙豹如晋。仲孙羯帅师侵齐。

仲孙羯，吾大夫之三命者也。

夏，楚子伐吴。秋，七月，甲子朔，日有食之，既。齐崔杼帅师伐莒。大水。八月，癸巳朔，日有食之。公会晋侯、宋公、卫侯、郑伯、曹伯、莒子、邾子、滕子、薛伯、杞伯、小邾子于夷仪。冬，楚子、蔡侯、陈侯、许男伐郑。公至自会。陈鍼宜咎出奔楚。

鍼宜咎，陈大夫之三命者也。

叔孙豹如京师。大饥。

二十有五年，春，齐崔杼帅师伐我北鄙。

齐自同围之后，我以叔老往聘，而怨稍平矣。至是复伐我，则以仲孙羯之侵故也，我何以保其国欤？

叶子曰：

自襄以前，庄、僖、文、成之伐者各一，皆齐而已。至文而邾复见伐，襄而莒复见伐，于是终其世，三国见伐者十有三，甚乎襄之不能为国也。齐伐其北，莒伐其东，邾伐其南，齐侯之师遂至围成、围桃、围防，莒亦进而围台，则非特及其鄙而已。我虽城防、城西郛、城武城，曾不足以自守，而区区方托晋以为雍榆之救，固已兆怒，又从而侵之，岂吾所得已哉？皆晋之故，此其所以讫不能振也，《春秋》固志之矣。

---

① 柝，《荟要》本、文渊阁本作“析”。

夏，五月，乙亥，齐崔杼弑其君光。

称名氏以弑者，大夫弑君之辞也。崔杼既立庄公而相之，庄公通其室而杼弑焉。公登台而请，弗许；请盟，弗许；请自刃于庙，弗许；公逾墙，射之，中股，反队而弑之。是以为杼之弑也。

公会晋侯、宋公、卫侯、郑伯、曹伯、莒子、邾子、滕子、薛伯、杞伯、小邾子于夷仪。六月，壬子，郑公孙舍之帅师入陈。秋，八月，己巳，诸侯同盟于重丘。公至自会。卫侯入于夷仪。

夷仪，卫邑也。何以不言入卫？未得卫也。剽在而内未有援，则其归为难矣。故言入，逆辞也。何以不名？未得国则不嫌于为君也。

楚屈建帅师灭舒鸠。

屈建，楚大夫之三命者也。

冬，郑公孙夏帅师伐陈。

公孙夏，郑大夫之三命者也。

十有二月，吴子遏伐楚，门于巢，卒。

巢，国也。诸侯不生名，吴子伐楚，则何以名？非名也。吴子卒矣，文不可再见，举卒之名，加之伐楚之上，无嫌也。何以目门于巢？不正吴子不以礼假道，而不得其死也。吴子伐楚，以报舟师之役，假道于巢，不纳，攻其门，巢牛臣隐于短墙以射之，卒。巢，楚之与国也。吴子欲复怨于楚，而道于其国，不纳，而攻之吴子，则已过矣。巢人之党其所与，而贼夫人之君，非诸侯相为宾之道也。

二十有六年，春，王二月，辛卯，卫甯喜弑其君剽。

称名氏以弑者，大夫弑君之辞也。甯喜，卫大夫之三命者也。喜，甯殖之子。殖既从孙林父逐献公而立剽，及疾，复召喜，命之使谋纳献公，故喜先攻孙氏而杀剽，是以为喜之弑也。

叶子曰：《春秋》以正治不正，不以不正治正。剽之与衎，盖不两立也。以衎之归为正，则剽之死不得为正矣，何以加喜之罪而名之弑哉？此剽与衎之说，非喜与剽之说也。夫所谓君臣者，一日北面而事之，皆君也。方孙林父之逐衎，殖以为不然，则去而违之可矣。既与之立，则剽者殖之君也，喜者受命于殖者也，孰有北面事之十有三年而不以为君者乎？为衎则可以杀剽，为喜则不可以杀剽，此喜与衎之说也。是以书剽有三道：以卫言之，既已与诸侯盟会矣，不可以不谓之君；以甯喜言之，殖已立而君之矣，喜受命而杀之，不可以不成其为君；以衎言之，则公孙剽而已矣。别嫌明微，非《春秋》不能辨，是故不以其正者害其不正也。

卫孙林父入于戚以叛。

戚，孙林父之邑。叛者何？叛于晋也。晋于是疆戚田。

叶子曰：楚取宋彭城以封鱼石而求入，攘人之地以劫其君也。晋取戚而纳林父之叛，私人之地以背其君也。然而《春秋》不著晋之罪者。彭城之罪在楚，戚之罪在林父，各以其重者书也。

甲午，卫侯衎复归于卫。

衎何以言复归？易辞也。甯喜援之，公子鱄与之，则其归为易矣。

夏，晋侯使荀吴来聘。

荀吴，晋大夫之三命者也。

公会晋人、郑良霄、宋人、曹人于澶渊。

此赵武之会也，何以曰晋人？不正其登叛人以谋其君，且疆戚田，故贬而人之也。何以不没公？公亦与有贬也。

《石林先生春秋传》卷第十七

叶氏

襄公三

秋，宋公杀其世子痤。

何以挈宋公？杀世子母弟，目君，甚之也。

晋人执卫甯喜。

喜负弑君之罪，晋不以讨而以林父之诉执之，非伯讨也，故以人执。

八月，壬午，许男甯卒于楚。冬，楚子、蔡侯、陈侯伐郑。葬许灵公。

二十有七年，春，齐侯使庆封来聘。

庆封，齐大夫之三命者也。

夏，叔孙豹会晋赵武、楚屈建、蔡公孙归生、卫石恶、陈孔奂、郑良霄、许人、曹人于宋。

赵武、公孙归生、石恶、孔奂，晋、蔡、卫、陈大夫之三命者也。此向戌之请也。不列向戌，地于宋，则向戌在焉也。

卫杀其大夫甯喜。

甯喜初欲纳献公，公使公子鱄与喜言曰："苟反，政由甯氏，祭则寡人。"献公立而甯喜专，公患之。其大夫公孙免馀杀喜，尸诸朝。甯喜之死，罪累上也，故以国杀。

卫侯之弟鱄出奔晋。

鱄，定公之子，献公之母弟也。献公既背鱄之约而杀甯喜，鱄不义其所为而去之，终身不仕，则卫侯之不能兄也，故目弟。

秋，七月，辛巳，豹及诸侯之大夫盟于宋。

此前会宋诸侯之大夫也。始，宋向戌善于晋赵武，又善于楚屈建，欲弭诸侯之兵以为名。乃如晋告武，又如楚告建，遂如齐、如秦，皆许之。告于小国，亦从。故即宋为会而盟焉。诸侯不在，而曰"诸侯之大夫受命于其君"也。于是中国不出，夷狄不入，而天下之兵熄，则向戌之为也。豹不氏，一事而再见者，卒名之也。再地，宋善之也。

叶子曰：是会，《左氏》得其事而不尽其义，故言楚人衷甲及齐、宋请邾、滕、晋、楚争先之事，析西门、蒙门为二盟，与其本志不类。《穀梁》知其义而不知其事，故知诸侯不在，而曰诸侯之大夫为异于溴梁之不臣。然以豹不氏为恭，则非是。乃《公羊》则既不知事，又不知义，遂以为石恶在是而殆诸侯。且《公羊》岂不知遂以夫人妇姜至自齐，再见遂而不称公子者乎？袁侨之盟，固已不能别，此又适在公子鱄出奔之后，故以意逆之，而归恶于卫。以此见三家之传经，盖有知而不能详，详而不能尽，与不能知而意之者，皆未尝亲得其所闻者也。非深于经者，不足与知此。

冬，十有二月，乙亥朔，日有食之。

二十有八年，春，无冰。夏，卫石恶出奔晋。邾子来朝。秋，八月，大雩。仲孙羯如晋。冬，齐庆封来奔。十有一月，公如楚。十有二月，甲寅，天王崩。乙未，楚子昭卒。

二十有九年，春，王正月，公在楚。夏，五月，公至自楚。

前未有书公在者，此何以书？危夷狄以存公也。

叶子曰：

成公尝以七月如晋，明年三月致，正月不书在晋。昭公尝以冬如晋，明年夏致，正月不书在晋。诸侯以两君之好，相见于五服之内，则何为焉？而公之如楚过矣。昭公于郓不书在，于乾侯书在，以失国为危也。公如晋不书在，于楚书在，以失中国为危也。

庚午，卫侯衎卒。阍弑吴子馀祭。

阍，贱者也，不言盗，以吴子为不能保其身也。古者使墨者守门，劓者守关，宫者守内，刖者守囿，髡者守积，各不废其材而任以职。吴子刑越俘，使皆守舟，又即而观焉，非任官之道也。贱者不列于君臣，故不言盗弑。吴子不君而轻其身，故阍特言弑，加之以君之辞，而后见吴子之不君也。弑则何以不言其君？越俘不可以君吴也。

仲孙羯会晋荀盈、齐高止、宋华定、卫世叔仪、郑公孙段、曹人、莒人、滕人、薛人、小邾人城杞。

荀盈、高止、华定、世叔仪、公孙段，晋、齐、宋、卫、郑大夫之三命者也。城杞者何？修旧也。晋平公杞出，故率诸侯为杞城。诸侯以二王之后，不以晋之私而共城之，诸侯之善也。

晋侯使士鞅来聘。

士鞅，晋大夫之三命者也。

杞子来盟。吴子使札来聘。

札，吴大夫之再命者也。吴子始得以爵书，进之也。

叶子曰：

寿梦之子同母者四兄弟，皆欲迭为君而致国于札，札不受而去焉。于是之鲁、之齐、之郑、之卫、之晋，历五国而后归，此札之贤也。然则吴何以得进？以吴而有札，能以礼交于中国，虽欲夷狄之不可也，则吴之所为而已。《春秋》之义，或与其文，或与其实。楚丘之城非不善，而文不得许其专；吴子之聘未必善，而文不得不与其进。故札出，僚得国，阖庐卒以弑僚，不以是罪。札之来，盖其与之在此不在彼也。《公羊》独以为贤季子者，误矣。

秋，九月，葬卫献公。齐高止出奔北燕。冬，仲孙羯如晋。

三十年，春，王正月，楚子使薳罢来聘。

薳罢，楚大夫之三命者也。

夏，四月，蔡世子般弑其君固。五月，甲午，宋灾。

外灾不书，此何以书？为二王后见重也。

宋伯姬卒。天王杀其弟佞夫。

佞夫，景王之母弟也。何以挈天王？杀世子母弟，目君，甚之也。

王子瑕奔晋。

瑕，王之大夫也。何以不言出？周非大夫所得同有也。何以知其自周出？佞夫，灵王之子，其居固在京师矣。灵王崩，儋括欲立佞夫而不克。景王立，尹言多五子杀佞夫，瑕以佞夫党而奔晋，其出固自周也。

秋，七月，叔弓如宋。

叔弓，吾大夫之三命者也。

葬宋共姬。

共，谥也。内女为夫人，葬未有举谥者，此何以书？贤伯姬也。

叶子曰：古者生无爵，死无谥。死而谥，周也。谓士以下言也，士则有爵矣。盖谥者所以易名也。葬而卒哭，卒哭而讳，必有谥焉，然后可讳，故曰“谥者所以尊名也”。乃妇人则非有爵者也，非当名者也，安用谥乎？周之后妃，其远者莫如姜嫄，姜嫄无谥；近者莫如大任、大姒，大任、大姒无谥，则周妇人未尝有谥也。鲁夫人谥自文姜始，然其前已见声子，则非特夫人有谥，妾亦有谥矣，不知为之者何时，自是鲁夫人无不谥者。至宋谥共姬，则非特鲁也，凡诸侯皆谥矣。故录共姬之谥，虽以表其贤，然非所谥而谥之，亦以著其失，则虽鲁亦不得无罪也。

郑良霄出奔许。自许入于郑。郑人杀良霄。

良霄既自墓门之渎入，介于襄库为乱，以伐北门，子驷、子带帅国人讨而杀之。不书大夫，位已绝矣，非复大夫也。曰郑人，讨贼之辞也。

冬，十月，葬蔡景公。

葬未有言[①]讨贼者。景公何以得葬？正天下之为人父者也。蔡景公为大子般娶于楚而通焉，般于是弑景公。君子以为乱父子之大伦而绝人道者，人亦得以绝之也。

叶子曰：蔡固之恶，子产盖知其必有子祸矣。然父不父，子不可以不子。固之恶虽大，《春秋》其可以是免般而不讨乎？昔者齐景公尝问政于孔子，孔子曰：“君君，臣臣，父父，子子。”公曰：“善哉！信如君不君，臣不臣，父不父，子不子，虽有粟，吾得而食诸？”孔子之为是[②]为是言也，以景公继弑君而不讨崔杼者也。然岂不曰君臣父子各得其正，而后政可为者乎？使臣臣而君不君，子子而父不父，虽其义有不可乱，而为君与父之祸无时而可息也。君子以是不以免般为嫌，微致其意曰：必君君而父父，然后可以尽天下为臣与子之责。则正身而齐家，齐家以治国，而天下无与为乱者矣。

---

① 言，文渊阁本作“不”。

② 之为是，文渊阁本作“为是言”。

故以蔡固一见法焉。

晋人、齐人、宋人、卫人、郑人、曹人、莒人、邾人、滕人、薛人、杞人、小邾人会于澶渊。宋灾故。

会未有目事者，此何以言宋灾？故为二王后见重也。大夫何以皆书人？欲归宋财而后不能，故贬而人之也。大夫会而不终其约者多矣，何独责于澶渊？救灾恤患，诸侯之义也。人皆可以自致，未有国而无财者也，何必待会？今勤十二国之众，而无一如其言，岂皆无是心哉？待人而后为之尔。孰有因人以为义者乎？君子是以原其情而著其事也。

三十有一年，春，王正月。夏，六月，辛巳，公薨于楚宫。

非正也。

秋，九月，癸巳，子野卒。己亥，仲孙羯卒。冬，十月，滕子来会葬。

诸侯会葬，非礼也。礼，天子葬，同轨毕至，有故，则大夫会葬；诸侯葬，同盟毕至，大夫会葬。

癸酉，葬我君襄公。十有一月，莒人弑其君密州。

称人以弑，微者弑君之辞也。

昭公一

元年，春，王正月，公即位。叔孙豹会晋赵武、楚公子围、齐国弱、宋向戌、卫齐恶、陈公子招、蔡公孙归生、郑罕虎、许人、曹人于虢。

公子围、国弱、齐恶、公子招、罕虎，楚、齐、卫、陈、郑大夫之三命者也。此寻宋之盟也。楚何以先诸侯？强也。

叶子曰：自襄以来，晋主盟，齐、楚皆未入会，宋未尝不先诸侯，盖齐方与楚也。鸡泽之会，齐始以世子光来，犹在邾人下，至邢丘而齐人居宋人上，则齐已亢矣。澶渊之会，齐侯始入会，遂居宋公上。宋之会，楚始入会，屈建遂居蔡、卫上。至是楚公子围先国弱，而向戌在三，夷狄愈强，虽齐亦为之屈，而二王之后微矣。

三月取郓。

郓，鲁郓也，莒尝侵之，以虢会而归。何以不言某归？受命而归，非自归也。

叶子曰：吾何以知此为鲁郓？凡内取外邑不书，内取外邑必先见伐，不正其以伐取而后书也。且莒郓非邑，附庸之国也，则固不得为莒邑矣。会以正月，取以三月，《左氏》谓三月诸大夫尝同盟，莒子诉于会，亦非是。会而盟，未有不志于《春秋》者，何为略而不书乎？然则非取莒郓以为附庸欤？亦非也。后见疆田，属为附庸，则不疆田也。

夏，秦伯之弟鍼出奔晋。

鍼，景公之母弟也，有宠于桓公而富。景公立，其母畏景公不能容，曰："弗去，惧数其罪。"乃使之出。以景公为不能兄也，故目弟焉。

六月，丁巳，邾子华卒。晋荀吴帅师败狄于大卤。秋，莒去疾自齐入于莒。

去疾，公子之未氏者也。自齐，齐有奉也。自未有言入，此何以言入？逆辞也。卫朔入于卫，齐小白入于齐，皆以不正夺正，故谓之入。莒犁比生去疾及展舆，展舆立而去疾奔，其复国不得以归言之，则去疾亦夺展舆，如卫朔、齐小白者也。

莒展舆出奔吴。

展舆，逾年之君也。何以不书爵？密州未葬也。

叔弓帅师疆郓田。

疆，沟封之也，帅师而城邑，已强矣。帅师而疆田，又甚也。

葬邾悼公。冬，十有一月，己酉，楚子麇卒。

麇，《公羊》《穀梁》作卷，《左氏》作麇，当从《左氏》。公子围，共王之子，康王之弟，而麇之叔父也。康王卒，麇立。围欲篡国，盖邻国莫不知焉，而麇莫之戒，故卒弑之，而以疾赴鲁，史有知之者矣。《春秋》因其辞而书卒，正麇之不能君也。

叶子曰：臣弑君犹有不免于贬者欤？曰：此非围之说，有国之说也。天子有天下，诸侯有一国，皆以其身受宗庙社稷之托，必其身安，而后天下国家可保也。《坤》之初六曰："履霜，坚冰至。"孔子传之曰："臣弑其君，子弑其父，非一朝一夕之故，其所由来者渐矣，由辨之不早辨也。"天下之祸，莫大于弑父与君。使为人父与君者，常能辨之于早，如履霜而知坚冰，则天下岂复有弑哉？围为令尹之始，郑子羽固知其必代麇矣。及虢之会，遂居诸侯大夫之上，虽赵孟不能屈。以二执戈者前，则叔孙豹、蔡子家、郑行人挥皆知其必君，而非复公子也。故其城犨、栎与郏，则子产知其欲去黑肱、伯州犁二人以行大事。薳罢问政而不敢对，则叔孙豹知其与闻其意，而佐之匿其情。此其祸萌于即位之初，而形见于邻国之远。楚之君臣曾莫之虑，而预为之图，则围何惮而不为乎？《春秋》以为围之恶，天下不患于不知。而吾治天下之弑者，为法亦已严矣。适得一人焉，可以为后世为人君者之戒。是以不嫌于免围，而以麇一见法焉。或者疑《公羊》《穀梁》书麇名不同，《春秋》后见楚子虔卒为灵王，非所谓围乎？以《左氏》之说为妄。吾考于《穀梁》载庆封就戮之言曰："无或如楚共王之子围弑其兄之子而代之君。"与《左氏》之辞合。则麇固围之弑，而围之为灵王审矣。围与虔名错见，或曰围即位而改为虔也。

楚公子比出奔晋。

公子比，楚大夫之三命者也。

二年，春，晋侯使韩起来聘。

韩起，晋大夫之三命者也。

夏，叔弓如晋。秋，郑杀其大夫公孙黑。

公孙黑，郑大夫之三命者也。黑逐良霄，已而复与子南争室，强盟薰隧。子产不能讨，遂欲作乱，去游氏而代其位。子产闻而惧，使吏数其三罪而诛之。公孙黑之死，罪累上也，故以国杀。

冬，公如晋，至河乃复。

复者，事未毕之辞也。盖晋以公吊少姜为非礼，辞公而不见，乃难辞，以公复之为难也。

叶子曰："恭近于礼，远耻辱也"，是在《周易》所谓"巽在床下"者，君子不贵焉。诸侯之相朝，固非礼矣。自公即位二十三年之间，朝于晋者五，唯其末言"有疾"，则外此皆非公之自复，晋辞公也。是岂晋得以辱公哉？盖公尝为少姜卒而往吊矣，为季孙意如执而往请矣。以千乘之君而吊嬖妾，且为臣而亲行，则晋不得不易公也。故或以莒人之诉而辞公，或以鲜虞之伐而辞公。使公知恭之不妄礼，则一辞公固可以止，何待至于再、至于三而不已乎？如是而流离于外，不得志于齐，犹有望于晋以为寄，彷徨乎乾侯，卒至于死而不悟，此《春秋》所以屡书不少杀，独以有疾一著其实者，所以志公之愧也。

季孙宿如晋。

三年，春，王正月，丁未，滕子原卒。夏，叔弓如滕。五月，葬滕成公。秋，小邾子来朝。八月，大雩。冬，大雨雹。北燕伯款出奔齐。

四年，春，王正月，大雨雹。

大雨雹，《左氏》作雨雹，《公羊》《穀梁》作雨雪，当从《左氏》，记灾也。

叶子曰：吾何以知雨雪之为雹欤？正月大雨雪，非灾也。

夏，楚子、蔡侯、陈侯、郑伯、许男、徐子、滕子、顿子、胡子、沈子、小邾子、宋世子佐、淮夷会于申。

楚子何以先诸侯？主会也。晋自悼公卒而平公立，中国日益衰，楚灵王方侈，止许、郑以求诸侯，平公不敢与之争而从焉，则中国几于无霸也，楚于是遂主会。楚子先诸侯，则何以不贬楚？所以正诸侯也。一人衡行于天下，武王耻之，诸侯知晋平公不足霸，则勿会而已。会而先楚子，遂使楚子得以争中国，则晋与诸侯之罪也。

叶子曰：楚子始欲求合诸侯而未定，问于子产曰："晋其许我乎？"又曰："诸侯其来乎？"则楚子固自以为不足服诸侯，而惧其叛也。当是时，使晋稍强，其谁敢与争？晋强而诸侯听之，则楚亦不能肆其志，而晋侯方溺于嬖宠，岂复有志于中国哉？楚偃然得专于诸侯，诸侯舍晋无所附，则亦不得已而从楚。晋虽不会，自胡、沈小国至于淮夷，无不在楚，于是伐吴、灭陈、灭蔡、杀干徵师，楚之得志于中国，未有盛于此时，非楚子所能为也。黄池之会，以夫差之强，定公一数之，且不敢不听，而平公不能行之于申，故特挈楚子而无贬辞，所以见中国之无霸，而悯诸侯之无能为也。

楚人执徐子。

徐，吴出也。楚方与吴争强而不能服，疑徐子为贰于吴，因会而执之。非伯讨也，故以人执。

秋，七月，楚子、蔡侯、陈侯、许男、顿子、胡子、沈子、淮夷伐吴。

楚子既得志，故复合诸侯以讨吴。何以言楚子？伐吴犹会申也。

执齐庆封，杀之。

此伐吴也，何以言"执齐庆封，杀之"？庆封弑齐君而吴纳之，伐吴，所以为齐讨也。何以不言“楚人杀齐庆封”？不与楚子得讨贼之辞也。楚子亦一庆封尔，故先名而后言杀之，之，缓辞也，不与其正之辞也。

遂灭赖。

赖，国也。孰灭之？诸侯灭之也。

九月取鄫。

鄫，莒附庸之国也。莒前灭鄫，取鄫，何以复见？莒复封之，以为附庸也。去疾立而不抚鄫，故我取焉。

冬十有二月，乙卯，叔孙豹卒。

五年，春，王正月，舍中军。

舍者何？不用也。季氏始分公室，作三军，叔孙氏为中军。叔孙豹卒，复欲兼二氏，故毁其军，四分公室而择其二，二子各取其一，皆尽征而贡于公，鲁自是无赋矣。何以不言复二军？鲁初无二军也。

叶子曰：三军之作，叔孙豹初不欲也，盟诸僖闳，诅诸五父之衢。盖知季氏之意，后必有甚于此者矣，故复窃其名以行其志。中军舍而季氏兼取其二，则其舍有进于三军者。是以齐国书之役，孟氏以孺子洩帅右师，季氏以冉求帅左师，各以其家臣为之将，而叔孙武叔独退而蒐乘，则叔孙氏为无军矣。然季孙意如、叔弓、仲孙貜复以三军伐莒，见于昭；季孙斯、叔孙州仇、仲孙何忌复以三军伐邾，见于哀。则三军之施舍，时出而用之，初不系其所为将，亦不必皆三家之臣，但分其民与赋而已。故作三军而前已见四军，舍中军而后复见三军。《公羊》《穀梁》或以为近正，或以为近古者，皆不知其事而意之也。

楚杀其大夫屈申。

屈申，楚大夫之三命者也。申，楚之执政也。灵王弑君而不能讨，及使之围朱方而不得志于庆封，故吴复来伐，疑其贰于吴而杀之。屈申之死，罪累上也，故以国杀。

公如晋。夏，莒牟夷以牟娄及防、兹来奔。

牟夷，莒大夫之再命者也。何以言牟娄及防、兹？牟娄私邑，防、兹公邑，不以私邑累公邑也。

秋，七月，公至自晋。戊辰，叔弓帅师败莒师于蚡泉。秦伯卒。冬，楚子、蔡侯、陈侯、许男、顿子、沈子、徐人、越人伐吴。

越始与伐，何以得称人？能从讨吴，则越为可进也。诸侯不可从楚而可伐吴，故不以从楚废伐吴也。

六年，春，王正月，杞伯益姑卒。葬秦景公。夏，季孙宿如晋。葬杞文公。宋华合比出奔卫。

华合比，宋大夫之三命者也。

秋，九月，大雩。楚薳罢帅师伐吴。冬，叔弓如楚。齐侯伐北燕。

七年，春，王正月，暨齐平。

孰暨之？我也。何以不言“及齐平”？连而逮彼曰及；率而强彼曰暨。齐自庆封来奔，遂走之。吴、楚为齐讨庆封，而我不会，齐盖有憾于我矣，故我求齐率之以为平。叔孙婼于是如齐以莅盟。

三月，公如楚。叔孙婼如齐莅盟。

叔孙婼，吾大夫之三命者也。

夏，四月，甲辰朔，日有食之。秋，八月，戊辰，卫侯恶卒。九月，公至自楚。冬，十有一月，癸未，季孙宿卒。十有二月，癸亥，葬卫襄公。

八年，春，陈侯之弟招杀陈世子偃师。

两下相杀不书，此何以书？重杀君之世子也。其曰"陈侯之弟招"者何？陈哀公生世子偃师，既又生公子留而嬖，以留属于招。哀公疾，招遂杀偃师而立留。以哀公为亲其弟而忘其子也，故目弟焉。

夏，四月，辛丑，陈侯溺卒。叔弓如晋。楚人执陈行人干徵师杀之。

干徵师，陈[①]大夫之三命者也。徵师以哀公卒[②]赴于楚，且告立君，而以公子胜之诉不治。招而杀徵师，非伯讨也，故以人执。先名而后言杀之。之，缓辞也，不与其正之辞也。

陈公子留出奔郑。

留，未逾年之君也。其曰公子留者何？留，偃师之弟[③]也，不与留之得成君，则是犹公子留也。

秋，蒐于红。

蒐，春田之名也。何以书？不时且非其地也。何以不言公？季孙意如复得政，欲以动其民，则非公之所为也。

叶子曰：四时之田，天子诸侯之常事也，不书。桓书大阅，大阅，冬事也，冬田则狩也。庄书治兵，治兵，秋事也，秋田则狝也。不记狩，记大阅；不记狝，记治兵，以其为之者不以田也。桓书"狩于郎"，庄书"狩于禚"，不记大阅而记"狩于郎""于禚"，以其为之者不以武事也。自庄而后，田之不见于春秋者六世，非皆废而不举，其为之者以常事则不书也。至昭而累书"蒐""大蒐"者三，定而累书"大蒐"者二，是岂习武事者哉？盖自季氏作三军，凡君之政皆在三家，既而复舍中军以为二，公皆不得与焉。臣之者三家也，征之者三家也，贡之者三家也，则其所谓蒐与大蒐者，皆自以阅其军实而已。是以自红而后，一名之曰"蒐"而加"大"焉，亦非复先王春田之事。比蒲之役，邾子来会公而不书公，则此五书皆不见公，公非不与也，以非公之为则不书也。

陈人杀其大夫公子过。

公子过，陈大夫之三命者也。过，招之党也。哀公同以留属而杀偃师者，楚既杀干徵师，故招惧而归罪于过以说楚。虽招之为固，亦陈人之所欲讨也。大夫有罪而众

① 陈，底本、《荟要》本作"楚"，据文渊阁本改。

② 卒，底本、《荟要》本作"之"，据文渊阁本改。

③ 弟，底本、《荟要》本作"立"，据文渊阁本改。

杀之，故以人杀。

大雩。冬，十月，壬午，楚师灭陈，执陈公子招，放之于越。杀陈孔奂。

楚为偃师讨而灭陈，非讨贼也，灭国而已。不杀招而放之，则招之自免者，亦不得行于公子过。孔奂，招之党，而反杀之，故奂虽得讨贼之辞，而招不正其为放，是以先名而后言放之。之，缓辞也，不与其正之辞也。此楚子则曷为谓之师？不正其伯讨，则是其为师焉者而已矣。

葬陈哀公。

陈已灭矣，哀公何以得葬？楚子葬之，以说陈也。葬，臣子之事也；谥，臣之所以诔其君也。楚子知灭陈之为愧，不知夺人之国而身行其臣子之事为尤愧也。故齐取纪而书“葬纪伯姬”，楚灭陈而书“葬陈哀公”，《春秋》正其辞而一施之焉。

《石林先生春秋传》卷第十八

叶氏

昭公二

九年，春，叔弓会楚子于陈。许迁于夷。夏，四月，陈灾。

外灾不书，此何以书？存陈也。楚既灭陈，而以其国灾告。君子以为陈非楚之所得有，此陈灾非楚灾也，故正其名以存陈也。

叶子曰：春秋灭国多矣，君子何独于陈致意焉？陈，舜之后，而天子以为三恪者也。子在齐闻《韶》，三月不知肉味，曰："不图为乐之至于斯，而况其后乎？"陈亡而舜不祀矣。楚灭六，臧文仲闻之，犹曰："皋陶不祀忽诸？"此君子之所以欲存陈也。

秋，仲孙貜如齐。

仲孙貜，吾大夫之三命者也。

冬，筑郎囿。

筑囿者何？包地以厉民也。古者诸侯一囿，成筑鹿囿已过矣，今又于郎以筑焉。成公之囿以鹿名，见从禽也。昭公之囿以郎名，见包地也。其为民则俱已殆矣。

十年，春，王正月。夏，齐栾施来奔。

栾施，齐大夫之三命者也。

秋，七月，季孙意如、叔弓、仲孙貜帅师伐莒。

季孙意如，吾大夫之三命者也。师举元帅，其言意如、弓、貜者，大夫强而各为师也。

戊子，晋侯彪卒。九月，叔孙婼如晋。葬晋平公。十有二月，甲子，宋公成卒。

十有一年，春，王二月，叔弓如宋。葬宋平公。夏，四月，丁巳，楚子虔诱蔡侯般杀之于申。

诱者何？诈之也。楚子在申，召蔡灵侯，伏甲而飨，醉而执之。

叶子曰：蔡人杀陈佗，《春秋》以讨贼之辞与之。般负弑君之罪，十有三年，诸侯不能讨，而楚讨焉。然不得与陈佗同辞，而楚子不免于名，何也？楚子且不可以讨齐庆封，何可以讨般，而况于诈之乎？故卫侯燬以诱灭邢侯，名；楚子虔以诱杀蔡侯，名。然则何以不曰"楚子虔诱执蔡侯般于申"？贱之也。可与齐庆封同辞，不可与滕婴齐同辞。

楚公子弃疾帅师围蔡。

公子弃疾，楚大夫之三命者也。

五月，甲申，夫人归氏薨。

襄公之夫人也。

大蒐于比蒲。

蒐言大，大比之礼也。古者寓兵于农，自五家之比为闾、为族、为党、为州，而六卿立焉。自五人之伍为卒、为两、为旅、为师，而六军立焉。四时之田以习武事者，军而已。合兵与农，而校其夫家之众寡，均土地，阅老幼，至于贡赋车辇，无不尽治，则三岁一修之，曰大比。常时不书，此何以书？季氏之为也。

叶子曰：吾何以知大蒐之为大比欤？大蒐之礼，以辨鼓铎而已。然而春秋之时，晋作三军以谋帅，则谓之蒐。郑因火以简兵，则谓之蒐。有伐而告诸侯称蒐，有社而夸国容称蒐者，则非春田也，大比也。鲁自作三军，三分公室取其二，民之与赋，犹有其一也。至舍中军，四分公室而尽征之，则民之与赋，皆非公之所得有。大蒐所以书，岂以兵民之权，尽在于季氏，内以胁其君，而外以威其敌者欤？《左氏》以为自根牟至于商、卫，革车千乘，此非红之事，比蒲之为也。故昭公以是而失位，定公以是而得国。彼无以制之，则君之所废置，唯其所欲为。昭十有一年而再举，犹云可也。定比年而迭举，则有甚焉。哀公所以欲假越而为之谋者，诚知其无以自为国也。

仲孙貜会邾子盟于祲祥。秋，季孙意如会晋韩起、齐国弱、宋华亥、卫北宫佗、郑罕虎、曹人、杞人于厥慭。

华亥、北宫佗，宋、卫大夫之三命者也。

九月，己亥，葬我小君齐归。

齐，谥也。

冬，十有一月，丁酉，楚师灭蔡，执蔡世子有以归，用之。

有，未逾年之君也。何以称世子？与之以继世也。有灵公之子诛，君之子不立，疑不得继世者也。楚子围蔡，有不为之服，八月而后克之。执有以归而用焉，非以有归也，以为如是而后世子之道尽矣。用之者，虐之也，是以先名而后言用之。之，缓辞也，不与其正之辞也。此楚子也，则曷为谓之师？不正其伯讨，则是其为师焉者而已矣。

十有二年，春，齐高偃帅师纳北燕伯于阳。

高偃，齐大夫之三命者也。阳，北燕之邑也。何以不言纳于北燕？未得北燕也。其曰纳，与其纳也。

三月，壬申，郑伯嘉卒。夏，宋公使华定来聘。公如晋，至河乃复。五月，葬郑简公。楚杀其大夫成熊。

成熊，楚大夫之三命者也。熊与斗氏同出于若敖氏，楚人恶斗椒之乱，或谮成熊于楚子曰："若敖氏之余也。"成熊知之，不能去，楚子于是杀之。成熊之死，罪累上也，故以国杀。

秋，七月。冬，十月，公子慭出奔齐。

公子慭，吾大夫之三命者也。

楚子伐徐。晋伐鲜虞。

鲜虞，白狄之别种[①]也，晋何以举国？狄[②]之也。荀吴欲伐鲜虞，伪会齐师而假道焉，以入昔阳，遂因其师而伐鲜虞。诈而乘人，以是为夷狄[③]之道也。

十有三年，春，叔弓帅师围费。

费，季氏之邑也。邑不言围，此何以言围？以公之不能正费也。南蒯，季氏之家臣。季平子不礼于南蒯，谋出季氏，立公子慭，不克而叛于齐。有季氏之强，而后南蒯得以肆其恶。以国有政焉，则不至于是也。

夏，四月，楚公子比自晋归于楚，弑其君虔于乾溪。

弑君未有言自者，何以言“公子比自晋归于楚”？比归而后楚子可得弑也。灵公为无道，作乾溪之台，三年不成，公子弃疾召比胁而立之，然后令于乾溪之役曰：“比已立矣，后归者不得复其田里。”众罢而去，灵王无与处，于是经而死，故以比主弑也。

叶子曰：召比胁而立之者，弃疾也。今以比主弑，则弃疾为免欤？《春秋》之义，常加于人之所疑，而不加于人之所不疑，弃疾之罪，固无得而逃矣。比之非其谋，则世或疑其可免焉。使比知己之不可立，效死而不听，则灵王固未遽死矣。今告之谋而听，立之为王而从，虽曰胁之，终不以己之私易灵王之死，则灵王之死，非比为之乎？治弃疾则比免，治比则弃疾不免，君子于是以比主弑也。

楚公子弃疾杀公子比。

此讨贼也。何以言公子弃疾？弃疾亦弑君者也。故以两下相杀之辞言之。

秋，公会刘子、晋侯、齐侯、宋公、卫侯、郑伯、曹伯、莒子、邾子、滕子、薛伯、杞伯、小邾子于平丘。

刘子，王之中大夫也。

八月，甲戌，同盟于平丘。

何以再地平丘？善之也。自申之会，楚子主中国，晋不复合诸侯者八年。楚遂灭陈，与蔡肆行于天下，诸侯莫敢与之争。盖晋政已衰矣，虽齐之强，犹且附楚。及昭公立而为是会，因以服齐，返陈、蔡之君，刘子在焉，盖请于王而为之也。于是齐听命，而陈、吴、蔡、庐皆得复其国。兴灭国，继绝世，而楚知中国之有霸，君子是以善之也。

公不与盟。

公何以不与盟？邾、莒诉公而不得盟也。不得盟则何以不讳耻？不足耻也。邾、莒不共晋，而曰“鲁朝夕伐我，我之不共，鲁故之以”，晋侯于是辞公。子服惠伯曰：“君信蛮夷之诉，以绝兄弟之国，弃周公之后，寡君闻命矣。”君子以是为不耻也。

晋人执季孙意如以归。

辞公非矣，又执意如，非伯讨也，故以人执。

① 别种，文渊阁本作“别族”。

② 狄，文渊阁本作“贬”。

③ 夷狄，文渊阁本作“非正”。

公至自会。蔡侯庐归于蔡。陈侯吴归于陈。

此蔡世子、陈世子也，何以曰蔡侯、陈侯？诸侯请于王而复之，则君也。何以不言复归？旧位已绝也。君之则何以名？复国之辞也。内无君，则何以复国之辞言之？陈、蔡已灭矣，不名则无以别其为庐与吴也。其言归，顺辞也。以王命复，则其道为顺也。

冬，十月，葬蔡灵公。公如晋，至河乃复。吴灭州来。

州来，国也。何以知其为国？邑不言灭，外取邑，有见则系之国，非有见则不书也。

十有四年，春，意如至自晋。

意如何以不氏？一事而再见者，卒名之也。

三月，曹伯滕卒。夏，四月。秋，葬曹武公。八月，莒子去疾卒。冬，莒杀其公子意恢。

意恢，莒诸公子也。何以不曰大夫？非大夫也，曷为以国杀莒？郊公立，不戚其父之丧，善意恢而恶公子铎，铎于是与蒲馀侯谋杀意恢而出郊公。意恢之死，郊公之为也。

十有五年，春，王正月，吴子夷末卒。二月，癸酉，有事于武宫。籥入，叔弓卒，去乐，卒事。

叔弓卒，何以言有事于武宫？籥入，莅事而卒也。君在祭乐之中，大夫卒不以告。莅事而卒，事之变也。大夫卒，废绎不废祭。以大夫为重而废祭，则忘尊；以宗庙为重而不去乐，则忘恩。去乐，卒事，变之正也，君子与焉。

叶子曰：吾何以知在祭乐之中，大夫卒不以告欤？昔者卫有大史曰柳庄，寝疾，卫侯以为社稷之臣，曰："若革疾，虽当祭必告。"则当祭大夫卒不告。当祭而告者，以柳庄为之也。

夏，蔡朝吴出奔郑。

朝吴，蔡大夫之三命者也。

六月，丁巳朔，日有食之。秋，晋荀吴帅师伐鲜虞。冬，公如晋。

十有六年，春，齐侯伐徐。楚子诱戎蛮子，杀之。

楚子、戎蛮子何以不名？两夷狄[①]之辞也。以楚子为夷狄[②]，则诱杀不足诛；以戎蛮子为夷狄，则死不以正不足治，所以绝于中国[③]也。

夏，公至自晋。秋，八月，己亥，晋侯夷卒。九月，大雩。季孙意如如晋。冬，十月，葬晋昭公。

十有七年，春，小邾子来朝。夏，六月，甲戌朔，日有食之。秋，郯子来朝。八月，晋荀吴帅师灭陆浑之戎。

---

① 夷狄，文渊阁本作"钧之"。

② 夷狄，文渊阁本作"可外"，下同。

③ 绝于中国，文渊阁本作"两不名之"。

陆浑之戎，《公羊》《穀梁》作“戎”，《左氏》作“之戎”，当从《左氏》，不正其诈周也。晋欲伐戎，而请于周曰：“欲有事于雒与三涂。”遂涉自棘津，以灭陆浑，是以谓之诈周。故辞间容之。之，缓辞也，不与其正之辞也。

冬，有星孛于大辰。

记异也。大辰，大火也。言孛之在大火也。

楚人及吴战于长岸。

吴伐楚，令尹阳匄卜战，不吉，公子鲂以上流欲战，故以楚及吴，言楚之主战也。何以不言师败绩？两夷狄之辞也。

十有八年，春，王三月，曹伯须卒。夏，五月，壬午，宋、卫、陈、郑灾。

外灾不书，此何以书？宋、陈所志也。卫、郑以同日为异也。

六月，邾子入鄅。秋，葬曹平公。冬，许迁于白羽。

十有九年，春，宋公伐邾。夏，五月，戊辰，许世子止弑其君买。

止非弑而言弑，因其志以见正也。古者医不三世，不服其药。君有疾饮药，臣先尝之；亲有疾饮药，子先尝之。止之不尝药，既自以为罪矣，是以因其志而正之也。

叶子曰：赵盾与止，皆加之弑者也，而《春秋》之义不同。赵盾加弑，治之者也，治之者，所以戒天下之为人臣者也。许止加弑，与之者也，与之者，所以劝天下之为人子者也。何以知许止之为与也？董狐书“盾弑”，盾始曰：“天乎无罪！孰为盾而忍弑其君者乎？”则盾未知其过者也。未知其过而不治，则凡为人臣者，皆得以自免，故加之以弑，使天下后世知有如盾者，皆当与弑等，故曰“所以戒也”。许悼公死，止曰：“我与夫弑者，不立乎其位，以与其弟斯。”哭泣歠饘粥，嗌不容粒。未逾年而死。则国人不以弑责止，而止自责其志宜可与也。故从而加之弑者，使天下后世知有如止者，亦不敢自逃乎弑，故曰“所以劝也”。此悼公所以得葬于后，如是而为人子之道尽矣，故以许止一见法焉。

己卯，地震。秋，齐高发帅师伐莒。

高发，齐大夫之三命者也。

冬，葬许悼公。

二十年，春，王正月。夏，曹公孙会自鄸出奔宋。

公孙会，曹大夫之三命者也。奔未有言自者，此何以言自？强也。鄸，会之邑也。会有罪，曹人将治之，不服而走其邑，曹人迫之，然后出奔，其固自绝于曹也。可言自鄸奔，不可言自曹奔。

叶子曰：臧武仲据防，求后于鲁，而后奔邾。孔子曰：“虽曰不要君，吾不信也。”武仲以求后而据防且不可，会不服罪而走鄸，其能免于《春秋》欤？

秋，盗杀卫侯之兄絷。

絷，《公羊》《穀梁》作辄，《左氏》作絷，当从《左氏》。《春秋》不以疾名人。絷，灵公之庶兄也。其不立，非疾也。盗，微者也。有国不能保其兄，而使微者得以杀之，以灵公为不能弟也，故目兄。

冬，十月，宋华亥、向宁、华定出奔陈。十有一月，辛卯，蔡侯庐卒。

二十有一年，春，王三月，葬蔡平公。夏，晋侯使士鞅来聘。宋华亥、向宁、华定自陈入于宋南里以叛。

向宁，宋大夫之三命者也。南里，国中之南也。叛者，叛于楚也。

秋，七月，壬午朔，日有食之。八月，乙亥，叔辄卒。冬，蔡侯朱出奔楚。公如晋，至河乃复。

二十二年，春，齐侯伐莒。宋华亥、向宁、华定自宋南里出奔楚。大蒐于昌间。夏，四月，乙丑，天王崩。六月，叔鞅如京师。

叔鞅，吾大夫之三命者也。

葬景王。

葬天王不书，此何以书？不正其无故以大夫会葬也。

王室乱。

王室者何？内也。乱者何？大夫争立君也。大夫争立君，则何以言王室乱？乱自内作，非有乱之者也。

叶子曰：厉王言“天下荡荡，无纲纪文章”，而其《诗》曰：“枝叶未有害，本实先拨。”故序《诗》者以为“周室大坏”。幽王言“西戎、东夷交侵中国”，而其《诗》曰：“苕之华，芸其黄矣。”故序《诗》者以为“闵周室之将亡”。王室之为言，固天下之所本，犹枝叶之有干也。然王子带之难，襄王出居于郑，而不言乱，襄王犹在也。乃景王崩，敬王未立，周盖未有君。君之废置，唯刘、单、尹、召、毛五子之所为。虽有王猛之正，而不得立，则天下何适以听命？此君子所以志其乱欤？

刘子、单子以王猛居于皇。

王猛，穆后之子，大子寿之母弟也。君薨称子系名，王猛，何以不言子？与之以王，而正其所得立也。其曰“以居于皇”者何？制在刘子、单子也。君者，受顾命于先王，而臣之所宜奉之者也。立君而制于臣，非立之道也。皇，畿内之邑。言居，则猛之所宜有也。

叶子曰：吾何以知猛之为正而得立欤？猛，大子之母弟而幼也。朝，庶子而长也。鲁襄公无嫡，立敬归之子野而卒，季氏欲立敬归之娣齐归之子裯，穆叔曰：“不可。大子死，有母弟则立之。”谓裯虽敬归娣之子，而非嫡，则不宜立也。楚平王无嫡，子西为庶长，昭王虽以为大子，而子常欲立子西，曰：“大子壬弱，其母非嫡也。子西长，立长则顺。”谓子西与昭王皆非嫡，而子西长，则宜立也。齐桓公以公子昭属宋襄公，桓公死，齐人立武孟，宋襄公伐齐，纳公子昭，而《春秋》不与焉。晋人以赵盾纳捷菑于邾，邾人以貜且、捷菑皆庶子，而貜且长，赵盾不克纳，而《春秋》与焉。夫必大子之母弟而后可以继大子，则猛为寿之母弟所得立者也。必无嫡而后可以立庶长，则猛虽在朝，长所不得立也。而朝之言曰：“王后无嫡则立长。”是谓大子为嫡，而欲以长夺猛，夫安知大子母弟亦嫡哉？此固朝之所以绝于《春秋》也。

秋，刘子、单子以王猛入于王城。

王城，西都郏鄏也。其言入何？难也，朝犹在焉。然则天子亦有难于天下乎？不难则无以正朝之罪也。故王猛入于王城言入，天王入于成周言入。

冬，十月，王子猛卒。

曰王猛矣，何以复言王子猛？正终之辞也。何以不言崩？未逾年之王也。

叶子曰：三家言猛事皆不同，学者疑焉。《公羊》《穀梁》皆谓猛为不得立，不知其事而以《春秋》书入意之也。《左氏》知其事矣，而不能明其所得立。王子朝、宾起有宠于景王，刘伯蚠恶宾起之为人而欲杀之，恶朝之言以为乱而欲去之，是猛为大子已定于景王，而朝以宠欲夺之也。及景王崩，刘、单见王猛杀宾起而盟群公子，则猛固已即丧次之位而见群臣矣，故后谥之曰悼王[①]。然而《春秋》不书焉者，不正其未逾年而得称王也。敬王，猛之母弟，亦立于刘、单，《春秋》正名之曰天王。使猛而得逾年，则岂不以天王名之哉？凡《春秋》以尊者见，卑者以不正者见。正者，王子带之乱，见襄王不见子带，襄王尊也。今猛与朝更为出入，自猛居皇至于卒，见猛不见朝，则猛亦尊也。朝书尹氏立，而敬王立不书，敬王正也。今猛立亦不书，与敬王同盟，亦正也。惟尊且正，则天下皆其所得居矣。故襄王书"居于郑"，敬王书"居于狄泉"，猛亦书"居于皇"，其辞一施之，则猛之得立，其事与义固已具之矣，岂三家未之思欤？

十有二月，癸酉朔，日有食之。

二十有三年，春，王正月，叔孙婼如晋。癸丑，叔鞅卒。晋人执我行人叔孙婼。

婼以晋讨邾人之诉使于晋，晋侯执之，使与邾大夫坐。婼不从，乃以其介当之，而馆婼于箕。非伯讨也，故以人执。

晋人围郊。

郊，朝之邑也。邑不言围，此何以言围？以朝在焉。围郊，所以围朝也。朝始作乱，盖以郊要饯三邑之甲，逐刘子焉。晋以籍谈、荀跞之师纳王。何以书人？贬也。纳王而使大夫，非勤王之道也。

夏，六月，蔡侯东国卒于楚。秋，七月，莒子庚舆来奔。戊辰，吴败顿、胡、沈、蔡、陈、许之师于鸡父。胡子髡、沈子逞灭。获陈夏啮。

夏啮，陈大夫之三命者也，此救州来之师也。何以直言败？公子光之诈战也。楚以六国之师救州来，令尹子瑕卒而楚师熸，光以薳越摄将，贱而多宠，政令不一，七国同役不同心，乃请先犯胡、沈、陈以奔楚师，诈之也。六国之师何以不累数？夷狄[②]之辞也。胡子髡、沈子逞何以言灭？死也。陈夏啮何以言获？生得也。凡君死于位曰灭，生得曰获，大夫生死皆曰获。灭国，我灭之，故文在上；君死自灭也，故文在下。

天王居于狄泉。

天王，敬王也。敬王，猛之母弟所得立者也。未三年则何以称王？旷年不可以无君。逾年而称者，臣子之辞也。

---

① 悼王，底本作"悼公"，据《荟要》本、文渊阁本改。

② 夷狄，文渊阁本作"略之"。

尹氏立王子朝。

王子朝何以书立？不正其立也。其言尹氏立者何？见世卿也。朝始败而奔尹，尹围诱刘佗杀之。敬王如刘，尹辛复败刘师而取西闱，遂以立朝。则立朝者尹氏，非一人也，是已王矣。其犹曰王子朝者何？不正其立，则不与其得王称也，是犹王子朝云尔。

八月，乙未，地震。冬，公如晋，至河，有疾乃复。

复未有言疾者，此何以言有疾？见外此皆无疾也。

二十有四年，春，王二月，丙戌，仲孙貜卒。婼至自晋。

婼何以不氏？一事而再见者，卒名之也。

夏五月，乙未朔，日有食之。秋，八月，大雩。丁酉，杞伯郁釐卒。冬，吴灭巢。

巢，国也。

葬杞平公。

二十有五年，春，叔孙婼如宋。夏，叔诣会晋赵鞅、宋乐大心、卫北宫喜、郑游吉、曹人、邾人、滕人、薛人、小邾人于黄父。

叔诣，吾大夫之三命者也。赵鞅、乐大心、北宫喜、游吉，晋、宋、卫、郑大夫之三命者也。此谋王室也。敬王在狄泉，赵鞅合诸侯之大夫输王粟，具戍人，曰："明年将纳王。"

叶子曰：天子蒙尘，诸侯奔走以问官守，礼也。今周之无王四年矣，而朝犹在，此诸侯所宜奔走以共奖王室而讨罪人也。晋为盟主，虽能合诸侯而不亲会，卒无所效其力，而《春秋》之辞不加贬，何也？古者能齐家然后能正其国，能正国然后能正天下。今王室衅起于父子，而祸成于兄弟，《春秋》既书曰"王室乱"，见其治家者如此，固不足以正国，则何以责诸侯之不能正乎？《易》曰："父父子子，兄兄弟弟，夫夫妇妇，而家道正，正家而天下定矣。"君子以为使诸侯而至是者，周实有以召之，故缓诸侯而急王室，盖将使有天下者得以自反也，故于黄父一见法焉。

有鹳鹆来巢。

记异也。鹳鹆非中国之禽，宜穴而巢也。

叶子曰：天有时，地有气。橘逾淮而北为枳，鹳鹆不逾济，貉逾汶则死，地气也。天有时而生，有时而杀，草木有时以生，有时以死，石有时以泐，水有时以凝，山有时以泽，天时也。天反时为灾，地反物为妖。故天失其时，则书"霣霜杀菽""霣霜不杀草""李、梅实"。地失其气，则书"鹳鹆来巢"。

秋，七月，上辛，大雩。季辛，又雩。

雩而得雨则书。雩既雩矣，何以又雩？非请雨也，欲聚众以逐季氏也。

九月，己亥，公孙于齐。次于阳州。

奔也。内不言奔，若曰"不有其地而自去"云尔。阳州，齐地。次于阳州，待命于齐也。

齐侯唁公于野井。

唁，吊也。吊死曰吊，吊生曰唁。

冬，十月，戊辰，叔孙婼卒。十有一月，己亥，宋公佐卒于曲棘。

曲棘，宋地。何以书？非正也。

十有二月，齐侯取郓。

郓，鲁郓也。外取内邑不书，此何以书？欲居公也。公不能自有其地而齐取之以居公，为公者病矣。其挈齐侯者，不能纳公而徒取其地以居之，非诸侯之道也。

二十有六年，春，王正月，葬宋元公。

公已出矣，孰葬之？以公命葬之也。以公命葬者，犹以为有公也。

叶子曰：昭公既出，鲁之政尽在季氏矣。然《春秋》交诸侯之事，未尝不书，而王室与诸侯所当告者，亦未尝不赴。盖季氏避逐君之名，而以公自出告于诸侯，凡国之事，皆以公命行之，而王室诸侯，亦不以鲁为无君而不赴。故《春秋》所书，与常法一施之，将以见季氏虽有无君之心，而不敢不畏于名。王室诸侯，亦不以季氏而亡公，则公固非季氏之所能绝也。

《石林先生春秋传》卷第十九

叶氏

昭公三

三月，公至自齐，居于郓。

公既失守其宗庙矣，何以书至？《春秋》之辞也。公虽居外而义不敢以外公，故犹以在国之礼书之也。

夏，公围成。

成，孟氏之邑。邑不言围，此何以言围？以公之不能得成也，附于季氏。齐侯谋纳公，梁丘据取申丰之货，请先卜于成，故公以齐师伐成而不能克。公既失国，而假人之师以伐私邑，故挈公焉，病公也。

秋，公会齐侯、莒子、邾子、杞伯盟于鄟陵。

谋纳公也。邾、莒、鲁之怨杞伯不能自立久矣，而何盟焉？著齐志也。

公至自会，居于郓。九月，庚申，楚子居卒。冬，十月，天王入于成周。

成周，东周也。

尹氏、召伯、毛伯以王子朝奔楚。

三子与朝，皆王之大夫也，何以不言出？周非大夫所得同出也，故与王子瑕之辞一施之。何以知其齐自周出也？王猛卒于王城，而尹氏立朝。王城亦王国也，以别于成周尔。及敬王入于成周，而三子以朝奔楚，则其出固自周也。

叶子曰：或曰：《礼》："天子不言出。"朝尝立而君矣，为其以不正，非所得君也，故《春秋》夺之，不得与天王同辞。是岂瑕之比欤？非也。君朝者谁乎？尹氏也。《春秋》固未尝与之。夫不见与于《春秋》，何君之云？是亦周之大夫尔。天子不言出，非君子之言也，吾固论之矣。

二十有七年，春，公如齐。公至自齐，居于郓。夏，四月，吴弑其君僚。

称国以弑，众弑君之辞也。此阖庐之弑也。何以言众？僚以篡立，众之所弃也。

楚杀其大夫郤宛。

郤宛，楚大夫之三命者也。宛昵费无极之谗，而求说于令尹囊瓦，以其藏甲取赂谮之。囊瓦信费氏谗而杀宛，尽灭郤氏族党。郤宛之死，罪累上也，故以国杀。

秋，晋士鞅、宋乐祁犁、卫北宫喜、曹人、邾人、滕人会于扈。

乐祁犁，宋大夫之三命者也，此谋纳公也。鄟陵之盟，合三国而后不果。今晋复合诸侯之大夫，而士鞅取货于季氏，胁宋、卫亦无成。然辞无所贬，以公不能于季氏，则未可责诸侯大夫之不能复公也。

叶子曰：黄父之会，大夫不贬，所以正天子而有天下者也。扈之会，大夫不贬，所以正诸侯而有一国者也。

冬，十月，曹伯午卒。邾快来奔。

快，邾大夫之三命者也。

公如齐，公至自齐，居于郓。

二十有八年，春，王三月，葬曹悼公。公如晋，次于乾侯。

乾侯，晋地也。次于乾侯，待命于晋也。公既不得于齐，因扈之会，故改而求之晋，见公不得其所也。

夏，四月，丙戌，郑伯宁卒。六月，葬郑定公。秋，七月，癸巳，滕子宁卒。冬，葬滕悼公。

二十有九年，春，公至自乾侯，居于郓。齐侯使高张来唁公。

高张，齐大夫之三命者也。齐侯尝唁公矣，此何以复唁公？以公求晋而不获也。非徒吾不能纳，晋亦不能纳尔。齐侯于是称主君。子家子曰："齐卑君矣，君只辱焉。"公于是复如乾侯。

公如晋。次于乾侯。夏，四月，庚子，叔诣卒。秋，七月。冬，十月，郓溃。

内未有言溃者，此何以言溃？见公之失民也。始公出，齐国人如释重负。公之居郓，齐侯命之，郓人未必欲也。故公舍齐而适晋，郓人遂溃。

三十年，春，王正月。公在乾侯。

郓溃，故公留于乾侯。中国不言在，言在，存公也。

夏，六月，庚辰，晋侯去疾卒。秋，八月，葬晋顷公。冬，十有二月，吴灭徐。徐子章羽奔楚。

灭国不名，内无君也。徐子何以名？贱之也。吴子始伐徐，防山而水其城。徐子断发，携其妻子以逆吴子。吴子为唁而送之，使迩臣迫其后，徐子乃奔。以徐子为求服，不获而奔也。

三十有一年，春，王正月，公在乾侯。季孙意如会晋荀跞于適历。

荀跞，晋大夫之三命者也，谋纳公也。意如身为恶，晋欲纳公，而意如何谋焉？著晋志也。

夏，四月，丁巳，薛伯穀卒。晋侯使荀跞唁公于乾侯。

晋侯尝谋纳公矣，何以复唁公？以季氏为不欲也。

叶子曰：

齐、晋皆无意于纳公者也。夫诸侯失位，自非得罪于其国而不能容，则必有与之争国而篡夺，或权臣擅命而迫逐之也。上无天子，下无方伯，既无以讨其罪，则诸侯力能正之，则正之者义安得而不为乎？故《春秋》凡纳君而得其正者，未尝不与也。顿子迫于陈而出奔，楚人围陈而纳之。《春秋》虽夷狄楚，然犹书纳顿子于顿，盖善之以劝诸侯之义也。方昭公之时，见逐于季氏，苟明君臣之义者，孰不欲加诛于意如？

而大国先于齐、晋，晋为霸主，尤诸侯之所服而听命者也。使果有意于纳公，一兴师而季氏无不服矣，而公彷徨于阳州、乾侯之间者八年。齐一为鄟陵之盟，而谋之于其怨与弱国；晋一为適历之会，而谋之于其罪人中间。虽晋合五国以会于扈，而齐不与，士鞅卒取鲁货而无成功，晋侯不以为过也。有意如不能问，而徒取郓、围成、寄公于乾侯，此岂其志哉？故齐徒能使高张来唁，其不得见于晋。晋徒能使荀跞来唁，其不得入于鲁，不知其责皆在于己而莫之为也。故《春秋》据其实而书之，未尝加之辞，亦以为不待贬绝而自见者，非特发齐、鲁之隐，使不得欺于当时，见昭公之暗且懦，堕二国之计，往来迭求，至死而弗悟，虽无季氏，固未可保其国者也。

秋，葬薛献公。冬，黑肱以滥来奔。

黑肱者何？滥之黑肱也。何以不言滥？邾之别子非受封于天子者也。

十有二月，辛亥朔，日有食之。

三[①] **十有二年，春，王正月，公在乾侯，取阚。**

阚，内邑也。鲁群公墓之所在。孰取之？公取之也。公在乾侯，则何以取阚？公以乾侯为不得其所，故欲托于先公之墓以居也。内邑则曷为谓之取？以公不能自有其地，犹取之外。

夏，吴伐越。秋，七月。冬，仲孙何忌会晋韩不信、齐高张、宋仲幾、卫世叔申、郑国参、曹人、莒人、薛人、杞人、小邾人城成周。

仲孙何忌，吾大夫之三命者也。韩不信、仲幾、世叔申、国参，晋、宋、卫、郑大夫之三命者也。天子之都而诸侯城之，正也。诸侯不自城而使大夫城，非正也。何以无贬辞？以大夫有勤王之心，不可贬也。大封天子，合众之礼也。古者天子无城，成周而城天王，固已病矣。诸侯无封城成周，诸侯固已违矣。然而王室乱，天子不能城，诸侯而不能共其事，大夫而能共其役，变之正也。虽欲加之辞，不可也。何以不言京师？宗周亦京师也。

叶子曰：天下有道，守在四夷，域民不以封疆之界，固国不以山谿之险，王室乌在城而后固与？岁十一月，土功兴，司徒诏民，司空诏事，虽宫室、沟洫、道路之政，皆在王而有城，未有坏而至于修也。王畿之内，凡徒役之政，家一人，岁三日，功筑不烦，而民无所困其力。城而有役，未有勤民于民也。然不幸而至于城，诸侯不能共其事，大夫不能共其役，夫谁与王立者？故义所可城，城邢，虽诸侯犹可，况天子乎？城楚丘，虽迁而城犹可，况不迁乎？吾是以知其为变之正，而通乎大夫之城者，《春秋》之义也。乃天王之病，则自若矣。

十有二月，己未，公薨于乾侯。

定公一

元年春，王。

何以不书正月？元年正月，所以正始也。定之立不以正，则其始不得为正也。定公，昭公之弟也。昭公薨，季孙意如废大子公衍而立定公。定公盖受国于季氏，非受

① 三，底本作“二”，据《荟要》本、文渊阁本改。

国于昭公也。国不受于先君，而受于权臣，非正也。大子不得位，而弟得位，亦非正也。元年者，定公之年也。定公以六月即位，而得称元年。称年者，不以月，元可与也。月者，元年之月也。可以其始称元，不可以其始称正，正不可与也。

叶子曰：舜避尧之子，三年然后践天子位。方其格文祖曰："月正而不言正月，未践位则不可言正月也。"武王伐纣，二月而后克。方其渡孟津曰："一月而不言正月，其未克纣则不可言正月也。"夫正之不可易如此，虽舜之未得位，武王之未得国，且犹不敢称，而况于定公乎？如是而后知天子诸侯不可轻以其位与人，人亦不可轻受其位于天子诸侯。虽有大臣，亦不可以其权而轻予夺其君，故以定公一见法焉。

三月，晋人执宋仲幾于京师。

此大夫之执也，何以与霸主之辞一施之？以霸主之令执也。以霸主之令而执，则何以言晋人？役在王都，仲幾不受功而执之，不以归之天子而归霸主，三月而后返诸京师，非伯讨也，故以人执。

夏，六月，癸亥，公之丧至自乾侯。

公薨于乾侯，非正也。故辞间容之。之，缓辞也，不与其正之辞也。

戊辰，公即位。

诸侯薨，五日而殡，正棺乎两楹之间，而后即位者，丧次之嗣位也，不书。逾年，以其正月朔即位者，朝庙之君位也，书而不日。昭公薨，至是逾年矣，不嫌于一年二君，则不必待逾年而即君位。自癸亥至戊辰，历五日，殡之节也。旷年不可以无君，则以丧次之嗣位遂正朝庙之君位者，变之正也，故特书日。

秋，七月，癸巳，葬我君昭公。九月，大雩，立炀宫。

炀宫者何？炀公之宫也。炀公，伯禽之子，庙已毁矣。毁而复立，非礼也。

冬，十月，陨霜杀菽。

记异且灾也。建酉之月而陨霜，固异矣，又杀菽焉。不言草，杀草不为灾也。

二年，春，王正月。夏，五月，壬辰，雉门及两观灾。

以雉门及两观灾，自雉门始也。礼，天子有两观，诸侯有台门。鲁何以有两观？周公之赐也。

秋，楚人伐吴。冬，十月，新作雉门及两观。

何以言新作？有加其度也。礼，天子之门制，路门不容乘车之五个，应门二彻三个。鲁虽得有库门、雉门，以天子皋门、应门而为之也。新作雉门及两观，岂有因灾而僭天子者欤？故与南门之辞一施之。子家驹言鲁僭天子之礼曰"设两观，设之为"，言有为为之也。

三年，春，王正月，公如晋，至河乃复。二月，辛卯，邾子穿卒。夏，四月。秋，葬邾庄公。冬，仲孙何忌及邾子盟于拔。

四年，春，王二月，癸巳，陈侯吴卒。三月，公会刘子、晋侯、宋公、蔡侯、卫侯、陈子、郑伯、许男、曹伯、莒子、邾子、顿子、胡子、滕子、薛伯、杞伯、小邾子、齐国夏于召陵，侵楚。夏，四月，庚辰，蔡公孙姓帅师灭沈，以沈子嘉归，杀之。

公孙姓，蔡大夫之三命者也。沈，楚之与国也，故晋以不会召陵而讨焉。然以蔡怨楚，因使伐沈，蔡遂灭沈而杀其君，非道也。是以沈子先名而后言杀之。之，缓辞也，不与其正之辞也。

五月，公及诸侯盟于皋鼬。

诸侯何以不序？不足序也。楚囊瓦有美裘之怨于蔡侯，止蔡侯于南郢，不归者三年。晋以蔡侯之请，合十八国之诸侯会于召陵以侵楚。天子以王臣临之，荀寅求货于蔡侯，弗得而辞。诸侯固已失矣，故公再合诸侯而为此盟，后亦无闻焉。蔡侯于是求于吴，而吴入郢。中国无能为，而后夷狄[1]得以致其功，以诸侯为不足序也。

杞伯成卒于会。六月，葬陈惠公。许迁于容城。秋，七月，公至自会。刘卷卒。

刘卷者何？刘子也。外大夫不卒，此何以卒？尝主会以临我，天子为之赴而我丧之也。何以不言爵？寰内诸侯不言爵，不得以爵见也。

葬杞悼公。楚人围蔡。晋士鞅、卫孔圉帅师伐鲜虞。

孔圉，卫大夫之三命者也。

葬刘文公。

卷何以称公？主人之辞也。古者卿六命赐官，故卿得臣其邑，大夫不得臣其邑。得臣其邑则言公，不得臣其邑则言主。公者，君也。故曰“大夫不称君”。

冬，十有一月，庚午，蔡侯以吴子及楚人战于柏举。楚师败绩。

蔡以楚围请救于吴，吴子为之兴师，故以蔡侯、吴子及楚人，言蔡之主战也。吴何以称子？进之也。召陵之会，皋鼬之盟，诸侯既无能为，吴子能为之出师，一战而复楚雠，则中国之不若也。其曰“蔡侯以吴子”何？言吴子之为蔡用也。此楚囊瓦之师也，何以称楚人？贬而人之，曰是拘蔡侯者也。

楚囊瓦出奔郑。

囊瓦，楚大夫之三命者也。

庚辰，吴入郢。

吴何以复称国？夷狄[2]之也。吴既入郢，以班处于楚王之宫，君居其君之寝而妻其君之妻，大夫居其大夫之寝而妻其大夫之妻，盖有欲妻楚王之母者也。何以不言楚？既狄[3]之矣，不使得与诸侯入国之辞同，故不以楚与之，是入郢而已。

五年，春，王三月，辛亥朔，日有食之。夏，归粟于蔡。

孰归之？我归之也。我何以归粟于蔡？蔡围于楚而饥，诸侯相与共归之也。诸侯归之，则何以独言我？救灾恤患，诸侯之道，人得自为者也。

於越入吴。

於越者何？越之自名者也，名从主人。

六月，丙申，季孙意如卒。

---

① 夷狄，文渊阁本作“勾吴”。

② 夷狄，文渊阁本作“甚恶”。

③ 狄，文渊阁本作“恶”。

叶子曰：学者言《春秋》内大夫弑君，皆贬不书卒，是以公子翚不书卒。仲遂卒，有为而书之也。故以意如书卒为正。其为定公之大夫，以见定公不讨贼而赏私劳。吾以为不然。弑君之贼，以为君贬之而不卒邪？则桓公与翚同恶者也。桓公既以弑立，而进翚为三命，称“公子”，其为大夫可知矣。安有生以为大夫，而死反追其罪，不以大夫卒之乎？以为《春秋》贬之而不卒邪？则翚进三命之大夫，尚不以进桓而书“卒”，意如之为大夫，当从先君而不革，乃反责之为大夫而卒之乎？二义皆无当。《春秋》不轻以弑加人，昭公虽以意如逐君而死于外，正以为弑，则《春秋》宜有别矣。楚公子比从弃疾之立灵王，缢而死，以公子比主弑，盖灵公之死由比也。今昭公不以逐而死，不得其正，谓意如为弑可乎？然则翚弑而《春秋》无贬文，以桓公主弑也；遂弑而《春秋》无贬文，以宣公主弑也。贬翚、遂，则桓、宣得以免矣。意如之罪，异于二人。《春秋》于昭公书“季孙意如”，固不待贬绝而自见。稔其恶，定公而不书“正月”，所以诛意如者已尽，而定公终身不得为正，其贬之亦孰大于是！则治定公与意如者，不在其卒意如也。

秋，七月，壬子，叔孙不敢卒。

叔孙不敢，吾大夫之三命者也。

冬，晋士鞅帅师围鲜虞。

六年，春，王正月，癸亥，郑游速帅师灭许，以许男斯归。

游速，郑大夫之三命者也。

二月，公侵郑。公至自侵郑。夏[①]**，季孙斯、仲孙何忌如晋。**

季孙斯，吾大夫之三命者也，使举上客。季孙斯、仲孙何忌何以并见？非使介也，以二卿并出也。聘则何以使二卿出？非常聘也，为阳虎请己也。阳虎欲作乱，谋杀三桓，取鲁国，囚季孙斯，献郑俘，强使仲孙何忌报夫人之币与之俱，以为后图。于是何忌谓范鞅曰：“阳虎若不能居鲁而息肩于晋，所不以为中军司马者，有如先君。”季孙斯盖畏虎而不能止也。

秋，晋人执宋行人乐祁犁。

祁犁使晋，尝主于范鞅。及是，赵简子逆而饮之酒。范氏、赵氏方交恶，范鞅怒，以其私告于晋侯曰：“祁犁以君命越疆而使，未致而私饮酒于赵氏，不敬。”二君乃执之。非伯讨也，故以人执。

冬，城中城。

中城，公宫之城也。三家既张，公惧于为乱，故修中城以备之，不正其胁于疆臣而自固也。

季孙斯、仲孙忌帅师围郓。

郓，内邑也，不言围，此何以言围？以公之不能得郓也。其事则史失之矣。其曰仲孙忌者何？仲孙何忌也。不曰何忌，阙文也。

七年，春，王正月。夏，四月。秋，齐侯、郑伯盟于咸。齐人执卫行人北宫结以

---

① 夏，底本作“公”，据《荟要》本、文渊阁本改。

侵卫。

北宫结，卫大夫之三命者也。咸之会，齐侯召卫侯。卫侯欲叛晋而事齐，诸大夫不可。卫侯乃使北宫结使齐，私齐侯曰："执结以侵我，大夫则从矣。"齐侯于是执结以侵卫。非伯讨也，故以人执。

齐侯、卫侯盟于沙。大雩。齐国夏帅师伐我西鄙。

国夏，齐大夫之三命者也。

九月，大雩。冬，十月。

八年，春，王正月，公侵齐。公至自侵齐。二月，公侵齐。三月，公至自侵齐。曹伯露卒。夏，齐国夏帅师伐我西鄙。公会晋师于瓦。公至自瓦。秋七月戊辰，陈侯柳卒。晋士鞅帅师侵郑，遂侵卫。葬曹靖公。九月，葬陈怀公。季孙斯、仲孙何忌帅师侵卫。冬，卫侯、郑伯盟于曲濮。从祀先公。

从者何？顺也。古者谓从为顺，横为逆。先公者何？闵公也。孰祀之？阳虎也。文公跻僖公以先闵公，鲁人以为逆祀。阳虎欲去三桓而代之，故顺祀闵公、僖公，以求说于鲁人。何以不言阳虎？不与阳虎得主宗庙也。禘则何以谓之祀？禘非阳虎之所得为也。闵公则何以谓之先公？闵公非阳虎之所得正也。是非为宗庙之礼者，曰"从祀先公"云尔。

盗窃宝玉、大弓。

宝玉、大弓者何？夏后氏之璜，封父之繁弱，鲁之分器也。古者天子分宝玉于同姓之邦，时庸展亲，诸侯分守之以为宝焉。盗者何？阳虎也。阳虎何以谓之盗？取非其有也。阳虎欲诛季氏，不克，故如公宫，取宝玉大弓以奔齐。何以书？天子之命器也。

九年，春，王正月。夏，四月，戊申，郑伯虿卒。得宝玉、大弓。

得者何？不求而获也。恶得之？阳虎归诸堤下而得之也。何以不目堤下？大宝玉、大弓也。失之书，得之书，所以为重者，不在地也。

六月，葬郑献公。秋，齐侯、卫侯次于五氏。秦伯卒。冬，葬秦哀公。

十年，春，王三月，及齐平。夏，公会齐侯于夹谷，公至自夹谷。晋赵鞅帅师围卫。齐人来归郓、讙、龟阴田。

郓前见围，盖叛而附齐矣。讙，阳虎之邑，虎挟之以入齐。龟阴，龟山之阴也。三田皆齐之所侵，既与我，故会而复归之，何以书？善公之有以得齐也。

叶子曰：三田之归，《左氏》《穀梁》皆谓孔子相夹谷之会，退莱兵而齐人以谢过，非也。夹谷之事，匹夫之勇，智者所不为，而谓孔子为之乎？始齐以国夏帅师伐我，我报而侵之者再，自是遂不复交兵。及阳虎叛而奔齐，请师以伐，曰："三加必取之。"齐侯以鲍国之言而止，遂执阳虎。是时晋政已衰，平公不能主诸侯，故公德齐叛晋而与之平，则齐、鲁固相与为好矣。是以夹谷会而不盟。使齐果有意于得鲁，则方阳虎之奔，因之可以乘其间，何舍是不为，而反侥幸一旦之胜乎？孔子在齐十余年，景公欲以尼谿田封之，晏子止焉。齐大夫盖有欲害孔子者，则齐之君臣固不足以知孔子。

使其知之，必不肯以裔夷之俘行其诈；使其不知，则何畏乎一言而为之退乎？《公羊》曰：“孔子行乎季孙，三月不违，齐人为是来归之。”吾以此言为犹近孔子之用于鲁，盖未尝得尽行其志也。使孔子而得尽行其志，其为鲁者必有道矣，何必危其身以要人之所不可必？其曰“历阶而上，不尽一等，而视归乎齐侯”，与夫优施手足，异门而出者，皆战国刺客假之以借口，如言曹沫者。曹沫之事尚不足信，而况于孔子？二氏不能辨，盖欲尊孔子而反卑之也。

叔孙州仇、仲孙何忌帅师围郈。

叔孙州仇，吾大夫之三命者也。郈，叔孙氏之邑也。邑不言围，此何以言围？以公之不能正郈也。叔孙成子初欲立武叔，公若藐固谏不可。武叔立，以公若为郈宰，而使侯犯杀之，弗能。其圉人杀公若，侯犯以郈叛于齐。有叔孙氏之强，而后南蒯得以肆其恶。以国为有政焉，则不至于是也。

秋，叔孙州仇、仲孙何忌帅师围郈。宋乐大心出奔曹。宋公子地出奔陈。

公子地，宋大夫之三命者也。

冬，齐侯、卫侯、郑游速会于安甫。叔孙州仇如齐。宋公之弟辰暨仲佗、石彄出奔陈。

辰，景公之母弟也。仲佗、石彄，宋大夫之三命者也。暨强也，景公嬖桓魋而与其母兄公子地争，辰教地使出奔，避公以为礼，而公弗止。辰为之请，而公弗听。辰曰：“是我欺其兄也。”乃强仲佗、石彄奔陈以要公。以景公为不能兄也，故目弟。

十有一年，春，宋公之弟辰及仲佗、石彄、公子地自陈入于萧以叛。

萧，宋邑也。辰自陈入于萧，将以正桓魋也。仲佗、石彄与公子地从辰入萧，则非强也，故言及。何以言叛？要君也。其犹以弟目之，宋公之为也。

夏，四月。秋，宋乐大心自曹入于萧。

何以不言叛？从叛人，则叛可知矣。

冬，及郑平。叔还如郑莅盟。

叔还，吾大夫之三命者也。

十有二年，春，薛伯定卒。夏，葬薛襄公。叔孙州仇帅师堕郈。

堕者何？毁其城也。

叶子曰：《左氏》言仲由为季氏宰，将堕三都，然欤？非也。三家之强久矣，昭公欲杀季氏，无以为之谋，至于失国，《春秋》未尝与焉。今仲由陪臣，而季氏之隶也，夫安得堕其主邑，而并二都得以治之乎？或以为孔子为政于鲁，而以命仲由。方是时，三家犹强，孔子虽为司寇，而未尝得行其志，正使为之，亦有道矣，何至以家臣谋其主，反使不服而犯上，此岂孔子之术哉？以吾考之，自阳虎叛，季孙氏、叔孙氏皆屈于家臣，故南蒯不得意于意如，则以费叛；侯犯不得意于州仇，则以郈叛。堕郈、堕费，二氏自为计，而欲去其险尔。是以郈帅师主州仇，费帅师主斯，公山不狃、叔孙辄帅费人袭鲁，盖惧二氏之讨，已而先之，夫何有于仲由？此亦尊孔子而反卑之者也。

《石林先生春秋传》卷第二十

叶氏

定公三

卫公孟彄帅师伐曹。

公孟彄，卫大夫之三命者也。

季孙斯、仲孙何忌帅师堕费。秋，大雩。冬，十月，癸亥，公会齐侯，盟于黄。十有一月，丙寅朔，日有食之。公至自黄。十有二月，公围成。公至自围成。

内不书至，此何以书至？危公也。成党季氏以逐昭公，复结齐以救季氏，卑公室而犯其君，于二氏为尤甚。郈、费各叛其主，故二氏皆自为之谋矣。成独未尝叛，则堕成非季氏之欲也。故公敛处父以为无成，是无孟氏子，伪不知我将不堕公，于是自围成。家臣而叛其主，固已强矣；陪臣而叛其君，强孰甚焉？以公为危矣。内书至，惟桓会戎于唐，与此而二，盖视之犹夷狄[①]然。

十有三年，春，齐侯、卫侯次于垂葭。夏，筑蛇渊囿。

有鹿囿矣，又筑郎囿焉。有郎囿矣，又筑蛇渊囿焉。

大蒐于比蒲。卫公孟彄帅师伐曹。秋，晋赵鞅入于晋阳以叛。

晋阳，赵鞅之邑也。荀寅、士吉射谋作乱，鞅据其邑以逐君侧之恶人焉。此家邑也，何以言入？逆辞也，以其入之道为逆也。何以谓之叛？以地要君，非君命而擅兴师，则是叛者也。

冬，晋荀寅、士吉射入于朝歌以叛。

荀寅、士吉射。皆晋大夫之三命者也。朝歌，晋之邑也。

晋赵鞅归于晋。

荀寅、士吉射奔，则鞅释兵而复其位矣。此叛者也，何以言归？顺辞也，以其归之道为顺也。

叶子曰：《春秋》之责臣子，可谓严矣。昔者太甲立而不明，伊尹放诸桐，三年复之。孟子曰：“有伊尹之志则可，无伊尹之志则篡。”鬻拳谏，楚子弗从。临之以兵，惧而从之。鬻拳曰：“吾惧君以兵，罪莫大焉。”遂自刖。君子以为爱君。人臣之事君，有不幸不得道，其常如伊尹、鬻拳者，虽其志不失为爱君，然要不可为天下法。是故鞅之事，虽逐寅、吉射而晋少安，不得为不忠。然据邑而有其地，专兵而有其权，亦不得为晋之道。君子将与之，则乱臣贼子必有假之以劫其君；不与之，则恶人在君侧，

① 夷狄，文渊阁本作“异域”。

而大臣不能正国，终无与为者也。是以治其始，则正之以名而书叛；原其终，则察之以情而书归。使逆顺两得其道而不相废，则莅经事者不失其宜，遭变事者不失其权矣。故以鞅一见法焉。

薛弑其君比。

称国以弑者，众弑君之辞也。其事则史失之矣。

十有四年，春，卫公叔戍来奔。

公叔戍，卫大夫之三命者也。

卫赵阳出奔宋。

赵阳，卫大夫之三命者也。

二月，辛巳，楚公子结、陈公孙佗人帅师灭顿。以顿子牂归。

公子结、公孙佗人，楚、陈大夫之三命者也。灭国未有言两国之师者，恶楚也。楚尝围陈以纳顿子矣，今以陈诉而灭顿，为人而灭者，甚于己之灭也。

夏，卫北宫结来奔。五月，於越败吴于槜李。吴子光卒。公会齐侯、卫侯于牵。公至自会。秋，齐侯、宋公会于洮。天王使石尚来归脤。

石尚，王之上士也。脤，祭肉也。古者以脤膰之礼，亲兄弟之国，腥曰脤，熟曰膰。前未有言归脤者，此何以书？善王命也。自王季子来，王命不复加于鲁矣，见天子所存，犹有祭与号也。

卫世子蒯聩出奔宋。卫公孟彄出奔郑。宋公之弟辰自萧来奔。

见辰不见公子地、仲佗、石彄，以景公为不可正而辰独去之也，故终以弟言之。

大蒐于比蒲。邾子来会公。

来会，会于比蒲也。诸侯相见于郤地曰会，盖约信以命事焉。蒐而会之，非礼也，会公云尔。

城莒父及霄。

秋而城，畏晋也。以莒父及霄，小大之辞也。

叶子曰：是岁无冬，盖定公至是而终矣。定公之立以季氏，故元年不书正月。自二年而书正月，不得已而与之正也。然定公终不可以为正，故于其终复去一时。其始无正，言其不得受之于王也。其终无冬，言其不得承之于天也。桓公之罪大，故绝其二时，因其聘与朝而正焉。定公之罪小，故绝其一时，其在人者无所与责也，则正其终而已。

十有五年，春，王正月。邾子来朝。鼷鼠食郊牛，牛死，改卜牛。

不言所食，食非一也。不敬之道甚于食角也。

二月，辛丑，楚子灭胡，以胡子豹归。夏，五月，辛亥，郊。

五月何以郊？五卜而从也。五卜，强也。

壬申，公薨于高寝。

诸侯有大寝，有小寝。高寝，非正也。

郑罕达帅师伐宋。

罕达，郑大夫之三命者也。

齐侯、卫侯次于渠蒢。邾子来奔丧。

丧何以言奔？急事也。礼，非天子、父母之丧不奔。见星而行，见星而舍，日行百里谓之奔。诸侯而奔丧，非礼也。

秋，七月，壬申，姒氏卒。

哀公之妾母也。何以不言夫人薨？哀未成，君未致之为夫人也。非夫人则何以书卒？哀已君也。

八月，庚辰朔，日有食之。九月，滕子来会葬。丁巳，葬我君定公。雨，不克葬。戊午，日下昃，乃克葬。辛巳，葬定姒。

定姒者何？未致之为夫人，则系之定也。未致之为夫人，何以得系之定？哀公将致之，则不以妾母葬之也。曾子尝问于孔子曰："并有丧，如之何？何先何后？"子曰："葬，先轻而后重；其奠也，先重而后轻，礼也。"定姒后公葬，非礼也。

冬，城漆。

不时也。

哀公一

元年，春，王正月，公即位。楚子、陈侯、随侯、许男围蔡。鼷鼠食郊牛，改卜牛。夏，四月，辛巳，郊。秋，齐侯、卫侯伐晋。冬，仲孙何忌帅师伐邾。

二年，春，王二月，季孙斯、叔孙州仇、仲孙何忌帅师伐邾，取漷东田及沂西田。癸巳，叔孙州仇、仲孙何忌及邾子盟于句绎。

此伐邾三卿也，何以不言季孙斯？季氏强也。古者唯天子三公不与诸侯盟，列国之卿当小国之君，卑邾子而不与盟，以季孙斯为僭也。

夏，四月，丙子，卫侯元卒。滕子来朝。晋赵鞅帅师纳卫世子蒯聩于戚。

纳者何？与其纳也。君薨矣，蒯聩何以称世子？明正也。辄不得受命于王父，则蒯聩之世其国者，正也。

叶子曰：《左氏》载蒯聩使戏阳速杀南子之事，然欤？非也。子路尝问于孔子曰："卫君待子而为政，子将奚先？"子曰："必也，正名乎！名不正则言不顺。"推而下之，至于民无所措手足。使蒯聩果欲杀南子，则弑母之贼也。安有弑母之贼许之以继世，而谓之名正而言顺乎？是故夫子不为卫君，子贡固知之矣。盖蒯聩始以南子召宋朝，闻宋人之歌而丑之，其归必有正南子者，而南子愧焉。故欲加之罪，诬以杀己尔。戏阳速，附之者也。《左氏》不能辨，遂以为实。《公羊》不知其事而妄意之，乃以辄为受命于灵公，而为"不以父命辞王父命"之说。夫灵公卒，南子欲立公子郢为太子，以为君命。郢辞曰："亡人之子辄在。"灵公未尝立辄也。此亦《左氏》之言。从《公羊》之说，固不可以为训；以《左氏》为正，则辄非灵公之所立，亦安得为受命于王父乎？

秋，八月，甲戌，晋赵鞅帅师及郑罕达帅师战于铁。郑师败绩。

赵鞅以兵车之旆先陈而会郑师，故以赵鞅及罕达，言鞅之主战也。

冬，十月，葬卫灵公。十有一月，蔡迁于州来。蔡杀其大夫公子驷。

公子驷，蔡大夫之三命者也。楚围蔡，以报柏举之役。蔡人辨男女以听命。楚使迁于江汉之间而还。蔡以驷谋，复请于吴以迁州来而不果。吴人将袭之，乃杀驷以说吴。公子驷之死，罪累上也，故以国杀。

三年，春，齐国夏、卫石曼姑帅师围戚。

石曼姑，卫大夫之三命者也。此石曼姑之师也，何以先齐国夏？不使子加于父也。何以不言卫戚？不外戚于蒯聩也。

夏，四月，甲午，地震。五月，辛卯，桓宫、僖宫灾。

桓宫、僖宫，桓公、僖公之宫也。曷为以谥举之？远也。远则何以不毁？三家之为也。礼，诸侯五庙。自襄数之，至成，于太祖之庙为五。三家皆出于桓，及僖而始大，是以存而不毁，三家之私也。何以不言及？尊相敌也。

季孙斯、叔孙州仇帅师城启阳。

以夏而城，畏晋也。定公城中城矣，又城莒父及霄，城漆。哀公城启阳矣，又城西郛，城毗，城邾瑕。盖庄、宣二君而书城者各一，隐、桓、文、成四君而书城者各再。至襄以来，求于城者始亟，襄一君而城者四，鲁未有如是数也。及定、哀之间而书城者七，则定、哀守其国者如是而已。

宋乐髡帅师伐曹。

乐髡，宋大夫之三命者也。

秋，七月，丙子，季孙斯卒。蔡人放其大夫公孙猎于吴。

公孙猎，蔡大夫之三命者也。以人放者，放有罪之辞也。州来之役，以公子驷不即迁。既杀驷以说吴，猎复放于吴，皆有累于驷者，其事则史失之矣。

冬，十月，癸卯，秦伯卒。叔孙州仇、仲孙何忌帅师围邾。

四年，春，王二月，庚戌，盗杀蔡侯申。

盗，贱者也。何以不言弑其君？贱者不得列于君臣也。

蔡公孙辰出奔吴。

公孙辰，蔡大夫之三命者也。

葬秦惠公。宋人执小邾子。

称人以执，非伯讨也。其事则史失之矣。

夏，蔡杀其大夫公孙姓、公孙霍。

公孙霍，蔡大夫之三命者也。蔡侯之弑，《春秋》书盗，而《左氏》以为大夫公孙翩。大夫不得言盗，非是，其事史失之矣。公孙辰与姓、霍，盖盗党。蔡于是逐辰而杀二人。公孙姓、公孙霍之死，罪累上也，故以国杀。

晋人执戎蛮子赤归于楚。

楚人围蛮，蛮氏溃，出奔于晋。楚人以师临上雒，索于晋曰："晋、楚有盟，好恶同之。不然，将通于少习以听命。"晋人于是执戎蛮子而归于楚，若京师然。然非伯讨也，故以人执。赤何以名？不返也。

城西郛。六月，辛丑，亳社灾。

亳社，商社也。古者天子必存亡国之社，屋其上而柴其下，以为庙屏戒。鲁何得有亳社？周公之赐也。

秋，八月，甲寅，滕子结卒。冬，十有二月，葬蔡昭公。葬滕顷公。

五年，春，城毗。夏，齐侯伐宋。晋赵鞅帅师伐卫。秋，九月，癸酉，齐侯杵臼卒。冬，叔还如齐。闰月。葬齐景公。

闰月不书，此何以书？著丧礼也。以月计者数闰，以年计者不数闰。葬者计月不计年，以景公葬为得节，一见正也。

六年，春，城郲瑕。晋赵鞅帅师伐鲜虞。吴伐陈。夏，齐国夏及高张来奔。叔还会吴于柤。秋，七月，庚寅，楚子轸卒。齐阳生入于齐。

阳生，齐景公之世子也。何以言入？逆辞也。景公欲废阳生而立荼，陈乞不能争，既伪许之而立荼矣。景公死，陈乞复诈国人，立阳生而弑荼。阳生虽得立，而立之道则逆也。

齐陈乞弑其君荼。

陈乞，齐大夫之三命者也。杀荼于骀者，朱毛也。曷为以陈乞主弑？荼，陈乞之所君也。既召阳生，则荼虽欲存而不可，是以不嫌于免朱毛，而陈乞之罪不可以不正，《春秋》之义也。

冬，仲孙何忌帅师伐郲。宋向巢帅师伐曹。

向巢，宋大夫之三命者也。

七年，春，宋皇瑗帅师侵郑。

皇瑗，宋大夫之三命者也。

晋魏曼多帅师侵卫。

魏曼多，晋大夫之三命者也。

夏，公会吴于鄫。秋，公伐郲。八月，己酉，入郲，以郲子益来。

入郲者，伐郲而入也。何以不言公？讳之也。师入郲，处其公宫，与吴入郢之师何择焉？以公为一阖闾也。

宋人围曹。冬，郑驷弘帅师救曹。

驷弘，郑大夫之三命者也。

八年，春，王正月，宋公入曹，以曹伯阳归。

此灭曹也，何以不书灭？恶宋公也。曹，文之昭也。武王杀纣，立武庚。武庚叛，复立微子于宋，以代商后，曰："崇德象贤，统承先王，宾之弗臣。"曹伯虽失德，然于宋未有罪也。宋以向巢伐之，固已过矣。既又围之，历三时而卒入焉。虏曹伯，归而杀之，遂以灭曹。君子以宋为忘武王之德矣，故书其始入，不书其终灭，不使曹得灭于宋也。虢未灭，而虞师、晋师先书灭夏阳，罪在灭者也。曹已灭，而宋公不书灭，罪在灭之者也。

吴伐我。

何以不言鄙？至于城下也。初，鄫人道吴师以克武城，遂自蚕室、庚宗，次于泗上。微虎欲宵攻吴，吴人行成，始为城下之盟而还，以我为耻也。

夏，齐人取讙及阐。

外取内邑不书，此何以书？赂也。公前入邾，固非道矣，至是犹未释也。邾、齐之出，将为之伐我焉，故公赂二邑以求免，于是归邾子益。

叶子曰：讙、阐之事，吾何以不证于《左氏》而证之《穀梁》欤？阳生娶于季氏，非内女不书，则有之矣，而齐以季姬故来伐我，及我与齐平，则不得不见经也，而皆不书。且季鲂侯之罪，使公治之，而齐罢婚可矣，公何罪而受伐焉？男女之别，人伦之大也。诚以有罪来讨，亦安可以赂而复合？又从而嬖之，非人情也。若曰以执邾子而取邑，释邾子而归邑，则春秋之世所应有，故《公羊》亦云，吾是以知《穀梁》之为近实也。

归邾子益于邾。

诸侯虏而返，未有言归者，此何以言归与？内也。我既与吴盟，故释邾子而返之。其言归何？易辞也。我胁于吴而听焉，则其归为易也。

秋，七月。冬，十有二月，癸亥，杞伯过卒。齐人归讙及阐。

此其为赂也。曷为归之？邾子归也。何以不言我？其与之耻，其归之耻，不可以我见也。

九年，春，王二月，葬杞僖公。宋皇瑗帅师取郑师于雍丘。

师未有言取者，此何以言取？不正其以诈乘人而尽获之也。雍丘，宋邑也。皇瑗围郑师，每日迁舍，垒合，郑师哭，郑罕达救之，不克，大败，宋于是取郑师。唯使能者无死，以郏张与郑罗归，则郑之免者无几矣。

夏，楚人伐陈。秋，宋公伐郑。冬，十月。

十年，春，王二月。邾子益来奔。公会吴伐齐。三月，戊戌，齐侯阳生卒。夏，宋人伐郑。晋赵鞅帅师侵齐。五月，公至自伐齐。葬齐悼公。

叶子曰：诸侯弑而以疾告，《春秋》从而书卒，见于《左氏》者三，吾信其一，不信其二，吾岂苟然哉！楚麇之弑，见于围之行事，而庆封亦言之，此吾之所信也。郑髡顽之弑，吾既言之矣；齐阳生之弑，吾亦未知其说。夫弑君之恶亦大矣，自非乱臣贼子欲篡而争国，则必强宗大家挟权专政而肆其虐。今阳生，《左氏》不言其故，直曰赴于吴师而已，未见阳生取弑于齐者也。其赴于吴，以为同好而告之邪？则兵方交，非以为好也，将畏吴而求说邪？吾既卒能败之，何惧而遽弑君乎？吴子三日哭于军门之外，以为恤其灾而哀之邪？则宜不伐丧而返也。将必自海而伐之，则何为而哭乎？既无当于人情，而齐未有讨弑君之贼者，《春秋》乃书葬，则阳生固未尝弑也。姑以为从赴告，则非《春秋》之法，此吾之所不信者。

卫公孟彄自齐归于卫。薛伯夷卒。秋，葬薛惠公。冬，楚公子结帅师伐陈。吴救陈。

十有一年，春，齐国书帅师伐我。

国书，齐大夫之三命者也。此犹吴之言伐我也。冉求之师入齐军，孟孺子奔，齐人从之，遂涉泗。冉求之师获齐师甲首八十，齐师乃宵遁。则至于城下矣，是非我之所耻也。

夏，陈辕颇出奔郑。

辕颇，陈大夫之三命者也。

五月，公会吴伐齐。甲戌，齐国书帅师及吴战于艾陵。齐师败绩，获齐国书。

公会吴伐齐，齐人不服，国书将中军，皆欲死战，故以国书及吴，言齐之主战也。获国书，死于敌也。

秋，七月，辛酉，滕子虞母卒。冬，十有一月，葬滕隐公。卫世叔齐出奔宋。

世叔齐，卫大夫之三命者也。

十有二年，春，用田赋。

赋，军赋也。古者自甸而上有军赋，成公作丘甲，其厉民固已甚矣。用田赋，则凡受田者皆有赋，虽井犹不免焉。用者何？赋不以田，用田而赋，举丘之赋而加之田，非正也。于是季孙肥使冉有访于孔子。子曰："君子之行也，度于礼，施取其厚，事举其中，敛从其薄，如是则丘亦足矣。若不度于礼，而贪冒无厌，则虽以田赋，将又不足。且季孙若欲行而法，则周公之典在；若欲苟而行，又何访焉？"弗听。子曰："季氏富于周公，而求也为之聚敛而附益之，小子鸣鼓而攻之可也。"其是之谓欤？

夏，五月，甲辰，孟子卒。

孟子者何？昭公之夫人也。何以不曰夫人？昭公取于吴，讳取同姓也。古者取妻不取同姓，买妾不知其姓则卜之，所以别男女也。讳取同姓，则何以谓之孟子？疑辞也。若宋女然，何以不言薨？疑其为夫人，则不可以言薨也。

叶子曰：吾何以知孟子之为宋姓欤？《记》曰："《鲁春秋》去夫人之姓曰吴，其死曰孟子卒。"孟子云者，鲁人之辞也。宋、鲁婚姻之国，故因之以为称，《春秋》从而不革，史也。其书"吴"，则义之云尔，孔子所以为法受过焉。是以陈司败尝问于孔子曰："昭公知礼乎？"子曰："知礼。"陈司败曰："君取于吴，为同姓，谓之吴孟子。君而知礼，孰不知礼？"子曰："丘也幸，苟有过，人必知之。"

公会吴于橐皋。秋，公会卫侯、宋皇瑗于郧。宋向巢帅师伐郑。冬，十有二月，螽。

十有三年，春，郑罕达帅师取宋师于嵒。

师未有言取者，此何以言取？不正其以诈乘人而尽获之也。嵒，宋、郑之隙地也。郑人城嵒以处，宋之叛族向巢伐而围嵒，郑罕达复围之。宋以桓魋救其师，罕达徇其师曰："得桓魋者有赏。"魋遁而归。郑于是取宋师，获其二大夫。以六邑为虚，则宋之免者无几矣。

夏，许男成卒。公会晋侯及吴子于黄池。

会未有言及者，此何以言及？会两伯之辞也。吴何以谓之伯？进吴子也。吴子与晋会黄池，晋侯问师故。吴子曰："天子有命，周室卑弱，贡献莫入上帝鬼神，而不可以告，无姬姓之振也。今君将不长弟，以力征于一二兄弟之国，孤欲守先君之班爵，用亲听会。”晋侯以其僭王称使，复命曰：“周室既卑，诸侯失礼于天子，孤以下无所逃罪。今君掩王东海，以淫名闻。夫命圭有命，固曰‘吴伯’，不曰‘吴王’，诸侯是以敢辞。君若无卑天子以干其不祥，而曰‘吴公’，孤敢不顺从君命长弟。”吴子许诺，辞尊称，居卑称，乃退而会。吴先歃，晋侯亚之，吴遂以伯。君子以是进吴子也。何以先晋侯？不使吴子得主中国也。

叶子曰：吴、楚皆习夷狄[①]者也。吴晚见，《春秋》抑之常甚于楚。楚屡会中国，以长诸侯，皆不免于贬。虽庄王之贤，不得一以伯称。吴自季札之聘，柏举之战，仅得以爵见。然与中国会，未尝不殊，惟一见于戚者，下与鄫人齿而已。今夫差胡为遽许之以伯哉？盖庄王之会，欲以强夺诸侯而陵晋；夫差之会，欲以礼尊天子而责晋。从庄王之义，则夷狄[②]必至于中国；从夫差之义，则夷狄[③]必能尊中国。此其所以异也。夫差之志，虽未必然，而《春秋》之义，盖以其道，不以其人。故曰：“苟以是心至，斯受之而已矣。”

楚公子申帅师伐陈。

公子申，楚大夫之三命者也。

於越入吴。秋，公至自会。晋魏曼多帅师侵卫。葬许元公。九月，螽。冬，十有一月，有星孛于东方。

记异也。何以不言次？旦见也。

盗杀陈夏区夫。

夏区夫，陈大夫之三命者也。

十有二月，螽。

十有四年，春，西狩获麟。

西，国之西也。孰狩之？公也。何以不言地？不使麟得为地有也。何以不言公？不使麟得为公获也。公狩而叔孙氏之车子鉏商获麟，以为不祥，以赐虞人。孔子观之，曰：“麟也。”然后取之。于是感而作《春秋》。何感焉？麟，仁兽也。有王者则至，无王者则不至。麟不至而狩获之。子曰：“吾道穷矣。”此《春秋》所以感麟也。故以是始，亦以是终。

叶子曰：《春秋》以获麟为终始，吾既言之矣。四灵，王者之物也。然《易》以《乾》言圣人之进退，而六爻皆取象于龙。其在初六曰“潜龙勿用”。楚狂接舆比孔子于凤而歌曰：“凤兮凤兮，何德之衰也”，是四物者皆圣人以为类，则麟非孔子以自说者欤？龙非时而隐谓之潜，凤非时而出谓之衰，则麟非王者不见，而人获之，固麟德之衰也。孔子伐木于宋，削迹于卫，穷于商周，厄于陈蔡，其亦出非其时，而人以为不祥者欤？道之废兴，君子之用，舍天也，孔子盖自任之矣。故曰：“文王既没，文不

① 习夷狄，文渊阁本作“非中国”。

② 夷狄，《荟要》本作“楚人”，文渊阁本作“干戈”。

③ 夷狄，《荟要》本作“吴人”，文渊阁本作“朝会”。

在兹乎？”又曰：“如有用我者，吾其为东周乎？”然求之天下而卒不得，则天宜无意于斯也。是以不复梦见周公，则知其衰；凤鸟不至，则知其已。及颜渊死，曰：“天丧予”；子路死，曰：“天祝予”，此麟之获，所以为吾道之穷也。春秋有阙一时而不书者矣，有阙二时而不书者矣，此责之于时君者也，未有阙三时而不书者焉。获麟而阙三时不书，其意若曰：《春秋》，吾以无王而著一王之法者也。天下之所宗者，王也。王之所承者，天也。王者既不作，则所谓承天者终何以见乎？此其所以独以春首时而不书王正月，一见获麟而阙其三时，非明王者之事而尽天人之道者，未足与言也。

叶筠《跋》[①]

先祖左丞著《春秋谳》《考》《传》三书，自序云:“自其《谳》推之，知吾之改正为不妄也，而后可以观吾《考》；自其《考》推之，知吾之所择为不诬也，而后可以观吾《传》。”是以并刊三书于南剑郡斋。开禧乙丑岁九月一日，孙朝散郎、权发遣剑南州军州、兼管内勤农事筠谨书。

真德秀《跋》

右《春秋谳》《考》《传》三书，石林先生叶公之所作也。自熙宁用事之臣倡为新经之说，既[②]天下学士大夫以谈《春秋》为讳有年矣。是书作于绝学之余，所以辟邪说，黜异端，章明天理，遏止人欲，其有补于世教为不浅也。公之闻[③]孙来守延平，出是书锓木而传之，盖有意于淑斯人如此，学者其勉旃。开禧乙丑岁九月一日，校勘文林郎、南剑州军事判官真德秀谨书。

① 题目为整理者所加，下真德秀《跋》亦同。

② 既，文渊阁本作“祸”。

③ 闻，文渊阁本作“玄”。